NOËL DOLENS

LE SOCIALISME FÉDÉRAL

PARIS — I

P.-V. STOCK, ÉDITEUR

(Ancienne Librairie TRESSE & STOCK)

27, RUE DE RICHELIEU

1904

Tous droits de traduction de reproduction et d'exécution réservés pour tous pays, y compris la Suède et la Norvège.

Socialisme Fédéral

PAR

NOËL DOLENS

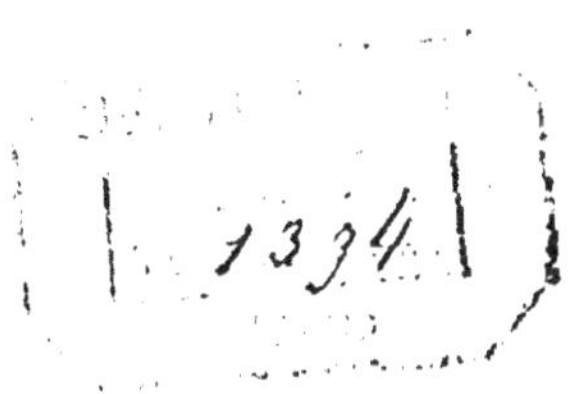

IMPRIMERIE LIEVENS
52, Rue Delerue, Saint-Maur (Seine)

1904

8° R
1934

LE

SOCIALISME FÉDÉRAL

CHAPITRE Ier

DÉFINITIONS

I

Dans quelle espèce de Socialisme se classe la théorie de ce livre.

A étudier impartialement l'histoire des idées où s'élabore le socialisme, on ne peut que subir le charme de leurs dernières évolutions, — et constater combien s'obstinent, sans cesse mieux entrevus, les obstacles parfois légitimes que la complexité des intérêts oppose à l'avènement de ce meilleur état social.

Trouver une solution à l'antagonisme que l'on voit encore subsister entre sa dernière formule et les contingences de la pratique traditionnelle soutenue par les préjugés, voilà où tend l'effort de généreux esprits dont la doctrine politique s'émeut de pitié pour les victimes des actuelles conditions de l'existence. Ils veulent leur faire rendre justice par une révolution sans doute plus complète que celle de 89, mais qui n'en imite pas les sanglantes colères. Conscient de son droit et de sa force, le peuple doit apprendre à revendiquer les réformes que ce livre spécifiera, en se servant pacifiquement de son bulletin de vote, sans un cri de haine, sans un geste de violence. La révolution ne peut provenir que de la loi.

Il y a loin de ce socialisme *légal* au socialisme *d'État*. Instinctivement, les électeurs se défient de cette dernière conception, qui doit se traduire « l'accaparement de toute vitalité par l'administration » ; la main-mise, sans contrepoids, du gouvernement agissant par ses fonctionnaires, sur toutes les entreprises publiques et privées ; la prise de possession, par le budget, de la richesse nationale entière, sol, instruments et capital ; leur exploitation en régie ; leur gestion à la merci des bureaux ministériels ; le pays converti en une colossale machine électrique obéissant au parti, victorieux par hasard ou par force, girondin ou jacobin, qui tient le tableau des manettes. A chaque instant, il nous faudra montrer les inconvénients d'un tel système. Les socialistes déjà se déclarent souvent à l'encontre. Le 30 septembre, à la clôture du congrès tenu à Reims par le parti révolutionnaire, M. Hubert Lagardelle, directeur du *Mouvement Socialiste*, a fait adopter une motion réprouvant la monopolisation de l'enseignement par l'Etat, qu'il déclare presque aussi dangereux que l'enseignement des Eglises. Rien, au contraire, qui puisse faire craindre l'avènement du socialisme d'Etat, à voir un Millerand entrer au conseil des ministres, un Jaurès accepter la vice-présidence de la Chambre. Ce n'est point un acheminement à l'accaparement par l'Etat des vitalités de la nation entière : nul ne souffrirait parmi les socialistes qui réclament, au contraire un accroissement de la liberté, que l'on aboutît à ce résultat. Nous aurons prochainement l'occasion de justifier la tactique des socialistes parlementaires et ministériels, comme aussi de préciser les bornes qu'elle ne doit pas franchir. On verra que, s'il est chimérique d'espérer conquérir lambeau par lambeau les pouvoirs de la société bourgeoise, il n'en faut pas moins agir de toutes façons — et celle-là est la meilleure — pour préparer le socialisme à son avènement définitif.

Quand il existera, soit, par hypothèse, sous la forme *fédérale* que nous proposons, il offrira une constitution nouvelle des droits économiques et politiques, et il n'aura tenté de l'imposer, il ne prétendra la régler que par la loi, expression de la volonté générale. Il essayera aussi de la rendre acceptable par la persuasion à la minorité qui pourrait s'en croire lésée. On verra comment ce n'est peut-être point là une si singulière utopie.

Précisons davantage. Les socialistes qui rejettent non seulement le socialisme d'Etat — nous dirons en chaque circonstance pourquoi ils n'ont pas tort —, mais aussi le Socialisme, de toute autre forme que ce soit, que déjà l'on essaie d'organiser par des prescriptions législatives, ne peuvent donc plus concevoir que deux moyens de sauver le peuple : ou la violence, qui serait indigne de lui, ou la libre initiative, qui est impuissante.

On entend parfois encore, ainsi qu'aux pires époques du passé, des voix haineuses prêcher une nouvelle et formidable jacquerie, lancer les classes ouvrières, non pas à la conquête méthodique et brave du capital, mais aux lâches assassinats, au pillage, à l'assaut des palais, à la curée des luxes, aux exactions contre les suspects. Rien ne saurait nuire davantage à la cause populaire. La Terreur ne fut pas simplement une honte, mais une cause de réaction. Par la force brutale nul ne peut venir à bout de rien. Proclamer la guerre civile dans le temps même où l'on s'accorde à abolir la guerre étrangère, voilà en vérité une belle logique et de bonne besogne ! Celui qui réclame son droit montre par de tels procédés qu'il ne mérite pas d'en jouir et qu'il serait incapable de l'exercer. Il faut au Socialisme une dignité calme, patiemment volontaire, sage et réfléchie. Ce serait fort bien même qu'il y mît de la générosité, je veux dire en pardonnant, non point en abandonnant une parcelle de ses justes revendications, mais j'irai jusqu'à désirer que ce fût en offrant de larges compensations aux privilégies qui bénéficient des injustices présentes : on verra en temps et lieu comment le Socialisme Fédéral se pourrait instituer sans exercer d'effet rétroactif. Silence et paix ! soit dit une fois pour toutes aux fauteurs d'anarchie.

Viennent les socialistes libéraux, anarchistes eux aussi dans un sens, qui est très beau et complètement chimérique. A les en croire, nous devons laisser à la libre expansion du mouvement ouvrier le soin d'arriver progressivement à ses fins, sans que la loi s'en mêle. Qu'à l'occasion d'une grève quelque député intervienne comme agitateur ou arbitre, on l'accuse de rechercher une malsaine popularité, d'enfoncer davantage les grévistes en leur erreur pour ménager sa réélection grâce à l'enthousiasme factice qu'il attise en rejetant sur le patron la responsabilité de la famine qui s'en suit. S'il est réellement des représentants du peuple cherch'ant ainsi à pêcher en eau trouble, ce sont des malfaiteurs. Il semble plutôt que généralement leur intention soit de fortifier le parti socialiste. Bien que parfois ils obtiennent effectivement une amélioration dans le régime du travail ou le taux des salaires à la suite d'une grève, si néanmoins il leur arrive de ne pas réussir, l'ensemble du parti n'en est pas moins consolidé, soit par les polémique de la presse, soit à la Chambre, soit en conséquence de ce déploiement d'énergie qui prouve et développe la vitalité d'un être grandissant.

Comme le disait excellemment M. Paul Louis, dans « *l'Européen* » du 24 octobre 1903, « combien étaient nombreux en 1870 et 1875 ceux qui disaient que les majeurs des deux sexes sont assez robustes pour se défendre eux-mêmes et que la loi n'a pas à intervenir dans les rapports entre particuliers ! C'est la thèse qu'on soutient toujours pour les adultes dans nombre de pays, et elle aussi avant longtemps succombera sous la pression des faits », de même qu'ont succombé d'autres théories favorables en apparence à l'initiative privée, mais n'empêchant point les travailleurs de se voir écrasés, faute d'instruction, de capitaux et d'énergie. C'est pourquoi tous les Etats qui sont à l'avant-garde de la civilisation, la France, l'Angleterre, l'Allemagne, l'Italie, l'Autriche, ont dû prendre des mesures, d'une part pour assurer la protection des enfants et des filles mineures, puis pour satisfaire aux exigences de l'hygiène et de la morale dans les classes ouvrières, quelques-uns même pour les assurer contre les accidents, la maladie et la vieillesse. Tels furent les résultats imposés par l'opinion aux législatures à la suite de l'Assemblée réunie à Berlin en 1890 par l'empereur Guillaume ; bien que l'esprit de cette commission fût peu sympathique à la classe ouvrière, « elle n'en avait pas moins proclamé », dit encore M. Paul Louis, « sans doute à l'insu de nombre de ses membres, le caractère international des phénomènes sociaux. Dans l'ordre pratique même, elle ne fut pas totalement dénuée de valeur, car les principes qu'on avait voulu maintenir dans le domaine abstrait ne tardèrent pas à dominer toute l'activité législative, à se traduire en textes détaillés... Le progrès est immense ; une ère nouvelle s'est ouverte. » Aussi le socialisme réfléchi, pacifiquement actif, celui avec lequel on compte et qui gagne du terrain, est-il devenu « possibiliste », opportuniste si l'on veut, cherchant à obtenir tout ce que peut accorder la loi sous le régime capitaliste, préparant ainsi l'heure du triomphe ; mais il ne doit pas oublier qu'une organisation économique réglée en faveur de la propriété privée, impose nécessairement des limites fort restreintes au progrès des foules laborieuses : seule la propriété devenue commune leur rendra pleine justice en permettant à la loi d'agir sans entraves. D'ici là, c'est bien sur elle avant tout que compte l'Association pour la protection des travailleurs, dont nous entretenait l'*Européen*. Composée d'hommes politiques de toutes nuances, elle veut obtenir des règlements complets auxquels personne ne puisse se soustraire, comme il est arrivé souvent pour ceux qui existent déjà. On remarque l'abstention des pays anglo-saxons et celle de la Russie. Rien d'étonnant : ce dernier empire suit une tradition d'absolutisme ; les Anglais inclinent davantage pour la liberté, et cependant que n'ont-ils pas obtenu de la loi, eux aussi ! Ils conçoivent la législation ouvrière d'une autre façon que nous, mais ils ne la veulent pas moins forte ni moins ample.

Pour compléter ces renseignements sur les Anglais, en passant, et avant d'examiner la question plus à loisir, remarquons qu'il ne suffit pas d'observer un seul phénomène chez un peuple aussi complexe, comme l'ont fait les « particularistes », de Le Play à M. Demolins, qui ont mené grand bruit de la prédilection longtemps manifestée par les *Trade-Unions* pour l'action privée, indépendante de tout concours officiel, quoique exercée par un groupe puissamment organisé. On verra bientôt que déjà ce superbe isolement commence à fléchir. Ce qui nous importe actuellement, c'est d'observer qu'en dehors des Trade-Unions, l'*Independant Labour Party* et la *Social Democratic Federation* constituent deux puissants partis socialistes, décidés à conquérir le pouvoir, et qu'enfin la grande masse des ouvriers « radicaux » ou « libéraux » y travaille aussi, conjointement avec quelques-uns des représentants les plus éclairés de la bourgeoisie libérale. L'Angleterre, cette prétendue citadelle de l'individualisme, n'échappe nullement à la tendance générale.

L'impuissance de l'initiative privée n'est certes pas absolue. Aux Etats-Unis, elle est parvenue à soutenir la démocratie d'une façon presque satisfaisante, si bien que le socialisme a moins de chance d'y faire des progrès. De riches « bienfaiteurs » consacrent une faible partie de leurs revenus monstrueux à fonder des institutions d'enseignement ou d'assistance, restituant ainsi au peuple les lambeaux de la chair qu'ils lui ont coupée. En Europe, l'activité progressiste prend plus volontiers la forme collective. Les communes anglaises se signalent par leur fécond esprit d'entreprise, et l'on y trouvera bientôt un encouragement à faire de la commune l'une des bases du Socialisme Fédéral. Deux petits faits dont la ville de Bruxelles est actuellement le théâtre, montrent l'inaptitude des particuliers à se tirer d'embarras par eux-mêmes. Une ingénieuse « Société coopérative intellectuelle » qui pourrait rendre les plus grands services aux hommes d'étude, savants et gens de lettres, voit son utilité réduite à bien peu de chose par le fait que ses adhérents n'ont pu lui fournir qu'un capital de 4.000 fr. et que nul secours extérieur ne lui est encore venu. Par contre, la municipalité bruxelloise ayant mis des secours de chômage à la disposition des associations professionnelles, leur a permis de subsidier, jusqu'à la fin de l'année 1902, 176 chômeurs sur 312 ayant présenté une demande. Mais la plupart des pays européens comptent plutôt sur la loi et sur les fonds du budget. Ont-ils ainsi une juste vue des conditions économiques et plus encore psychologiques dont une bonne constitution sociale doit s'inspirer ? Grand sujet de discussion, qui mérite bien d'ouvrir ce livre, parce qu'il domine, en effet, quelques-unes des plus importantes questions que l'on y verra débattues. Il nous faut établir nettement la thèse dont s'inspirera le Socialisme Fédéral :

1° L'initiative privée ou collective, indépendante des institutions politiques, ne suffit pas à la tâche de faire subsister convenablement tous les citoyens des nations civilisées. On vient de le voir ; il sera désormais plus utile d'insister sur les points suivants.

2° La tendance générale, en Europe, est de recourir aux lois et au budget pour aider les classes laborieuses.

3° Mais les lois des gouvernements actuels, chargés de protéger les intérêts de la bourgeoisie, ne parviendront jamais à faire le nécessaire, entravées qu'elles sont par l'influence égoïste des classes possédantes sur les Parlements.

4° Bien plus, les lois mêmes édictées en faveur du prolétariat se retournent souvent contre lui, et en tous cas sont plus ou moins neutralisées par le fait que le régime économique auquel on prétend les appliquer se trouve à la discrétion du capitalisme.

5° L'unique moyen d'établir un code complet et efficace pour la protection des travailleurs est de commencer par transformer la propriété privée en propriété commune. Cette transformation. opérée sans violence par une constitution préalable qu'aura exigée la majorité de la nation, peut seule offrir aux lois la matière et le milieu favorables à leur action protectrice des droits proportionnels de tous les travailleurs.

6° L'avènement du collectivisme et son développement ultérieur par évolution législative, ne peuvent résulter progressivement d'une série de modifications imposées à la loi bourgeoise et capitaliste.

7° Cependant, cet avènement, qui devra se réaliser d'un seul mouvement au moyen de la constitution sociale nouvelle, peut être préparé indirectement par l'action des députés et des ministres socialistes travaillant à miner le régime actuel et faisant ainsi l'éducation politique de prolétariat, jusqu'à ce qu'il se trouve enfin disposé à se servir de son bulletin de vote pour instaurer un ordre social collectiviste.

Ces idées s'enchevêtrent et ne sauraient être développées dans leur ordre logique. Il suffit d'en établir une démonstration d'ensemble.

∴

L'expérience nous oblige à reconnaître que, sous le régime du capital privé, l'action protectrice du gouvernement se trouve entravée au point de susciter parfois l'opposition même du prolétariat qu'elle cherchait à satisfaire. On sait que dernièrement le parti ouvrier anglais, abandonnant M. Chamberlain dans son propre fief de West-Birmingham, a annoncé qu'il lui opposerait un candidat plus démocrate. « Jusqu'ici, observe *le Temps* du 1er septembre 1903, les ouvriers de Birmingham, reconnaissants à leur député de son zèle à servir leur ville et leur industrie, avaient toujours voté pour lui. Aujourd'hui ils lui opposent un candidat. Et quel temps choisissent-ils pour cela ? Celui-là même où le grand, le populaire, l'indiscuté « Joé » leur promet, par l'intermédiaire de son projet de protectionnisme impérial, une retraite, des pensions, et s'engage à leur faire une vieillesse heureuse. » Depuis, les choses n'ont fait que s'envenimer. L'immense majorité du congrès des Trade-Unions, réuni à Leicester, a protesté contre le protectionnisme, voulant absolument conserver le libre-échange. Le candidat ouvrier opposé à M. Joseph Chamberlain, M. J. Davis, délégué des métallurgistes, a réuni 1.148.000 voix. L'explication de ce revirement nous est présentée dans les lignes suivantes : « Le *free trade* qui, depuis tant d'années fait la richesse de l'Angleterre, n'a pas seulement donné satisfaction à des revendications doctrinales. Il a permis de vivre à ce prolétariat misérable, qui grève si lourdement le budget social de l'Angleterre. Grâce au *free breakfast*, ce prolétariat peut vivre, — chichement et tout juste, — mais il peut vivre. Que le prix des denrées alimentaires s'élève, si peu que ce soit ; et, pour lui, c'est la faim, la misère, — après, la difficulté, l'impossibilité de subsister. » Et en effet, de quelque façon que s'y prenne un gouvernement, il ne peut lutter contre les lois économiques ; déterminées en un certain sens par l'appropriation privée du capital sans limites, elles créent fatalement une classe de miséreux, au-dessous même de la classe des salariés que la famine ne menace pas à chaque instant.

Depuis, cette impuissance de la loi bourgeoise a été constatée par ses auteurs mêmes. Ce n'est pas la première fois, mais dans la circonstance présente les faits sont particulièrement suggestifs. Le 26 septembre 1903, le *Journal Officiel* publiait le rapport de la Commission de surveillance chargée de faire appliquer la réglementation du travail dans l'industrie. Cette réglementation, votée le 30 mars 1900, a eu force de loi le 30 mars 1902. Sa principale disposition consistait dans la réduction à dix heures et demie des heures de travail pour les femmes, les enfants, et conséquemment, pour les adultes dont le travail est indissolublement lié avec le leur. Loin de produire tous les bons effets attendus, cette loi entraîne l'alternative d'un grave inconvénient économique ou d'un nouveau crime social. Les inspecteurs sont unanimes à reconnaître que, dans les industries où le machinisme très perfectionné fait à peu près tout, la réduction des heures de travail a pour conséquence celle du rendement. Comme il s'agit ici de concurrence internationale, si notre production faiblit et que nous soyons envahis par l'étranger, c'est la ruine des fabriques et la famine dans le peuple.— Bien que l'enquête ait porté seulement sur la grande et la moyenne industrie, négligeant ainsi, chose étrange, la petite industrie où les fraudes étaient les plus nombreuses et les conditions d'hygiène les moins favorables, on a dû reconnaître que cette prétendue protection se retournait une fois de plus contre le prolétariat que l'on avait eu l'intention de soulager. Les patrons ont pris le parti de renvoyer les femmes et les enfants, spécialement dans les industries où le travail de ces malheureux était nécessairement lié à celui des adultes ; car alors, il va de soi que la diminution du nombre des heures, les temps de repos, les prescriptions concernant la préservation de la santé, s'appliquaient aux adultes par contre-coup. L'employeur, ne considérant que son intérêt, a donc remplacé par des adultes les protégés de la loi. Ainsi nombre de familles, qui ne pouvaient vivre sans les bras de la mère ou du fils, se trouvent réduites à la misère parce que la loi tenta de les sauver sans que le capital y consentît.

En vérité, le problème de l'existence est rendu par trop dur pour le prolétariat, impitoyablement sacrifié dès que l'employeur, qui, en toute hypothèse, ne manquerait de rien, trouve un moyen d'éviter la moindre perte. Le rapport nous révèle que parfois les médecins, ayant d'abord refusé d'accorder à un mineur le certificat de santé requis pour lui permettre de travailler, se sont laissé fléchir par les supplications de la famille, incapable de subsister sans condamner l'enfant à une mort prématurée. Voilà qui n'a pas besoin de commentaires. Toutes les déclamations du monde ne flagelleraient pas aussi bien le capitalisme que la divulgation d'un pareil crime. Mourir de faim ou de phtisie, le dilemme n'avait pas encore été posé par aucune ploutocratie de l'histoire. Les esclaves égyptiens, grecs ou romains ne l'avaient pas plus connu que les bœufs ou les chevaux dont la conservation importe au maître. Et c'est un joli raffinement d'hypocrisie, que d'en arriver là au nom de la liberté. Le travail libre ? Quel mensonge !

En de telles conditions, on a beau jeu de reprocher à la loi son impuissance. La misère qu'elle ne peut toujours atténuer ne lui est pas imputable, mais au capital libre et sans pitié. Voilà pourquoi celui-ci doit être socialisé. On ne peut plus tolérer que des foules de travailleurs soient écrasées par la concurrence privée au point de végéter dans une condition pratiquement pire que celle des ilotes et des parias. Il les faut agréger à une association possédant le capital, assurant à tous ses membres un salaire suffisant pour vivre à l'aise, et leur partageant ses bénéfices, lesquels ne sont pas gagnés par les seuls dirigeants, mais par les plus humbles collaborateurs. Tel sera le socialisme exposé en cette brochure.

Or, l'on verra combien il serait chimérique d'attendre qu'il
se réalisât par le développement spontané de l'esprit d'association libre. Il y faut une contrainte remaniant de fond en comble
l'état de choses présent, consacré par la loi au profit des privilégiés. Une autre loi est donc requise, et dès qu'elle aura établi les
principes de la réforme, ses efforts de détail deviendront efficaces.

Les Trade-Unions elles-mêmes commencent d'ailleurs à le
comprendre. A des signes non équivoques il leur a fallu reconnaître que la liberté dont elles sont fières ne pouvait leur garantir longtemps les avantages obtenus grâce à la faveur publique
qui les avait encouragées à la suite de leur premier congrès tenu à
Manchester en 1868. Depuis le 1er septembre dernier on a pu voir
que l'opposition des ouvriers à M. Chamberlain n'a pas seulement pour cause la crainte d'un renchérissement des denrées alimentaires, — disons plutôt la certitude, puisque M. Chamberlain
veut taxer spécialement ces denrées à l'importation —, mais que
ce revirement provient aussi du changement de tactique opéré
par la magistrature, l'aristocratie et la bourgeoisie à l'égard des
Trade-Unions. La magistrature leur interdit l'usage du *Pickoting*,
considéré par elles comme indispensable pour diriger les grèves ;
la bourgeoisie dénonce, dans le *Times*, les envahissements de ces
syndicats traités en puissance amie par la loi de 1869 qui refréna
ainsi leur turbulence violente. Naturellement ils se mettent sur
la défensive. Ils voient trop bien que le régime capitaliste, maître du Parlement, n'a pas eu la sincère intention de favoriser
leurs aspirations jusqu'au bout de ce qu'elles ont de légitime,
mais seulement de les apaiser en leur jetant un os. Ils sentent enfin que le seul moyen d'obtenir justice est de marcher à la conquête du pouvoir.

Ils l'ont avoué expressément au congrès de Leicester dont M.
Jean Longuet nous rend compte dans *l'Européen* du 19 septembre
dernier. « Tout le trade-unionisme anglais, nous dit-il, est actuellement d'accord pour intervenir dans la lutte politique. Il n'y a
de divergence que dans l'attitude à observer en présence des
grands partis existants. Tandis que les anciens trade-unionistes
et ceux qui continuent leurs traditions veulent lier plus ou moins

le nouveau parti du travail (socialiste) au parti libéral (les Trade-Unions elles-mêmes), un courant de plus en plus puissant s'est dessiné depuis deux ans en faveur de l'indépendance absolue du parti ouvrier, en présence des deux anciens partis, libéraux ou tories. » Comme cette indépendance avait été approuvée au début de l'année par le Comité pour la Représentation ouvrière réuni à Newcastle, les libéraux de Leicester n'osèrent pas l'attaquer de front. « Ils se contentèrent de demander, ainsi que l'avait déjà fait le président Hornidge, l'exclusion du Comité des deux organisations socialistes non trade-unionistes, l'Indépendant *Labour Party* et la société Fabienne, à l'influence pernicieuse desquelles ils attribuaient la direction semi-socialiste prise par le Comité. Ils furent battus à plate couture, puisque par 209 voix contre 53 le congrès adopta la résolution de Pete Curan, approuvant la politique du Comité pour la représentation ouvrière et que l'amendement tendant à donner au Comité les mêmes bases qu'au Congrès, c'est-à-dire à n'y accepter que des trade-unions, fut repoussé par 200 voix contre 82. » Pourtant le trade-unionisme, dans ce même congrès, n'a pas laissé de se déclarer anti-socialiste. Il en reviendra. En attendant il se voit obligé de faire appel aux socialistes pour s'assurer la conquête de la loi par une représentation exclusivement ouvrière.

Ces simples faits démontrent une fois de plus l'impuissance de la libre initiative.

M. Yves Guyot a voulu nous faire croire qu'il est pour le moins aussi illusoire de chercher à constituer le collectivisme par le suffrage universel que d'attendre son avènement de l'initiative des classes laborieuses luttant contre le patronat. A cet effet il nous présente des statistiques établissant, conjointement avec celles de M. Alfred Neymarck, que, sur mille familles françaises, 850 sont propriétaires d'immeubles, et que sur 10 Français, 9 sont porteurs de valeurs mobilières. On a souvent remarqué combien sont peu mathématiques les calculs appliqués à des moyennes arbitraires, à des catégories que chacun forge à son gré. Pour apprécier une statistique, il la faut subdiviser d'après la complexité des phénomènes eux-mêmes qu'elle a tort de confondre, et l'envisager sous autant de points de vue successifs que ces phénomènes présentent entre eux de relations différentes. M. Yves Guyot néglige de nous dire combien, parmi ces 850 millièmes de propriétaires fonciers, trouvent dans leur propriété ce qui peut leur suffire à ne pas mourir de faim ; combien, parmi ces 9 dixièmes de rentiers, possèdent seulement pour mille francs de titres, — ce qui revient en somme à 30 francs de rentes ? Le petit paysan acharné à posséder son pauvre lopin ne serait-il pas plus heureux s'il se trouvait agrégé à quelque puissante société agricole dont il sera plus loin proposé des exemples, et s'il en recevait, en retour de son travail sur le fonds commun, un salaire et des bénéfices lui assurant une existence large et sans aléa ? L'ouvrier qui a son livret de caisse d'épargne, son bon de Panama, peut-être son titre de chemin de fer, sinon sa reconnaissance du mont-de-piété — voilà bien aussi l'une des valeurs mobilières de M. Yves Guyot — ne sacrifierait-il pas volontiers l'avantage d'être capitaliste en ces conditions, pour conquérir les droits que lui garantit la socialisation de l'industrie ? Avant donc de prononcer que, la majorité de la nation étant composée de propriétaires, on ne peut espérer qu'elle vote contre la propriété, il faudrait examiner si elle n'aurait pas intérêt à le faire. Nous croyons qu'elle l'aurait. Il s'agit de l'en instruire. La tâche est ardue, elle sera longue. La propagande peut en venir à bout.

Il existe, à vrai dire, un parti proposant une solution qui, à première vue, semble intermédiaire entre la violence, la liberté absolue et la légalité : c'est celui des « blanquistes », dont les chefs, MM. Edouard Vaillant, Maxence Roldes, Dejeante, ne voient de salut que dans la grève générale. M. Jules Guesde, qui leur a proposé de discuter une bonne fois la question, l'an prochain, dans un congrès du « parti socialiste de France » dont la réunion doit précéder de quelques jours le prochain congrès international d'Amsterdam, n'a pas tort de rejeter ce moyen d'action, d'accord en cela, non seulement avec les ouvriers anglo-saxons, mais avec les socialistes allemands. N'y eût-il que l'impossibilité manifeste de s'entendre avec les camarades de l'étranger, ce seul fait suffirait pour montrer l'imprudence de la grève générale. Elle ne peut s'étendre au monde civilisé ; on espère seulement qu'elle s'étendra à la France entière. A supposer qu'elle y réussisse, c'est la ruine de l'industrie française écrasée par la concurrence, et par conséquent des travailleurs que l'on n'a pas soin de préparer à prendre la succession des employeurs supprimés. Cette catastrophe ne pourrait être évitée que par l'utopie d'une grève universelle et simultanée.

Maintenant, ce qui nous importe au point de vue des principes, c'est de savoir comment se comporteraient les grévistes. Il leur faudrait opter entre les trois procédés hors desquels on ne saurait rien concevoir. Le premier est la violence, qui ne peut se justifier, même quand elle a simplement pour but d'interdire le travail et de réduire le patron à l'impuissance d'embaucher d'autres ouvriers ; tel était le but des grévistes dans la région du Nord au mois d'octobre dernier : ils auraient dû, avant d'empêcher de travailler leurs camarades mourant de faim, leur assurer d'abord la subsistance et ne pas oublier que sans organisation, sans caisse, sans puissance morale et financière, la force se retourne contre le révolté..

Le second procédé est celui que recommande ce livre : l'action législative. Si la grève générale se propose précisément de créer une législation socialiste, très bien. Mais elle n'en prend guère l'allure. Car il ne s'agit pas d'imposer par la terreur une constitution et des décrets voués d'avance à l'insuccès ou fatalement suscitateurs de réaction ; on ne peut faire un peuple socialiste, pas plus que républicain, antialcoolique ou protestant, sans la libre décision de la volonté générale promulguant pacifiquement des lois qui puissent s'appliquer sans violence.

Enfin la grève générale aboutira-t-elle à permettre aux travailleurs de déployer toute leur initiative en comptant sur eux-mêmes beaucoup plus que sur les lois, pour obtenir du patronat la plénitude des concessions désirées ? Voilà un beau rêve. A-t-on bien calculé ce qu'il suppose de vertus sociales et individuelles ?

Croit-on qu'il sera jamais au monde un peuple entier capable
d'en remontrer aux Lycurgue et aux Justinien, qui se virent
obligés, pour organiser les sociétés, de leur imposer une loi puissante? A parler franc, nous sommes loin de cet esprit d'organisation, d'économie, de sagesse, de persévérance, qui seul constitue la vraie force! Et puis, osons le dire, le prolétariat ne
peut aboutir à rien par lui-même. Il lui faut la direction d'une
élite, aussi nombreuse, aussi instruite, aussi énergique que celle
du régime capitaliste. Seulement, qu'au lieu de conserver à
cette élite des privilèges exorbitants, on la réduise aux justes
avantages proportionnés à son mérite, comme il sera montré
dans les pages suivantes. Faire une grève révolutionnant de
fond en comble la société, cela n'est possible que si le peuple
se sent assez de génie et de volonté pour tout reconstituer d'un
bloc par lui-même ; commencer par abolir les classes patronales,
cela est pure folie si l'on n'a point au préalable l'équivalent à
leur substituer. Eh bien, on ne l'a pas, cet équivalent, on ne les
a pas, cette volonté, ce génie. Dire au peuple que, seul et par lui-
même, il est capable des choses prodigieuses auxquelles on le
convie, c'est le tromper indignement : il y faut la collaboration
des intellectuels.

Prendrait-on pour système absolu d'abandonner les prolétaires à leurs seules ressources, il est bien certain que, sans lois
protectrices, sans assistance venant de haut, ils seraient réduits
à une perpétuelle capitulation ou acculés à une révolte désespé-
rée. Même avec les riches souscriptions dont elles disposent,
les Trade-Unions restent loin d'assurer à leurs propres membres
les avantages strictement légitimes que le socialisme veut leur
garantir. Quant à la foule des abandonnés qui ne peuvent constituer de vastes syndicats, on verra en plusieurs articles subsé-
quents combien il lui est plus impossible encore de sortir de sa
misère si la loi ne vient socialiser en sa faveur aussi le capital,
les matériaux et instruments de travail.

Renonçons donc à l'utopie particulariste comme à l'infamie
terroriste, et adoptons provisoirement, postulat dont ce livre
s'efforcera de tirer des conclusions justificatives, que, pour se

réaliser complètement et conformément au dictamen d'une conscience sincère, le socialisme, formule d'équité, doit employer la seule force légale, expression du droit.

Rien ne montre avec plus d'évidence la double impuissance de l'initiative libre et de la loi bourgeoise que la condition des paysans italiens, dont le sort n'a pu être amélioré sensiblement par l'un ni l'autre de ces deux facteurs. Les causes du marasme de la population agricole en Italie sont nombreuses. L'ignorance et la routine n'y sont pas combattues au même degré que chez nous par l'enseignement primaire et l'instruction technique. L'isolement séculaire empêche la communication des idées et l'échange des produits, sauf dans le Mantouan où se sont développés principalement les syndicats agricoles, et dans le Midi où des villes de 25 à 50.000 habitants, peuplées de paysans, comme Andria et Minervino, favorisent l'association. La configuration même de la péninsule, les climats différents qu'elle présente, la difficulté des communications, la variété des régimes politiques successifs opposent de nouvelles barrières à l'organisation agricole (*Italy to day*, par Bolton King et Thomas Okey). Il n'est pas jusqu'au nombre des petits propriétaires, trois millions et demi, qui, par le morcellement des ressources, ne paralysent le progrès, tandis que la moyenne et la grande propriétés, par la diversité des contrats, rendent l'association difficile, et surtout par leurs exigences onéreuses réduisent le fermier ou le métayer à un revenu maximum de 700 francs ; encore ces ressources se trouvent-elles souvent en déficit de 100 fr., ce qui entraîne un travail excessif, des épidémies de malaria ou de pelagre (causée par le maïs avarié) et la dégénérescence organique. Ajoutez à cela les rigueurs du fisc, qui, du 1er janvier 1885 au 30 juin 1897, a exproprié 104.977 propriétaires ; on comprend alors que l'émigration ait atteint en dix ans le chiffre de 2.400.000 départs. Colajanni, *L'Italie en 1898, Rivista popolare.)*

L'activité privée ou collective n'a pas manqué pour remédier à cette triste situation. La loi aussi a déployé son zèle. On n'a fait que trouver des palliatifs, sans plus réussir à relever l'agri-

culture que Sully n'en fut capable chez nous. Sous le régime
capitaliste, seule la grande et la moyenne propriétés peuvent
tirer des bénéfices de la terre, ou plutôt des travailleurs qui la
fouillent de leurs mains. Que s'est-il passé, en effet ? On a multiplié les syndicats et les coopératives (le seul arrondissement de
Mantoue comptait 67 de ces dernières en 1897) ; on a adopté les
caisses rurales Raiffeinsen et constitué, en 1898, des « ligues d'a-
mélioration » (en 1902, dans la Polesine et le Padouan, 76 ligues
étaient socialistes et 8 catholiques, *Giornale d'Italia*, 20 février
1902) ; aujourd'hui ces ligues jointes aux syndicats de tout genre
sont au nombre d'un millier dans toute l'Italie, et comptent environ 250.000 adhérents. Qu'est-ce que cela ? Reste plus de trois
millions de cultivateurs capables de s'associer, sans compter
la foule de ceux qui ne le peuvent parce qu'ils sont de simples
salariés ou employés. Ceux qui en sont capables ne le feront
pas ; les conditions précédemment décrites les en détournent,
principalement l'isolement de l'habitat, le manque de ressources, la difficulté des communications et la lutte organisée par
la grande propriété qui s'est à son tour liguée contre les travailleurs en imitant leurs procédés. Seuls les centres qui agglomèrent la population rurale, comme le Mantouan, favorisent ce
mouvement d' « amélioration ». Le Socialisme prétend bien faire
davantage, assurer à l'ouvrier du sol la copropriété du territoire
entier partagé avec les grands exploiteurs, et à ceux-ci comme
à ceux-là le salaire normal et le partage des bénéfices. Les pays
où la condition des travailleurs est la plus misérable, comme les
Pouilles, la Calabre, la Sardaigne, ont compris que là était le
salut (Colajanni, *le Socialisme et l'Italie en 1898*).

La loi ne s'est pas montrée plus efficace dans ses tentatives de
relèvement. En Italie, comme ailleurs, elle a fait son possible ;
mais que peut-on attendre même du fameux projet Di Rudini
sur la constitution des communes rurales et des bourgs autonomes ? Voilà sans doute, nous le verrons, l'un des éléments essentiels du Socialisme Fédéral, pourtant à la condition que les
communes soient socialisées. Permettez aux petits propriétaires
de se gouper pour lutter contre les grands, ce serait déjà un pro-

grès, soit ! Et quand y réussiront-ils ? La loi ne peut que leur en donner l'autorisation, tant qu'elle ne commence pas par réduire la grande propriété au moyen d'une constitution socialiste. Sans cela, tout est livré à l'initiative impuissante des faibles. On n'avance rien en leur disant : Marchez ! Il leur faut ensuite le même temps, les mêmes ressources, la même instruction, la même énergie, toutes choses qui continuent à leur manquer. Aussi le professeur Morpurgo *(Les paysans dans la Vénétie*, IVᵉ vol. de l'*Enquête agraire)* se voit-il obligé de conclure : « On ne peut attendre aucune amélioration de la seule influence du législateur ; il est nécessaire de produire une modification efficace de l'état social ». Comme résultat d'une enquête officielle, voilà qui ne manque pas de sel. Ce que n'observent pas les délégués d'un gouvernement bourgeois, c'est que l'impuissance de la loi tient à ce que le gouvernement est bourgeois et que les conditions économiques sont à la merci du capitalisme. Commencez par la socialisation de la culture comme de tout autre travail, les lois établies pour favoriser le jeu naturel du nouvel état social ne peuvent manquer de produire leur effet, sans omettre que la socialisation elle-même aura d'abord été décidée légalement, en exécution du mandat confié par le suffrage universel aux représentants chargés d'établir la constitution socialiste.

Ainsi donc la fédération des trois espèces d'organismes dont les chapitres suivants étudieront les caractères essentiels et les relations principales, repose avant tout sur cette notion d'une réforme législative. C'est toute la Révolution, qui fit la moitié du travail, à reprendre pour en finir, avec la décision arrêtée de ne point tomber dans les abus du pouvoir qui l'ensanglantèrent.

Le socialisme légal, voilà le progrès ultime qu'il fallait accomplir, celui qui peut seul rendre le changement juste et définitif, sous cette condition, dont nous prions le lecteur de ne jamais perdre de vue l'importance primordiale, que la loi ait commencé par socialiser complètement la nation. Les satisfactions fallacieuses qu'ont dû accorder aux classes ouvrières les législatures de n'importe quel peuple constitué sous le régime de la propriété privée ne pouvaient pas résister aux poussées de l'intérêt bourgeois infiniment plus protégé.

On ne devra pas oublier non plus — ces deux idées sont unies par une étroite connexion — que le prolétariat n'a fait que nuire à sa propre cause tant qu'il en appela aux armes. En élevant des barricades ou en brisant des machines, les insurgés discréditaient leur parti. Il est triste de voir des malheureux, comme ceux que M. Raymond Recouly (voir le n° du *Temps* déjà cité) a observés dernièrement à Séville, animés d'une foi aveugle dans l'avènement de l'ère bienheureuse, mais ne sachant pas raisonner, s'organiser, déclarant que le seul argument est le fusil, sous prétexte que les Révolutions pacifiques, les Républiques à la française n'ont servi à rien pour alléger leur sort. Il nous faudrait avant tout dissiper leur ignorance, leur faire comprendre que la loi ne peut en effet presque rien tant qu'elle est contrecarrée par le capitalisme, qui l'empêche habituellement de naître telle qu'elle devrait, favorable aux travailleurs, et qui, née ainsi par hasard, la neutralise, la tourne, l'insulte ouvertement ou la contrebalance par le jeu des forces économiques à la discrétion du capital. Que l'on reconnaisse donc enfin la différence totale, absolue, essentielle, entre cette impuissance et l'efficacité inéluctable qu'aurait la loi sous un régime de propriété socialisée. Alors, tout capital privé se trouvant au préalable supprimé, les Révolutions pacifiques, les Républiques non plus à la française bourgeoise mais à la française démocrate, ne trouveraient plus d'obstacle à créer des lois pour l'affranchissement des prolétaires, puis à les maintenir et à les développer pour la juste application des règlements imposés aux institutions nouvelles.

∴

A la légalité que doit observer le Socialisme ne se rattache pas directement cette question depuis quelque temps passionnante : Les socialistes intransigeants sont-ils les seuls véritables, et ceux qui participent au gouvernement de la société bourgeoise avouent-ils ainsi une abdication des principes? Il nous faut néanmoins prendre un parti à ce sujet, que l'on voit de jour en jour plus intimement connexe de l'opinion que peuvent concevoir les spectateurs pour ou contre le succès futur. Ce n'est là, semble-t-il, qu'une question de méthode. Et pourtant, quand on voit les scissions profondes opérées dans le sein même du parti socialiste par cette simple divergence dans le mode d'action, on est forcé d'admettre que peut-être, en effet, les fondements mêmes de la doctrine sont en cause. Voilà ce qu'il nous importe d'examiner, pour pouvoir situer le Socialisme Fédéral à sa vraie place.

Nul, en France, n'ignore les polémiques soutenues par M. Jules Guesde contre l'entrée de M. Millerand au ministère et contre la désignation de M. Jaurès pour la vice-présidence de la Chambre. Inutile de les résumer. Depuis le dernier congrès des socialistes allemands tenu à Dresde, et dont les séances ne roulèrent à peu près que sur cette question, on est aussi bien informé de la dissension parfois violente qui met aux prises le parti intransigeant et radical commandé par M. Bebel et le parti « revisionniste » c'est-à-dire progressiste et ministériel, qui obéit à M. de Vollmar. Celui-ci a toujours pris comme base d'opérations ce fait que le socialisme est sorti de la sphère des abstractions pour entrer, comme tout être vivant, dans la sphère des contingences, où l'on s'agite comme on peut, où la lutte doit se conformer aux conditions générales de l'évolution, conquérir le terrain pied à pied, monter par degrés vers la perfection : « Un parti qui travaille dans la réalité doit régler sa conduite selon la vie de tous les jours et faire de la politique pratique. Des hommes sérieux se donnent un idéal, mais ils se représentent aussi le long chemin qui y conduit et les innombrables obstacles qu'il faut surmonter ; ils se représentent qu'un ordre de choses rattaché par mille fils au passé ne peut pas d'un seul coup faire place à un nouvel ordre de choses, mais que toute évolution se produit peu à peu, *et que l'on doit vouloir et poursuivre le tout, mais le conquérir isolément par parties.* » Nous soulignons les derniers mots, qui nous semblent résumer la double intention des socialistes sincères qui ont adopté la même tactique. « Vouloir et poursuivre le tout », voilà ce que l'on doit exiger de tout parti socialiste. Quant aux moyens, ils restent livrés à l'appréciation de chacun. De savoir si les moyens parlementaires, tant que l'on respecte les institutions actuelles et qu'on tâche de les obliger à une série de concessions, ont réellement une efficacité suffisante pour permettre de croire qu'on n'y perd pas son temps, voilà une autre affaire. Nous nous sommes expliqué franchement. Considérées une à une, les réformes jusqu'ici obtenues se sont vues souvent neutralisées et parfois changées en désastres pour la classe que l'on voulait secourir, par le fait que les lois économiques et la direction générale du gouvernement se trouvent entre les mains du capitalisme : tant que cette disposition fondamentale de la Société n'aura pas fait place à la socialisation des moyens d'existence, les conquêtes apparentes du socialisme ne sont que duperie, rien n'est fait. Il s'agit donc de réaliser cette socialisation. A titre de moyens d'y parvenir, ces mêmes réformes sont, prises en bloc, un excellent agent de propagande, le premier de tous et le plus efficace. Ainsi justifiées, elles ne répondent cependant pas aux convictions que manifestent les derniers mots de la phrase précédemment soulignée. Croire que la socialisation peut être de la sorte « conquise par parties » est une illusion. Ce que l'on conquiert, ce n'est pas une amélioration du sort des travailleurs, qui depuis que l'on s'occupe d'eux n'en souffrent pas moins, nécessairement vaincus d'avance par ceux qui jouissent de la grande propriété ; c'est seulement un accroissement de la volonté populaire de parvenir enfin à la socialisation définitive. Et cela suffit. On aura réussi quand la majorité de la nation dira : Maintenant, nous voulons partager, trève de comédies, — et qu'elle nommera des représentants chargés d'établir la constitution socialiste.

Les intransigeants ont quand même raison, en certains cas, de considérer avec inquiétude la tactique parlementaire. La pente est glissante : nombre de soi-disant socialistes finissent par montrer qu'ils ne le sont plus, tout en restant voués à l'amendement de la législation en faveur des sacrifiés. Le second chef des « révisionnistes » allemands, M. Bernstein, avouait, en croyant formuler l'essence de la pensée de Vollmar, mais en disant plutôt justement le contraire : « Ce but, fin dernière du socialisme, quel qu'il soit, n'est pour moi rien du tout, le mouvement est tout. » Ce qu'on fait avec de pareilles intentions, avec cette absence d'intentions finales, n'est plus alors du socialisme, mais rentre dans la catégorie des réformes secondaires ou inefficaces que poursuivent également, plus ou moins, les autres partis politiques. Il n'est pas jusqu'aux mandataires de la bourgeoisie la plus conservatrice et la plus cléricale qui ne s'exercent à ce sport. Ils se disent « démocrates » ou « socialistes chrétiens » : pure fantasmagorie ! Leur but n'est autre que d'empêcher la socialisation positive, la destruction de leur chère propriété personnelle, en apaisant le peuple par des atténuations de sa misère qu'ils peuvent d'ailleurs considérer comme requises par la stricte justice. Qu'on ne vienne pas nous parler d'un socialisme qui ne viserait plus la mise en commun des moyens de travail et des bénéfices ! Puisque la réalisation de cette condition primordiale nous semble être le seul moyen de rendre effectives les lois favorables au prolétariat, c'est bien la poursuite du but qui caractérise un parti socialiste, et ce n'est pas la chimère d'un progrès détaillé.

Aussi les plus intransigeants des chefs en Allemagne, Lassalle et Liebknecht, sont-ils restés authentiquement socialistes, aux yeux du peuple dont ils ont conquis la préférence, par le fait qu'ils n'ont cessé de préparer la socialisation absolue en faisant quand il le fallait des concessions à l'opportunisme pour démontrer la vitalité du parti et lui permettre de mesurer ses forces, de les développer même par l'exercice des affaires et le sentiment de la nécessité croissante d'établir un ordre social communiste. Bebel lui-même n'a nullement abdiqué lorsqu'après avoir lutté contre la participation des socialistes aux élections municipales, à celles des Landtags, à l'établissement du budget, il a fini par autoriser et conseiller ces apparentes concessions au régime qu'il veut détruire. Si le socialisme s'était toujours et partout abstenu, on ne saurait point qu'il existe ; ce ne serait qu'une conception théorique sans corps et sans avenir. C'est pourquoi le vieux et infatigable champion de la cause qui, en partie grâce aux compagnons parlementaires a gagné trois millions d'électeurs aux dernières élections et envoyé quatre-vingt-un représentants au Reichstag, devrait reconnaître pour fidèles ceux qu'il condamne aujourd'hui. Accepter la vice-présidence d'une Chambre, collaborer aux lois, essayer d'en faire adopter celles que l'on croit utiles aux salariés, tâcher d'acquérir une influence croissante en briguant les hauts emplois, y compris les ministères, si de fait ces assauts n'aboutissent qu'à de perpétuelles déceptions tant que dure le régime capitaliste, du moins servent-ils à faire l'éducation socialiste de la nation, en attendant le jour d'enlever la place par une majorité d'électeurs. On comprend tout de même la résistance des intransigeants. Ils redoutent qu'à force de ne plus agir que suivant les habitudes bourgeoises, d'accord avec les bourgeois, on ne finisse par se fondre dans la bourgeoisie, oubliant le but, content de réformes partielles, convaincu à la longue de l'impossibilité, peut-être même de l'injustice prétendue que les bourgeois opposent comme fin de non-recevoir. Seulement, pour les cas où ce danger n'est pas à craindre, et pour les hommes sûrs, la tactique gouvernementale reste parfaitement justifiée. M. Gabriel Séailles montre une fois de plus sa perspicacité en matière de philosophie sociale quand il solutionne le problème, ainsi exposé dans un de ses articles de l'*Européen* (17 octobre 1903), en le ramenant à une question d'enseignement : « Cet idéal suppose autre chose qu'une armée disciplinée d'électeurs,... il veut des individus capables de le comprendre et préparés à le réaliser. Seule l'éducation peut faire des hommes nouveaux pour une société nouvelle. » Sans doute on ne doit pas entendre par là une éducation purement scolaire : l'école de l'homme fait, c'est la presse, c'est la tribune, c'est le maniement des choses et l'appréciation à leur juste valeur qu'il peut en faire à la lumière de la doctrine. J'ajouterai : il n'y a pas là seulement une question d'éducation, mais aussi d'entraînement, d'expérience et d'exaltation. Quand le peuple sera « emballé » par une activité sans cesse grandissante du parti socia-

liste, quand il sera entraîné aux suprêmes espoirs par des succès partiels, voire piqué, mortifié, colère des incessants obstacles
s'opposant, par le fait du régime capitaliste, à l'efficacité de
ce qu'on tente pour le satisfaire, quand enfin il aura, par la
pratique des affaires politiques, acquis le tour de main, le flair,
le jugement et l'audace, c'est alors que son éducation sera complète et qu'il présentera une majorité assez compacte pour opérer la révolution légale.

Le congrès socialiste de Dresde n'en a pas moins, et à juste titre, marqué une nouvelle victoire du parti fidèle aux intransigeantes traditions collectivistes. Il faut au peuple une idée simple ; et de savants compromis risquent de le mettre en défiance.
Dans ce livre, nous nous en tiendrons avec la majorité allemande au programme d'Erfurt (1891) : « Le parti démocrate socialiste d'Allemagne ne lutte pas pour de nouveaux privilèges de
classe, mais pour la suppression de la domination d'une classe,
pour la suppression des classes même et pour assurer à tous
sans acception de sexe ni de race des droits égaux et des devoirs
égaux. »

On verra au prochain congrès du socialisme français si la
majorité ne se prononce pas aussi, comme nous l'espérons,
dans le sens du communisme traditionnel depuis 1848, qu'il ne
faut pas confondre avec les vagues aspirations d'auparavant,
fort semblables à celles des opportunistes nouveau style.

En Espagne, nous voyons la démocratie hésiter entre les su-
perbes abstentions du révolutionnaire Romero Robledo et les
stratégies envahissantes de M. Canalejas, qui espère — douce
chimère — accomplir par la loi la réforme sans révolution.
Mais en Italie le peuple a pris parti en se rangeant en majorité
pour le criminalogiste et député Enrico Ferri contre l'opportunisme indécis de M. Turati. Rien d'étonnant à ce que les pays
libres en soient arrivés à ce point d'évolution où les espèces se
classent dans la famille : à droite, ceux qui, las d'attendre une
échéance qu'ils croient lointaine, attaquent la société par le de-
dans, espérant la démolir pièce à pièce ; à gauche, ceux qui
préfèrent l'assaillir en bloc par le dehors, sapant les bases, pré-

parant la mine qui fera tout sauter, le jour venu. Le désaccord n'est pas aussi complet en Allemagne, où l'obligation de lutter contre l'absolutisme commande encore une concentration au moins apparente des forces opposées. La scission se produira tôt ou tard. Doit-on s'en inquiéter ? M. Paul Louis répondait à cette question en termes fort judicieux, en nous entretenant du congrès de Dresde une semaine après M. Séailles : « D'aucuns salueront ce fractionnement comme une défaite ou un aveu d'impuissance. Il serait plus juste d'y voir le résultat d'une croissance incoercible et le signe d'un triomphe plus proche. »

Le Socialisme Fédéral ne voit donc pas d'inconvénients à employer les moyens parlementaires et ministériels ; il y voit même le grand avantage d'exercer ainsi la plus efficace des propagandes et d'entraîner le peuple pour la bataille décisive. Mais il tient à rester ferme sur le principe de l'organisation collectiviste qu'il veut, sans tomber dans le socialisme d'Etat, établir par des moyens légaux et pacifiques.

Il ne saurait mieux formuler la règle à suivre que ne l'a fait M. Jaurès dans le congrès socialiste de Bordeaux le 12 avril 1903. L'ordre du jour appelait la discussion sur « la demande d'exclusion de M. Millerand », conformément aux questions posées par M. Hervé au nom de la fédération de l'Yonne. M. Millerand s'étant justifié, M. Jaurès l'approuva, et lui dit aussi franchement ce que pouvait reprocher le parti à son système de concessions, comme d'un autre côté ce qu'avait de stérile l'intransigeance de M. Jules Guesde : « Millerand a trop estompé les points par lesquels le prolétariat doit marquer, dans la démocratie, sa force propre. Millerand a dit qu'il avait émis les votes qui lui sont reprochés, non pas parce qu'il avait été jadis ministre » (mais parce qu'il estimait impossible la séparation des Eglises et de l'Etat avant que la puissance de l'Eglise fût affaiblie par la destruction des congrégations, et parce qu'il ne croyait pas devoir favoriser la propagande qui engageait les soldats à déserter.) « Ce serait, en effet, continue M. Jaurès, la condamnation même de la participation ministérielle. Quand le prolétariat voudra normalement pratiquer la participation, les ministres socialistes seront, certes, tenus à certaines concessions, mais quand ils auront quitté le ministère, ils reprendront, ils doivent reprendre leur première attitude. Millerand ne pose pas ici le problème. Il dit que le Parti socialiste se trouve en présence de conditions nouvelles dont il doit tenir compte. Je reconnais que la tactique de Millerand faciliterait singulièrement les choses, mais cette tactique est vraiment trop facile et nous n'en sommes plus à la politique facile. Trop facile, dans un autre sens, est aussi la politique de Guesde. Guesde fait abstraction des périodes révolutionnaires de France ; il est enfermé dans la conception d'un prolétariat exclusif et il foudroie, comme d'une forteresse isolée, également tous les partis. C'est facile, mais je dis que c'est une politique de suprême paresse. Elle dispense de tout effort. Votre politique à vous, Millerand, est trop facile aussi. Vous ne retenez du programme socialiste que ce qui en est immédiatement réalisable : vous coupez ainsi en deux le programme socialiste, et la partie du programme que vous laissez de côté, celle que, si nous vous écoutions, nous n'aurions plus à affirmer, ne serait plus qu'une survivance morte. Voilà le danger. La politique complète que j'essaie ici de formuler, je reconnais qu'elle est malaisée, qu'elle comporte des difficultés graves ; mais j'imagine que vous ne pensez pas qu'on pourra jamais aboutir sans éprouver de multiples difficultés. »

∴

Une fois ainsi construite la silhouette du Socialisme Fédéral, ce serait une redite superflue que d'expliquer à nouveau les principes de la réformation économique, politique et sociale qu'il se propose conjointement avec toutes les autres modalités de socialisme pur et intégral, d'instaurer en faveur de tous les citoyens sans exception sur les ruines du capital privé accaparé par le plus petit nombre au détriment du plus grand. Etablis successivement par les initiateurs dont le dix-neuvième siècle fut riche, ces principes sont connus des lecteurs du présent ouvrage qui n'aurait pas de raison d'être s'il ne cherchait qu'à les mieux éclairer.

Loin de fléchir sous la critique, leur évidence est allée croissant. Mieux que tant de justifications habiles ou profondes menées à bien par les éthiciens ou les psychologues, le succès leur assure de jour en jour la preuve suprême, celle du fait : en tous les pays qui mènent les destinées du monde, les ouvriers, les légistes, les écrivains socialistes envahissent les usines, les parlements et les cabinets de rédaction. Qu'étaient-ils hier ? — Une poignée de malfaiteurs, disait-on. Que les voyons-nous déjà devenus ? — Une armée qui a ses chefs dans les ministères et ses défenseurs dans les académies. De grandes villes, vieillies dans une tradition conservatrice, comme Lyon. et Copenhague, ont eu des maires socialistes. Que Marseille ait dû révoquer le sien pour des raisons de budget, en effet assez graves, ce fait pouvait provenir d'une administration imprudente, imputable. ce que nous ignorons, à la personne même du maire, à moins que ce ne fût la conséquence naturelle de la crise économique subie par le plus grand port de la France ; toujours est-il qu'on ne saurait sans paralogisme en charger la doctrine socialiste : tactique malhonnête, de rendre une doctrine responsable des fautes de ses représentants, et plus inqualifiable encore lorsque, comme il est probable qu'on le fait dans la circonstance présente, on accuse ces représentants de torts qui proviennent simplement de la fatalité.

S'il est vrai que, socialement, toute théorie se légitime par le succès, voilà donc la bonne : d'autant que les autres reculent, elle avance.

L'y aider par quelques démonstrations nouvelles ne sera pas, en passant, inutile. Plus suggestive de rébellions réfléchies et de gestes provocateurs, sinon d'enthousiasmes et de créations, pourrait être, néanmoins, l'invention d'une modalité syncrétique, cueillant à travers tant de systèmes, que l'on rejette comme absolus et exclusifs, les vues parfois les plus opposées, pour les combiner en un projet de constitution capable d'agréer à tous ceux qu'anime encore un sincère esprit de justice. Cette modalité ne cessera pas de se présenter comme pleinement socialiste, sans aucune atténuation ; mais elle prétend à la qualité de *fédérale* aussi bien par sa structure intime que par ses intentions conciliatrices.

II

Notion et Raison suffisante
de tout Socialisme

Socialisme ! Ce mot suffit à jeter le scandale dans les chapelles des bourgeois. Adversaires inféodés à quelque parti que ce soit, politique, social ou religieux, ils devraient pourtant convenir, si d'égoïstes parti-pris n'aveuglent leur loyauté, qu'en l'essence abstraite de leurs propres principes, ils se rencontrent avec ceux du système nouveau surgissant sur leurs ruines.

Que veut-on, d'un côté comme de l'autre, en toute école où se recherche une impartiale solution aux problèmes angoissants de la vie?—La justice entre les hommes.—Les législateurs de la Révolution ont ajouté :« la fraternité » et l' « égalité » pour tous, faveurs que les sociétés chrétiennes ont réservées aux seuls adhé-rents de leur église et dans l'étroite mesure concédée par l'Evangile : quant à la « liberté », elles l'ont proscrite. Avant de songer à la fraternité, rêve qui n'est pas près de prendre corps, appli-quons-nous à réaliser l'égalité en contentant premièrement notre envie de justice ; ce devoir primordial n'est déjà point si aisé à remplir. Etablissons une telle relation entre les divers membres de l'organisme social, que, sans plus devoir faire appel à un dévouement toujours très au-dessous des infortunes qu'il lui faudrait réparer, le jeu spontané des ins-titutions oblige les hommes qu'elles enserrent à observer la pléni-tude de leurs devoirs les uns envers les autres. S'en fier aux cons-ciences individuelles, l'histoire entière montre que c'est provoquer, il est vrai, de rares héroïsmes et quelques probités, mais perdues en l'océan des convoitises exterminatrices. Il faut au corps social une loi immanente et perpétuellement présente à chaque détail de l'action individuelle, loi défensive des trop faibles, répressive des trop forts, excitatrice chez les sacrifiés de leurs possibles énergies. Nulle force n'étant plus perdue, leur concours deviendrait salutaire à chaque cellule musculaire ou nerveuse qui la produit, et parfaitement profitable au vivant total qui en recommande l'emploi. Par la mise en valeur de toutes les vertus humaines coopérant à une œuvre commune, on espère dérouler, comme le font les astres, un spectacle de solidarité hiérarchisée, attribuant une juste rémunération et un équitable partage des joies aux plus humbles artisans du devenir terrestre, et réservant à l'élite qui y préside des avantages suffisants pour enflammer son zèle, mais proportionnés aux besoins personnels comme aux services rendus.

Equation sans doute difficile à établir. Il s'agit de calculer la sphère où tant de forces doivent agir respectivement pour que de leurs collusions mêmes résulte l'ordre et l'harmonie ; on cherche à délimiter l'antagonisme de leurs réactions de façon à maintenir l'équilibre entre le fécond égoïsme et le devoir de fraternité. Et voilà bien l'antinomie essentielle, irréductible, prétendent ceux qui n'accordent de créance qu'aux enseignements de l'histoire. Le siècle passé avait pourtant bien le droit de préparer un avenir meilleur. Celui qui vient de naître voudrait commencer à satisfaire le désir, suprême en toute âme inassouvie, d'installer sur le trône de la justice, le bonheur en notre monde, s'il en est digne.

Effectivement, les humanités défuntes n'y ont point réussi. En vain s'appliquèrent à ce problème les grandes écoles de morale, et principalement, jadis, les religions. Telle fut, du moins, l'intention de leurs fondateurs, on peut même dire celle des églises primitives, tant qu'elles n'eurent point faussé, en croyant l'éployer, la pensée primitive d'où elles étaient issues, tant qu'elles n'en eurent point changé l'esprit de liberté intérieure en loi disciplinaire au profit de leur domination théocratique. Les généreux mouvements d'âmes dus à ces dompteurs de sociétés, les Cakia-Mouni, les Zoroastre, les Moïse et les Socrate, ancêtres de Jésus et de Mahomet, que traduisirent en langage rationnel Epictète et Sénèque, Voltaire et Fourrier, procèdent, expressément théologiques ou exclusivement humains, d'un immense besoin d'équité dont les peuples inspirèrent l'expression à leurs prophètes. Il serait curieux, mais compliqué, de rechercher si, aux débuts, la part de la raison et de la conscience naturelle ne fut pas aussi grande, voire plus capitale qu'elle ne tend à le redevenir de nos jours : un Confucius qui éduqua une si notable fraction du monde, met de côté systématiquement toute considération religieuse. Non moins clairvoyants, et mûs par la simple nécessité sociale, la plupart des grands politiques, de Ramsès à Tiglatphalazar, d'Auguste à Charlemagne, de Henri IV aux hommes de la Révolution, s'efforcèrent de supprimer le brigandage militaire, financier ou clérical, de constituer l'ordre par des lois, tandis que les philosophes secondaient les initiateurs religieux à l'organiser par les mœurs. On aurait tort de remarquer l'opposition que manifestent les apparences de ce rapprochement. Tyrans et démarques tendirent au même effort que les modeleurs de consciences : de part et d'autre on voulait la vérité réalisée par l'affirmation et l'exercice du droit. Les socialistes ne demandent pas autre chose. Ils représentent seulement la dernière et logique évolution du principe commun. L'un après l'autre, le banditisme, l'esclavage, la superstition et les privilèges ont été supprimés. Reste l'oppression des classes pauvres par les classes riches, des ignorants par les instruits, des rachitiques par les hercules, et des mal armés par les sabreurs, et aussi des femmes et des enfants par les prêtres et les machines. A prétendre faire disparaître ces ultimes sujétions, on suit la traditionnelle aspiration civilisatrice ; M. Jules Guesde rejoint Xerxès, M. Jaurès parle comme saint Paul.

Car, sans doute, mettez ces hommes du passé parmi les peuples d'aujourd'hui, de nouveau ils diront : Pourquoi n'êtes-vous pas frères ? Et, dévisageant nos contemporains du même regard implacable ou pitoyable dont ils pénétraient les broyeurs ou les broyés de leur temps, ils répéteront en chansons modern style le thème de l'éternelle poésie. Puisque, déclareront-ils, le droit indéfini de posséder individuellement les champs et les maisons, l'or et les jouissances, pousse encore aux vices de jadis ceux que le hasard-providence a doués d'un bon cerveau, d'une éducation sélecte et d'un héritage, ou dont il favorise l'intrigue et récompense l'audace à abuser de l'impuissance des lois ; puisque, nés sans argent ou sans esprit, les esclaves du travail manuel sont, de ce fait, quelques-uns réduits à la mort par la faim, qui pis est par le crime ou l'immoralité, presque tous condamnés à des labeurs de bêtes, et la plupart privés des plaisirs délicats où se retrempe l'esprit ; puisque l'amour est entravé par d'impossibles restrictions et que la liberté seule pourrait assurer la joie à ceux que la loterie du mariage a déçus, en votre société où le choix dépend des parents, de la dot, de la situation et où les filles sont élevées comme des oiseaux en cage incapables de vivre avec les aigles ou les ramiers ; puisque les jeunes hommes s'épuisent, non plus à verser leur sang pour fournir à la terre le ciment d'une cité, mais à apprendre dans les casernes comment on doit pourfendre un ennemi toujours absent, mais à fomenter en eux la haine par la déconvenue, et à menacer toujours, comme dans vos opérettes, sans jamais rien faire ; puisqu'enfin le monde, bien que meilleur peut-être qu'aux anciens millénaires, n'a point réalisé notre idéal et le vôtre, amis, écoutez-moi ! rien de plus simple : supprimez les causes du vice, vous aurez atténué les injustices de la fortune. Le hasard-providence qui m'a conduit parmi vous veut suivre ses principes jusqu'au résultat. Il délivrera les possédants de leurs tentations et les dépossédés de leur douleur.

<h2 style="text-align:center">III</h2>

Que vaut la critique des individualistes ?

Voilà qui n'est pas mal. Arrivent les pessimistes, ne voulant rien changer depuis que les révolutions bourgeoises, faites à leur profit, menacent de tourner en révolutions populaires ; et parce qu'aussi bien, de fait, étant les possédants, ils constituent une force et une justice. Ils existent de par le droit, puisqu'ils ont la prescription ; de par le nombre, comptant parmi leurs rangs les notables de l'endroit, les rentiers de la ville, les paysans propriétaires. Il nous faudra trouver de quoi les abattre, et le moyen sera la persuasion : les socialistes, ces redoutables malfaiteurs, nous ont désarmé de tout autre.

Puis l'opposition a des raisons.

C'est un rêve, déclare-t-elle, un rêve irréalisable que de vouloir élever l'humanité, dépourvue d'ailes, aux radieuses splendeurs de l'ascétisme et de l'amour pur. Il la faut bien prendre avec ses pieds et ses mains. Où elle a commencé d'aller, elle ira jusqu'au bout, comme elle peut. Toujours elle se dirigera d'après les suggestions de l'intérêt personnel. Vous n'y changerez rien. Quel stimulant exalte la puissance de ces « hommes divins » admirés d'Hérodote et de Le Play ? produit les héros chers à Plutarque et à Carlyle ? donne au peuple des campagnes et des villes ces vertus de prévision, d'ordre et de patience auxquelles nous devons la Gaule romaine et la France républicaine ? Un seul et même principe : leur intérêt rationnel ou passionnel, d'où leur vient la prédisposition à pratiquer les devoirs enseignés par les religions, les pédagogies et les législatures. C'est là qu'ils puisent l'énergie et l'intelligence, c'est là qu'ils apprennent la bonté après s'y être vu contraints à la justice.

Considérez les industriels et ouvriers d'aujourd'hui, après les colons et les serfs d'autrefois : que veulent-ils ? Le maximum de jouissance individuelle. Que font-ils pour l'obtenir ? Tout ce qui est bon et beau, infiniment plus que ce qui est laid et nuisible ; les crimes avérés ou cachés qui vous indignent ne sont que grains de sable dans l'immensité du bien, qu'engendre le désir du bien-être : sans quoi aurions-nous pu atteindre au degré de civilisation où nous sommes ? Le moyen de faire disparaître ces poussières, c'est de cultiver en ce peuple, qui est chez lui, et pour qu'il les y applique, le goût de l'hygiène morale et l'énergie du caractère ; c'est d'y développer l'éducation et d'y favoriser la concurrence ; ce n'est point d'y éteindre l'étincelle de l'égoïsme qui

jaillit en flammes de bienfaisance pour tous. Qu'on se révolte
à voir la réalité, c'est avouer n'en reconnaître que les faces vilaines, c'est avouer ne pas en comprendre l'essentielle magnifi-
cence. Dire à un homme qui travaille tant qu'il peut : Tu n'arri-
veras jamais aux jouissances de la propriété, aux délicatesses du
luxe, à la direction des consciences, qui pour la plupart respectent la richesse acquise plus que l'idée en haillons, parce que la
richesse est la preuve de l'idée ; annoncer que nul désormais ne
peut aspirer à recevoir le beau monde en son château de la campagne, en son hôtel de la ville, à voiturer en un huit-ressorts une
femme ornée de bijoux, à posséder une garde-robe bien fournie
et une galerie d'antiquailles ou de tableaux, à éblouir le vulgaire
de ses prodigalités ou de sa bienfaisance, à encenser en un mot
son orgueil des parfums de la louange ou des âcretés de l'envie,
soyez-en sûr, ce serait tuer la volonté de réussir, faire disparaître non-seulement l'élite, à laquelle ces avantages échoient d'ordinaire, mais encore la meilleure part, quoique minime, du petit peuple qui en conquiert ce qu'il peut par les commerces et les
cultures, faisant ainsi accomplir sans cesse des pas plus rapides
aux déshérités même qui subissent leur exemple et leur impulsion. Le stimulant des luxes supprimé, voilà l'humanité retom-
bée à l'apathie des races patriarcales auxquelles la vie commune
et égale sous la tente n'offre point les perspectives de gloire et
de rare joie.

— Soit, répliqueront les socialistes positifs, et nous ne voulons
qu'assurer à des hommes plus nombreux la satisfaction de cet
appétit, mais lui retrancher seulement en excès ce que nous lui
procurons de plus large extension. D'une part, empêcher que
certains aient tout pendant que d'autres n'ont rien, diminuerait
le vice de ceux-là et la misère de ceux-ci. En même temps la
synergie sociale serait singulièrement accrue par le fait que la
majorité de la nation, assurée actuellement de rester prolétaire et
travaillant déjà très fort pour le simple avantage de ne pas mourir d'inanition, aurait désormais pour stimulant la certitude de
partager les privilèges qui l'écrasent. Loin de vouloir éliminer
le facteur de l'intérêt, nous proposons sans doute de le réduire

à la mesure du légitime, mais plus encore d'en faire le moteur universel, tandis qu'il actionne seulement la moitié de la machine.— Quant à la charité, elle deviendra en grande partie superflue le jour où règnera la justice, commune pour tous et chacun dans la proportion de son travail et de sa valeur utile. En attendant, elle se montre généralement déprimante et ne réhabilite point le criminel, ne remet pas à flot l'assisté, elle joue à peine le rôle dés emplâtres dont aurait honte un homme jouissant d'une santé normale. La bonté aurait moins lieu de s'exercer en détail dans une humanité qu'elle aurait contribué à rendre généralement prospère. A frais communs, des institutions de secours et de relèvement soulageraient les infirmes et guériraient les criminels. Pour une vertu disparue, à supposer que c'en soit une, d'autres surgiraient, plus hautes peut-être, plus efficaces certainement : les hommes liés par l'obligation de solidarité deviendraient plus aisément fraternels ; astreints à un travail positif et sans relâche, mais léger, bref et conforme à leurs goûts puisqu'on leur en offrirait le choix, ils sentiraient bientôt la beauté de l'effectuer consciencieusement pour contribuer à la force et à la félicité de la famille entière. Déjà quelques-uns sont échauffés à ce rayon d'humanisme, qu'une religion quelconque ou le sceptique rationalisme soutienne ou accompagne leur générosité : que serait-ce, le jour où tous, sans exception d'ignorants ou d'impuissants, se sentiraient appelés à cette vocation, et combien le nombre de ceux qui la suivraient ne serait-il point augmenté ?

— Non, s'obstinent à croire les admirateurs de l'organisation présente ; en faisant disparaître les concurrences individuelles, vous éteindrez en la plupart des volontés le désir de l'effort avec la moralité sociale qu'il engendre. Un fonctionnarisme universel serait sans doute bien accueilli de la grande masse des Français et même des autres hommes, trop heureux de goûter les douceurs de l'indolence assez commune dans la bureaucratie. A quoi bon le zèle, si l'on est sûr de bien vivre aux frais de la communauté en fournissant un minimum de besogne dont la valeur échapperait aux argus du contrôle et dont la mauvaise qualité aura les mêmes chances de ne point être remarquée ? En faire le moins possible, voilà très généralement l'idéal nouveau que vous aurez introduit. Il faut bien se rendre compte que, si la plupart des hommes ne sont pas essentiellement mauvais, les très bons apparaissent nageant rares sous un gouffre immense, l'innombrable masse flotte lourde et passive ; on peut la remuer à loisir, la soulever en tempêtes, la canaliser en force ; mais seule y parvient la libre concurrence des intérêts. Qu'on laisse aux nouveaux principes inaugurés après tant de luttes par les classes ouvrières et simultanément par les patronales, la liberté de se développer selon leur logique intérieure et de porter tous les fruits dont quelques-uns bourgeonnent : on peut être sûr qu'ils aboutiront, soit directement à toute la somme de prospérité proportionnelle dont l'humanité est capable, soit à d'autres principes qui engendreront à leur tour quelques formules nouvelles, jusqu'à satisfaire suffisamment en chaque période l'aspiration à plus de bonheur toujours inassouvie. Ces principes, que nous voyons agir sous nos yeux, se résument dans l'accroissement des forces de combat, dont la bonté se manifestera quand elles seront parvenues de part et d'autre à leur maximum de puissance. Elles s'équilibreront mutuellement, produisant au profit des deux partis tout ce que peut donner l'énergie humaine. Lutte entre les syndicats ouvriers et les patrons, obligeant alternativement l'adversaire à céder au profit de la plus forte puissance financière ou intellectuelle, et par suite morale, en un temps où les réserves d'argent aussi bien que les lumières rationnelles tendent définitivement à ne plus pouvoir s'acquérir que par le travail, l'ordre, l'union, la prévoyance et la sobriété : et vous voudriez supprimer l'argent juste à l'heure où il devient le coefficient et la preuve des vertus sociales ! Lutte entre les commerces allemand, américain, anglais, français, par quoi les peuples sont déterminés à toujours plus ou mieux faire, et le monde moins privé d'objets utiles ou agréables, et les colonies rendues possibles : n'allez donc pas nous enlever l'espoir de répandre aux Afriques et aux Australies nos fils, nos richesses et nos idées, en réduisant la production du travail à l'exact niveau de nos élé-

mentai   j l esoins personnels ! Lutte entre les savants. poètes,
artiste. ir enteurs, que stimule, eux aussi, un vouloir de richesse tout autant que de gloire, et le public réfractaire dont il
faut forcer l'indifférence, satisfaire la critique, délier la bourse :
je voudrais bien savoir ce que serait l'art socialiste, sous les four-
ches caudines des examens officiels, obligé à satisfaire une théorie intolérante, privé, hélas, il faut le dire, des spectacles d'hor-
reur qui ont inspiré les Goya, de courage qui ont fait chanter les
Homère, d'infamie qui ont suscité les Dante ! Telle est la beauté
du génie, de sublimiser la force ! telle est la bonté de notre temps,
de la rendre profitable.

<h1 style="text-align:center">IV</h1>

Les trois éléments constitutifs
du Socialisme Fédéral.

Fort bien ! Et c'est à ce point précis que je voulais en venir :
il s'agit de rendre le Socialisme applicable à l'humanité telle que
la nature l'a faite, et non telle que de doux utopistes voudraient
qu'elle fût. Qu'il sache donc offrir également à tous l'appât ré-
clamé par les convoitises dans la proportion que méritent la
somme et la qualité de leur travail ; qu'il maintienne, qu'il exaspère, en les rendant collectifs, les stimulants de la concurrence,
nécessaires pour fouetter les courages, et qu'ainsi il en déverse
les bienfaits sur tous les citoyens. au lieu de les réserver à de
rares privilégiés ; loin de réduire la production au minimum requis pour l'existence élémentaire d'une population tardigrade,
qu'il l'incite à se multiplier et qu'il favorise son industrie en ouvrant de nouveaux débouchés où s'écoulent ses créations indéfinies ; respectueux des idées et des opinions, qu'il rende plus
effectives les libertés de la pensée et de la conscience, comme
celles de l'art et de l'enseignement, et que grâce à lui tous en reçoivent des bienfaits ; qu'enfin, tout en se montrant essentiellement pratique, il soit plus apte que le régime particulariste à
favoriser les aspirations de la fraternité, bien plus, à les ai-
guillonner dans l'âme des foules comme en celle de l'élite. Il le

peut. Depuis ses origines il a plusieurs fois évolué : il évoluera encore jusqu'à ce qu'il soit adapté aux conditions du milieu qu'il prétend réformer. Primitivement patriarcal, il a marché, par étapes successives dont quelques-unes ne sont rétrogrades qu'en apparence, à une conception universellement communiste, la nationalisation des instruments de travail, et, en attendant, à la conquête du pouvoir, à l'établissement d'une législation protectrice des classes laborieuses. D'aucuns ont dépassé la mesure en le voulant réduire à de vagues aspirations de solidarité, à d'inefficaces extensions du principe syndical. Ces timorés se croient parfois obligés d'atténuer plus ou moins son principe essentiel, de déclarer qu'en certaines conditions il renoncerait à demander le sacrifice de la propriété privée. Qu'ils lui laissent la pleine conscience de sa force ; et pour montrer combien lui seraient vaines leurs velléités d'abdication, étudions une formule qui concilierait l'abolition de la propriété strictement individuelle avec le désir légitime, auquel tiennent les possédants, de garder leur possession, avec la volonté, plus naturelle encore aux prolétaires, de devenir également maîtres d'eux-mêmes, du capital de leur travail et de ses produits.

Cette formule serait celle d'un *Socialisme Fédéral* constitué par les trois éléments dont tout ce livre étudiera la nature, les attributions respectives et les influences réciproques :

1° Les *communes*. dont l'organe principal, la *municipalité*, peut recevoir une extension de pouvoirs sur certains points : mais, leur compétence paraissant susceptible de s'appliquer à de nombreuses espèces d'activité où se solidarisent les intérêts des citoyens d'une même localité, nous proposerons d'adjoindre aux conseils municipaux des *comités techniques* dirigeant les travaux dont la commune peut se réserver l'initiative et dont la Constitution devra lui assurer le monopole ou la libre entreprise :

2° Des *Sociétés de travail*, sous deux formes : soit que, vastes *syndicats* agricoles, industriels, commerciaux, scientifiques, littéraires, artistiques ou religieux, elles satisfassent aux besoins individuels à travers toute la nation ; soit que, obligées de se concentrer en un point, elles constituent des *coopératives* locales de production ou de consommation, de moralisation ou d'étude ; de quelle que soit leur nature ou leur puissance, nous exposerons que tous ces groupements, d'une part, sont libres de se fonder en tout lieu et sans limite de nombre, avec l'autorisation de l'Etat, comme de s'administrer à leur gré sous son contrôle ; que, d'autre part, nul citoyen socialisé ne peut vivre sans appartenir à l'un ou à l'autre, à moins qu'il ne soit fonctionnaire de l'Etat ou d'une commune ; mais qu'enfin chacun reste maître de choisir ou de changer, pour trouver le meilleur emploi à ses aptitudes et la plus complète rémunération de ses talents ;

3° *L'Etat*, dont les deux fonctions naturelles se justifient davantage par des raisons propres au nouveau régime : il reste le résumé d'une *nation*, le représentant d'une puissance forte au milieu du monde et sympathiquement émule des autres peuples, lesquels persistent dans leur patriotisme divers, tout en se compénétrant par la poursuite commune du même idéal ; à l'intérieur, le *gouvernement*, fondé sur la fédération des deux ordres d'éléments précédents, sociétés et communes, dépositaire et gardien du contrat socialiste qu'ils ont adopté, leur impose la loi, veille à leur fonctionnement, subvient à leurs défaillances ; il conserve ses attributions générales, garantit la sécurité, réprime le désordre, assure l'instruction et l'assistance ; dans les questions d'intérêt général son initiative s'accroît ; mais en toutes les matières où la liberté se trouve en jeu il la favorise plus que ne peut faire aucun autre système politique ; et, partout, il assure l'égalité proportionnelle dont le socialisme poursuit la réalisation.

.·.

A chacun de ces trois organismes constitutifs, à leurs relations générales et particulières, à la condition des personnes qui les composent, s'appliquera incessamment le principe du *fédéralisme*.

La notion essentielle que revêt ce terme est celle des libertés respectives volontairement groupées pour s'entendre sur les intérêts communs. C'est pourquoi la fédération politique, celle des communes en provinces, celle des provinces en nations, celle des nations en une humanité civilisée, coïncide avec la fédération civile, celle des individus en sociétés de travail, et des sociétés en vastes syndicats ou trusts collectivistes. Considéré sous ce double aspect, le fédéralisme résume toutes les aspirations démocratiques, dont on a vu depuis longtemps qu'elles ne peuvent obtenir une réalisation hors de ces deux conditions simultanées, la loi et l'association : puisque l'association libre ne peut parvenir à son but, elle doit devenir obligatoire par les moyens justes et pacifiques de la loi que dicte la volonté générale. L'inspiration fédérale circule ainsi comme élément de vie à travers la complexité cahotique des matériaux de la prospérité sociale, actuellement ballottés à l'état de nébuleuse par des influences hostiles, et qui cherchent leur souffle ordonnateur, sans avoir besoin d'autre centre d'attraction que leur propre masse.

Ce ne sont point des vues chimériques. Partout où existe le système politique fédéral, c'est aussi là que le peuple souffre le moins du régime capitaliste. Les Tchèques socialistes ont bien saisi la liaison intime qui solidarise l'indépendance des races, cordialement réunies pour la réglementation de leurs intérêts généraux avec la conquête des droits démocratiques. M. Henri Hantich, de Prague, après nous avoir fait connaître, dans l'*Européen* du 11 juillet 1903, les progrès accomplis par les classes laborieuses en Bohème, principalement dans le camp socialiste, nous expose le programme politique de celui-ci. C'est un pur fédéralisme. Assurément une telle constitution de l'Autriche-Hongrie serait le moyen rationnel d'établir l'ordre et la prospérité dans un pays si divisé par les prétentions rivales de ses races à l'hégémonie. Seuls des socialistes pouvaient concevoir nettement l'urgence de cette solution, parce que dans leurs rapports individuels domine necessairement l'esprit fédéral, à quelque nuance du socialisme qu'ils appartiennent.

Un congrès permanent de libertés qui s'équilibrent, voilà le Socialisme Fédéral.

V

Caractère essentiel et justification sommaire
du Socialisme Fédéral.

On a pu remarquer, dans ce programme, nombre de dispositions fondamentales déjà adoptées par les institutions des sociétés passées et présentes. Ces emprunts ne figurent point ici à
titre de concessions artificieuses, mais ce que nous possédons
de nécessaire ou d'utile appartient également à l'essence même
du Socialisme Fédéral. On en trouvera la preuve dans les chapitres suivants.

Toutefois, il s'agit bien et dûment d'un socialisme sincère.
Le sol, le capital, les instruments de travail, les moyens d'instruction et de délassement, bref tous les objets de l'activité publique
et privée, comme toutes les ressources requises pour les élaborer,
seront franchement et absolument socialisés, mis en commun ;
en retour, les gains seront distribués également d'après le principe d'une proportionnalité dont l'Assemblée Constituante aura
établi les grandes lignes, et dont les Chambres législatives fixeront les détails. Abolie en tant que personnelle, la propriété sera
maintenue de la sorte, commune à tous les associés, gagnant
ainsi en extension ce qu'elle perd en injustice ; à chacun sera
distribuée la tâche qui lui convient, puis le salaire qu'il mérite :
et ce salaire doit satisfaire toutes les justes exigences du corps et
de l'esprit, mais ne peut excéder l'utile ni permettre d'accaparer
le superflu. Il y a d'ailleurs des superflus qui sont du nécessaire.
Que les joies de la vie soient dispensées à tous ceux qui vivent !

Pour se ranger parmi les réformes pacifiques et légales. le socialisme ne doit pas cesser d'être considéré comme essentiellement révolutionnaire ni de se présenter comme franchement
collectiviste. Quelle contradiction prétendrait-on établir entre ces
deux ordres d'idées ? Qui prouvera qu'une révolution ne peut être
pacifique ? Où a-t-on vu qu'un plan de collectivisme soit incompatible avec une procédure législative ? *Le Temps*, cette forteresse

du capitalisme, a ses raisons pour essayer de nous donner le change ; mais en reprochant à M. Jaurès de n'avoir point rappelé les principes du socialisme intégral, le 30 septembre, dans son discours de Tarbes, il s'abuse s'il croit pouvoir nous démontrer par là que le leader devenu ministériel abdique par le fait même. Nul socialiste n'espère obtenir au pied levé le bouleversement total qui doit enfin assurer une égalité proportionnelle à tous les citoyens. Il y faut de longues préparations. Autant de conquis pour l'amélioration du sort des travailleurs par les lois que l'on ne peut obtenir sans se mêler intimement à ceux qui les font, sans discuter courtoisement avec eux et sans participer à leurs fonctions, autant de progrès accomplis dans la diffusion de l'idée, à supposer même que les lois promulguées sous un régime capitaliste soient nécessairement infructueuses, ce qui n'est pas infaillible mais seulement trop fréquent. Qu'importe ? Frapper l'esprit populaire au moyen de ces assauts répétés est encore le meilleur moyen de gagner incessamment des adeptes à la cause. Inutile de répéter en chaque circonstance que l'on n'oublie pas le but définitif. L'action légale sous le régime capitaliste n'est qu'une tactique provisoire requise pour amener les troupes sur le terrain du grand branle-bas. En attendant, paraître opportuniste, c'est bien jouer la partie.

Entier et sans compromis, voudra-t-on bien, cependant, ne pas confondre ce type de socialisme avec d'autres déjà connus ? Ce n'est point le « communisme » classique, encore moins le gouvernement « communal » qui essaya ses forces à Paris à le fin de la guerre franco-allemande ;— c'est tout autre chose qu'une simple extension des « associations libres » que de demi-socialistes croient destinées à englober, par l'expansion de leur virtualité envahissante, toutes les activités particulières ; — on ne veut pas copier une « république fédérale » existante, Suisse ou Etats-Unis, bien qu'on espère trouver dans leurs institutions des leçons utiles ; on cherche une autre formule que celle du pur « Socialisme d'Etat », qui voudrait tout monopoliser entre les mains d'une administration centrale amoindrissant la liberté individuelle et risquant d'énerver l'initiative privée.

Assurément, les développements qui vont suivre feront saillir de nombreux points où ces différentes idées se trouveront en connexion avec les principes d'un « Socialisme Fédéral ».

Il importe pourtant de montrer comment et en quoi celui-ci est nouveau. Conservatrice en tant qu'elle emprunte aux institutions actuelles leurs éléments et quelques-unes de leurs méthodes, de celles à qui l'expérience et le génie ont conféré comme le monopole du succès. les institutions proposées, outre qu'elles établissent la justice en rendant la propriété commune et les salaires proportionnellement égaux, se présentent avec un caractère de syncrétisme et de conciliation. Plus de dissensions haineuses, ni entre les particuliers et les castes, ni entre les entreprises libres et la législation qui les entrave déjà sous le régime de la propriété privée et qui semble s'ingénier à toujours mettre des bâtons dans les roues. Plus de sacrifice, requis, il faut bien le dire, par toute autre histoire socialiste, d'aucun des éléments dont se composent actuellement les nations civilisées. Les adversaires du socialisme redoutaient l'abolition de la liberté ; on la verra ici plus large et plus féconde, en l'union de toutes les forces pour la conquête d'une prospérité solidaire. Voilà en quoi se manifeste la nouveauté : dans ce groupement harmonique des énergies et des intérêts, par l'emploi simultané, concordant et sympathique des moyens qui d'ores et déjà ont fait leurs preuves, sans en excepter un seul, sans y changer autre chose que d'y introduire plus d'équité et de leur conférer plus de puissance.

Nous voudrions montrer ce que pourrait être une telle organisation, et qu'elle emploierait mieux les forces de la concurrence, et si elle n'offrirait pas l'avantage de satisfaire, plus équitable. tous les intérêts au lieu de quelques-uns, et comment enfin tous les partis, sans doute mûs également par un même désir, bien qu'à figures variées, de justice et de bonté, devraient s'entendre pour réaliser leur rêve sous la forme de cette effigie conciliatrice.

∴

A travers les développements qui vont suivre, on retrouvera souvent une constante préoccupation de résoudre la principale difficulté où s'obstine avec raison la réluctance des particularistes. N'eût-elle le tort de porter à faux, du moins quand elle s'applique au Socialisme Fédéral, elle serait de nature à discréditer le principe même de la socialisation.— Doit-on admettre que celle-ci tende à favoriser l'inertie, en substituant, aux vivifiantes ardeurs que stimule la concurrence des intérêts individuel·· la mortelle indolence que provoquerait, chez les socialistes endo·· nis par une sécurité trompeuse, leur confiance en la providence sociale ? —· On comprendra quelle erreur ce serait de se laisser désormais circonvenir par une telle objection, lorsque les éclaircissements nécessaires à l'intelligence de notre thèse auront mis au jour les réfutations jaillissant du sein même d'un Socialisme Fédéral. Il suffira de constater et les puissants avantages positifs qui ne · cessent de soutenir le courage des socialisés, pour le porter aux plus généreuses initiatives, et les étroites obligations qui s'imposent aux plus nonchalants pour obtenir le droit de vivre, ainsi qu'à la grande foule des bien intentionnés pour trouver les moyens de satisfaire leurs désirs.

Ici, posons seulement en principe, pour répondre d'abord à une erreur particulière dont s'autorisa cet argument, que la lutte des classes n'est aucunement indispensable au progrès social. Economiquement, elle est néfaste : elle entrave la production sans l'améliorer, et multiplie les désordres du chômage. Le seul but des grèves est de conquérir à la force du poignet des droits élémentaires que le Socialisme Fédéral pourrait assurer aux travailleurs comme base d'avantages beaucoup plus importants. ·

Ce que l'évolution vitale requiert essentiellement, ce n'est point la lutte des classes, distributions passagères maintenues de force par une hérédité artificielle ; c'est la lutte des intérêts individuels et locaux, des aptitudes privées et associées, des produits et des besoins, des aspirations et des influences. Bien mieux que par la fiction des classes oppressives et opprimées, la supériorité de l'homme sur l'animal peut s'affirmer dorénavant par une action collective qui subordonne ces forces personnelles à une loi, volontairement acceptée, selon laquelle les valeurs hiérarchiques se combinent et se complètent, recevant chacune la rémunération qu'elle mérite, sans excès d'avantages pour les plus puissantes, et sans détriment pour les plus médiocres.

Ces quelques mots suffiront pour préparer le lecteur aux justifications théoriques éparses dans le livre entier. Qu'il suffise d'ajouter une observation accentuant la justification pratique offerte par les faits.

Déjà les lois économiques ont tiré de la houille et des machines, de la science et des lettres, certaines applications du principe fédératif. Applications à la fois trop générales parce qu'elles concernent seulement des communautés vastes et dispersées, d'autre part trop restreintes parce qu'elles n'atteignent pas et ne peuvent, telles quelles, atteindre la moitié de nos populations, ni la dixième partie de nos travaux.

Il ne sera pas seulement ici question du fédéralisme politique. Dans l'actuel état de choses dont la Suisse nous offre l'intéressant spectacle, la fédération n'est réalisée qu'entre de petites provinces qui ont consenti d'un commun accord à constituer une nation, au gouvernement de laquelle elles remettent le soin de s'occuper de leurs intérêts d'ordre général, gardant par devers elles la gestion de leurs affaires locales, en principe sans restriction. Ce n'est là que l'alpha du système. Nous voudrions non seulement l'appliquer à des « cantons », à nos départements, ou, ce qui serait plus logique, à nos provinces, mais encore y faire entrer nos trente-six mille communes, et enfin les sociétés de tout genre créées à travers la France pour satisfaire à toutes les aspirations individuelles ou générales qui peuvent échapper à la compétence de l' « administration ». Ainsi, libres dans leur sphère, sous le contrôle et la protection de l'Etat, municipalités et sociétés de travail conviendraient de ce qu'il importe de confier d'autorité au gouvernement central, soit pour délimiter leurs propres attributions, soit pour assumer les charges des services nationaux, soit enfin pour maintenir en regard du monde le rang de cette république fédérative, devenue ainsi proprement socialiste.

Les Etats-Unis, la Suisse elle-même n'ont encore fait qu'ébau-
cher vaguement ce type politique, dont ils ne se détourneront
certainement pas, ou du moins auquel ils reviendront après avoir
éprouvé, s'ils le tentent, les inconvénients du nôtre. Quelques di-
plomates de large envergure proposent des Etats-Unis d'Europe,
et il est à croire que la nécessité de nous défendre contre l'envahissement économique ou militaire des autres continents nous
contraindra d'ici peu de siècles à répudier les haines internationales pour adopter cette large constitution. Que le socialisme
parvienne à s'implanter en chaque nation au préalable, l'union
des peuples n'en deviendra que plus aisée puisqu'elle se trouvera
réalisée sur le terrain des intérêts.

Si les intérêts économiques furent dès l'antiquité un facteur
primordial d'union entre les peuples, l'époque moderne, plus
que tout autre, a répandu parmi eux un ferment de sympathie
en rendant cosmopolites les œuvres de l'esprit. Etudes et découvertes, livres et objets d'art, méthodes d'enseignement et réformes politiques, sous ses mille formes l'activité cérébrale est devenue vraiment « humaine » ; les intérêts intellectuels ne connaissent plus de frontières. Ils ont constitué une vaste république
fédérative qui offre la première application de l'internationalisme. Lutter pour la science française ou pour la science allemande n'est qu'une préoccupation de vulgarisateurs. Les savants
luttent pour la science, les artistes pour l'art, les éducateurs pour
l'éducation. Et ils apprennent à leurs élèves que les choses de
l'esprit, sans nier l'idée de patrie puisqu'elles s'abreuvent aux
sources nationales, doivent leurs germes aux semeurs de toute
l'humanité, lointaines dans le temps ou dans l'espace, profitent
beaucoup à rechercher les rayons de la vérité sous toutes les lati-
tudes, et ont enfin l'obligation de transmettre à travers le monde
quelque étincelle du génie particulier qui les fit jaillir des foyers
indigènes. Livres de fond, revues spéciales, travaux d'académies
et de laboratoires se communiquent et se complètent. Un congrès international a plus de portée, cela va de soi, mais plus de
faveur que tout congrès national n'en obtient en sa propre nation, et ce fait montre bien le penchant du public, même inexpert.

Si en nos salons les œuvres d'art étrangères tiennent encore trop peu de place, notre curiosité esthétique est à l'affût de toutes les formules du reste du monde, et le monde vient nous demander les nôtres. Les écoles s'ingénient à enseigner les langues étrangères, à envoyer chez les voisins leur jeunesse pendant la vacance annuelle de deux mois. L'arbitrage international n'est plus une formule complètement vide. C'est au socialisme l'un des premiers que revient le mérite d'avoir indiqué le devoir par ses nombreux essais de conciliation entre les différents groupes de travailleurs qui, sur tous les points civilisés du globe, se réclament des principes communs et n'ont besoin que de chercher un lien à leurs intérêts respectifs. Comment s'étonner que, là comme ailleurs, se manifestent des tendances divergentes ? Il suffit qu'elles gravitent autour d'un même centre, dont l'attraction finira par les agglomérer en un système harmonique. A l'encontre du monde astral dont les lois sont un résultat, le monde humain créera les siennes sous le feu des discussions, il sera la cause volontaire produisant l'effet prévu. L'histoire de l'homme est la grande preuve de l'immanence : pourquoi donc a-t-il inventé le dualisme ?

Inutile de rappeler que nul socialisme n'a jamais prétendu nous abrutir en supprimant cette élite intellectuelle. Bien à l'encontre, il espère la multiplier en permettant, sans distinction de classe ni de fortune, à tous ceux qui en naissent capables, de s'y élever par leur travail, et il reste convaincu, la preuve étant faite, de ne point favoriser l'indifférence en supprimant de misérables bénéfices pécuniaires : s'il n'admet que des savants travaillant pour la science, des artistes pour l'art, il aura tiré définitivement la conclusion logique et bienfaisante des prémisses actuellement posées.

⁂

Nul n'y parviendrait en persistant à le repousser. Tout le monde n'est pas voué à l'étude des faits ou des lois, des formes plastiques ou du beau langage. Les travailleurs qui, par une organisation socialiste en sociétés isolées de production ou de consom-

mation, pourront jamais, livrés à leurs propres forces, se soustraire au régime du capitalisme patronal, ne sauraient former
qu'une minorité ; par eux-mêmes, la plupart sont incapables de
trouver les moyens, l'inspiration et jusqu'à l'idée méthodique
nécessaires pour tenter une constitution hasardeuse hors des
cadres posés par les dirigeants riches et instruits. L'esprit public
les en détourne, leur oppose mille obstacles parfois insurmonta-
bles. La plupart des sociologues, sincères mais prévenus, répan-
dent la conviction qu'il nous faut favoriser le capital et permettre
aux particuliers énergiques et ambitieux de travailler libres et
de courir sans frein à l'avide conquête de l'argent, du plaisir et
de la gloire. La France ne compte pas huit millions d'ouvriers,
parmi lesquels déjà beaucoup de petits artisans, commis ou serviteurs. L'armée des cultivateurs, qui fait sa force principale,
reste sporadique, et le restera, pour son malheur, tant que des
institutions beaucoup plus puissantes que les syndicats agricoles
ne lui auront pas mis en mains les moyens économiques de travail et surtout de progrès. Pour y réussir, il lui faut premièrement la propriété du sol et des instruments de travail. Elle les
possède souvent les uns et les autres, mais à l'état fractionnaire,
chacun avec son lopin resserré et ses ressources précaires. Grâce
aux syndicats agricoles, ces cellules isolées s'agglomèrent, il
est vrai, en des organismes partiels. Reste à en faire un corps
immense et organique. Quelle force résulterait d'un être à vingt
millions de bras, travaillant sur un fonds de famille pour une
tête unique et d'un commun cœur ! D'un bout à l'autre circule-
rait librement le sang, capital-monnaie ou autre, nourrissant
chaque organe, distribué par les ordres de la tête, conscience,
pensée, volonté du vivant total, et intéressée à la prospérité générale qu'elle dirige. Et puis, les distributeurs de la richesse, le
petit marchand mercier ou boucher, l'hôtelier, le journalier agricole, et tant d'autres vivant seuls, pharmacien ou vétérinaire, peintre ou forgeron, voilà ceux qui ne sont pas groupés encore, qui
ne peuvent pas l'être, ceux que l'excès de la concurrence réduit
souvent à la misère, comme le colporteur, au vice, comme la cou-
turière, à des procédés louches et nuisibles, comme le médecin.

Sur tous ces points le titre de « Socialisme Fédéral », déjà éclairé, je l'espère, à la lumière des faits, va pouvoir se justifier complètement quand on verra tout ce que la fédération des sociétés et des communes en république pourrait accomplir de progrès.

CHAPITRE II

LA COMMUNE

Une république fédérale doit avoir pour base la commune.

Qu'on veuille bien calculer le sens des mots : la commune ne constituera point l'édifice entier, elle en sera seulement la base. Restent le corps et le faite, les sociétés d'exploitation et l'Etat.

I

Raison fondamentale
de l'importance qu'il convient d'attribuer
à l'autonomie communale.

Dans l'immense majorité de nos populations le patriotisme n'est autre chose que l'amour du clocher. Quel est le foyer des intérêts généraux immédiats pour les gens d'un village ou d'une ville, même populeuse? La commune. Le gouvernement est bien loin, on n'en sent pas la paternité. Ou bien il est trop près: le préfet qui le représente a la main tracassière ; impossible de rien faire sans son autorisation ; et pourtant sait-il mieux que le conseil municipal l'opportunité qu'il peut y avoir à établir une fontaine en telle place, à réparer l'église ou la mairie? Les citoyens de l'endroit se jugent, avec raison, beaucoup mieux éclairés sur la matière. Leur maire, leur instituteur, leur curé, leur médecin devraient être complètement à leurs ordres, puisqu'aussi bien c'est eux-mêmes, et leurs femmes et leurs enfants qui sont en cause, eux dont la vie, les ressources, la sécurité, les mœurs dépendent de ces personnages. Ce n'est pas assez. Mettez tou· les particuliers entre les mains de la commune, en tout ce qui concerne les travaux et les besoins dont la direction ou la satisfaction peuvent ressortir à sa compétence : voilà trouvée la cellule vitale du socialisme fédéral. Groupées en associations libres, ces cellules multipliées trente ou cinquante mille fois constituent les tissus musculaires par où agit l'organisme entier. L'Etat en est le système nerveux, épanouissant, de la tête, son contrôle et sa régulation à travers les fibres. Enfin le sang, circulant librement par la masse entière, nous est fourni par les grandes sociétés industrielles, commerciales et d'ordre intellectuel, scientifique ou artistique, dont la richesse se distribue en chaque organe selon ses exigences.

Loin de devoir sembler utopique, la socialisation de la commune répond à la tendance la plus pratique qui se soit manifestée dans les derniers temps. D'où vient la prospérité toujours croissante des syndicats agricoles? de ce que tous les membres *se connaissent entre eux*. Ils ont eu la sagesse de ne point s'adresser à l'Etat, de ne point recourir aux grandes banques, de ne rien devoir qu'à eux-mêmes. L'initiative des particuliers s'en est-elle trouvée amoindrie ? Non, mais multipliée en intensité et en extension. Tous ces braves gens sont dévoués corps et âmes à l'institution, c'est-à-dire les uns aux autres, parce que chacun y voit la certitude d'un secours à lui personnel au bon moment. Comme ils excluent délibérément les intrigants, les paresseux, les mauvais débiteurs, la nécessité des vertus sociales que requiert le syndicat oblige à les pratiquer ceux qui veulent en faire partie par nécessité pressante ou par besoin de progrès. Une commune qui disposerait de larges fonds et de nombreux moyens de travail, qui pourrait mettre à pied le coiffeur aussi bien que le cantonnier, obliger le boulanger à faire le bon pain à bon marché comme l'instituteur à bien diriger l'école, fournir au charcutier des porcs de choix comme à la jeunesse de beaux agrès de gymnastique, une commune qui réaliserait l'association dans sa plénitude entre gens se connaissant de vue et de pratique, se mettrait à la tête du progrès en généralisant cette institution des syndicats agricoles, la plus efficace, peut-être la plus moralisatrice des temps modernes.

Il suit de là que toute entreprise restreinte à laquelle les habitants d'une même localité s'intéressent solidairement, à titre de producteurs, de consommateurs, de clients, de domiciliés, de croyants ou de pères de famille, pourrait, en principe, être adjugée à la propriété communale et dirigée par un comité technique adjoint au conseil municipal ; elle bénéficierait ainsi du facteur d'ordre et de progrès qui résulte, pour l'ordre, de la surveillance mutuelle des coopérateurs, pour le progrès, de leurs connaissances mises en commun, précises et directement influencées par leurs besoins immédiats. Vraisemblablement, ils trouveraient dans leur propre intérêt, dans le contrôle et le stimulant de leur solidarité, dans la satisfaction de diriger en maîtres leurs affaires, un ensemble de conditions favorables au succès. D'autre part, leur société anonyme et coopérative puiserait dans la réunion de leurs fonds et capitaux des ressources que ne peuvent offrir généralement les entreprises privées, et qui seraient spontanément proportionnées aux besoins du groupe, ressources immenses pour un quartier de Paris, modestes pour un village, accrues pour l'un et pour l'autre de toute la force que confère l'association.

Avant de rechercher en détail à quels objets pourrait s'appliquer cette socialisation locale, il nous faut un instant faire face aux objections que l'on voit accourir en foule.

II

La Commune de l'avenir mérite-t-elle les reproches adressés à la Commune d'autrefois ?

Le principe qui vient d'être exposé contient en lui-même de quoi repousser les attaques une à une, par la simple logique de ses développements.

— Voulez-vous nous faire revenir aux communes du moyen-âge avec la tyrannie de leurs corporations fermées ? — Pas le moins du monde ! Les conditions générales sont changées de fond

en comble et permettent à une institution analogue de produire
de tout autres effets. Ce qui est nouveau, ce sont les moyens de
communication, et la diffusion de l'instruction par l'école et
par la presse. Telle commune n'est plus isolée des autres. Les
journaux lui apportent quotidiennement des idées et des annon-
ces ; les chemins de fer, des marchandises et des voyageurs ; l'administration centrale, des règlements et des secours.

La grande cité de Lyon est au courant de ce qu'il faut faire
pour lutter contre les soies de Chine et d'Italie ; la petite ville de
Fougères sait quel genre de chaussures préfère le peuple de
France et du Brésil. Ainsi la concurrence est introduite dans le
système communal. Impossible de restreindre une fabrication,
de surélever un prix, de frauder sur la qualité : les communes
rivales sont là pour obliger à toujours plus et mieux faire.

Tout en pouvant passer à son gré d'une commune à une autre,
d'une industrie à un art, des champs au magasin, chaque individu sera préalablement élevé à frais communs conformément à
ses goûts et à ses aptitudes. Affaire aux institutions scolaires de
discerner en temps opportun la direction qu'il convient d'indiquer à l'enfant, et de le soumettre aux épreuves qui lui ouvri-
ront la carrière dont il est digne. Rien à changer : nous sommes
déjà si bien rompus aux examens ! Il faut seulement ouvrir à
tous la voie dans laquelle la nature l'a prédisposé à réussir. Qui
peut mieux que le conseil des familles voisines contrôler les décisions qui fixeront le sort des enfants que toutes connaissent ?
Trop souvent l'âpreté des intérêts privés rend ces familles enne-
mies entre elles ou hostiles à l'une en même temps que trop favorables à une autre. Supprimez ces intérêts égoïstes pour les fondre en un général, les jalousies, les rancunes, les haines disparaîtront. Chaque enfant sera le pupille de tous. Chaque travailleur jugé selon ses œuvres par un tribunal impartial, méritera des situations de plus en plus élevées, montera dans l'échelle
de l'élite.

— C'est là le plus délicat. Premièrement, en mettant tous les
habitants d'une localité à la discrétion de l'administration municipale, vous tuez la liberté, vous livrez sans recours nos popula-

tions entières si jalouses de leur quant à soi, aux jugements arbitraires d'un fonctionnarisme souvent tracassier, et, quand même il serait bienveillant, incapable en tous cas d'exercer une direction éclairée sur tant de spécialités diverses entre lesquelles se répartissent le travail et les besoins d'un peuple civilisé.

— Eh ! non, sans doute ! Les mêmes domiciliés qui nomment leur conseil municipal pour remplir exclusivement les fonctions dont nous les voyons déjà partout investis, choisissent également parmi eux les membres les plus capables de composer et de diriger un conseil agricole, un conseil commercial, un conseil industriel, ainsi de suite. De toute évidence, cette séparation des pouvoirs s'impose aussi bien que dans l'Etat. Mais ici, vous et moi, nous créons directement, sans exception, les représentants chargés de gérer celles de nos affaires dont la commune peut embrasser l'administration ; nous sommes maîtres de notre politique locale comme électeurs du conseil municipal : de même nous dirigeons, par l'élection des comités techniques, la production et la consommation de certains objets auxquels nous travaillons pour gagner notre salaire, ou que nous voulons nous procurer en des conditions avantageuses. Dans l'Etat nous n'avons comme mandataires immédiats que nos députés ; déjà les sénateurs ne sont pas nôtres, élus qu'ils furent par un scrutin au second degré ; les ministres, les juges, les militaires, les autres employés de l'Etat ne peuvent dépendre assurément que de lui, — exception faite néanmoins pour les juges. qui disposent de nous personnellement, et au choix desquels nous devrions avoir un droit plus considérable que celui qui nous est accordé par l'institution du jury ; on en reparlera. Dans la commune, comme nous sommes, vous, par exemple, mineur, et moi cantonnier, vous. peintre, et moi orfèvre, comme nous sommes consommateurs de tout et producteurs d'une spécialité, mais comme notre travail est solidaire de celui des autres et que nous ne serons convenablement rémunérés que si l'ensemble de l'association marche bien, nous participons à l'élection et à la surveillance de tous les conseils, quel qu'en soit l'objet, et nous travaillons à le mettre à bas si nous n'en sommes point satisfaits, jusqu'à ce qu'il nous fournisse plus de blé ou de meilleure viande, des colonnades plus variées et de l'opoponax de première qualité. Par le fait même, les gains sont communs, répartis d'abord entre les diverses spécialités en proportion de leurs besoins, mais d'après la décision de l'assemblée générale, — pour le surplus, il est livré à la municipalité puis aux institutions scolaires et charitables, enfin à l'Etat, quant aux sociétés générales de travail, d'exploitation, d'étude ou de distraction, elles se subviennent à elles-mêmes par leurs propres moyens, semblables à ceux dont dispose la commune, et contribuent pour leur part à alimenter le budget du gouvernement.

∴

— Soit ! continue le petit bourgeois. Et maintenant, de deux choses l'une : ou vous décernerez, sur le jugement d'examinateurs innombrables, des récompenses qui ne pourront être que des charges, et dont personne ne voudra, parce qu'elles seront mal rémunérées ; ou votre commune sera un enfer de jalousies et d'intrigues, où chacun voudra diriger les autres sans lui-même rien faire : les habiles, en se faisant attribuer des sinécures ; les forts, en exigeant les appointements qu'ils auraient obtenus dans une société capitaliste.

Il y a beaucoup de choses dans ce dilemme. Suivons-en les détours, en nous plaçant au double point de vue qu'il choisit successivement : d'abord en supposant que la commune socialiste serait bien organisée et dirigée par des hommes sérieux ; puis en supposant qu'elle soit sottement conçue et qu'elle favorise l'élection d'administrateurs sans scrupules.

Dans le premier cas, c'est une erreur, avant tout, de croire que les examens se multiplient au point de transformer la société entière en une immense bureaucratie. En ce qui concerne le conseil municipal, rien de changé à ce qui existe présentement, sinon que ses attributions pourront s'étendre à de plus nombreux objets ; et la fin de ce chapitre montrera que cette extension n'offre point d'inconvénients. Restent les comités techniques. Rien ne permet de croire qu'ils deviendront des pépinières de mandarins. Ils sont assimilables aux diverses sociétés anonymes du régime actuel, avec cette différence qu'au lieu de travailler au bénéfice du capital privé fourni par les actionnaires ou commanditaires, ils travaillent au bénéfice du capital commun, poussant ainsi à ses fins dernières le système des sociétés coopératives. S'est-on jamais plaint que, coopératives ou anonymes les associations existantes abusent de l'examen ? Elles font avancer leurs membres dans leur propre hiérarchie en jugeant de la valeur de chacun d'après ses œuvres. Celui qui récoltera le plus de blé ou les meilleures betteraves sera choisi comme directeur des exploitations agricoles ; celui qui aura le mieux construit et à moins de frais un édifice ou une chaussée deviendra entrepreneur général. Les professions auxquelles les examens donnent accès aujourd'hui ne pourront sans doute être ouvertes autrement, mais il n'y a aucune raison pour les multiplier ; et une fois la place obtenue par un candidat, c'est encore la constatation matérielle des services rendus qui fera juger s'il est capable d'en rendre de plus élevés. Avocat, professeur ou vétérinaire, son zèle et son talent se marquent par des signes si évidents que, dans le monde actuel, les clients ne s'y trompent guère : ils vont au meilleur. Pourquoi voudrait-on que les intéressés s'y trompassent davantage par le fait qu'ils devront choisir les sommités en vue du bien commun ?

Serait-ce seulement des charges que ce choix leur conférait, et non des récompenses susceptibles de stimuler leur désir ? En effet, ceux qui ne travaillent que pour l'argent seraient déçus. Dans un Etat socialiste, impossible de « faire fortune » au sens d'aujourd'hui, c'est-à-dire en accumulant un capital de beaucoup supérieur aux besoins personnels ; la hiérarchie des fonctions sera seulement rémunérée d'après une échelle graduée par les soins de la loi générale ou de la réglementation particulière en chaque commune ou société. Si les manœuvres ont droit de recevoir un salaire suffisant pour vivre à leur aise et sans aléa, eux et leur famille, les chefs ont droit d'en toucher un plus élevé, tant par suite de la valeur intrinsèque de leur travail intellectuel, qu'en égard à leurs besoins plus raffinés, conséquence de leur culture plus délicate. Ces avantages ne peuvent toutefois dépasser le niveau moyen des dépenses que fait de nos jours un bourgeois sage et tempéré : ils n'ont pour but que de fournir aux légitimes exigences journalières, et non de permettre une accumulation d'épargnes. Cette accumulation ne serait en rien justifiée, tout citoyen ayant droit à une pension de retraite lorsque ses forces déclinent, et sa famille, femme et enfants, à l'entretien et à l'éducation convenables.

Au reste, c'est un grand tort de s'imaginer que la plupart des hommes de valeur, susceptibles de remplir les fonctions directrices, y aspirent principalement en vue des avantages pécuniaires qui y sont attachés. Plus ils sont vraiment capables, plus ils aiment leur métier, science, art, industrie, pour lui-même, d'une part, et de l'autre pour la satisfaction morale qu'ils trouvent à l'exercer. Ils sont fiers de se livrer à des occupations supérieures et de mériter l'estime publique. Une fois bien connue l'impossibilité de gagner plus d'argent que n'en exigent les besoins personnels, mieux vaut laisser croupir dans les emplois inférieurs ceux qui n'aspirent aujourd'hui aux plus élevés qu'en vue de bénéfices disproportionnés à leurs mérites : il ne manquera pas d'autres candidats désirant parvenir aux charges les plus délicates pour des motifs désintéressés et vraiment nobles. Si, de nos jours, on pourrait craindre que la disparition de l'appât suprème, celui de « faire fortune » n'en diminuât le nombre, cette crainte s'anéantit du jour où, tous les enfants recevant l'éducation qui convient à leurs aptitudes, verraient librement ouvertes devant eux les carrières où nul préjugé de caste, nul dénuement, nulle circonstance de famille ne les empêcherait de s'élancer. Que de forces cérébrales, que de générosités de cœur perdues, dans ce peuple courbé par le capitalisme sur l'outil ou la charrue, rivé jusqu'à la mort à ce rude gagne-pain, sans espoir d'en trouver un plus conforme aux aspirations étouffées !

Car c'était encore un autre sophisme, que de présenter les fonctions supérieures comme de lourdes charges dont personne

ne voudra parce qu'elles seront mal rémunérées. A vrai dire.
nul n'ignore que le travail cérébral des dirigeants est pour le
moins aussi pénible que le travail manuel. Souvent même il
accable davantage. Mais il est aussi plus passionnant, à tel point
qu'il tient aisément lieu des autres passions, celle de l'argent.
celle de l'amour, et qu'il fait oublier le repos, mépriser les plaisirs ordinaires, largement compensés par la gloire ou simplement par la considération publique. En général, ce n'est pas un
surcroît de travail qu'imposent les fonctions directrices, mais
un travail plus délicat ; c'est un soin plus attentif et l'application d'une instruction plus développée. Ces occupations plus
intéressantes exercent par elles-mêmes une séduction. Malgré
que nos paysans sachent fort bien maintenant les aléas et les
déconvenues de la vie urbaine, ils affluent constamment aux
grandes villes, et leurs parents ne reculent devant aucun sacrifice pour leur donner une éducation qui leur permette d'entrer
dans les professions libérales. L'excès même de cette tendance
montre assez que la satisfaction de « devenir un monsieur »
exerce pour le moins autant de prestige que l'appât de la fortune,
rarement acquise par les fils du peuple qui jettent la blouse pour
la redingote. Du jour où, pour satisfaire cette ambition, il ne
sera plus nécessaire de tourner les yeux vers la capitale, mais
où il suffira de rester chez soi, en méritant d'être choisi pour les
fonctions supérieures, il n'est donc pas à craindre qu'elles souffrent d'une pénurie de candidats : supposée bien administrée,
la commune n'aura qu'à choisir parmi les plus dignes, comme
le font actuellement les sociétés anonymes et les coopératives.

Pourquoi voudrait-on qu'elle ne fût pas bien administrée,
quand ces dernières sociétés le sont au moins d'une manière
satisfaisante, sans présenter plus de garanties ? Elles aussi ad-
ministrent un capital qui ne leur appartient pas, exploitent une
entreprise dont les bénéfices ne vont qu'en partie indemniser
le travail de leurs membres, ouvriers, chefs et administrateurs.
Ceux-ci touchent, il est vrai, des apports, des jetons, des dividendes ou des commissions qui leur donnent une situation pri-
vilégiée en leur constituant des avantages parfois supérieurs à

leur mérite. On attribue à ce fait la direction énergique qu'ils impriment aux affaires : favorisés comme de forts capitalistes, ils ont ainsi un intérêt majeur au succès de l'exploitation qui leur rapporte autant qu'aux gros actionnaires. Une telle interprétation est abusive. Pour démontrer l'efficacité souveraine de l'appât pécuniaire, il faudrait qu'elle s'étendît à tous les cas présentés par les sociétés existantes. Il n'en est rien. Beaucoup d'entreprises n'offrent par suite de leurs faibles bénéfices, qu'une situation médiocre à leurs administrateurs, qui n'en travaillent pas moins pour la maintenir à flot. Jusque dans les plus prospères, le personnel des ingénieurs, des chefs de bureau, des inspecteurs, qui est le nerf de l'organisme et sur qui repose pratiquement le succès, se voit condamné pour la vie à rester dans sa situation médiocrement rémunérée, et persiste quand même à remplir son devoir sans faiblesse. Un homme d'honneur agit par conscience plus que par intérêt. D'autre part, son intérêt même est de ne pas perdre la place relativement avantageuse qu'il occupe, sans espoir d'en obtenir une meilleure. Voilà tout ce qu'il faut pour qu'une affaire soit bien dirigée. L'administration des institutions communales par les comités techniques ne requiert pas davantage.

S'imaginer qu'elles deviendront un enfer d'intrigues et de jalousies, c'est concevoir des craintes sans fondement. Les hommes n'y seront pas meilleurs que dans tout autre organisme social : mais, là comme ailleurs, on peut les obliger au devoir par une constitution convenable et une exacte réglementation. Un Etat, une compagnie de chemin de fer ou une maison de commerce ne fonctionnent bien que si leurs lois, leurs statuts ou leurs règlements, ne laissent aucune fissure par laquelle puisse s'insinuer la cupidité de leurs employés, car l'occasion fait le larron. Avant donc que de socialiser une commune, il faut au préalable que les principes et les détails de sa nouvelle constitution soient nettement établis par le conseil délégué à cet effet ; et il faut aussi, une fois entrée en activité, qu'elle puisse modifier les applications de sa législation conformément aux indications de l'expérience.

C'est ici que l'on sera tenté de crier gare ! Le système électif
dans toute son extension peut-il fonctionner sans abus dans
une population restreinte, où les mille petits intérêts personnels
sont en conflit incessant ? N'est-il pas probable que les habiles
parviendront toujours à se procurer des sinécures, et les forts à se
faire décerner des appointements excessifs ? En juger ainsi
d'après l'expérience fournie trop souvent par les communes
d'autrefois — et d'aujourd'hui même si l'on veut —, c'est oublier
que la commune de l'avenir peut être absolument différente,
étant susceptible de progrès comme tout autre organisme social.
Le progrès décisif qu'elle devra accomplir, c'est de devenir socialiste. Il est aisé de montrer qu'alors elle n'offrirait plus les
causes de dissension qui troublent trop souvent les communes
peuplées de propriétaires privés. C'est à leur égoïsme de capitalistes et de rentiers qu'ils doivent leurs fréquentes querelles.
Elles proviennent, en effet, de deux causes générales : l'avidité
et le népotisme. Chacun veut que sa maison soit entourée de
tous les agréments ; de même qu'il chicane le voisin pour un
mur mitoyen, une servitude ou une borne, il harcèle la municipalité pour obtenir la rectification d'une rue, la pose d'une
fontaine, l'établissement d'un égout devant sa chère bicoque
héréditaire ; et comme tous font les mêmes démarches, procès
et manigances, on se demande comment ils peuvent en somme
vivre ensemble. L'un d'eux devient-il plus influent, ce n'est pas
seulement des avantages matériels qu'il brigue, mais des faveurs
qu'il demande pour ses parents ou sa progéniture : il les case
dans les bureaux, il en fait des percepteurs ou des gardes, il
obtient pour eux la création de postes ingénieux dont le public
ne sentait pas la nécessité. Supprimez l'appropriation personnelle du capital, rien de tout cela n'est plus possible. On n'apporte plus à arrondir ou à décorer le patrimoine de jadis l'âpreté
tracassière que ne mérite pas un logement ou un champ prêté
pour un terme : c'est le propriétaire, commune, société de travail
ou État, qui se charge de l'améliorer, tout en vous obligeant à
l'entretenir et à le faire fructifier moyennant salaire. On n'a
plus espoir d'obtenir, par des voies détournées, des faveurs pour

ses enfants ou ses cousins s'ils ne les méritent pas : la constitution et les règlements qui s'y opposent sont défendus avec vigilance par les concurrents ; jaloux d'évincer les incapables : par contre, si vos parents méritent un meilleur sort, qu'ils en fassent la preuve, ils y ont droit, et la commune socialisée leur donnera satisfaction, ce qui n'est pas le cas, dans le présent état de choses, pour les petites gens.

Ce serait donc une erreur manifeste de prétendre juger la commune socialisée d'après l'expérience que nous avons des organisations communales basées sur le régime de la propriété personnelle. Autres institutions, autres mœurs.

D'ailleurs cette expérience est-elle donc si néfaste? Comment admettre que, d'une façon générale, et mises à part les petites guerres de voisins ou de clochers, la population française ait atteint un degré de prospérité envié par la majeure partie des nations étrangères, s'il était vrai que l'anarchie eût été permanente dans les villages et les petites villes où elle s'agglomère ? La vérité est toute autre. Depuis le mouvement communal du moyen-âge, les communes de France n'ont cessé de faire, en somme, preuve de sagesse et de compétence. C'est à elles que le peuple français, qui les a faites, doit une bonne part de son esprit d'ordre et d'économie, qui sont les plus solides fondements de sa morale comme les meilleures garanties de son bien-être.

III

La Commune socialisée ne serait qu'une extension du régime Municipal.

S'il est vrai que nous devons une bonne part de notre civilisation à l'héritage qui nous est échu des « municipes » romains, ne serait-ce pas logique de faire parvenir cette institution salutaire au dernier stade de son évolution ? Comme on le verra bientôt, les conseils municipaux sont devenus, dans plusieurs pays, les agents les plus efficaces du progrès des classes rurales et de la petite bourgeoisie. Ils doivent cette influence bienfaisante au fait qu'ils ont su étendre leur champ primitif d'opération : de simples délégués de la population pour la police et la voirie, ils se sont élevés au rôle de conseillers d'administration entreprenant et dirigeant convenablement de multiples travaux utiles à l'ensemble de leurs administrés. Un théoricien de la vieille école n'eût jamais concédé qu'ils fussent capables de distribuer à bon marché l'éclairage, les moyens de transport, l'eau. la viande et bien d'autres choses, en résumé les objets de différente nature dont tout le monde fait usage.

Dans ces derniers mots, ce qui caractérise le progrès accompli, c'est que les municipalités fournissent avantageusement des « objets de différente nature ». Le fait que, jusqu'à présent, la plupart ne se sont occupées que de fournir les objets « dont tout le monde fait usage » est en lui-même insignifiant ; il dénote simplement une intention, tandis que le premier dénote une aptitude. Les conseils municipaux ont la même aptitude que les conseils d'administration des sociétés anonymes à bien diriger les entreprises de toute nature. Pourquoi, d'ailleurs, en serait-il autrement ? Des hommes de choix sont aussi capables de conduire une affaire dans un conseil comme dans l'autre.

Et pourquoi aussi les membres des comités techniques adjoints au conseil municipal seraient-ils incapables de régulièrement administrer les entreprises qui leur seraient confiées dans un but un peu plus particulier mais intéressant au moins indirectement la majorité des domiciliés ? La seule objection que l'on pourrait leur opposer, c'est que peut-être ils ne sauraient bien exercer le contrôle à la fois exact et impartial sans lequel nombre de leurs administrés négligeront leurs fonctions. Sachant que la communauté est obligée de les soutenir en leur assurant tout ce qui est nécessaire à une existence aisée, ne peut-on craindre que les flâneurs se multiplient ?

Loin de devoir sembler plus malaisée pour les comités élus au sein d'une commune, la surveillance dont ils sont chargés et l'appréciation qu'ils doivent faire des valeurs ne peut être que plus efficace, parce que l'une est plus immédiate, et l'autre plus intéressée. Pour savoir comment Jean-Pierre laboure, comment

Mathurin fait la barbe, combien Girard vend de mercerie, ou si l'instituteur instruit bien les enfants, nul besoin d'une nuée d'inspecteurs : le bruit public est le meilleur des agents. Si la population n'est pas contente, elle le dira, et de la manière la plus efficace, en obligeant les membres du comité à sévir, ou en les remplaçant par d'autres membres à la prochaine élection. Ce qui gouverne les démocraties, c'est l'opinion. Il est bon, il est nécessaire que la volonté des humbles impose le devoir à ceux qui ont charge de gérer leurs intérêts.

Du reste, il est à croire que, dans une commune socialisée, ces derniers rempliront leurs obligations sans avoir besoin d'être souvent rappelés à l'ordre. Solidairement intéressés avec la population à obtenir de bon travail, obligés de la satisfaire pour garder leur place honorifique, qui peut être aussi rétribuée, on ne voit pas pourquoi ils ne s'appliqueraient pas attentivement à remplir leurs fonctions avec énergie. Ils les rempliraient aussi avec compétence : rien ne permet de croire que les électeurs choisiraient un musicien pour diriger le comité agricole ou un huissier pour inspirer l'installation de la meunerie ; il est assez naturel que les hommes techniques, ayant fait leurs preuves dans un travail spécial, soient de préférence élus pour gérer l'entreprise communale qui rentre dans la sphère de leurs aptitudes.

Comment contrôler le travail de ceux que leur profession même éloigne perpétuellement de leur domicile ? — Ce n'est pas l'affaire de la commune. Il lui faudrait une armée d'inspecteurs aux trousses des commis-voyageurs, des marins, des forains, des artistes lyriques en tournée. Ces spécialités devront appartenir à une corporation de même que tant d'autres travailleurs de tout ordre. Syndicat, société coopérative, institution de l'Etat, ministère, peu importe, chaque citoyen trouvera un groupement lui permettant d'employer pour le mieux ses facultés particulières. Travaillant au compte de ce groupement ou d'une commune, le résultat doit être, fût-ce pour le plus mal doué, de lui assurer au moins les moyens de subsistance en retour d'une besogne modérée, pourvu qu'elle soit exécutée consciencieusement ; quant à ceux dont l'œuvre sera plus méritoire, on verra au chapitre suivant les avantages qui leur sont réservés.

On verra tout à l'heure quelles sont les trois branches principales de l'activité économique dont la commune pourrait se charger, et dans quelle mesure, par l'intermédiaire de ses comités techniques. Avant d'en exposer le plan, indiquons brièvement certains détails d'intérêt public, dont la gestion lui revient naturellement. C'est par eux que devrait commencer l'extension logique des attributions du conseil municipal.

La commune reste qualifiée plus que jamais pour prendre à sa charge les moyens de distraction, les réjouissances publiques, les institutions de tout genre capables d'occuper les loisirs des citoyens d'une façon digne et profitable. Il lui faudra un comité spécial, comme les précédents adjoint à la municipalité, mais ayant ses coudées franches, pour fonder et administrer théâtres et musées, bibliothèques et cercles, salles de conférences et de meetings, cours d'adultes scientifiques ou artistiques. C'est là un service tellement capital que dans une société vraiment démocratique on ne saurait lui donner une trop grande extension. Il est également fâcheux de voir les multiples entreprises qu'il comprend réduites à des ressources précaires lorsqu'elles sont entre les mains d'initiateurs particuliers, ou administrées avec peu de compétence, quand ce n'est pas dans un déplorable esprit de parti, si l'on est réduit, comme nous le voyons pour quelques-uns, à les confier au conseil municipal. Il n'y apporte point de lumières suffisantes : son affaire, c'est la gestion des intérêts matériels. Nos populations réclament mieux et davantage. Pour les satisfaire, il faut une institution nouvelle, des hommes spéciaux, un budget sérieux, soit fourni par la commune, soit alimenté par les dépenses volontaires que chacun est prêt à prélever sur le gain de son travail, en payant sa cotisation pour faire partie d'un cercle ou sa place pour entrer au théâtre.

Il n'est pas à craindre, en effet, que l'on se montre parcimonieux sur ce chapitre. Manger n'est pas tout. La conquête des joies de la vie en est le but pour la plupart. Que ces joies se multiplient et deviennent accessibles à tous, voilà bien la plus claire

exigence de notre civilisation, avec ce caractère particulier
qu'elles tendent à devenir de plus en plus intellectuelles. C'est
précisément l'une des prétentions du socialisme de les affiner encore davantage en même temps que de les mettre à la portée des
plus humbles. Déjà les musées sont propriété publique, ouverts à
tous. Nul n'y constate que des avantages. Qui veut danser sous
bois dansera. Qui veut entendre Faust ou Tannhauser aura les
portes de l'Opéra grandes ouvertes. Il lui faudra premièrement
gagner son ticket d'entrée. Aujourd'hui, sous le régime de la propriété privée, pourquoi voulez-vous de l'argent ? Pour fréquenter
les théâtres, prendre un bock quand bon vous semble, vous promener en famille dans la forêt de Fontainebleau, aller voir la
Suisse ou l'Italie ? Qu'à cela ne tienne ! Faites le même travail
supplémentaire auquel déjà vous vous astreignez dans ce but,
si vous n'êtes pas né avec des rentes : on vous délivrera, ou des
pièces d'or, ou des bons de théâtre et de café, de chemin de fer
et de voiture. Ou bien on s'y prendra d'une autre manière, mais
vous aurez ce que vous voulez, pourvu que ce soit mérité. Les
petits jeunes gens de la haute noce ne seront pas contents, ils gé-
miront de n'avoir plus la bourse paternelle à répandre en flots
de diamants sur de belles gorges et en flots de vins rares sur des
tables de soupers fins ? Tant pis !

Faut-il donc dire adieu à notre splendide champagne, à nos
bordeaux parfumés ? Ah ! non, par exemple ! On en donnera à
tout le monde. Mais comme il n'est pas indispensable à personne
d'en boire tous les jours, chacun pourra bien se contenter d'en
prendre part aux banquets publics.

Je sens le terrain brûlant. Ce que détestent avant tout nos élites, c'est ce qu'elles appellent la promiscuité avec la grossièreté
des travailleurs. Eh bien ! le socialisme s'appliquera intensive-
ment à faire disparaître l'âpre écorce du bon bois populaire.
On peut dire qu'elle est un résultat fatal de notre organisation
contre nature, où quelques-uns se gaubergent en tous les raffine-
ments, et repoussent dans la boue les prolétaires qu'ils insultent
après les avoir avilis. Ouvrons à tous les portes de l'idéal, travaillons à éclairer les esprits au moyen de bibliothèques et de confé-

rences, à épurer les sentiments par la beauté des sons, des formes et l'élégance des jeux ; avant tout, cela va sans dire, proscrivons les empoisonneurs publics en rationnant l'alcool, en réprimant la pornographie : désormais les délicats n'éprouveront plus de ré-pugnance à serrer la main du peuple. Au reste je ne vois pas pourquoi, dans les fêtes publiques, on refuserait aux plus méri-tants les charmes de l'intimité entre amis de choix. Ils n'auront qu'à gagner un bon pour cabinet particulier. C'est un peu grotes-que, n'est-ce pas ? Ma foi, oui, ils feraient bien mieux d'entrer franchement dans le beau mouvement d'égalité. Ils ne tarderaient pas à sentir, comme il arrive déjà, souvent, à ceux d'aujourd'hui qui savent se dévouer, ils ne tarderaient pas à sentir la vivifiante saveur, la lumineuse sympathie que dégagent nos frères des classes laborieuses, et que, si le bonheur n'est pas un vain mot sur la terre, il se trouve dans leur compagnie. Pourquoi les méprise-t-on ? Parce qu'on les ignore. Sous leurs dehors peut-être frus-tes, se cache un cœur palpitant comme le nôtre, et qui parfois même bat de plus nobles aspirations.

D'ailleurs, libre à chacun de faire son dégoûté. S'il ne veut à aucun prix coudoyer le peuple, et s'il lui platt de faire la fête avec quelques amis raffinés, rien de plus simple : il lui suffit de gagner la dépense, soit par un travail supplémentaire, soit en rendant, s'il le peut, des services particulièrement apprécia-bles, mieux rémunérés que le travail manuel. Il faut bien recon-naître que c'est là une aspiration très légitime : les réjouissances familiales sont le plus grand charme de la vie privée, elles en-tretiennent l'affection, elles symbolisent les sentiments les plus délicats dont la société a besoin autant que du vivre et du cou-vert. Aussi jugera-t-on peut-être opportun qu'à l'occasion des jours de fête du père ou de la mère la commune soit obligée de fournir les frais d'un banquet intime à chacune des familles de sa juridiction. Mais elle ne devra établir aucune distinction de classes : tant par personnes, voilà ce qu'exige l'égalité.

*
*

On a mieux vu par ces exemples combien sont nécessaires et comment fonctionneraient les comités techniques adjoints au conseil municipal. Déjà cet article a spécifié ou laissé entrevoir un certain nombre des attributions dont la commune pourrait se charger grâce au nouvel organisme qui la complète. Il paraît indispensable de rechercher maintenant plus en détail les divers services que devrait assumer une commune socialisée.

IV

Principales attributions de la Commune.

Une fois convenu que les communes, loin de tout absorber, s'occuperaient exclusivement de ce qui se passe sur leur terri- toire, laissant à de plus vastes associations le soin des entrepri- ses voyageuses ou ramifiées par la nation et par le monde ; en se souvenant toujours que, même dans cette limite, il leur fau- drait déléguer leurs pouvoirs à des comités dirigeant les coopé- ratives industrielles ou commerciales, scientifiques ou litté- raires, théâtrales ou sportives, pour tout ce qui exige une sur- veillance et une direction propres par le fait d'un travail trop spécial, — étant posés ces compléments d'organisation, qui en- trent dans l'essence même du socialisme fédéral, on peut voir que la commune, comportant ainsi, non plus seulement le con- seil municipal, mais une série de comités techniques, jouit de toutes les aptitudes requises pour bien gérer des intérêts fort divers. En fait d'attributions propres en tant que patron, il ne lui reste, en somme, et c'est un lot considérable, que la direction des travaux et la satisfaction des besoins d'une petite ville, par exemple, qui vivrait tout entière en elle- même, où il n'y aurait ni grande industrie, ni commerce d'expor- tation, ni université. Beaucoup de nos communes sont telles. Les plus compliquées sauront fonder, outre leurs comités ad- ministratifs répondant aux divers travaux simples, des coopé- ratives d'une grande extension subvenant aux plus vastes be- soins. Quelle est la population qui ne serait pas capable de gé- rer ces occupations élémentaires ? Petite culture, industries mé- nagères, commerce local, écoles et églises, routes et monuments, théâtres, musées et bibliothèques, voilà le bilan qu'il nous faudra examiner plus tard en détail. Personne de mieux renseigné que le natif sur tout ce fonds de la vie populaire. Là, il est dans son élément. Tous étant solidairement intéressés à ce que chaque rouage marche comme il doit, leur gestion ne peut que profiter à l'ensemble. Des règlements bien étudiés, par hypothèse, étroitement détaillés, appliqués avec une rigueur consciencieuse, qu'entraîne la surveillance mutuelle d'hommes jaloux de leurs droits respectifs, sont là pour parer à l'arbitraire. Que veut-on de plus ? Où trouver meilleur principe pour garantir une égale répartition des avantages proportionnellement au mérite ?

Il sera délicat, mais nécessaire, d'établir par constitution préalable le mode de distribution des gains. De prime abord, on voit que pour la plus forte partie il suffit d'en charger respectivement chacun des trois organismes sociaux distribuant les salaires aux individus qu'il emploie : l'Etat paye ses fonctionnaires, les sociétés spéciales leurs membres, la commune ceux de ses résidents dont elle dirige le travail. A cette dernière seule, pourtant, incombent de lourdes charges qui pourront sembler de nature à lui mériter de plus larges attributions. Qu'ils appartiennent à l'Etat ou à quelque compagnie, tous ceux qui résident sur son territoire n'en sont pas moins obligés de l'indemniser pour ce qu'elle peut leur fournir, les routes, l'école et l'église, à supposer même la nourriture, le vêtement et tout l'entretien fournis directement par des compagnies différentes ou par l'Etat. Il faut bien que ce soit le salaire qui donne à chacun les moyens de payer tout le reste, mais les sociétés spéciales qui distribuent le salaire, et celles qui offrent les objets auxquels il doit être employé se montrent, à simple réflexion, incompétentes pour subvenir à un certain nombre de besoins. Qui, en dehors de la commune, à ne prendre qu'un exemple, connaît assez les conditions particulières des logements dont elle dispose, pour les distribuer équitablement entre tous ses domiciliés ? Car on pense bien qu'une fois socialisés les immeubles existants devront être employés : on ne va pas démolir toute la France pour la couvrir su-

bitement de nouvelles habitations conformes aux théories de l'E-
tat ou des entrepreneurs de logements hygiéniques. Et cependant,
il est tout à fait inadmissible que, dans une nation égalitaire,
celui-ci habite un palais, celui-là un bouge, qu'un directeur d'u-
sine domine la vallée du haut de son château féodal, pendant
que ses ouvriers végètent dans des taudis malsains de la ban-
lieue. Injuste, cette répartition serait d'ailleurs impossible du
moment que chaque citoyen vit de son salaire, mais en vit largement. Aucun n'a plus les revenus exigés pour un grand train
de maison ; tous ont au moins le nécessaire pour se loger confor-
tablement, eux et leurs familles. Il y aura sans doute des hôtels
princiers et autres immeubles grandioses que l'Etat, les communes, les sociétés de travail voudront acheter pour en faire
l'usage à leur convenance : soit qu'ils deviennent le siège des conseils d'administration, soit même qu'ils soient destinés au domicile privé d'un personnage rendant des services spécialement
importants, ministre, préfet, maire, banquier, ingénieur en chef,
artiste de génie, en toute hypothèse les collectivités qui les possèdent ont le droit d'en faire l'usage que bon leur semble. Il
n'y a rien là d'anti-socialiste : les individus ainsi privilégiés en
apparence ne sont point propriétaires ; ils peuvent être desti-
tués du jour au lendemain pour faire place à d'autres. L'avantage n'appartient pas à la personne, mais à la fonction. Toutefois, cet avantage même ne saurait dépasser une certaine limite :
on ne peut songer à détruire la ploutocratie héréditaire pour la
remplacer par une ploutocratie élective ; aussi la constitution
fixera le maximum des salaires attribuables aux plus hauts employés des trois organismes ayant seuls la personnalité civile,
de même que le minimum dû aux moindres. En conséquence
une bonne partie des immeubles trop vastes et trop luxueux
pour les besoins d'une famille seront divisés en appartements
que loueront à leur gré, sur le pied d'égalité, les miséreux re-
jetés aujourd'hui dans les « cités » infectes de Belleville et les
millionnaires trônant aux environs de l'Arc-de-Triomphe. Il
semblerait tout simple d'abandonner cette exploitation à des
sociétés immobilières qui, ayant acheté les maisons existantes

et les ayant transformées, les offriraient aux citoyens socialisés en suivant les lois ordinaires de ce commerce, avec des prix plus légèrement variés qui correspondraient à la différence des salaires. On aperçoit pourtant de suite quelles spéculations ne manqueraient pas de s'amorcer sur de telles entreprises. Toujours le droit d'expropriation pour cause d'utilité publique fut réservé à l'Etat ou aux municipalités. Celles-ci connaissent seules les circonstances assez bien pour faire les transformations de la façon la plus convenable, pour fixer les prix, pour observer les règlements ayant trait à l'hygiène, en un mot pour satisfaire la population de leur territoire. A moins qu'on ne leur accorde simplement un droit de surveillance et d'inspection qui, dans l'espèce, peut sembler insuffisant, cet exemple montre que l'on devra, pour une partie des choses dues à chacun, confier à la commune le soin de les distribuer, en en prenant d'abord la charge, puis en en tirant l'indemnisation ou le bénéfice autorisé par la loi. En ce qui concerne les logements, l'opération est des plus simples. La commune devient propriétaire de toutes les constructions qui n'ont pas été achetées par l'Etat ou les sociétés de travail. Elle les loue aux salariés de toute catégorie dont se compose la nation entière. Elle peut ainsi trouver un intérêt raisonnable au capital engagé. Mais le contrôle des habitants s'exerce sur ce chapitre important avec plus de soin que sur les autres, chacun étant directement poussé à voir si on ne cherche pas à l'exploiter. Qu'une société immobilière soit chargée de l'entreprise, ce serait détruire le principe de la liberté que de l'astreindre à l'inspection à laquelle ses clients seraient autorisés ; comme toute autre association cherchant la fortune, elle montera les loyers aussi haut que possible ; la classe qui reçoit les salaires les plus bas se verra réduite à une condition analogue à celle d'où l'on voulait la tirer. Il lui serait aisé, au contraire, de produire des réclamations efficaces si l'administration municipale se laissait entraîner à de semblables abus. La commune peut devenir ainsi caissière et gérante pour un certain nombre d'objets qu'il faudra préciser. Elle seule connaît les individus qui résident sur son territoire, suffisamment pour s'assurer

qu'ils n'ont pas démérité au point de vue civil, comme aussi
qu'il n'y a pas erreur d'objet ou de destination, de personne ou
de circonstance. S'il faut bien que chaque citoyen ait un domicile, c'est à l'autorité dont ce domicile dépend d'exercer les fonctions pour la régularité desquelles le domicile est la principale
garantie. Voilà du moins un ensemble capital d'intérêts qui incombent indirectement à la commune et lui donnent du coup,
un pouvoir immense, celui de gérer une forte partie des salaires.
Il semble bien que nul socialiste ne puisse se soustraire à la nécessité de lui concéder cette prérogative. La question à discuter
reste seulement de savoir s'il est opportun, comme nous le proposons, d'en faire, outre l'Etat et les sociétés spéciales, un troisième organe de direction pour les différents travaux qui s'accom-
plissent exclusivement sur son territoire, et de la constituer,
dans ce but et dans cette limite, propriétaire du sol et des outils.

.·.

Utilité de l'autonomie communale
spécialement pour favoriser la liberté de consc ence.

Nous le croyons, en tout ce qui peut être dirigé par un contrôle personnel et immédiat de tous les associés, comme la chose
se fait dans les syndicats agricoles et les mutualités ouvrières
locales, l'avantage est indéniable : économie d'intermédiaires,
décisions prises sur les plus petits détails en pleine connaissance de cause, surveillance réciproque obligeant au travail et
à la probité, confiance et sympathie résultant des succès obtenus en commun. Pourquoi ne pas appliquer les avantages
d'un tel système, qui a fait ses preuves pour la culture, les mutualités et les coopératives de consommation, pourquoi ne pas
l'appliquer à tout autre genre de travail susceptible de s'effectuer en des conditions analogues ? Sans prétendre ici préciser
les diverses catégories d'activités matérielles ou intellectuelles
auxquelles le principe pourrait s'appliquer, il suffira, pour s'en
former une idée approximative, de se rappeler les indications
éparses dans les pages précédentes. Affaire aux chambres cons-

tituante et législative d'en étudier le détail. Au reste, il nous y faudra revenir au chapitre des justifications où les objections devront être examinées de plus près. Quelques exemples seulement pour mettre en lumière différents points sur lesquels notre législation n'accorde pas assez d'initiative à la commune.

Un médecin parisien me racontait que, lors de ses débuts au quartier des Batignolles, il avait fort bien réussi, lui ainsi que ses collègues, parce qu'ils n'étaient que 30 pour une population de 20 à 30.000 habitants. Aujourd'hui la population a peut-être doublé, mais dans le même quartier les médecins ont décuplé : ils sont plus de 300. Qu'en résulte-t-il ? La misère pour un bon nombre, ceux qui considèrent leur vocation comme un apostolat et que la chance ne favorise pas. Par malheur, d'autres se laissent entraîner à des procédés charlatanesques, fâcheux pour la santé publique. Par contre, nombre de villages et de bourgs manquent de médecin. J'ai connu un étudiant en médecine qui, après avoir fait neuf ans d'études à Paris, est retourné dans sa petite ville de Normandie et y a été accueilli comme un sauveur. En peu de temps il a fait fortune. Qu'on laisse aux communes le droit de réglementer la médecine suivant leurs besoins, ces anomalies disparaîtront, employés et public s'en trouveront mieux.

Elles devraient aussi être les seuls juges de certaines questions dont l'Etat s'est arrogé le monopole, toujours poussé ainsi à retomber dans le césarisme, le jacobinisme ou la réaction, suivant le parti qui l'emporte dans les chambres. C'est parfait d'avoir décrété la neutralité de l'enseignement. En principe, rien n'était plus nécessaire pour assurer la liberté des consciences. Encore celles-ci ont-elles bien le droit d'exercer leur liberté comme bon leur semble.

Sans aucun doute. Et le Socialisme Fédéral, qui tient à cœur de sauvegarder entièrement la liberté compatible avec l'égalité proportionnelle, est le premier à proclamer qu'il la faut rendre effective en matière d'éducation plus qu'en toute autre. Mais ici plusieurs solutions se présentent. Avant de proposer celle qui répond le mieux au caractère égalitairement libéral du système social étudié dans ce livre, il faut en exposer trois autres, qui se partagent l'assentiment des sincères amis de la liberté. Nous les verrons toutes les trois moitié incomplètes, moitié fausses, la première parce qu'elle ruine la définition même d'une liberté égalitaire, et qu'en se proposant d'instaurer la liberté absolue, elle aboutit à la prédominance des forts et à la servitude des faibles ; la seconde, parce qu'elle supprime la liberté au profit d'une doctrine, celle du radicalisme, ou bien qu'elle commet l'erreur de croire les adultes incapables d'exercer leur liberté, postulat impliqué par l'anticléricalisme ; la dernière enfin, parce qu'elle tend à abuser de la liberté en faveur du parti clérical qui dispose de moyens exceptionnels pour dominer les consciences.

Voici d'abord la théorie des libéraux absolus : qu'on laisse subsister les séminaires et les écoles congréganistes, pour offrir à tout citoyen, sans en tenir aucun compte dans la distribution des faveurs, le choix entre l'éducation donnée par les religieuses et les prêtres, les frères et les sœurs, ou bien l'éducation laïque et athée. Le moyen ? C'est uniquement de rendre les communes maîtresses absolues chez elles. On l'a fait, tout d'abord, avant les dernières expulsions ; et alors, la plupart des municipalités ont préféré l'enseignement laïque. Tant mieux, à mon point de vue. Seulement ce n'est pas le point de vue de tout le monde. Presque partout, alors même qu'une municipalité est anticléricale, il y a une minorité qui regrette amèrement la suppression des frères et des sœurs et qui s'impose des sacrifices, durs aux petites bourses, pour les maintenir et leur confier l'enfance. Rien de plus anti-démocratique. On oblige des citoyens, qui peuvent constituer la moitié moins un, à supposer les frais généraux du budget pour l'unique profit de l'enseignement laïque auquel recourt seule la moitié plus un, et en outre à se charger de frais supérieurs encore, parce que privés, pour pouvoir satisfaire leur conscience. Beau moyen de maintenir l'égalité, d'assurer à tous l'exercice de leurs droits ! Ces inconséquences sont inévitables dans le système actuel. Les choses changeraient du tout au tout si chaque membre de la commune était appelé à prendre une part active à la vie générale, comme il le faudrait une fois supprimé l'antagonisme des intérêts particuliers. Dans une famille, on s'entend. Impossible de vivre, si les minorités continuaient à être perpétuellement sacrifiées. Malgré la divergence d'opinion, on est bons amis tout de même. On s'arrange pour satisfaire tout le monde. Le budget communal remplace, si bon lui semble, celui de l'Etat ; car pourquoi le citoyen des Basses-Pyrénées contribue-t-il à l'éducation des jeunes Flamands du Pas-de-Calais ? Sur le budget communal on prend ce qui est nécessaire pour l'école neutre, on entretient les ministres du culte, au nombre requis pour satisfaire la population, un seul ici, dix ou vingt ailleurs. Et l'on cherche à concilier. Comment ? C'est ce que nous allons tout-à-l'heure essayer de voir. Supposons le problème résolu, chacun s'en va satisfait. Affaire aux moyens de persuasion, journaux, conférences, propagande protéiforme, de changer les opinions ; mais nous en avons assez de la tyrannie des majorités !

Il en serait de même pour les hôpitaux, les églises, les bibliothèques, les cercles, les mille institutions destinées à l'amélioration des mœurs ou au soulagement des invalides : que la commune soit le juge suprême de ce qui lui convient ! Si elle possède des domiciliés qui, malades, préfèrent les soins des bonnes sœurs pourquoi leur refuser les consolations sentimentales qui comptent pour une si grande part dans le soulagement de leur souffrance ? S'il plaît à la jeunesse, aux vieilles dames et aux prosélytes de telle ou telle secte de se réunir dans un cercle annexé à l'église, au temple, à la synagogue ou à la loge, à quel titre les en empêcherez-vous, du moment qu'ils ne conspirent pas contre le gouvernement, contre l'ordre public ou les bonnes mœurs ? Laissez tout le monde vivre à son gré : les gens étant contents, les choses marcheront bien.

Les libéraux absolus basent ainsi leur opinion sur une assimilation qui ne peut être admise par un esprit politique. Ils se donnent beau jeu. S'il est vrai que la liberté de conscience consiste à la fois dans le droit de fréquenter, d'une part, les églises, les hôpitaux et cercles confessionnels, d'autre part les écoles con-

gréganistes, celles-ci bénéficient de la franchise accordée à la
première catégorie d'institutions, à laquelle personne ou à peu
près ne refuse le droit d'exister. Mais il n'en peut être ainsi.
Les édifices consacrés au culte, au soulagement de la douleur
par les ministres du culte ou à l'éducation plus complète des adultes par ceux d'entre ces mêmes ministres qui désirent se mêler
à la vie de leurs fidèles, sont le signe, le siège, l'instrument indispensable de leur propagande. Du moment qu'on les autorise
à répandre leurs idées, il faut bien leur en laisser les moyens.
Et la liberté la plus élémentaire, telle du moins que l'entend le
Socialisme Fédéral, réclame que les lois de l'Etat leur donnent
cette autorisation pleine et entière. Elles n'y peuvent mettre que
deux restrictions : c'est de leur interdire des procédés de persuasion dont ne disposent pas les profanes,— voilà pourquoi,
entre autres raisons, on a dû expulser les congrégations —;
c'est ensuite de soustraire à leur action, hors de l'église, les êtres
trop faibles pour pouvoir discuter leur autorité. Il leur est donc
parfaitement légitime de travailler à gagner les adultes, même
en dehors de l'église : on doit supposer que l'éducation, organisée comme on le verra sous le régime socialiste, a muni les
adultes d'assez de raison pour choisir ce qui leur semble vrai
et rejeter ce qui leur paraît faux. Si au contraire il s'agit des enfants, ce n'est nullement observer à leur égard les principes
de la liberté que de les enfermer dans une école congréganiste,
là ils subissent une influence exclusive dont l'impression subsis-
tante peut les déterminer fatalement à prendre un parti aveugle
quand ils seront en âge de choisir. Que les parents confient
leur progéniture aux hommes d'église dans l'église, c'est tout ce
qu'il faut pour obtenir le but poursuivi, la naissance à la vie
mystique. Mais nul n'a le droit de pétrir la matière molle de
l'enfant de façon à lui donner pour toujours une forme artificielle qui entrave à l'avance le jeu libre de ses facultés une fois
développées. Et c'est ce que fait l'école. Quand il s'agit de choses positives reconnues par tous comme indispensables pour
faire un être civilisé, rien de mieux : nul ne se plaint que l'école
donne à la jeunesse une estime que rien ne saura ébranler pour

la science, l'art, la justice sociale, l'énergie du caractère. Dès qu'il s'agit d'opinions sur lesquelles tout le monde est divisé, il n'en va plus de même : il faut alors laisser à l'enfant la faculté de choisir plus tard avec la pleine possession de ses moyens de jugement. S'il a pris dans une école congréganiste la conviction pratiquement suggérée avec une force inéluctable, que du côté de ses maîtres se trouvent exclusivement la vérité, la vertu, le devoir et le bonheur, il risque de ne plus pouvoir comprendre que la moindre parcelle de ces éléments de la civilisation puisse se tr uver en dehors du parti clérical. Du coup, voilà la nation divisée par le mépris, la haine, l'impossibilité de se comprendre et de sympathiser. C'est la guerre civile sourde et aveugle, c'est le suicide. On ne l'a que trop vu en France depuis les conquêtes du cléricalisme réalisées pendant la première moitié du XIXe siècle. Des hommes de la génération de 1830 ou de 1850 ont vieilli jusqu'au milieu de nous dans leur parti-pris entêté d'hostilité irrationnelle contre les progrès modernes, et c'est eux qui ont rendu possible l'absurde publication du *Syllabus*. Qu'on ne permette plus de dresser ainsi la jeunesse dans un rigide antagonisme à l'encontre des opinions nouvelles ; qu'on lui donne au moins la liberté de les étudier impartialement pour lui permettre de les adopter à l'âge adulte si elle les croit bonnes, ou de les rejeter si elles lui semblent mauvaises, mais alors en pleine connaissance de cause !

A vrai dire, le principe de la liberté reste plus fluctuant dans ses applications que l'énoncé n'en paraît indiscutable. La seconde opinion au sujet de la question religieuse, c'est l'anticléricalisme. Il est regardé par les libéraux comme tout ce qu'il y a de plus contraire à la liberté. Pour lui, il affirme que s'il la rejette en apparence, uniquement dans la question religieuse, c'est précisément pour en rendre l'exercice pleinement effectif dans son concept le plus général. Prononcer en dernier ressort où se trouve la vérité sur ce point n'appartiendra jamais à aucun sage. La querelle provient plutôt de tendances instinctives que de froids raisonnements. Il nous semble pourtant possible d'adopter une opinion réfléchie, et qui aura seulement le tort, étant plus juste, de ne satisfaire personne. Parmi les nombreuses nuances de l'anticléricalisme, mettons de côté, s'il s'agit d'apprécier les choses au point de vue de la liberté, l'exclusivisme radical. Il a sans doute sa raison d'être : il représente la conviction d'un assez grand nombre de Français, et à ce titre il doit être représenté, non seulement dans la presse, mais dans le corps législatif, où il essaye à bon droit de faire exprimer par les lois les volontés des électeurs. Mais le radicalisme est une doctrine. Il nie ce qu'affirment les cléricaux. Habituellement il va jusqu'à battre en brèche l'idée religieuse elle-même. Qu'il le fasse en employant les moyens de persuasion, rien de mieux. Par contre, on ne doit pas désirer qu'il parvienne à faire voter des lois directement hostiles à n'importe quelle confession : ce serait alors s'attaquer à la liberté de conscience. A côté, voici l'anticléricalisme proprement dit, non moins ardent, mais visant l'Eglise seule et non point les convictions religieuses, qu'il en distingue soigneusement. S'il le pouvait, il supprimerait tout clergé. Voyant que la Révolution n'y a point réussi et que Napoléon fut obligé de pacliser avec Rome, il cherche du moins à réduire le plus qu'il peut les moyens d'action des ministres du culte. Son but serait de soustraire à leur influence non seulement les enfants mais les adultes. Il se proclame ainsi plus libéral que les soi-disant libéraux, sous prétexte que l'organisation ecclésiastique dispose d'une puissance de séduction qui prive les têtes faibles de l'usage de leurs facultés, et d'une autorité exceptionnelle qui asservit nombre de citoyens placés par le hasard sous son unique influence : autorité de la situation consacrée par les lois, autorité de l'argent, de l'instruction, de la parole, autorité d'une consécration qui revêt un caractère mythologique dû à son antiquité, joint au caractère mystique que la tradition lui accorde. Que peuvent faire les laïques pour lutter à armes égales contre ces différents coefficients du prestige clérical? Si les prêtres restaient dans la condition des apôtres du Christ, fort bien : sans besace ni bâton, sans tunique de rechange, sans gîte et sans argent, comme l'ordonnait le Maître, ils n'auraient que les ressources naturelles du langage, de l'exemple, de la foi communicative. Le franc-maçon, l'anarchiste pourraient se mesurer avec eux. Au lieu de cela, leur faste et leurs privilèges leur livrent les âmes simples, dont la liberté se trouve pratiquement anéantie. Voilà peut-être une justification de l'anticléricalisme aux yeux de ceux qui, sans le vouloir, subordonnent tout à la conception plus instinctive que raisonnée d'une civilisation « scientifique ». Peu importe qu'un partisan du Socialisme Fédéral avoue partager pleinement ces idées-là, ce n'est pas une question à décider par l'exposé d'une opinion personnelle. Il le fallait cependant, pour avoir l'occasion d'ajouter que nous n'allons point jusqu'à vouloir imposer par les lois la réduction du clergé à sa plus simple expression : ce serait contraire au droit qui doit être reconnu à l'Eglise comme à toute institution, d'évoluer en suivant sa tendance propre. Il lui a plu de devenir une théocratie, et ce fut le principe de sa décadence ; nous ne pouvons plus souffrir qu'elle le soit encore, du reste, elle y a renoncé, de gré ou de force. Il lui plaît encore d'afficher des allures bourgeoises ou aristocratiques, et c'est ce qui continue à la tuer sûrement ; nous devons respecter cette lubie antiévangélique, nous réservant de la dénoncer comme hypocrite et funeste, s'il nous en chault, mais par la discussion privée et sans recourir aux armes législatives. C'est qu'en effet on a grand tort de prétendre appliquer l'action de l'Eglise, quand il s'agit d'adultes, le même raisonnement que lorsqu'il était question de l'enfance. Tout citoyen majeur et non reconnu par les médecins infirme du cerveau doit être considéré comme pourvu de ses facultés normales ; sa puissance de réflexion et de choix libre ne peut être récusée,— femme ou vieillard, illettré ou savant, sensitif ou raisonneur, c'est tout un. Sinon, ne parlons plus de liberté : on tombe dans le pur arbitraire. Ces considérations s'appliquent directement à la question pendante et ne lui font point digression. De bons théoriciens, disciples de la Grèce et de Rome qui leur ont transmis leur esprit à travers toute la série de nos légistes depuis César, n'hésitent pas à déclarer le père moins qualifié que l'Etat pour juger de l'éducation qui convient à l'enfant. Il demeure fâcheux de restreindre la liberté individuelle au point

de dire à un village qui voudrait conserver l'enseignement congréganiste : Tu ne l'auras pas ! C'est une nécessité, néanmoins.
Pour unifier les consciences d'une nation, il faut que, dans une
question aussi capitale qu'est devenue l'éducation, toutes suivent
la même voie, les récalcitrantes se sacrifiant à la volonté des plus
nombreuses, afin d'éviter, par la conciliation progressive qui suit
peu à peu la brutalité du fait imposé, les causes de conflit bien
assez nombreuses par ailleurs. Je dis les consciences au point de
vue patriotique, et non en ce qui concerne les opinions morales
et religieuses. Celles-là, l'Etat français n'a point voulu leur porter atteinte. Il tient à une neutralité sincère. L'église reste ouverte. Affaire d'organisation, et que les prêtres sachent exercer
l'influence persuasive nécessaire pour attirer les ouailles à leur
bercail ! Il n'est pas dans l'école. — Tel sera le parti adopté par
le Socialisme Fédéral. La liberté se trouve ainsi sauvegardée en
toute circonstance : l'adulte, qui possède ses facultés pleinement
développées, a le droit de se soumettre, s'il le veut, pieds et poings
liés, aux hommes d'église comme à tout représentant d'une doctrine quelconque ; l'enfant qui ne peut se diriger seul, doit échapper aux influences irrésistibles qui l'asserviraient à une opinion
exclusive, absolue, intolérante, pour sa vie entière.

Troisième espèce de libéralisme, et qui se prétend à son tour
le seul véritable. Nous voilà dans le camp des cléricaux. On s'y
défend, et pas trop mal : — Théories applicables aux hommes,
inadmissibles quand il s'agit de l'enfance ! L'enfant, mineur aux
yeux de la loi, est impuissant, de par la nature, à savoir autre
chose que ce qu'on lui enseigne, à vouloir autre chose que ce
qu'on lui suggère. Attendre qu'il ait dix-huit ou vingt ans pour
qu'il se décide alors en connaissance de cause, c'est oublier qu'on
ne se dirige à cet âge qu'en suivant obscurément la détermination des influences antérieures. Aux parents seuls de savoir
quelles sont les meilleures de ces influences à préparer sa vie
d'homme. Si l'on met un enfant au monde, on a bien le droit,
on a le devoir de concevoir pour lui un idéal, et de l'aider à y
atteindre. Qu'importe d'avoir procréé le corps, si l'on vous refuse
le droit d'être un géniteur d'âme ? Prenez garde, vous qui déplo-

rez le faible accroissement de notre population, prenez garde qu'en enlevant au père le droit d'élever son fils à ses idées, vous ne lui enleviez le goût d'en avoir, — je dis d'avoir des idées aussi bien que des fils, car c'est un puissant stimulant, l'ignorez-vous ? c'est un facteur souverain de dignité morale et d'activité intellectuelle, que cette responsabilité, librement acceptée, de faire des hommes qui en vous continuant par l'esprit, vous donnent les joies de la véritable perpétuité, et, s'ils le peuvent, en vous surpassant par les œuvres, vous rendent participants de la création mondiale, essentiellement évolutive. Or, engendrer l'âme est une entreprise délicate et exigeant la persévérante tension de toutes les forces du père, jusqu'à ce qu'en l'enfant se produise la pleine éclosion de la raison juvénile. Jeu de sauvage, jeu d'animal, à proprement parler, que de semer un germe, puis de nourrir un corps et de le rendre fort et plastique. Veut-on faire de cette matière un civilisé supérieur, il y faut, du bas-âge à la fin de l'adolescence, des insinuations, des exemples, des démonstrations, des entraînements. Le père et la mère n'y sauraient suffire, dans les classes laborieuses : après la journée de travail, ils ont besoin d'une bonne soupe et d'un bon lit. Pour avoir la liberté positive de réaliser leur idéal d'éducation, ils requièrent des éducateurs d'âmes doublant les instituteurs d'esprits. L'enfant, de son côté, incapable de saisir une distinction, parfaitement juste en elle-même, entre l'esprit et l'âme, entre les notions scientifiques et les croyances religieuses, subira fortement, dans l'école dite neutre, l'influence de l'instituteur qui dispose de lui la journée entière, tandis qu'il ne verra qu'un maître faible, inutile et ennuyeux dans le curé, le pasteur ou le rabbin, s'il est obligé, lui et quelques autres parmi des camarades qui n'y sont pas astreints, de renoncer aux jeux octroyés à ces derniers, pour aller bâiller à l'église, au temple ou à la synagogue deux ou trois fois par semaine. Il n'en reviendra pas ce que le père voudrait qu'il fût, un croyant : Quoi qu'on en dise, l'exemple et les tracasseries des petits athées qui jouissent du grand privilège appréciable à son âge, la récréation, — qui plus est, l'esprit sceptique du corps enseignant sensible à mille traits pour l'instinct subtil de l'enfant, malgré l'observation scrupuleuse d'une neutralité sévère, tout contribue à le rendre sceptique à son tour. Le but est manqué. De fait, la liberté de conscience des parents est rendue lettre morte. Voilà du moins ce que l'expérience leur démontre, d'après les déclarations de l'importante minorité favorable aux écoles congréganistes. Ce sont là, de part et d'autre, quelques raisons très fortes, à côté de plusieurs simplement spécieuses. La vérité serait d'accorder certains droits au père et certains devoirs à l'Etat, mais non pas tous à l'un des deux. Le départ en est malaisé, nous le voyons, depuis cent ans qu'on se dispute là-dessus. On finira par aboutir à un compromis.

Le Socialisme Fédéral offre le sien. L'Etat décrète la neutralité dans l'école et la liberté d'aller, en en sortant, où l'on voudra, chez le curé ou le rabbin, dans la famille ou à la foire. Il laisse toute latitude aux institutions privées qui prétendent faire concurrence à ses propres écoles ; mais il maintient l'abolition de l'enseignement congréganiste et même ecclésiastique, sinon la neutralité ne serait que lettre morte. Par contre, il tolère — ne s'y voit-il pas obligé encore en Bretagne et en d'autres provinces ? — qu'à certaines heures le curé du village, l'aumôner payé par les lycées qui y tiendraient, vienne faire dans l'école le catéchisme ou un cours d'enseignement religieux, auquel nulle famille n'est tenue de faire assister ses enfants. Voilà du moins une solution. Libérale, elle ne contraint aucune conscience ; sage, elle n'excite aucune indignation. Qu'on en cherche d'autres !

Pour appliquer à l'objet de ce chapitre les principes dont se réclame ainsi le Socialisme Fédéral, terminons, sans insister, par cette conclusion d'évidence, qu'il appartient à la commune d'introduire le prêtre, le pasteur ou le rabbin dans les écoles, si elle le juge à propos, ou de leur en fermer l'entrée si tel est le désir des pères de famille. Ce droit ne peut être mis en discussion, qu'il s'agisse des écoles primaires ou des établissements secondaires dont une ville aura reçu l'autorisation de prendre l'initiative. L'Etat est trop ignorant des volontés particulières, variables suivant les régions, pour les satisfaire équitablement en chaque point du territoire. Un conseil municipal est seul capable de recevoir et d'exécuter un mandat suffisamment clair et péremptoire sur des questions aussi spéciales.

⁂

La petite culture.

Pour malaisée que soit la conquête de leur droit par les minorités, un théoricien du socialisme, si pratique qu'on le suppose, ne saurait se dissimuler combien il est encore plus épineux d'indiquer abstraitement une délimit. on approximative des pouvoirs attribuables aux trois organis s constitutifs. Il y faudra de longs débats parlementaires éclai s de toutes les lumières que les sociologues, les juristes, les historiens et les moralistes leur pourront apporter. Aussi ne doit-on ici envisager cette question que dans la mesure où elle se rattache directement au principe même du Socialisme Fédéral. Il s'agit de discerner les raisons dont ce dernier se peut autoriser pour sembler préférable au Socialisme d'Etat, et s'il ne serait pas avantageux en soi de soustraire le plus possible à l'Etat pour donner autant aux sociétés libres et à la commune, et comment enfin la révolution totale du seul socialisme d'Etat serait évitée par une révolution pacifique, atténuée et donc moins choquante, d'où il suit plus rapide.

Arrêtons-nous à étudier quelques points où la commune ne serait pas seulement plus moralisatrice mais plus compétente. Il nous faut premièrement établir un principe pour en déterminer le choix, principe susceptible sans doute d'extensions et de restrictions, mais tout au moins limitatif. Il a déjà été suggéré par les considérations des pages précédentes. « Tout ce qui *peut* être fait par la commune » serait de nature à paraître trop ambitieux ; disons donc : « Tout ce qui peut être *mieux* fait » par elle, doit lui être attribué. A quoi répondent ses adversaires qu'elle ne peut rien faire de bon en dehors de ce que la pratique séculaire lui a confié : chemins et voirie, service des eaux, éclairage, monuments, hygiène, police, si l'on veut encore quelques autres services indiqués par les circonstances ou par le progrès, tels la production et le louage de la force industrielle. Ils ne veulent même pas lui accorder la direction de l'école et de l'église : à leur avis, éducation et religion doivent dépendre étroitement de l'Etat. Pour ne pas entrer en d'interminables polémiques, n'insistons plus sur la solution déjà proposée à ces deux derniers problèmes, non toutefois sans répéter qu'il serait souverainement désirable de laisser pleine liberté à la famille et à l'individu dans le choix des opinions conformes au dictamen de leur conscience, volonté à laquelle seule la commune peut offrir des moyens effectifs de satisfaction. Etudions quelques objets ne fournissant pas matière à des discussions passionnées qui trop aisément empêchent les mieux intentionnés de se comprendre. La petite culture, les industries ménagères et le petit commerce local semblent indiqués pour rentrer dans les attributions de la commune. Ce sont trois moyens d'existence qui, peut-être, englobent à eux seuls plus de la moitié du travail, des ressources et des intérêts d'un pays comme la France. Ils sont intimement liés aux fonctions déjà remplies par les municipalités. Ils ont en outre l'avantage de s'exercer en des conditions que nous avons déjà vues essentiellement requises pour la culture syndicale, conditions qui, appliquées plus systématiquement à toute la petite culture, étendues semblablement à l'industrie ménagère et au commerce local, revêtent la valeur d'un principe pratique, développement naturel du principe théorique d'après lequel il faut confier à la commune ce qu'elle peut mieux faire. On se rappelle que les syndicats agricoles doivent leur prospérité là où ils n'ont pas dévié de leur but et où ils produisent les résultats espérés, à ce fait que tous les membres *se connaissent entre eux*. Telle est la condition essentielle de leur bonne gestion et de leur succès. Coopérateurs à droits égaux, sachant pratiquer le système électif en échappant à ses inconvénients ordinaires, les membres qui ont mis en commun leurs ressources, ont ainsi armé le corps entier d'une puissance multipliée au prorata de leur nombre ; ils peuvent prêter à un taux minime qui descend parfois à 1 % ; mais ils ne le peuvent et ne le veulent qu'en connaissance de cause, en sachant parfaitement quelle est la valeur morale do celui qui sollicite un emprunt, quel est le but qu'il allègue et la destination précise de l'argent qui lui sera confié, quelles sont enfin les garanties fournies par sa puissance de travail et ses propriétés, baux ou contrats. A se connaître ainsi on ne peut guère être plus d'un millier. De petits groupements assez solides pour constituer une force égale à celle du gros capital, assez restreints pour n'avoir pas besoin de fonctionnaires impersonnels mais pour que la solidarité des intérêts permette et oblige de participer activement à la discussion et au vote des moindres détails, voilà ce qui de fait réussit depuis la constitution des syndicats agricoles.

Voyons premièrement s'il serait possible et avantageux d'en faire une organisation universelle et obligatoire pour une partie de la culture.

Si le Socialisme n'a pu pénétrer, jusqu'à nos jours, dans les campagnes, c'est qu'il menace la propriété du paysan. Il lui dit bien qu'il s'est décidé récemment à la respecter. Volte-face savante et dont on se défie ! A parler franc, il veut toujours la nationalisation du sol et des outils, il arrachera au cultivateur, dès qu'il le pourra, ses arpents de terre, son pécule, son bétail, ses bâtiments, ses moyens de travail. Jacques Bonhomme ne veut pas de ça. Très bien ! Le Socialisme Fédéral lui laissera tout, non pas à tel et tel individuellement, mais à la commune entière. Or, pour chacun de ses membres, la différence n'est pas grande. Des millions de fermiers ou métayers exploitent fort bien la terre qui ne leur appartient pas. S'il arrive qu'ils se négligent, c'est que le propriétaire ne réside pas, n'est pas là pour les encourager, ne sait point leur imprimer une direction, ne consent que parcimonieusement aux sacrifices nécessaires. La commune ou un plus vaste syndicat agricole sera le propriétaire toujours présent, et capable des plus grosses dépenses, et d'une compétence scientifique due à ses ingénieurs, à ses agronomes, et d'une expérience multipliée au prorata du nombre de ses membres. Ceux-ci en sont devenus les fermiers : rien de changé pour eux. Quant à ceux qui possédaient en propre, certes, le sacrifice du bien paternel sera lourd ; on pourra néanmoins l'adoucir, en attendant leur mort pour mettre leur héritage au fonds commun. Les fils, dans les conditions de notre loi, sont bien obligés de vendre, quand ils sont plusieurs et que le père, ce qui est le cas le plus fréquent, n'a pas laissé assez d'argent pour que tous reçoivent une part égale. De la sorte, fermiers de la commune, ou plutôt métayers, car le fermage locatif sera devenu impossible, co-propriétaires entre eux et avec les artisans, les fonctionnaires et autres membres de l'association qui partagent, en retour, avec eux les fruits de leur travail, nos vaillants campagnards, rompus à l'âpreté de la besogne, ne peuvent que puiser un nouveau courage dans leur condition meilleure. Ils ne peuvent que recevoir un surcroît de confiance, de vitalité, de capacités, à se sentir forts de la force totale. Chacun se voit devenu son propre maître dans la solidarité intime de ses intérêts avec ceux de ses amis. Tous voient et connaissent leur terrain, les bras qui le cultivent, les moyens qu'ils ont décidé d'affecter à son exploitation. Impossible de s'en désintéresser, comme on serait tenté de le faire si l'Etat impersonnel prenait le territoire entier, le distribuait et le retirait à son gré. La propriété communale n'est qu'une extension de la propriété individuelle, au lieu d'en être la suppression.

En beaucoup de nos provinces montagnardes, et dans presque tous les pays slaves, et dans une partie des autres continents, le fait existe, quelquefois spontané, comme chez les anciennes races pastorales devenues agricoles, quelquefois imposé par la force, comme en Chine et en Russie, où le gouvernement vit dans une telle organisation des facilités pour percevoir l'impôt. Les gens s'en trouvent bien, tant que la concurrence ou la famine ne se mettent pas de la partie. Nous avons tous les moyens de parer à ces deux inconvénients, nous garderons seulement les avantages du système. L'homme de la terre est celui qui éprouve peut-être le plus de penchant à l'association. Là est le secret de la résistance de la Chine, qui serait depuis longtemps détruite, sans les innombrables sociétés libres ou obligatoires auxquelles tous les particuliers sont associés. On nous objecte toujours le fâcheux exemple des barbares, pères de tous les Européens, qui furent vaincus par Rome et s'entre-déchirèrent perpétuellement parce qu'ils étaient constitués en clans désunis et jaloux. D'accord, au point de vue militaire, il faut une forte concentration de toutes les tribus. Nous l'avons, le Socialisme Fédéral la conservera, en travaillant même à la rendre plus large et plus puissante, tout ensemble beaucoup moins onéreuse, par la constitution des Etats-Unis d'Europe. Pour les œuvres de la paix, il n'en va plus de même. Avec tous les moyens nouveaux de succès dont nous disposons, avec la sagesse et l'expérience acquises, les vieilles hostilités de province à province étant déjà disparues, il ne peut plus exister entre les communes et les associations spécialisées qu'une féconde émulation.

Socialiser la terre et ses fruits, serait-ce anéantir la grande propriété ? Bien au contraire : la voilà rendue générale ; il n'est pas de petit trou de campagne qui ne soit constitué grand propriétaire, et alors au profit des plus petits, non plus seulement d'un landlord épuisant les revenus de ses terres à vivre fastueusement inutile, si, comme il arrive trop souvent, il ne dirige pas lui-même ses fermiers. Pour qui connaît nos paysans, on peut être certain qu'ils feraient ainsi de meilleure besogne que n'y réussirait un énorme ministère de l'agriculture possédant et dirigeant l'exploitation du sol, fût-ce en confiant ses pouvoirs à de vastes sociétés régionales. Jacques Bonhomme fait preuve, non seulement d'une activité inlassable, mais, comme on l'a vu dans la reconstitution de nos vignobles célébrée il y a quelques années par M. Méline, d'un esprit initiateur et scientifique extrêmement remarquable, quand il est personnellement et directement intéressé à la mise en valeur de son champ. Sa négligence n'est pas moins étonnante dès qu'il travaille pour un autre : la pauvreté de l'Irlande en est la preuve. Ordonnez-lui tant que vous voudrez de travailler avec conscience et intelligence pour le service de l'Etat, vous y perdrez votre latin, Monsieur le Ministre ; Jacques Bonhomme se croisera les bras tant qu'il pourra. A vrai dire, vos argumentations ne manquent point d'une certaine séduction pour l'agronome en chambre. Vous prétendez avec sagesse que les cultures vivant de subventions doivent disparaître pour céder la place à d'autres plus rémunératrices. Le monde agricole entier, du moins à considérer ses représentants éclairés, groupes et comités, vous l'accorde, c'est parmi eux un truisme que le protectionnisme agricole est un mal nécessaire, — absolu, rectifient d'autres, et qu'il faut supprimer ; dans les revues économiques, sociales ou spéciales, c'est un thème rebattu. Vous ajoutez qu'il y faut employer l'autorité, le paysan se montrant, d'après vous, réfractaire à toute innovation et ne pouvant concevoir d'autre idéal qu'une subvention de l'Etat-providence sous forme de terribles droits à l'importation sur les produits étrangers. Grand dommage en effet que souvent il fasse de cette exigence le pivot de la politique électorale. Considérez pourtant qu'il y est parfois obligé. A part la vigne et le bétail, que le sol français favorise spécialement, les autres grandes exploitations trouvent ailleurs un champ plus fertile, et on aura beau faire, la betterave et les céréales, la pomme de terre et les plantes industrielles, oléagineuses ou textiles, peuvent, par la nature des choses, arriver du dehors sur notre marché à plus bas prix qu'elles ne sont chez nous encore sur pied. Que changerez-vous à cela ? Faut-il donc sacrifier la plus forte partie de nos productions végétales ? Les gens pratiques ne demanderaient pas mieux, mais la nature se refuse à faire pousser la vigne dans le nord, à engraisser les bœufs dans le midi : on est obligé de se soumettre à des conditions climatériques ou géologiques inéluctables. Admettons pourtant que les techniciens découvrent le moyen de faire produire à chaque fraction du sol une spécialité plus avantageuse contre laquelle la concurrence étrangère ne pourra rien. Soyez sans crainte, la preuve une fois faite, le paysan s'y mettra de bon cœur. Il l'a prouvé. De fait, plus on va, plus on le voit renoncer à ne cultiver que ce que ses pères ont cultivé, et de la même manière. On ne peut plus considérer comme spécialement vrai qu'il s'obstine à semer du blé dans les terres qui y sont impropres. Depuis Arthur Young il a su adopter partout des rotations rationnelles, grains, légumineuses, prairies artificielles, textiles suivant les capacités du sol. Si l'on étudie une carte agricole de la France, on voit que chaque région pratique, dans l'ensemble, l'espèce de travail qui lui convient le mieux, au gré des chimistes même, bien que l'expérience intelligente et initiatrice ait été le principal facteur de cette innovation capitale. Les gros propriétaires ont donné le branle ; les syndicats agricoles, composés de tout petits, sont entrés dans le mouvement. Non, ce serait méconnaître la sagesse bien avertie de nos populations rurales que de les croire essentiellement inaptes au progrès rationnel. On les voit demeurées souvent routinières, le but se montre encore loin d'être par toutes atteint, mais elles sont sur la voie. Des optimistes pourraient avancer qu'il suffit de les encourager et de les aider. Ne soyons point de ceux-là, cependant. Reconnaissons qu'une contrainte sociale, agissant le plus possible par persuasion, sans doute, serait le seul moyen véritablement efficace et rapide d'obtenir les réformes désirées, de façon que le consommateur, qui est tout le monde, n'ait plus à payer les avantages accordés au cultivateur, minorité. Celui-ci, croyez-vous, ne doit être que l'exécuteur des décisions de l'Etat : le ministre, sur le rapport des sociétés techniques, décrète les exploitations nouvelles qui conviennent à chaque vallée ; les fermiers, et il n'y a plus de propriétaires mais seulement des fermiers de l'Etat, n'ont qu'à se soumettre docilement, pour leur grand bonheur. Eh bien, ils se soumettront, il le faut, mais à contre-cœur ; ils travailleront peut-être, mais sans goût ; ils essaieront de réussir, mais sans habileté. Quand la conviction manque, la bonne volonté s'esquive ; lorsque l'intérêt personnel n'est pas sensible, immédiat, évident, pressant, la mollesse l'emporte. Nous n'aurons plus que dix ou douze millions de rustres rusés, cherchant à carotter l'administration, à lasser sa vigilance, à lui soutirer des faveurs en lui fournissant peu de travail : problème ardu, en théorie, pratiquement réalisé dans tout système bureaucratique ; de guerre lasse, l'Etat est bien obligé de s'incliner devant la coalition du *far niente*.

Où donc trouver le principe de contrainte sociale reconnu nécessaire ? Il existe dans les syndicats agricoles. La commune, administrant la culture de ses terres par les soins d'un comité

électif, n'en serait, à ce point de vue, qu'une extension socialisée.
Si elle fait perdre à beaucoup leur chère prérogative de propriétaires, c'est pour la partager entre eux et leurs salariés.
Pour les uns et pour les autres elle conserve le stimulant souverain : Tout aussi immédiat et évident se maintient le mobile de
l'intérêt personnel. On travaille, non pour l'abstraction de l'Etat
dont on ne comprend point les ordres, mais pour la réalité tangible du petit groupement auquel on appartient, pour sa prospérité d'ensemble qui est celle de tous ses membres, côte à côte
avec ceux-ci que l'on connaît par leur nom, que l'on voit à
l'œuvre, que l'on peut contrôler, que l'on a plaisir à aider si
l'on constate qu'ils le méritent. Le profit d'ensemble ne va pas
se perdre dans l'océan de la nation, mais il reste exclusivement
affecté à ceux qui l'ont gagné solidairement. Alors le courage ne
peut manquer. L'intelligence et l'initiative, pas davantage. Les
syndicats n'en sont qu'à leurs débuts, et ils témoignent d'une recherche libre et avisée des indications scientifiques. La commune,
plus puissante, réunissant toutes les intelligences, possédant son
ingénieur agronome élevé à l'école technique, ne peut qu'en profiter davantage. Cette appropriation du sol aux cultures les plus
convenables, déjà en partie réalisée, se fait ainsi complète en
peu de temps, sans heurts ni colères, se poursuit avec zèle, se
modifie par la suite encore spontanément. Ce qui se vend le
mieux, et ce que le terrain produit le plus volontiers : voilà bien
la double pierre de touche en agriculture. Or, les exigences du
marché comme celles du sol importent uniquement à ceux qui
empochent les bénéfices, aux gens de la commune, mais reste
indifférent à ces mêmes gens s'il s'agit de satisfaire aux désirs
de l'Etat qui leur assure des appointements : c'est tout ce qu'il
leur faut ; ils ne s'ingénieront pas à améliorer leurs méthodes,
à amender leur terrain, à chercher ce que préfère le public ;
ou, si les chefs le leur imposent, leur routine y opposera l'inertie.

Ce facteur moral de volonté, négligé par les économistes de
Manchester, mis en valeur par les disciples de Le Play, reste
trop souvent méconnu par les politiques. S'ils l'atténuent en établissant un fonctionnarisme mécanique, ils ne le relèveront ni à

coups de décrets ni par une profusion de bons conseils. En stimuler la féconde énergie est au pouvoir du seul intérêt personnel et direct, fort différent de l'intérêt national, bien que ce dernier ne puisse être sauvegardé que par celui-là.

∴

Le petit Commerce.

Avouons que s'il était appliqué au commerce local et aux industries ménagères, le socialisme d'Etat n'entraînerait plus d'inconvénients offrant prise à tant de critiques. L'Etat semble toutefois moins propre que la commune à favoriser l'action de ces deux éléments importants de la fortune publique.

Nul ne songe à maintenir les petits marchands, sauf euxmêmes, là où leur morcellement et leurs faibles ressources font hausser les prix des produits de consommation et des articles usagers. Qu'à leur place s'établisse un grand magasin, le commerce tourne à l'avantage du client : l'expérience en est faite, puisque le client y afflue.

Admettons réalisé le socialisme d'Etat. Il possède tout, le sol, le capital, les instruments, l'éducation, il dispose en maître absolu de notre vie physique et morale. Pour gérer cette formidable complexité de choses qui alimentent un peuple riche et bien cérébré de trente-huit millions de têtes, il monopolise les entreprises existantes et il crée de nouvelles sociétés qu'il charge d'accaparer la direction et la rémunération du travail exécuté actuellement par les particuliers à leur profit. Désormais, impossible d'exister sans appartenir à diverses administrations générales répandues uniformément sur tous les points du territoire.

Si l'on voulait d'abord s'arrêter à un argument *ad hominem*, on pourrait se demander comment une telle organisation évite les inconvénients reprochés au système fédéral. Les hommes sont des hommes. Quelque part qu'on les trouve, si l'un est mal intentionné dans un conseil municipal ou dans le conseil administratif d'une société, il ne le sera pas moins du fait que ces organismes sont de simples bureaux de ministère. La preuve en est faite dans les syndicats ouvriers, où des meneurs ont la poigne dure, dans les compagnies financières où des caissiers ont la poche accueillante, dans les trusts où des milliardaires possédant le charbon condamnent de gaîté de cœur la classe pauvre à s'en priver pendant un hiver entier. Aussi ne songe-t-on plus, à l'instar des primitifs disciples de Fourrier et d'Enfantin, à prendre pour fondement la prétendue bonté native de la nature humaine, que Rousseau même n'admettait plus guère quand il se trouvait en face des réalités, comme on peut voir dans l'*Emile*. Chacun sait que le seul moyen d'amener la masse des hommes à observer la justice sociale, c'est les y contraindre par l'intérêt et par la loi. La question est de trouver le procédé le plus efficace. Croit-on que les marchandages politiques disparaissent dans le socialisme d'Etat, et qu'une circonscription ne suspendra pas toujours, vraie épée de Damoclès, sur la tête d'un candidat à la réélection, l'obligation de satisfaire ses égoïstes désirs, fût-ce aux dépens de la prospérité d'autres régions ? Les sociétés chargées de fournir aux trente-six mille fractions de la population ce dont elles ont besoin peuvent-elles garantir qu'elles auront toujours des agents incorruptibles, incapables d'accepter un pot-de-vin pour attribuer à telle localité des avantages convoités mais disproportionnés à ses nécessités positives ? Il semble bien que toute petite ville sera portée à des ambitions démesurées, entraînée à l'art des intrigues sans frein, du jour où elle verra l'Etat tout-puissant dépositaire des mille objets de son envie, et qu'il n'y a qu'à étendre une main habile et sans scrupules pour en tirer des trésors.

L'Etat, supposé devenu maître de tout, constitue une colossale société d'écoulement à l'intérieur pour les produits agricoles ou industriels, littéraires ou artistiques, et autres dont, par hypothèse, il dirige seul la fabrication. Sur tous les points du territoire, à la portée du plus petit groupe de population, il installe une succursale, où l'on viendra s'approvisionner de tout, synthèse petite ou grande d'un Bon Marché, d'un Bazar de l'Hôtel de Ville, doublés d'une épicerie, d'une boucherie, de tout ce que requiert l'alimentation, conjointement avec la pharmacie, la librairie et autres entrepôts pour les besoins les plus variés, en

ayant soin de plutôt disperser cet emporium, suivant la distribution imposée par l'expérience aux détaillants actuels : il n'a
fait que leur acheter leur fonds, et garde leurs personnes à titre
de commis avec appointements proportionnés à leurs services.
L'avantage est grand. Désormais. plus de faillites. Une boutique
ne fait pas ses frais ? La caisse budgétaire en supporte la perte,
jusqu'à ce qu'elle juge à propos de la fermer, à moins qu'elle ne
veuille la maintenir pour éviter les longues courses aux gens du
quartier. Elle se rattrape d'ailleurs amplement sur les bénéfices
généraux. Un commissaire délégué par la société à monopole est
là, toujours attentif aux besoins du marché, commandant selon
la demande, maintenant les prix uniformes, empêchant les haus-
ses et baisses factices. Inutile d'entrer dans plus de détails : les
bureaux de tabac fonctionnent de cette façon. S'ils réalisent trois
cent millions de bénéfices annuels ; c'est à titre d'impôt. Loin de
faire payer les objets de consommation au triple ou au décuple
de leur valeur ainsi que le tabac, on se propose de les livrer,
comme le font les coopératives de consommation, au prix coû-
tant, augmenté des frais de personnel et d'administration, grevé
en outre d'un léger pourcentage qui doit alimenter les ressources
nécessaires à l'Etat. Reste à voir si l'on doit avoir pleine confiance
dans la possibilité de réaliser cet abaissement des frais de l'existence. La plupart des économistes et des sociologues en doutent.
Ils affirment coûteuses les exploitations de l'Etat. Ses chemins
de fer ne subsistent, disent-ils, que grâce aux coups incessants
de la baguette magique forgée de l'or des contribuables. On prétend que les bureaux de tabac pourraient rapporter peut-être cent
millions de plus s'ils étaient affermés à des particuliers, disposant en outre de la production, bien entendu. Hôpitaux et écoles
de l'Assistance Publique reviennent pour le moins au double
de ce que dépensent les institutions charitables privées ; aussi
ne peut-on s'étonner que des hommes consciencieusement voués
au service de la République attaquent de front la laïcisation à outrance ou s'ingénient à en tourner les prescriptions. On sait que
le docteur Desprès, médecin en chef des hôpitaux de Paris, connu
pour ses opinions extrême-gauche, mena une campagne furibon-

de contre l'expulsion des sœurs : il n'aimait pas les béguines, mais il les avait vues à l'œuvre, et en sincère défenseur des infirmes qu'il soigne avec dévouement, il ne voulait pas se priver de ses meilleurs auxiliaires. Le « *Times* hebdomadaire » rapportait récemment le stratagème inventé par le directeur d'un hospice français laïcisé qui s'était confessé à l'interwiewer étranger, et n'eût sans doute pas osé avoir la même franchise pour un reporter indigène. Cet excellent fonctionnaire, radical renforcé, maintenait en poste les religieuses, parce que, disait le *Times*, elles lui coûtent deux tiers moins cher ; seulement il les faisait rentrer dans leurs cellules lors des visites de quelque député, qui ne voyait que les servantes laïques, et il remplaçait par un buste temporaire de la République les images de sainteté. On critique beaucoup l'administration des Caisses d'épargne, et la « folie » des palais scolaires, se voit dénoncée même par des partisans de l'école laïque et obligatoire. Que serait-ce si la totalité des institutions répondant à des besoins pratiques se trouvait entre les mains d'un tuteur déclaré si prodigue? Il ne peut devenir meilleur. Quelles que doivent être ses bonnes intentions, adopter le système des affaires impersonnelles, c'est en assumer les inconvénients naturels et irrémédiables. On obtient rarement qu'un employé dépourvu du stimulant de son propre intérêt indéfiniment croissant prenne sérieusement à cœur le bien de sa compagnie. Celle-ci ne se l'attache qu'en lui accordant certains avantages, assurances, primes, participations aux bénéfices.

Nos détaillants réussissent par la vertu d'un égoïsme trempé à l'espoir du succès sans limites absolues. Il en résulte, de par le jeu des concurrences, un équilibre plus ou moins stable qui ramène incessamment au juste prix, à peu près et dans l'ensemble, les produits de nécessité. A vrai dire, ce juste prix pourrait être abaissé en supprimant les fortunes acquises par plusieurs, mais il paraît vraisemblable que cette économie serait compensée par la perte résultant de la négligence et du coulage. Elle le serait encore par le fait d'un mécanisme plus compliqué et moins sûr, substitué aux usages du commerce local indépendant. Celui-ci

fait ses commandes à coup sûr, guidé par une longue connaissance de la puissance d'absorption et des goûts spéciaux que manifeste sa clientèle. La Société-monopole subira de nombreuses
déceptions, faute de doigté : comment ne pas augmenter les fra¡s
généraux, en faisant venir des stocks de marchandises à l'essai,
qu'il faudra renvoyer défraîchies après les avoir laissé croupir
en magasin ? Car ce ne peut être un flair de propriétaire que celui de ces préposés indifférents et nonchalants auxquels le succès
importe si peu. Les grandes sociétés commerciales qui florissent
en France l'ont bien compris. Aucune d'elles n'a osé fonder de
succursales qui ne soient pas directement sous l'œil du maître.
A Berlin et à Constantinople, où nous avons pris des renseignements, il appert que leur succès ne pourrait manquer : pas un
magasin français d'importance ne s'y trouve, et à la réflexion
cette abstention se comprend : nos émigrants, isolés, ne possèdent
pas assez de ressources, seuls une société du Louvre ou un Félix
Potin pourraient assumer les frais d'une entreprise sérieuse ;
mais il n'y a pas de danger qu'ils tentent l'aventure, en envoyant
au loin des hommes soi-disant de confiance : ils sentent trop la
nécessité d'avoir sous la main leur personnel groupé en un, deux
ou trois locaux voisins, en des conditions où le contrôle soit immédiat et aisé, tout aussi bien que de se rendre compte par eux-
mêmes, et non par délégation, des besoins du marché. Ils connaissent trop les difficultés de l'exportation sous cette forme.
L'Allemagne dont les produits commencent à envahir l'Orient,
n'y possède que de très rares établissements propres : partout elle
y emploie nos procédés traditionnels, ceux que l'Angleterre,
l'Italie, l'Amérique, considèrent également comme les seuls pratiques : elle envoie des commis-voyageurs, trop hardis parfois
puisqu'ils lui ont occasionné une banqueroute de près d'un mil-
liard, et ces agents font acheter par les commissionnaires en gros
ou les notables commerçants. Seuls les pays sauvages exigent la
fondation de comptoirs, lesquels encore ne sont pas habituellement la propriété des fournisseurs, et l'on sait à quels aléas
sont exposées de telles entreprises : elles ne se sauvent qu'en ex-

trayant du pays neuf, à vil prix, des denrées vendues au centuple en Europe.

Si donc la condition première d'un établissement commercial de détail est de grouper ses divers services en une zone étroite où la direction puisse agir en connaissance de cause et manier son personnel comme le colonel son régiment, nous devrons donner la préférence à une organisation communale, tout au moins pour le commerce local et détaillé, laissant à de vastes mécanismes le soin du gros et de l'exportation. Le but proposé est atteint : diminution des frais généraux, ainsi que dans nos grands magasins de confections ; abaissement des prix autant, à tout prendre, que dans l'hypothèse d'un socialisme d'Etat : mais concentration des employés et connaissance exacte des besoins, mais surtout intérêt personnel des associés à conduire l'affaire au mieux des exigences du groupe. Ce n'est en somme que l'extension des coopératives de consommation rendues obligatoires. Nul ne niera l'incroyable essor qu'elles ont pris, l'envahissement qu'elles ont commencé, non plus que la valeur des services qu'elles rendent. Veut-on analyser les causes de leur succès ? On ne se trouve plus seulement en face d'une direction forte et éclairée, agissant par la contrainte de règlements minutieux sur un personnel compacte, et satisfaisant à des demandes étroitement délimitées, connues, pour des objets d'un écoulement facile. On a rendu les membres solidaires, également ardents à contribuer au succès, parce qu'ils en partagent les résultats. La commune socialisée fait de même. Nul besoin d'inspecteurs pour assurer la bonne qualité ou l'opportunité de la marchandise, pour en établir le moindre prix, pour la faire distribuer à tous sans passe-droit : du plus humble terrassier au plus génial intellectuel, ils se contrôlent mutuellement, sans risque de se tromper sur leurs propres avantages, ou, si l'on veut, avec moins de risques et avec plus d'autorité comme avec plus de bon sens. Sera-ce pourtant avec autant de puissance financière ? Non, certes, mais le capital communal est bien suffisant pour remplir dans la perfection le rôle de distributeur économique des denrées utiles à ses bénéficiaires en nombre restreint. Le fait, re-

connu incontestable, est qu'une petite ville où les marchands auraient été absorbés par de grands magasins se distribuant les
diverses spécialités commerciales, tirerait de ce chef des avantages singuliers. A étendre ce bienfait sur la France entière, il
suffit d'une constitution confiant aux communes le droit de monopoliser leur commerce intérieur, et à l'Etat l'exclusive direction des entreprises commerciales qui sortent de leur cercle.

.∴.

La petite industrie.

Evidents, ce nous semble, pour la culture, moins sensibles
peut-être pour le commerce local, les bienfaits, avouons-le, apparaissent plus discutables du Socialisme Fédéral appliqué à
l'industrie ménagère. Il ne sera pas inutile d'en dire cependant
quelques mots, ne fût-ce que pour alimenter davantage la critique. En beaucoup de pays, non seulement la petite industrie,
mais la fabrication en famille, aux époques de loisir, périclitent.
L'une et l'autre ont besoin d'être fortement syndiquées. A la première on peut appliquer le système des sociétés spéciales en leur
but, générales en leur faculté d'extension, libres de se constituer
avec l'autorisation de l'Etat. Occupons-nous simplement de la
seconde et citons comme exemples la coutellerie et la dentelle
qui, dans le Jura, l'Auvergne ou ailleurs, fournissent un appoint,
autrefois considérable, aujourd'hui menacé par la grande fabrication, aux ressources des paysans que l'hiver condamnerait à
l'inaction. Vous dites désirable la suppression des industries
insuffisamment rémunératrices. Economistes, vous avez raison,
à votre point de vue concentré sur le fait brut du travail producteur de richesse et sur l'homme-machine qui le produit. Il faut
pourtant arracher ces êtres, où nous voulons voir vivre une conscience, aux suggestions pernicieuses de l'oisiveté, et leur assurer par une besogne continue un moyen d'existence aisée. Qu'une
vaste société individuelle prétende leur fournir, à la place de
leur petit ouvrage traditionnel, la confection de pièces détachées
dont elle a besoin, elle y échouera : faute d'habitude, le travail
sera mauvais ; manque de machines, il sera cher. Le problème

à résoudre est de perpétuer la seule petite fabrication possible en famille, et de la rendre moins coûteuse pour lui permettre de lutter contre la grande industrie. La commune s'en charge. Par l'organe de son comité commercial, elle établit les besoins, fait les commandes, concentre les produits, leur trouve des débouchés. Ce n'est plus une poussière d'ouvriers inconnus et exploités par des agents de gros capitalistes. Elle leur paye à juste valeur le stock annuel et l'accumule jusqu'à ce que se présente une occasion d'écoulement : ainsi disparaît la cause principale du marasme, le paysan isolé ne pouvant se défendre contre l'avilissement de son travail que lui vole un syndicat d'accaparement. On sait maintenant où trouver telle espèce de lames d'acier : ce n'est plus chez M. X' qui en profitait seul, mais au village de Z' qui en partage les bénéfices entre ses membres, et qui a tout aussi bien ses correspondants, ses dépôts où bon lui semble. Au besoin il subventionne son industrie propre sur le fonds agricole, quand il juge opportun de faire un effort momentané pour lui permettre de franchir une passe difficile. Ainsi fait bien l'Etat dans sa sphère. Etablir un régime général et permanent de subventions est sans doute une absurdité ; les pays producteurs de sucre ont dû s'entendre pour y renoncer en ce qui concerne cette denrée ; mais apporter un secours transitoire à une industrie utile jusqu'à ce qu'elle se relève, voilà de bonne politique. Si elle ne se relève pas, qu'on l'abandonne, mais qu'on la remplace par autre chose : et c'est là ce que ne feront point des sociétés d'Etat ; il y faut la sollicitude d'un gouvernement local dont les membres, gouvernants solidaires, s'intéressent à eux-mêmes.

.*.

On comprend du reste que les exploitations communales ne doivent pas rester isolées, mais se grouper en vastes syndicats, d'une forme analogue mais non identique à celle des trusts et des cartels. Il leur faut avant tout éviter de redevenir des corporations fermées et exclusives. Maintenir le principe fécond de la concurrence dans leur sein et entre elles, voilà une aptitude qu'elles possèdent au même titre que les particuliers ou les compagnies du régime capitaliste. A cet égard, elles se montrent économiquement supérieures aux monopoles d'Etat, qui n'ont rien à craindre, à l'intérieur du moins, de monopoles rivaux les obligeant à toujours mieux faire : leur omnipotence ne peut être que source de médiocrité, dût-on multiplier les précautions constitutionnelles pour leur attribuer un rôle de paternité vigilante et dévouée ; des dispositions artificielles ne pourront qu'imprimer çà et là aux fonctionnaires un zèle factice, toujours prêt à céder sous la poussée des convoitises ou de l'inertie. Le moteur de telles machines tend à devenir l'intrigue, et, mise à part l'exception des âmes généreuses, on n'a jamais vu un personnel de fonctionnaires déployer l'activité d'un corps de serviteurs astreints à l'impulsion d'un maître que stimule l'*auri sacra fames*. Nos sociétés anonymes ne prospèrent qu'à la condition d'avantager immensément le conseil d'administration et d'assurer un dividende aux fournisseurs oisifs du capital. Remédier à cet abus sans tomber en de plus graves n'est pas au pouvoir de l'Etat, mais des communes, fédéralisées par rapport à l'Etat, syndiquées entre elles selon leurs affinités : elles fournissent à la direction et aux employés des entreprises ressortissant à leur compétence, la double inspiration requise : celle de l'intérêt personnel immédiat et celle de la concurrence. Elles se syndiquent pour pouvoir soutenir la concurrence, stimulant de l'intérêt.

M. Méline, déjà nommé, définissait assez bien, dans son discours du 12 mars 1903 à l' « Association de l'industrie et de l'Agriculture françaises », la forme générale que pourraient prendre ces agglomérations de cellules socialistes : non sans doute qu'il ait voulu préparer une socialisation quelconque ; mais une théorie socialiste pratique doit être constituée de façon à pouvoir, sans effort et par sa nature même, adopter les institutions existantes ou possibles dans la société capitaliste, afin de changer peu aux habitudes et de mettre à profit les tendances spontanées de la vie économique. Tout en repoussant les trusts ou cartels du même genre qui sont, de fait, des monopoles d'accaparement, il propose à notre imitation « ces innombrables et modestes cartels qui englobent presque toute l'industrie allemande, et qui ne sont pas autre chose qu'une organisation rationnelle de l'industrie ». Pour nous en doter, il voit dans nos lois assez d'élasticité : elles nous permettent, dit-il, « d'étendre l'action et les attributions de nos syndicats agricoles et industriels ». Il signale les avantages de ce progrès désiré, dont le premier « serait de diminuer considérablement les frais généraux de chaque établissement par la réduction du nombre des intermédiaires ». Mais il discerne un autre avantage plus essentiel, sur lequel insistent les pages précédentes, et que l'on sera heureux de voir mis en relief par un homme si rompu au maniement des affaires : « S'il est une vérité qui crève les yeux, (à son avis comme au nôtre), c'est qu'il y a des choses que les industriels isolés sont incapables de faire, qu'ils font mal et que leur entente commune est seule capable de réaliser. Il est évident qu'un industriel isolé est trop occupé, trop absorbé par la direction technique de son usine pour surveiller le marché français, à plus forte raison les marchés étrangers, pour se rendre compte des besoins de la consommation, pour activer ou ralentir sa production selon ses besoins. » Ici, une correction s'impose : on doit arriver à maintenir constante l'activité de la production, afin de fournir un travail régulier et d'éviter aussi bien le surmenage que le chômage ; l'entreprise en tant que commerciale emmagasine les produits et joue le rôle de régulateur uniquement pour leur écoulement, sinon le petit industriel travaille pour son profit égoïste sans relever suffisamment la condition des ouvriers. « Ce qu'il ne peut pas faire, une société de vente distincte de lui (mais étroitement solidarisée avec lui dans le système communal) et qui est outillée pour cela peut le faire aisément à sa place. Elle peut non seulement le renseigner, mais encore assigner à chacun de ses membres une limite de production conforme à l'état du marché, » toujours avec la même restriction : une limite d'écoulement, ou plutôt, cette limite étant imposée, bon gré mal gré, par la force même du mouvement économique, une plus grande facilité d'écoulement résultant des renseignements plus étendus, qui indiquent le temps et le lieu où, dans le monde entier, le marché se relève, voilà l'avantage. C'est d'ailleurs ce que M. Méline veut peut-être dire au fond, bien que toutes les parties de son discours ne soient pas absolument concordantes : « Mettez à la place de l'industriel une société de vente qui a le souci du lendemain, qui a besoin de ménager sa clientèle ; elle évite la hausse excessive et résiste aux baisses d'affolement, parce que son but est d'assurer la marche régulière des industries qu'elle dirige et de conserver du travail à leurs ouvriers.» Nous voilà d'accord, il prévoit les objections.» J'entends dire quelquefois que ce qui est possible à l'étranger n'est pas possible en France, parce que nos industriels font trop d'articles divers, ayant une valeur spéciale et qu'on ne peut vendre dans les mêmes conditions. A cela je réponds par l'exemple de l'Allemagne où les cartels fonctionnent pour beaucoup d'industries semblables. J'ajoute que, dans chaque industrie, il y a toujours des articles de fond sur lesquels s'établissent les cours de l'ensemble de la production et que ce serait déjà un grand progrès de créer pour eux des sociétés de vente. » Vient aussitôt une observation des plus importantes, qui mériterait un développement : « Rien n'empêche d'ailleurs dans la même industrie d'avoir plusieurs groupements de vente pour des régions différentes ou pour des spécialités particulières. » Ce fractionnement apparaît de première nécessité. Le socialisme d'Etat veut tout réduire à l'unité, et quand même il ne le voudrait pas, sa tendance immanente est de supprimer les initiatives locales ou régionales. Nous voulons la liberté. Dans la commune on est astreint, sans doute également, pour l'essentiel ; on peut du moins, non seulement changer de commune à son gré, mais constituer la commune plus ou moins vaste suivant les rapports de capacités ou de besoins, par exemple l'étendre à toute une petite vallée dont les cultures sont identiques ; on peut la diviser, par contre, en dizaines ou centaines, beaucoup plus que ne le sont les mairies parisiennes. Ce principe de libre allure doit s'appliquer plus encore aux associations entre communes différentes : loin de les absorber en un vaste corps marchant au doigt et à l'œil du ministre, où les tendances provinciales seraient étouffées, où les capacités régionales seraient méconnues, il faut les laisser juges et maîtresses de choisir leurs collaboratrices dans la sphère de leurs connaissances immédiates, ou, si elles ont l'envergure nécessaire, de les aller chercher aux extrémités les plus reculées de la nation ou de l'univers. Telle est la condition qui tiendra sans cesse en éveil leur curiosité et stimulera leur action. Si on leur épargne tout effort pour chercher les arrangements les plus avantageux, on ne peut que les encourager à l'indifférence et à l'inertie, tandis que les rendre arbitres et responsables du mode d'écoulement, c'est favoriser par contre-coup l'activité de leur production, sans détriment pour celle-ci de la puissance propre que lui confère l'association industrielle ou agricole en vue du travail même.

<h2 style="text-align:center">V</h2>

Justification du système communal
d'après l'exemple des cantons suisses.

Nombre de questions délicates se posent en ce qui concerne la constitution intérieure des communes, de leurs groupements libres et de leur fédération en république. Sans pouvoir ici les étudier une à une, il suffira de voir comment elles sont résolues, et si elles le sont bien, dans le système dont vivent depuis des siècles les cantons Suisses de Glaris, d'Unterwald, d'Appenzell et d'Uri. La description nous en a été donnée par M. Christian Scheffer dans la « Revue de Paris » du 1er mai 1902.

Ces cantons forment une sorte d'état presque indépendant, où l'auteur constate et semble approuver la confusion de certains pouvoirs mis entre les mains du Conseil Cantonal. Différent du Conseil d'Etat « dont les cinq membres sont des façons de ministres », ce conseil Cantonal, « composé de députés issus d'élections analogues à celles qui se pratiquent partout », n'est pas chargé seulement « d'étudier les projets de lois à soumettre à l'assemblée populaire, puis de promulguer, par décrets, ceux qu'elle a votés » , mais encore on s'en rapporte à lui pour le soin « de remplir dans certains cas les fonctions de juge, de répartir les taxes, de vérifier les comptes et de faire maintes autres choses encore : à la fois assemblée délibérante, tribunal et agent d'exécution, il cumule ainsi des fonctions que nous estimons devoir séparer. » Et nous avons raison. L'auteur, non content d'expli-

quer cette omnipotence par des raisons historiques, traite légèrement les principes contraires, en particulier celui de la séparation des pouvoirs, « que nos théoriciens ont déclarés un beau
jour des dogmes intangibles. » A la page précédente il avait
pourtant constaté un fait qui montre bien où l'on est exposé à
tomber si l'on ne tient pas compte de ces dogmes, plus sacrés
encore pour une démocratie que sous un régime absolu : « Durant les périodes troublées du xviii° siècle, au temps où les rivalités des Rudes et des Doux déchiraient les pays de Schwyz,
de Zug et d'Appenzell, des Landsgemeinden fonctionnent comme
des tribunaux, jugent de véritables procès, infligent des amendes,
et, détail assez piquant, volontiers au profit personnel de leurs
membres. » Que l'on soit Suisse, Américain ou Français, la tentation est trop forte : toute institution politique y succombera,
si les membres en sont à la fois juges et parties.

Aussi le Socialisme Fédéral doit-il être constitué avec une
délimitation des pouvoirs en chaque commune aussi bien que
dans l'Etat. Celui-ci possède des chambres qui font les lois, un
président qui les promulgue, une magistrature qui réprime les
infractions, de nombreux ministères qui, chacun en son département, décident l'esprit et les détails de l'application. Qu'il en
soit de même, en petit, dans la commune. Ce ne pourrait être
qu'un chaos, une anarchie, si le conseil municipal disposait à
lui seul de tout le travail, du budget sous ses multiples formes,
de la vie et de l'âme de chaque famille. Les citoyens élisent parmi eux autant d'organismes administratifs qu'il y a de branches
sur la souche de leur activité communale. La nécessité s'en est
d'ailleurs imposée aux fédérés suisses, mises à part les attributions trop étendues concédées au Conseil Cantonal. « Impossible
de songer à réunir les citoyens pour chaque litige, ou de leur
soumettre tous les litiges dans leurs assemblées ordinaires, »
et c'est pourquoi les tribunaux exercent la justice couramment,
en dehors de la participation du peuple, mais par la délégation
qu'il leur a conférée de son pouvoir. « Il faut, de même, pour assurer la marche normale de l'Etat, prendre sans cesse des décisions de détail, veiller au bon fonctionnement des services, ex-

pédier ces bienheureuses « affaires courantes » qui sont le pain quotidien d'une administration : autant de besognes que l'ensemble du peuple est incapable d'accomplir. De là, à côté de la Landsgemeinde, d'autres organes encore. Ces organes ne sont pas d'ailleurs très nombreux : en dehors des différents tribunaux, on énumère seulement les deux Conseils précités, sous la direction du « Landamman qui préside la République ». Dans une démocratie socialisée, la disparition des petits ou gros propriétaires reportant sur l'Etat, les sociétés de travail et les communes, la charge d'exploiter toute la richesse nationale, il faut, à côté d'un conseil municipal, un conseil pour l'agriculture, un autre pour l'industrie, un troisième pour le commerce, sans compter ceux que requièrent les besoins intellectuels et moraux. Il n'y a pas de raisons pour qu'ils s'entendent moins bien que ne le font nos Chambres et nos Ministres, mais il faut bien des hommes spéciaux pour diriger toute spécialité. Surveillés d'ailleurs par le conseil municipal et par le droit d'inspection, de discussion et de vote toujours en la possession du peuple entier, ils sont soumis à un contrôle immédiat qui empêche aucun d'eux de tirer à lui toute la couverture.

De l'étude de M. Chr. Scheffer résulte en somme une impression très favorable au gouvernement direct du peuple par referendum. Inutile de reproduire ici les formalités usitées en Suisse. Les unes sont parfaitement respectables ; malgré leur solennité surannée, elles maintiennent les institutions d'apparat chères à ce petit peuple, si grand par l'effort peut-être unique au monde qu'il a fait non-seulement pour conquérir mais pour organiser la liberté : elles ont seulement l'inconvénient de prolonger outre mesure les séances ; une démocratie neuve qui n'aurait pas à célébrer sa gloire passée supprimerait ce qui pour elle ne serait que superfétation encombrante. Le mode de vote à mains levées est aussi fort défectueux dans une assemblée aussi nombreuse : les huissiers assermentés comptent au petit bonheur, et dans l'un des votes auxquels notre auteur assista, ils furent obligés de recommencer par trois fois, pour enfin y renoncer, si bien que l'on dut faire évacuer la place pour compter par têtes la foule rentrant en défilé : on trouva 870 pour et 830 contre. Mieux vaut s'appliquer à imiter les procédés méticuleux de la Belgique pour assurer le vote secret par bulletins. Ce ne sont là que détails secondaires. Le pouvoir personnel et absolu du peuple s'exerce de la façon la plus satisfaisante. « A chaque proposition ou motion nouvelle, le Landamman commence par donner la parole à un membre du Conseil Cantonal, les désignant à tour de rôle, selon l'ordre de leur inscription sur la liste du Conseil. L'orateur...prononce un petit discours pour exposer son avis. Cet avis n'est naturellement pas, le plus souvent, partagé unanimement. Un contradicteur demande donc la parole et s'avance à son tour dans le cercle. Un troisième orateur succède de même au second, et ainsi de suite jusqu'au moment où personne ne souhaite plus rien dire...Le Landamman donne son opinion, en prononçant aussi un discours. Aucun règlement n'empêche de lui répliquer : chacun a le droit formel de réfuter ses arguments comme ceux du premier citoyen venu ; la coutume néanmoins veut que l'on s'en abstienne, si bien que le discours du Landamman est immédiatement suivi du vote. » Cette déférence respectueuse ne sera peut-être pas du goût de toutes nos communes : elles adopteront, si bon leur semble, une autre tradition.

Le résumé de la délibération dont M. Chr. Scheffer fut le spectateur met en valeur, par l'exposé d'un cas particulier, le caractère, les avantages et les défauts du système. « Le canton ne possède aucun établissement d'enseignement secondaire complet. En construire un sur un terrain précisément libre près d'Altorf reviendrait au plus à deux cent vingt mille francs. Les disponibilités de l'Etat permettent de faire face à la dépense. Une société, d'autre part, est prête à se constituer, qui, moyennant certains arrangements de détail, consentirait à prendre à sa charge les frais d'installation et d'exploitation. L'entreprise ne serait donc nullement onéreuse, peut-être même fructueuse. Car qui sait si un collège bien organisé, situé dans un pays remarquablement salubre, n'attirerait pas des étudiants étrangers dont la présence deviendrait une source de profit pour le commerce local ?... Le Conseil Cantonal croit devoir, dans un rapport d'une vingtaine de pages, inviter la Landsgemeinde à voter le projet de loi. Projet et rapport figurent l'un et l'autre dans la brochure officielle, et les journaux leur consacrent depuis quelques jours des articles copieux. Toute lecture de documents, tout exposé de l'affaire se trouve donc inutile, et la tradition, heureusement, ne l'impose pas néanmoins. » On sent assez l'importance capitale de ce fait. La Suisse compte parmi les pays où la presse est le plus répandue. Condition aujourd'hui indispensable pour le bon fonctionnement d'une démocratie, en un temps où les rapides améliorations nécessitées à chaque instant par les poussées économiques et par l'esprit de progrès, exigent que le moindre citoyen, s'il participe au gouvernement, soit solidement et en détail instruit à l'avance de la question qu'il doit être appelé à décider. En l'ancienne Grèce on était réduit à palabrer interminablement sur l'Agora, et encore cet expédient ne parvenait-il qu'à confier le pouvoir, non pas même aux quelques milliers d'hommes libres d'une ville comme Athènes, mais au parti dominant, qui écrasait l'autre, de sorte que ces fameuses républiques n'étaient, à tour de rôle, que des aristocraties, des ploutocraties ou des démagogies. Le socialisme ne peut admettre aucune de ces formes de tyrannie déguisée. Pour que la population entière se gouverne elle-même, il faut qu'elle soit éclairée ; pour qu'elle en soit devenue capable, il a fallu que l'enseignement se répandît jusqu'au fond des coins les plus obscurs et que le journal pénétrât au foyer le plus reculé. Désormais le travailleur des champs ou de l'usine peut décider en connaissance de cause ce qui convient à ses intérêts matériels et spirituels.

Revenons au collège que nous avons laissé à l'état de projet. « L'unanimité enthousiaste avec laquelle on réélisait le Landamman » continue M. Chr. Scheffer, « pouvait faire croire au spectateur mal instruit des habitudes locales que l'assemblée ne comptait que des partisans du gouvernement et qu'un projet patronné par lui l'emporterait sans débat. Cependant, la discussion à peine ouverte, des attaques passionnées, violentes, se produisirent », et ce fut précisément la question au sujet de laquelle la majorité ne se composa que de 870 voix contre 830. Or, cette majorité repoussait le projet.

Sur les caractères de la discussion et sur les conséquences de cet échec du gouvernement, le témoin de la session se livre à des observations justes et importantes, qui sont de nature à nous faire préférer sans ambages les mœurs et doctrines politiques uranaises à celles de Washington ou de Paris. « Tandis que les discours se succèdent et se répondent, deux choses sont frappantes : le sérieux convaincu et souvent éloquent des orateurs, le silence attentif des assistants. De très loin en très loin seulement, quelques marques d'approbation, mais discrètes et qui ne hachent point les périodes ; aucune de ces clameurs confuses que les comptes-rendus parlementaires qualifient, par euphémisme, de « mouvements divers ». Jamais la moindre interruption. Un des principaux orateurs estima qu'un adversaire travestissait ses arguments de façon outrageante : il le laissa finir cependant, et demanda la parole pour faire entendre une protestation véhémente et indignée, tout en demeurant parfaitement courtoise. Et cette courtoisie imperturbable est d'autant plus méritoire que la discussion, animée dès le début, devient bientôt passionnée. Deux ou trois conseillers d'Etat, un député au Conseil national de Berne, le commissaire épiscopal défendent tour à tour le projet ; un paysan de Wasen, un hôtelier d'Altorf l'attaquent, et chacun révèle naturellement dans son discours sa tournure d'esprit particulière. Le commissaire épiscopal prononce un sermon ; le conseiller national plaisante avec esprit et lance des épigrammes ; l'hôtelier, un orateur vraiment remarquable, s'emporte avec la fougue véhémente d'un tribun.» N'aurions-nous pas avantage, nous aussi, à utiliser tous les talents, à laisser parler quiconque sait le faire devant les autorités? Et ce ne peut être que devant les autorités et les assemblées locales. Le peuple n'est pas, comme les députés ou les sénateurs le sont généralement, gagné d'avance à un parti contre lequel la discussion ne peut rien ; il se laisse volontiers convaincre par les bons orateurs, et s'il est libre, il y va de cœur sincère, il vote pour ce qui lui paraît bien. « Assurément, les partis existent en Suisse comme ailleurs, mais ce ne sont pas plus des écluses fermées que des portes ouvertes, ce sont des issues libres par où on entre et d'où l'on sort à volonté. « Tandis que les démocrates conservateurs célèbrent selon les formules consacrées les bienfaits de l'éducation supérieure et insistent sur la nécessité de lui consentir des sacrifices, les démocrates radicaux opposent leurs ripostes habituelles, demandent l'amélioration plus urgente de l'enseignement primaire, et surtout, puisque des fonds sont disponibles, des indemnités pour les victimes des inondations. Radicaux et conservateurs, toutefois, mettent dans leurs explications une précision et une franchise égales, soutenant leur avis avec une conviction sincère, parlant uniquement pour persuader et jamais, semble-t-il, pour se livrer à des manifestations stériles, susciter du tumulte ou provoquer les applaudissements. Les orateurs ont tous quelque chose à dire ; tous témoignent d'un réelle connaissance de la question et d'une netteté de vues parfois remarquable, si bien que cette assemblée en plein air où les paysans dominent, discute et écoute avec un sérieux et une tenue dignes d'être cités en exemple à plus d'un Parlement. »

Voici maintenant les conséquences du vote par lequel le projet fut rejeté à une très faible majorité. Par ce vote « l'ajournement est prononcé : en d'autres termes, le peuple d'Uri repousse le projet que lui soumettait son Gouvernement. Quand pareil fait se produit dans un pays parlementaire, le ministère, considéré comme déchu de la confiance du pays, doit se retirer sans délai. Ici, rien d'analogue. Il n'y a pas de ministère proprement dit ; mais ni le Landamman ni ses collaborateurs immédiats qui ont préparé et chaleureusement défendu le projet repoussé ne songent à céder la place à d'autres : et cela est parfaitement conforme à la logique du système constitutionnel. Nommés à chaque fois pour un temps déterminé, leur mission n'est pas de diriger la politique en se conformant aux indications plus ou moins confuses résultant des circonstances de leur arrivée au pouvoir : fonctionnaires véritables, aux attributions limitées,

ils doivent veiller à l'exécution des ordres du peuple souverain
tout comme le chef de bureau applique les décisions d'un ministre qu'il désapprouve. Et précisément, parce qu'ils n'incar-
nent pas, en face de la Landsgemeinde, un pouvoir distinct et
plus ou moins rival, la soumission absolue aux ordres qu'ils reçoivent ne saurait les déconsidérer. Le Landamman dont l'assemblée vient de repousser les desseins est celui-là même qu'elle
renommait à l'unanimité trois heures auparavant ; au moment
de sa réélection, nombre de citoyens étaient décidés déjà à repousser le projet qu'il avait élaboré ; mais la divergence de leurs
opinions ne les empêchait pas d'honorer son caractère et d'estimer son talent. Maintenant encore, ils l'acclameraient avec le
même enthousiasme. Le rejet du projet de collège n'est donc aucunement le prélude d'une crise ; rien ne se trouve changé dans
le pays et, aussitôt le résultat proclamé, le même Landamman,
sans incident ni manifestation d'aucune sorte, met en délibération le second projet à l'ordre du jour : la demande d'abroga-
tion de la loi sur le repos dominical. » Il faut savoir aussi que
« le Landamman d'Uri est un orateur de premier ordre. Grand,
de belle prestance, il scande de gestes sobres ses phrases dites
d'une voix bien posée, dont aucun mot ne se perd, et qui méritent d'être entendues. »

Tandis que le projet de loi sur l'établissement d'un collège
provenait du Gouvernement, la proposition concernant l'abolition d'une loi « récente » sur le repos dominical, émanait « de
l'initiative populaire ». Dans le socialisme il faut que tout citoyen ait le droit de proposer des lois nouvelles ou la revision
des lois existantes. Toutefois, l'ordre nécessitera une limitation
à l'exercice de ce droit, pour mieux dire il imposera des formes
particulières auxquelles cet exercice devra se soumettre, et variables selon les populations préalablement décidées à les observer. On peut admettre en principe que les minorités composées d'au moins un dixième des domiciliés sur le territoire de
la commune seront investies de ce droit au même titre que les
plus fortes majorités. Encore les Suisses se sont-ils montrés
d'un libéralisme plus large. « Le principe de la souveraineté

populaire est posé sans restriction ; ni survivance des formes anciennes, ni traditions de régimes différents ne viennent, d'autre part, en atténuer les conséquences. Ainsi en matière de lois le droit d'initiative appartient à chaque citoyen. A l'origine, ce droit, je pense, demeurait absolu et s'exerçait au cours même d'une Landsgemeinde. Bientôt cependant, pour éviter des surprises et des motions irréfléchies, des restrictions intervinrent. On imagina d'abord, semble-t-il, le système dit du *Siebengeschlecht*, des Sept Familles, suivant lequel une proposition pour être immédiatement discutée, devait être présentée par sept citoyens de noms différents. On imposa ensuite des délais en obligeant à saisir d'abord le Conseil cantonal, et c'est à lui que, dans l'état actuel, les propositions doivent être adressées, au plus tard le 31 décembre. » (L'assemblée décrite avait eu lieu le 5 mai 1901.)

Des réflexions non moins intéressantes nous sont présentées par l'auteur de l'article à propos du budget, qui brille par son absence. « L'ordre du jour n'indique aucune discussion budgétaire et l'assemblée se séparera sans s'être inquiétée un seul instant de quoi que ce soit qui y ressemble. Au premier abord, la chose paraît bizarre. Il nous semble qu'un peuple, petit ou grand, admis à participer à son gouvernement, doive songer d'abord à ses intérêts financiers et qu'il ne saurait sauvegarder ceux-ci sans établir périodiquement son budget. Dans les pays dont l'histoire nous est un peu familière, nous voyons les citoyens s'occuper des affaires pour échapper aux exactions, et réclamer dans ce but le droit de voter les impôts, avec, comme corollaire, celui de collaborer à l'établissement périodique des listes de recettes et de dépenses. Sans doute, mais les pays auxquels nous nous reportons ainsi étaient des monarchies (ou, comme en Grèce, des républiques n'ayant de démocratie que le nom. ne l'oublions pas). Les assemblées intervinrent d'abord simplement comme agents de contrôle, et les parlements modernes conservent, dans leur manière de procéder, des souvenirs évidents de situations anciennes. Telles règles qui nous paraissent fondées en raison sont de simples survivances historiques,

assurément respectables comme telles, mais que ne justifie point
la logique pure. Voyez, en effet, comment les choses se passent
à Uri. La Landsgemeinde vote seule les lois : or les impôts ne peuvent être établis que par des lois, et ce sont des lois aussi qui
règlent l'organisation des affaires de l'Etat, unique source des
dépenses. Ces lois une fois votées, le peuple se contente de laisser aller les choses, rassuré par le fait que c'est toujours à lui
qu'il faudra s'adresser si une modification quelconque devient
nécessaire, et son droit d'initiative lui permettant d'intervenir,
d'autre part, aussitôt qu'il le jugerait à propos. La Landsgemeinde demeure donc maîtresse absolue des finances publiques,
bien qu'elle ne dresse point chaque année de longues prévisions
de recettes et de dépenses. Un tel travail lui causerait une gêne
sérieuse en l'obligeant à prolonger ses réunions au delà d'un
terme raisonnable. » Nul besoin de commentaire. Cette page
apporte une justification de plus au fonctionnement du Socialisme Fédéral, elle montre la commune développant spontanément et sans accrocs son activité en toutes les attributions qui
lui sont confiées, ainsi qu'un mécanisme bien monté obéit à l'impulsion du ressort. Une telle simplification, une si exacte précision ne peuvent être le fait du socialisme d'Etat, qui devrait
imiter en tout les procédés pesants et gémissants de nos chambres, chaque année en mal périodique de budget, et ne parve-
nant déjà plus à accoucher que douloureusement et trop tard.

Ce n'est pas à dire que le fédéralisme suisse soit exempt de
défauts. Il en manifeste, les mêmes que nos régimes parlementaires, mais atténués. Aucune constitution politique ne fera disparaître les intrigues de partis et de personnes. On doit seulement tendre à les réduire au plus grand calme que comporte la
nature de la mer humaine, essentiellement tempêtueuse. « Les
jalousies locales, d'abord, et les rivalités de clochers. Le collège,
je l'ai dit, devait s'élever près d'Altorf : les commerçants de la
ville y gagneraient sans nul doute, mais quel profit en retire-
raient les paysans des villages éloignés, ceux du district d'Urseren
notamment, perdus là-bas, dans les vallées du Saint-Gothard ?
Pour eux la construction du collège n'offrait aucun intérêt, tan-

dis que certaine route à l'étude depuis longtemps et qui doit traverser leurs montagnes, les touche directement. Leurs orateurs vantèrent donc la route au détriment du collège, déclarant que celui-ci pouvait attendre tandis que celle-là ne le pouvait pas. Les partisans du collège ripostèrent que leur projet à eux était prêt, alors que l'autre ne l'était pas encore, et prirent enfin l'engagement solennel de voter plus tard la route si l'on votait maintenant le collège, de telle sorte que chacun put se convaincre que si les principes constitutionnels ou les idées sur les rapports des pouvoirs varient selon les lieux, la politique de marchandage est, elle, de tous les temps et de tous les pays. « Rien de plus vrai, et bien naïf qui espérerait y changer quelque chose. Au fait, il n'y a pas trop lieu de s'en plaindre. C'est là une nécessité commerciale qui fait marcher les affaires. Dans le cas présent, qui peut se renouveler sous mille autres formes, il fallait choisir, tout ou rien : l'Etat n'avait pas de ressources suffisantes pour faire à la fois la route et le collège. Le moyen de satisfaire la minorité vaincue, le voilà trouvé : on s'engage à consacrer à ses besoins les ressources futures, dès qu'elles seront réalisées. On peut prendre de tels engagements dans une commune ou une région : dans les chambres d'un grand Etat la minorité sait bien qu'elle est destinée sans merci à être écrasée jusqu'à ce que mort s'ensuive : elle se tait ou se laisse absorber par le plus fort, mais alors ce n'est point la persuasion, c'est la violence qui gouverne.

Au chapitre IVe il sera question du *referendum* national qui pourrait être institué comme système régulier de législature en certains cas. Ici, on n'a parlé que d'un referendum partiel, portant sur un ensemble de menus objets bien connus d'une population peu nombreuse et capable dès lors de discuter préalablement chaque question avec compétence ; le moins possible d'imprévu est ainsi laissé au hasard entre voisins qui ont intérêt à s'entendre et à s'aider mutuellement. Rien de commun de ce procédé à celui d'un referendum national, pratiqué dernièrement en Suisse sur une plus grande échelle que jamais. Environ 300.000 citoyens contre 200.000 ont voté des droits protecteurs en faveur de l'agriculture, sacrifiant ainsi la minorité considérable qui représentait les deux cinquièmes de la nation. A quoi bon ne pas admettre alors la simplification du régime électoral, si l'on aboutit aux mêmes effets ? Une chambre de députés bien choisis aurait eu du moins l'avantage de mieux balancer le pour et le contre d'une pareille décision et de parer aux inconvénients que peut entraîner la rupture des traités de commerce existant entre la Suisse et les pays voisins.

VI

De l'autonomie départementale et provinciale.

Tout ce fonctionnement de communes libres formant entre elles un syndicat d'intérêt général et soumises au gouvernement de Berne pour les questions d'ordre national, n'en fournit pas moins un bon exemple de ce que pourrait être, sans tomber en aucun excès, cette fameuse autonomie provinciale dont on fait tant de bruit. Ce serait aujourd'hui à tort que l'Etat s'opposerait à l'autoriser tant qu'elle n'émettrait que des prétentions sages et légitimes, comme on a vu que le sont celles des cantons suisses. Le danger est passé de ces redoutables oppositions des seigneurs qui multipliaient les guerres civiles et mettaient perpétuellement en danger l'unité nationale. Depuis que la centralisation administrative, déjà fort avancée sous Louis XIV, a réduit toutes nos populations à la soumission, leurs habitudes de docilité menacent plutôt de tourner à l'inertie. On se plaint qu'elles songent trop à quémander auprès du gouvernement-providence. Le bon billet ! Notre loi les y oblige ; l'esprit bureaucratique a tellement pénétré nos moëlles qu'il semble étrange de voir encore vivace la vieille initiative gauloise. Ce serait un malheur pour la France et pour le monde de l'étouffer complètement. Ce réveil des libertés locales ne trouverait dans le socialisme d'Etat qu'un ennemi, mais le Socialisme Fédéral lui fournirait les conditions les plus encourageantes.

On a compris que, basé sur la commune, le Socialisme Fédéral ne peut songer à diminuer la somme d'autonomie actuellement accordée par la constitution à nos départements. Il croira peut-être conforme à ses principes de plutôt en étendre les attribu-

tions. Désireux de favoriser les libertés provinciales, c'en est assurément le moyen le plus pratique. Bien que circonscriptions
purement administratives au début, les départements, en plus
d'un siècle d'exercice, ont fini par se constituer une sorte de personnalité. On commence à être plutôt du Calvados que de la Normandie ; il n'est guère de ces fractions du pays, dont un patient
chercheur, animé d'une légitime fierté pour sa petite patrie,
n'ait écrit l'histoire, laquelle fut presque toujours publiée par les
soins d'une « société départementale d'histoire et de géographie ».
Aussi bien, leur délimitation minutieusement accidentée, et non
tirée au cordeau comme à travers les Etats-Unis, n'a pas été
aussi arbitraire qu'on se plut ensuite à le prétendre. Les hommes
de la Révolution connaissaient leur France ; et à ne voir en eux
que des jacobins pétrissant la nation au gré de leurs théories,
Taine n'a su comprendre les finesses de leur politique, disons
mieux, la profondeur et l'exactitude de leurs vues essentielles.
On peut admettre qu'en général les cantons et les préfectures
correspondent approximativement à des types de populations
et à des sphères d'intérêts. L'action des bureaucraties acheva
par la suite d'unifier, et les chemins de fer supprimèrent à peu
près les différences provenant de la configuration du sol. Le
département, c'est de nos jours une presque unité sociale.
Qu'on lui laisse donc son Conseil Général, sans toucher à ses
droits dont les populations, à juste titre, sont jalouses. Que l'on
soit même disposé à les étendre, lorsque l'initiative régionale
en manifestera le désir et le pouvoir. Autant de soucis de moins
pour l'Etat, autant de décharges pour son budget. Il serait fort
désirable que l'on cessât d'y faire appel pour mettre sur pied
tout projet d'intérêt local, chemins de fer, canaux, routes, hôpitaux, écoles, gendarmeries, églises et monuments. Le jour où
le Lot-et-Garonne pourra librement s'administrer comme le
Colorado et trouvera en lui-même les ressources nécessaires à la
satisfaction de ses besoins, il semble que la France aura réalisé
un progrès.

Il ne faudrait pas, cela va de soi, que, pour se soustraire aux
lisières de l'Etat, la province tombât sous la tutelle du départe-

ment. Loin de là, c'est elle que les affinités toujours vivaces de ses habitants, physiologiquement et mentalement frères ou cousins, désignent pour servir de Centre aux attractions des départements qui la composent. Par son action purement morale, puisqu'elle ne dispose pas des facultés administratives, elle pourra les agglomérer en un faisceau de volontés communes, tendues à la prospérité générale de la région.

Il serait enfin désirable que les provinces voisines s'entendissent pour certaines questions auxquelles toutes peuvent être intéressées de trouver une solution libérale, tandis qu'un jaloux esprit de clocher nuit à chacune de celles qui réclament d'étroites prérogatives sans avoir la puissance d'en faire usage avec honneur. On peut considérer comme fâcheux que chacune de nos provinces ait obstinément tenu à posséder son université. Faute de sujets, faute d'argent, faute de maîtres, de bibliothèques, de laboratoires et de musées suffisamment complets pour satisfaire à tous les besoins de l'enseignement supérieur, ces instituts manquent de vie, d'éclat et de la prospérité glorieuse qui seule eût comblé les vœux de leurs fondateurs. Avec de la diplomatie et un peu de conciliation, il serait aisé, en tout cas désirable de réunir en une seule plusieurs de ces universités incomplètes pour n'en avoir plus que d'excellentes dans les trois ou quatre premières villes de la France. Décuplées ou triplées, leur valeur et leurs ressources seraient une garantie nouvelle pour la préparation de notre jeunesse aux devoirs de l'élite.

VII

La presse socialiste,
Condition des autonomies régionales.

Ce qui n'a pas permis aux départements et aux provinces de prendre tout leur essor, c'est en partie la pauvreté de leur presse. Très suffisamment nombreux, les journaux, hors des grandes villes, s'occupent à peu près exclusivement de petites intrigues, de potins de pipelets, et ne traitent les intérêts sérieux ni avec compétence ni avec l'appui d'aucune influence propre à détermi-

ner les opinions et à délier les bourses. On a vu, par l'exemple
de la Suisse, quels services ils pourront rendre en prenant en
main la direction des affaires publiques. L'Amérique en fournirait des preuves plus sensibles encore. Qu'ils attachent moins
d'importance aux affaires de l'Etat, sur lesquelles ils ne peuvent
pas grand'chose, qu'ils cessent d'être des organes de partis, ou
du moins qu'ils le restent si bon leur semble ; mais que désormais ils s'occupent sérieusement de leur région : voilà bien leur
véritable raison d'être. Quand on s'intitule « L'Avant-garde de
l'Allier », ce devrait être beaucoup plus pour favoriser les intérêts
des gens de Moulins que ceux des députés du Finistère ou des
Bouches-du-Rhône qui siègent à l'extrême-gauche du Palais
Bourbon.

Confiant tout aux mains de l'Etat, le socialisme tenterait
inévitablement de vouloir étouffer cette liberté de la presse récla-
mant la satisfaction des désirs régionaux. Fédéral, son essence
même l'obligerait à en favoriser le développement. Ici comme
ailleurs, il se manifeste respectueux des personnes, provocateur
des initiatives, simple enregistreur des volontés légitimes. C'est
là ce que ne peut faire l'Etat devenu une puissance plus absolue
que ne le fut jamais aucune royauté : gouvernement omnipotent,
fixé en une forme politique intangible, nécessairement orienté
vers une doctrine morale qui sera celle de la majorité législative,
il ne peut que se trouver porté à l'abus de son autorité, il verra
toujours d'un mauvais œil les journaux quelque peu indépendants qui ne lui servent pas de dociles et vides porte-voix. L'influence principale que doit subir le régime de la presse, à la fois
pour être libre et pour éclairer convenablement la population,
ne peut provenir que des sociétés de publicité reflétant l'opinion
de leurs lecteurs, et des communes groupées par régions. Soit
qu'ils créent des feuilles locales ou provinciales, soit qu'ils se
tournent du côté des périodiques publiés dans les grands centres,
les particuliers prélèvent sur leur salaire les frais de leur curiosité et de leurs convictions. De la sorte se maintiennent la liberté d'opinion individuelle et l'esprit provin al. Il serait dommage que la « Dépêche » de Toulouse et celle de Lille perdissent

le ton particulier qui signale le caractère respectif des populations du Nord et du Midi. Pourtant il est utile que la Société qui englobe nos cinq ou six « Dépêches » trace et maintienne une ligne générale qui conduit leur rédaction. Plus vaste en sa diffusion, plus universelle en son objet, plus particulière selon les régions, bien que non moins curieuse des intérêts de l'Etat, surtout plus libérale encore et plus accueillante, telle sera la presse socialiste.

Faut-il ajouter qu'elle sera la tribune accessible à toutes les opinions politiques et sociales, morales et religieuses, françaises et étrangères ? La liberté de parole et de plume, par quoi se manifeste celle de conscience, nous est devenue trop sacrée pour qu'un socialisme quelconque, le voulût-il, puisse entreprendre de la museler. Les royaumes et les empires du XIXe siècle se sont brisés à ce jeu. La France ne peut cesser de donner au monde l'exemple accompli de la sincérité.

C'est par la presse que les minorités trouveront le moyen de faire entendre leurs vœux, en vue d'en obtenir toute la somme de réalisation qui ne soit pas incompatible avec les intérêts généraux. Il faut que de libres sociétés de publicité et les Communes, propriétaires les unes et les autres de la totalité des journaux, ouvrent largement leurs colonnes à la discussion de quiconque veut exposer son avis. Au comité de direction sera sans doute laissée une certaine latitude pour refuser ce qui serait absurde ou grossier ; dans l'ensemble, le principe des périodiques doit être néanmoins celui de l'impartialité absolue. Libre à eux de susciter ou de choisir des rédacteurs attitrés qui réfutent les opinions des correspondants pour maintenir la ligne des idées propres au journal dont ils ont la responsabilité et qui vit de la fraction du public gagnée à sa cause ; on ne changerait rien aux tendances, pas plus qu'au personnel, de l' « Intransigeant » ou de la « Libre Parole », du « Figaro » ou des « Débats » ; mais on les obligerait à accueillir toute contradiction sérieuse, quittes à doubler, s'il le faut, leur format, pour l'y insérer avec la réponse. On sait bien que les lecteurs d'un journal sont à l'avance des suppôts à peu près aveugles de ses doctrines, bien que souvent aussi leur propre sentiment ne puisse être changé par toute la force d'argumentation dont dispose la rédaction, si bien qu'on a vu des affaires retentissantes, l'affaire Dreyfus, pour n'en citer qu'une, amener le désabonnement en masse de lecteurs mécontents. Pourquoi la presse n'exerce-t-elle pas chez nous la même influence qu'en d'autres pays ? Ne devrait-elle pas être l'éducatrice quotidienne des esprits ? Elle ne le deviendra que du jour où, libéralement ouverte à toutes les convictions, elle offrira côte à côte la thèse et l'antithèse, les raisons sincèrement exposées de l'une et de l'autre, et alors de vraies raisons au lieu d'injures ou de pirouettes. Ainsi le lecteur ne manquera plus des éléments indispensables à se former une opinion éclairée, il ne sera plus le sectateur fanatique d'un parti sonnant toujours la même cloche. Pour cesser de l'être, pour embrasser les divers éléments des questions nouvelles et même des anciennes, il lui faudrait aujourd'hui être abonné à plusieurs journaux, disposer de ressources et de loisirs qui ne sont pas à la portée d'un homme voué au travail. Une contrainte légale s'impose, si l'on prétend changer ces conditions néfastes.

VIII

Dernières justifications du système communal.

Le type des communes suisses n'est pas le seul de ce genre. Plus conformes au modèle socialiste sont encore certaines agglomérations, les unes voisines des Pyrénées, les autres de Valenciennes, dont M. Lemire a jadis entretenu la Chambre : la propriété même y est en partie bien municipal ; à voir les avantages qu'en retire la population, on ne peut que souhaiter de voir le principe appliqué complètement. Au reste, dans un très grand nombre de campagnes du monde entier, la vaine pâture offre un secours précieux à quiconque ne possède pas assez de prairies pour ses bestiaux. On trouve dans les revues spéciales nombre

d'études sur les pâturages communs, répandus principalement
dans les régions montagneuses, et qui sont à la disposition des
domiciliés remplissant les conditions requises par l'usage. Ce
que la tradition impose à titre de droit immémorial, une législation soigneusement étudiée peut le réaliser partout ailleurs sans
soulever plus de constestations. Il serait aussi à propos d'analyser la constitution du *mir* russe, ce qui sortirait du cadre d'un
exposé de principes, où il suffit d'avoir cité à titre d'exemple le
fonctionnement d'un gouvernement socialisé comme celui des
cantons suisses. Le mir n'offre pas d'ailleurs un type de constitution socialiste à proprement parler : il se rapproche plutôt,
généralement, du vieux modèle féodal. La terre russe est entre
les mains des seigneurs qui, souvent, la ruinent, comme les nôtres le faisaient en France sous l'Ancien Régime quand ils avaient
renoncé à la résidence et à l'exploitation directe. Rien n'est plus
suggestif que le récent ukase du Tzar pour justifier cette assimilation : il octroie aux paysans le droit de changer de domicile. Jusqu'alors ils étaient donc rivés au terroir, quel qu'en fût
le maître, qui les achetait et les vendait avec le domaine. Nous
avons depuis longtemps libéré nos populations de cette tyrannie, et le socialisme ne songe nullement à la restaurer, lui qui
reconnaît à tout mécontent le droit de transporter ses pénates
où bon lui semble, et qui, loin de faire du travailleur une chose
dont un maître dispose à son gré, le rend co-propriétaire et lui
donne la souveraineté. Toutefois, le mir est souvent encore constitué sous une forme à peu près socialiste. Non point partout ni
en tout : des observateurs superficiels avaient cru y voir, ainsi
qu'en l'organisation rurale chinoise, un reste inconcussible de
l'antique régime patriarcal ; il est prouvé que ces deux types
sont de création factice et relativement récente, et qu'ils furent
le meilleur moyen que trouvèrent les gouvernements de percevoir à coup sûr les impôts, en ayant toujours la population sous
la main du fonctionnaire local. La preuve, fût-elle encore à établir, en ressort de ce même ukase, où le Tzar tend à exempter
le mir de l'obligation de payer les impôts dont l'un ou l'autre
de ses membres ne se serait pas acquitté. D'autre part, cepen-

dant, le mir présente aussi, un peu partout, le type d'une communauté de propriétaires à peu près telle que la désire le Socialisme Fédéral. Rien ne prouve que ce fait soit la cause de la misère trop fréquente parmi les moujiks. Il semble bien qu'il soit au contraire le principal facteur de la prospérité générale du grand empire, conjointement d'ailleurs avec le travail énergique et intelligent de nombreux seigneurs, car pas plus en Russie que chez nous les classes riches ne sont composées uniquement de déserteurs de la terre. Sans prétendre énumérer ici les éléments de succès et ceux de pauvreté, il suffit d'observer que, là, ces derniers sont les mêmes que dans nos pays, et ne sont pas imputables à la socialisation partielle du mir. Ils tiennent aux conditions économiques générales, dont nous. connaissons l'effet partout le même. — à la rareté des moyens de transport qui ne peuvent être encore assez développés dans cet immense pays et qui ne permettent pas de prévenir toutes les famines locales, — à l'esprit routinier de paysans qui viennent à peine d'être affranchis du servage et dont on ne peut, sans doute, espérer la même initiative que des nôtres, dans une nation qui n'a commencé à se mettre au pas de nos civilisations que depuis deux siècles et demi, — à l'ivresse, à l'usure, à l'obscurantisme clérical, au fonctionnarisme trop rigide, au manque de liberté, au peu de diffusion de l'instruction, à d'autres motifs encore, du reste dénoncés incessamment par les classes éclairées, et qu'une élite de penseurs et de politiques avisés, secondée par un monarque intelligent, s'efforce de faire disparaître.

Au surplus, parviendrait-on à démontrer que le type plus ou moins socialiste des anciens Hébreux, des Kurdes actuels. des Chinois ou des Slaves est l'explication des infortunes de ces peuples plus encore que certaines causes différentes, agissant pourtant chez eux également, ne sont l'explication des nôtres, cet argument porte à faux ; le socialisme proposé par les modernes jouissant de tous les progrès déjà accomplis n'en saurait être atteint. Incontestablement, on ne peut que profiter à lire des études bien documentées, comme celles d'un Leroy-Beaulieu sur l'organisation du mir russe ; on n'en doit cependant tirer aucune conclusion en faveur ou à l'encontre d'une socialisation de communes fédérées, telle que nos moyens financiers, notre instruction, notre esprit d'initiative, joints au développement des transports et à toutes les ressources fournies par les sciences, nous permettraient de l'établir. Encore une fois, les conditions intellectuelles, économiques et sociales ont changé du tout au tout. Ce qui n'a pu réussir dans le passé ou ne le peut pas encore en des pays arriérés, trouve dans les nôtres mille moyens nouveaux de se constituer avec un avantage marqué sur les institutions traditionnelles.

Il y a même, à y bien réfléchir, un illogisme flagrant dans l'immuabilité de ces institutions, lorsque tout le milieu a été bouleversé, fournissant une matière riche et jusqu'alors insoupçonnée à des devenirs qui se dérobent seulement pour nous punir de nos égoïsmes et de nos ignorances. Comment persister sans folie en une telle contradiction ? Il est aisé de comprendre que, les antiques essais de communisme n'ayant pas donné des résultats satisfaisants en dehors des races restées patriarcales, ils aient été remplacés par un régime plus avantageux pour les époques de transition et lors de la constitution des sociétés libres, le régime de la propriété personnelle ; mais ils peuvent être repris avec mille ressources nouvelles pour leur assurer l'avantage.

IX

La socialisation d'une commune serait un moyen pratique d'inaugurer le socialisme.

Si l'on a commencé par étudier la commune avant les deux autres organismes du socialisme fédéral, les sociétés de travail et l'Etat, ce n'est pas seulement que la nouveauté, aux yeux des socialistes eux-mêmes, en devait exiger une explication particulière, c'est aussi que nous croyons y voir le moyen vraiment pratique d'inaugurer une société complètement socialiste en un pays vaste et complexe comme la France. Voilà enfin le paysan susceptible de se laisser convaincre, les particuliers assurés de conserver une somme effective de liberté, de toutes les libertés, tant qu'elles ne seront pas en opposition avec celles d'autrui ; voilà le travailleur des mains ou du cerveau assuré, d'une part, de tous ses droits et des jouissances légitimes, mais, du même coup, garanti de ces sollicitations à la nonchalance où beaucoup veulent voir le grand danger du socialisme. N'eussions-nous que ces trois points assurés, le système fédéral se montre réalisable avec plus d'aisance, croyons-nous que tout autre.

Or, c'est vraisemblablement en commençant par la socialisation d'une commune, puis d'une autre, que l'on finira par entraîner l'adhésion d'un grand nombre assurant la majorité nationale.

Qu'un généreux initiateur s'adresse à un village dont il ait, au préalable, obtenu la confiance ; qu'il résigne entre les mains du conseil municipal ses propriétés, sa personne, sa destinée, qu'il s'engage à consacrer sa vie entière à la prospérité des domiciliés fixes, leur garantissant par contrat que tous ses gains et revenus seront versés à la caisse commune, — pourvu qu'en retour eux-mêmes apportent aussi leurs biens et passent un engagement identique : — voilà le socialisme fondé. Au besoin suffirait-il d'obtenir l'adhésion d'une partie des résidents, assez nombreux toutefois pour former un groupement d'une sérieuse puissance.

En vain nous a-t-on souvent objecté l'expérience funeste des phalanstères et des colonies d'Enfantin. En effet, ce furent là des tentatives prématurées et maladroites. Faute de justes idées, entraînés par l'enthousiasme irréfléchi des commencements, les malheureux qui se jetèrent dans ces aventures ne pouvaient que courir à une catastrophe. Maintenant, par contre, nous pouvons nous rendre un compte exact des réalités. Depuis que sociologues libéraux, socialistes de toute nuance, économistes, historiens, statisticiens, géographes, nous ont fourni une riche documentation sur les mille formes de l'activité publique et privée ; depuis que les Proudhon et les Karl Marx, les Stuart Mill et les Fouillée nous ont meublé l'esprit de considérations profondes et nous ont offert des directions essentielles, nous sommes en mesure d'éviter les erreurs passées. La proposition qui vient d'être

faite oriente précisément notre initiateur hypothétique à l'anti-
pode du champ d'expérience précédemment choisi. Enfantillage
de jeunes émules de Robinson, que de fuir la patrie pour en
aller fonder une de toutes pièces au fond des Amériques ! Les
difficultés d'une pareille entreprise ne peuvent être surmontées
que par des Boërs, rudes et tenaces pionniers sachant au besoin
brûler les indigènes dans une caverne, mais appliquant méthodiquement leur énergie à la persévérance d'un travail modeste
et pénible : ils viennent par familles, toutes rompues au secret
de la culture, et organisés sur un type patriarcal accueillant pour
les alliés ; toujours assurés ainsi de ne point manquer de bras
ni le cœur, et n'ayant guère besoin de capitaux. Pour tout, c'était
le contraire, dans la colonie de 1835. Entre gens unis par le lien
fallacieux d'une simple idée, si différents d'origine, de tempérament, d'aptitudes, il ne pouvait se produire qu'une réaction des
sentiments égoïstes, un vouloir antagoniste de domination, une
chute dans l'anarchie. De même au phalanstère. Il a fallu de
nombreux échecs de coopératives de production pour nous faire
voir les vices du système et nous permettre d'y proposer des remèdes.

A l'avantage de notre village enfin convaincu et prêt à se socialiser, toutes les conditions que réunirent les Boërs, ses gens
les présentent, et quelques autres de plus, non des moindres. Ils
sont quelque peu parents, en tout cas voisins depuis des générations. *Ils se connaissent dans les coins*, je souligne de nouveau :
comme pour les syndicats agricoles, là gît le fond du problème.
Par suite, ils peuvent se surveiller mutuellement, décider en
connaissance de cause ce que chacun mérite pour son travail,
sympathiser entre bons ouvriers, inspirer une crainte salutaire
aux mauvais. Tous les facteurs positifs de la fraternité dans les
limites d'une inflexible justice, ils les possèdent. Si, jusqu'à nos
jours, les paysans furent assez âpres et hostiles les uns aux autres pour inspirer à ce cruel portraitiste, Zola, l'énorme charge
de « La Terre », à quoi devaient-ils cette déformation des sentiments naturels ? — à leurs propriétés personnelles, qui leur sug-
géraient la jalousie, la crainte de voir le voisin mieux réussir, le

désir de contribuer à sa ruine, la dureté envers les vieux parents, l'incapacité de songer à autre chose qu'aux écus. Dans le village socialisé, les voilà tous ensemble également intéressés au rendement de la propriété : — les voilà redevenus frères. Et ils possèdent ce qui manquait aux Boërs, la puissance du capital. Ils ont apporté qui son champ, qui ses rentes, le mercier sa boutique, le médecin son savoir. Tout cela forme un ensemble imposant. A supposer qu'il se produise des accrocs, la trame peut se réparer sans grande souffrance. Enfin, ils connaissent leur affaire, ce ne sont pas des aventuriers en pays sauvage. De père en fils, ils exercent le métier, et ils restent fixés au sol, aux maisons, au clocher, au ciel où s'est infusé le sang de leur âme et la sueur de leurs mains. Il leur suffit de continuer.

A les convaincre, néanmoins, la tâche est ardue. Chose étrange! car les arguments ne font pas défaut. En fait, nul ne perdra rien, voilà ce qu'il importe de leur démontrer. Les pauvres y gagneront ; les riches ne seront pas dépouillés avant leur mort : les bons travailleurs de situation moyenne garderont leurs positions, pourvu qu'ils n'aient point eu de folles ambitions disproportionnées à leur mérite : s'ils doivent simplement leur situation avantageuse et honorée aux services effectifs qu'ils rendent par leur travail, donnant à l'avenir la même somme de travail qu'aujourd'hui, ils obtiendront les mêmes avantages ; le pharmacien restera pharmacien, le curé restera curé, entourés de la même considération, petite ou grande selon les opinions de l'endroit, vivant dans le même confortable, barbare ou élégant selon leurs goûts. Ils pourront se procurer en outre la joie de déterminer les plus infimes de leurs concitoyens à entrer dans une combinaison qui assure à tous, proportionnellement à la valeur de leur travail, des bienfaits équivalents. Comment est-il possible d'attribuer aux ouvriers, aux miséreux, des bénéfices de bourgeois, sans doter préalablement la caisse sociale d'un capital considérable ? Le système lui-même le lui fournit graduellement. D'un côté, les notables lui abandonnent leurs rentes acquises. Encore une fameuse chimère, pensera-t-on ? Nullement : Cet abandon est un placement, dont les résultats sont assimilables à la rente d'un bail emphytéotique ou à la pension viagère due pour une donation entre vifs.

Imaginons un village dont tous les notables, convaincus de l'excellence de cette constitution, consentiraient à résigner entre les mains de la commune leur fortune entière. Voilà sans doute une proposition qui ferait sourire ceux qui n'auraient pas compris les pages précédentes. Un lecteur attentif verra de suite que ces prétendus héros ne sacrifient rien, en réalité, à supposer que tous les domiciliés de la commune fassent de même. Pourquoi, dans les conditions ordinaires, économise-t-on des rentes ? Pour se reposer sur ses vieux jours, pour bien élever ses fils, bien marier ses filles, pour s'octroyer quelques voyages à Paris et en Suisse, pour acheter des toilettes, des livres, de la musique. A merveille ! La commune garantit le tout, puisque le travail de l'élite est considéré comme plus méritant. Seulement, au lieu de s'immobiliser en rentes sur l'Etat à 2 1/2 %, le capital qu'on lui abandonne est employé à augmenter la fortune publique et rapporte le double, ce qui n'est vraisemblablement pas illusoire. Il va donc alimenter la caisse du syndicat agricole local, lequel ne change point de caractère, tous ses membres continuant à se connaître bien entre eux ; il va améliorer les routes, aménager les rivières, créer une petite industrie, réparer une école, y faire élever chaque enfant selon ses aptitudes, toutes choses qui améliorent la situation présente et préparent l'avenir. A mesure que les bénéficiaires gagnent davantage, tout leur gain venant s'accumuler dans la caisse générale, celle-ci contracte peu à peu une puissance de capitaliste. Dès lors, si l'administration en est sage, hypothèse qui ne peut manquer de se réaliser puisque les rentiers qui ont commencé à accroître ses ressources seront naturellement désignés pour gérer les intérêts universels sous le contrôle et avec le conseil des plus humbles, dès lors, les premières difficultés une fois surmontées, on ne voit pas la raison d'une reculade, on ne peut que s'avancer de progrès en progrès.

Pourquoi maintenant ne pas escompter la possibilité d'un généreux millionnaire, comme il n'en manque pas, cherchant le meilleur emploi de sa fortune, et qui, séduit par la perspective de bienfaisance vraiment utile que lui offre un pareil système, renoncerait volontairement aux prérogatives de sa fortune pour les partager avec les habitants de son village? On sait que M. Carnegie, l'un des hommes les plus riches du monde, vit en puritain sévère, trouvant son unique joie à distribuer ses milliards aux institutions charitables ou éducatrices qui lui agréent. Que dépense-t-il pour ses besoins personnels? Moins que nos médecins de campagne, moins que nos fermiers cossus. Est-ce donc là un oiseau si rare, et ne possédons-nous pas, en France, à travers toute l'Europe, de belles âmes qui comprennent combien peu vaudrait l'argent s'il n'était appliqué qu'à des satisfactions égoïstes? Laissons quand même de côté cette apparente utopie. Le plus sûr moyen est encore de s'adresser par persuasion aux petites gens des classes instruites, et de leur démontrer que, loin de perdre au change, ils y gagneraient la sécurité et l'honneur. C'est à quoi tendent les pages qu'on vient de lire.

X

Le droit des minorités

Au reste, quelle que soit leur propension à s'adapter aux exigences de la classe possédante, qui elle aussi, a bien ses droits, droit sur un lopin de champ ou sur une grande usine, droit sur un maigre dépôt à la caisse d'épargne ou un capital chiffré par millions, et c'est donc le droit du pauvre comme celui du riche, — quel que soit leur désir de ménager les intérêts existants pour ne point bouleverser de fond en comble les prérogatives acquises, dans le peuple tout au moins, par des siècles de labeur, — les socialistes authentiques de la nouvelle école, les Millerand et les Jaurès, ne tombent point en cette abdication d'attendre, bras croisés, que les tendances générales à une plus large association aboutissent à la nécessité de s'associer en gros et en détail. Ils ne cessent de proposer comme but l'abolition de la propriété privée ; ils se rendent parfaitement compte qu'il y faudra une contrainte légale, ne croyant pas pouvoir compter sur de nombreuses bonnes volontés, à plus forte raison sur l'adhésion de tous les privilégiés. Il leur suffit que la somme la plus vaste de liberté et d'avantages possible soit répartie entre les travailleurs sans exception, et ils professent aussi que cette ascension du prolétariat, si elle ne doit nuire en rien aux propriétaires modestes actuels, puisqu'ils trouveraient dans la socialisation rêvée une compensation équivalente, n'en aurait pas moins pour condition, on doit même dire pour but, la dépossession des capitalistes dont les revenus et les bénéfices ne sont point justifiés par une valeur proportionnée de travail personnel, — valeur toujours supérieure, ils n'ont garde de l'oublier, de la part du travail mental et directeur que du côté du travail matériel et dirigé.

Ils veulent seulement confier le sol, le capital, les outils, la répartition de la tâche, son appréciation et sa rémunération à une institution unique, l'Etat. Sans donner plus de pouvoirs à la commune qu'elle n'en a aujourd'hui, disposés même, pour beaucoup, à les restreindre, ils ne veulent constituer comme agent de l'Etat qu'un système de sociétés d'exploitations chargées de faire valoir le fonds national, d'élever ou d'instruire ou de distraire les foules égalisées, en obligeant, cela s'en suit, tout membre de la nation à faire partie de ces sociétés, choisies d'ailleurs au gré de chacun.

C'est là qu'on peut voir combien le fédéralisme communal, institué conjointement avec de telles sociétés pour ce qui échappe à la compétence de la commune, et dans la subordination de ces deux organismes à l'Etat en ce qui concerne les intérêts nationaux, serait un système plus équitable, plus libéral et d'une réalisation moins malaisée.

Il aurait l'avantage de sauvegarder beaucoup plus la liberté. Allons plus loin : il envelopperait une quantité de liberté plus considérable, non seulement en extension, mais en principe, que la prétendue liberté dont nous croyons jouir sous le régime présent.

Sous le régime présent et sous celui de la socialisation par l'Etat, la tyrannie des majorités supprime pratiquement la liberté pour une partie de la nation qui peut se monter à la moitié moins un. On dit bien que, les majorités étant fort difficiles à former, par le fait même du peu de voix qu'elles obtiennent généralement pour rompre l'équilibre en leur faveur, il suffira à la minorité d'aujourd'hui d'employer aussi habilement des manœuvres analogues pour devenir la majorité de demain et prendre sa revanche. Oscillations en vérité plus fâcheuses qu'un régime stable qui apporterait satisfaction aux vouloirs de tous les partis ! En l'emportant à leur tour les vaincus d'hier ont-ils retrouvé leurs droits perdus par le fait du vote de leurs adversaires alors triomphants ? Nullement. Les lois adoptées contre eux restent malgré eux, car s'ils voulaient s'en délivrer, ils verraient à nouveau se coaliser pour les en empêcher, ces amis précaires gagnés à leur cause pour une question différente. et sur lesquels ils ne peuvent compter que pour cette circonstance nouvelle et passagère. Du reste, on sent bien, de part et d'autre, l'impossibilité de vivre en un perpétuel changement, défaisant d'un jour à l'autre et refaisant vingt fois les mêmes institutions. Tout gouvernement, particulier ou général, réclame pour première condition une certaine suite. On aime mieux s'accommoder d'un ou de plusieurs détails imposés par la force, plutôt que de mourir d'instabilité ou d'anarchie. Le résultat n'en subsiste pas moins : la liberté des minorités est supprimée. Leur droit est réduit à celui de la discussion préalable : or, l'on sait pour combien peu comptent les discours, nourris des plus démonstratifs arguments ou soutenus de l'éloquence la plus pathétique ; les votes sont arrêtés d'avance par les blocs de partis. Contre une majorité dont le siège est fait, on discute pour l'honneur, mais on se sait condamné par anticipation.

Tel est le vice fondamental de toute société, fractionnaire ou nationale, qui repose sur le suffrage universel tel que nous le pratiquons. Rien de plus intolérable pour quiconque veut une liberté effective qui ne soit pas un vain mot. L'histoire contemporaine de la France n'est trop souvent qu'un triste répertoire des attentats commis contre la liberté par le droit du plus fort. Au temps de Montalembert et de Falloux, le parti clérical ayant conquis le pouvoir grâce à un concours de circonstances, con-

nues des sociologues, et qui avaient rendu la population en majorité favorable à l'Eglise, ce fut une époque de théocratie. Le caractère dominateur et vexatoire en est attesté par les contemporains indépendants. Les indignations d'un Quinet et d'un Mi-
chelet ne nous apparaissent que trop justifiées quand on lit le
journal d'un jeune universitaire de l'époque, comme celui de
Sarcey. Il est d'ailleurs dans la tradition de l'Eglise de rôtir les
corps pour sauver les âmes, d'imposer quand elle le peut son enseignement et ses hommes pour évangéliser malgré eux les libres-penseurs. Fort bien, on sait que tel est son esprit depuis
Charlemagne, aggravé par les conciles de Trente et du Vatican.
On a fini tout de même par faire un grand effort pour se soustraire à cette oppression. Ce n'a été que pour tomber dans une
autre. Les triomphes récents du radicalisme, qui ont détruit
l'enseignement congréganiste et ruiné les congrégations, prétendent bien établir le règne du véritable libéralisme, en supprimant les écoles où l'on enseigne d'autorité des opinions religieuses qui ne devraient avoir d'autre chaire que celle des églises,
en réduisant à l'impuissance les sociétés monastiques trop portées à abuser de moyens exceptionnels d'influence morale, dont
les profanes ne disposent pas, pour entraîner la conscience et drai-
ner l'argent des femmes et des foules. A merveille. Dire qu'à ce
point de vue la campagne radicale-socialiste nous paraît avoir été
juste et bienfaisante : disputer néanmoins sur certains points les
opinions de la majorité nouvelle et les procédés dont elle a fait
usage, ce serait nous arrêter à l'accessoire. L'essentiel est d'observer que ce ne sont pas les opinions d'une minorité considérable. Fort probablement elle n'eût pas choisi de procédés moins
péremptoires pour imposer ses propres vues, si elle en avait dé-
tenu la puissance. Il n'importe. Le fait est que la minorité se
voit frustrée dans ses désirs les plus chers. Comment le Socialisme Fédéral l'éviterait-il ? C'est ce que l'on verra dans les pages suivantes. Provisoirement, concluons que des trois organismes dont se compose le nouvel état social, l'un du moins, la
commune, peut fonctionner à la satisfaction des minorités. Aux
deux autres on apportera peut-être des améliorations : les so-

ciétés s'occupant des objets qui échappent à la compétence de la commune, l'Etat surveillant tout et détenant spécialement, monopolisés, les services et entreprises d'intérêt général, perfectionneront, je le veux, leur mode de législation, en décrétant par exemple qu'en toute question la majorité ne soit constituée que par les deux tiers des votes. Idéal vraisemblablement chimérique, d'ailleurs. On reste voué, en toute hypothèse, à sacrifier le dernier tiers. Sauvons du moins ce que nous pouvons de liberté. La commune seule peut prétendre à y réussir. Bien que limités, le nombre et la qualité des objets qui ressortissent à son administration se trouvent de première importance pour la satisfaction des personnes. Préjugés si l'on veut, le sentiment de la liberté n'en est pas moins l'un de nos plus chers. D'ordre sentimental peut-être aussi, je l'accorde, les satisfactions étroites et minutieuses octroyées par la commune socialisée n'en constituent pas moins une bonne partie de cette abstraction que le peuple voué au travail appelle le bonheur. Abstraction, du reste, rendue tangible sous les espèces d'un nombre incalculable de petites choses positives. Pour, en cela, plaire à tout le monde, le principe essentiel de la constitution communale doit être que toute fraction de la population composée, par exemple, d'un dixième des habitants, ait droit, tout aussi bien que la moitié plus un, à jouir, aux frais de la caisse commune, de l'institution qu'elle réclame, et, quand il n'y a pas besoin d'argent, des réglements qui lui agréent. Bien entendu qu'une telle liberté ne pourra jamais être réclamée en tout. Une législation locale, débattue au préalable, peut et doit suffire à fixer les cas particuliers où elle est admissible sans nuire à l'intérêt commun. En de si étroites limites que celles d'une étude théorique, on ne s'attend pas à trouver une énumération, qui serait trop aventureuse, et dont chaque commune établira le détail conformément à ses besoins particuliers. Que l'on se souvienne simplement des exemples précités.

XI

Réfutations

Sans entreprendre un plaidoyer en faveur de la commune, il nous reste à dissiper plusieurs préventions assez répandues en France contre son administration. Chemin faisant, cette justification nous permettra d'insister sur quelques avantages particuliers que son organisation fédérative, telle qu'on l'a vue décrite, présente sur sa condition actuelle.

Le principal, soit dit pour conclure et ne plus y revenir, paraît être de préserver autant que possible le droit des minorités.

Confiées à l'Etat qui déléguerait ses pouvoirs à des sociétés pourvues de monopole et non plus libres ainsi que voudrait les voir le Socialisme Fédéral, comme le montrera le chapitre suivant, les propriétés nationales, les intérêts intellectuels et moraux, loin d'être soustraits aux oppressions des majorités, ne feraient que les sentir plus lourdement. Désormais, plus un geste, plus un mot, plus une pensée qui ne soit imposée par la décision du parti dominant. Toute initiative individuelle étant refrénée hors des cadres établis, il n'y a plus de refuge à ceux qui aiment leur propre façon d'agir et recherchent les joies du succès personnel. En chacune des sociétés entre lesquelles se fractionnent leur être, leur travail, leur âme et leur vie, force leur est d'obéir au doigt et à l'œil, quelle que soit l'opposition entre leur manière de voir et celle du parti le plus fort. Nous voilà tous réduits, si nous ne sommes pas d'accord avec lui, à la condition des ouvriers qui veulent travailler en temps de grève : les majoritards de leur propre syndicat les en empêchent à coups de bâton. On invoque, là comme dans les chambres, la nécessité d'une discipline d'ensemble, d'une autorité directrice. Reconnaissons qu'elle est en propre terme une tyrannie, et tâchons de trouver mieux.

Nous le pouvons seuls. — Au premier abord, cette prétention ne laisse pas de paraître hardie. Elle n'est pourtant que l'exacte expression d'une vérité qu'il importe de rendre évidente.

Déjà on a pu comprendre que le Socialisme Fédéral ne songe point à l'abolir. Il en change le caractère et les conditions. D'une liberté exclusivement individuelle il en fait une autre, qui est commune. A ceux qui ne jouissent pas réellement de leur indépendance théorique, il assure les mêmes droits qu'aux privilégiés, et l'exercice complet de ces droits. De la sorte, il étend immensément le fait de la liberté, en l'offrant effective à tous les citoyens.

Encore serait-il dommage qu'il en restreignît les applications. Si donc le communisme veut réussir sans froisser la légitime susceptibilité de ceux qui tiennent à leur autonomie, il ne doit pas se présenter comme obligatoire. Strictement obligatoire, il doit l'être en un sens : une fois constitué le système, la condition indispensable de son bon fonctionnement est que nul, sous aucun prétexte, ne puisse en violer les clauses, qu'il aliène complètement ses droits égoïstes en faveur des droits généraux. Il leur permet seulement de changer de commune ou de chercher d'autres sociétés industrielles, agricoles ou commerciales qui leur conviennent mieux. Pour commencer, il faudrait pourtant éviter aux récalcitrants, qui probablement seront d'abord l'immense majorité de la nation, la nécessité de s'astreindre par force à u. régime qui ne leur conviendrait pas et dans lequel ils seraient des rouages dangereux. L'expérience est facile à tenter d'une ou de quelques communes fondées librement sur le type proposé.

On veut bien approuver les communes anglaises qui ont entrepris de rendre des services généraux dont ne peuvent se charger les particuliers, peu habitués à travailler pour l'intérêt public. On remarque néanmoins qu'elles n'ont réussi qu'en des ordres de choses nettement spécialisés et réduits à un petit nombre, d'où l'on conclut à leur impuissance pour le reste. Conclusion hâtive, et, en toute hypothèse, purement abstraite, l'expérience n'ayant pas été tentée. A supposer réelle cette prétendue impuissance, nous venons de voir que sous ce rapport les sociétés libres ne peuvent devenir plus utiles, tant est capital le caractère des objets qui échappent à leur prise par essence. Loin que l'assimi-

lation puisse cependant être complète, il paraît bien que le régime socialiste fédéral rendrait l'Etat et la commune capables
d'embrasser tout ce qu'il ne serait point nécessaire de confier à
des sociétés plus larges, sociétés également obligatoires, tandis
que les sociétés libres dont on nous fait un idéal ne parviendront
jamais à imposer leur ingérence. Pour ces dernières seulement
les deux propositions restent vraies : que, d'une part une institution anonyme ne puisse réussir qu'en un cercle étroit d'entreprises nettement définies, la spécification étant une condition
pr¹mordiale d'existence et de succès : que, d'autre part, le nombre des objets auxquels de telles instructions collectives sont
capables d'appliquer leur compétence, reste fatalement limité.
inaptes qu'elles seraient à entreprendre la satisfaction de cent
autres besoins, très différents de ceux auxquels elles subviennent.
De toute évidence, on doit admettre ces deux vérités pour les sociétés libres et particulières ; on ne peut les appliquer de même
aux groupements obligatoires disposant de tout le capital.

Voyons un peu si la commune, spécialement mise en cause,
mérite bien les reproches que ses adversaires lui adressent.

⁂

C'est à bon droit que l'on tient à s'assurer si elle est capable
de remplir avec impartialité ses fonctions de distributrice des
salaires, à plus forte raison celles de propriétaire, supposé que
l'on s'accorde pour les lui confier. A lui nier cette aptitude s'attache une seconde catégorie d'objections. On ne veut voir dans
la commune qu'une caverne de voleurs. Telles que nous les connaissons, nos communes ne sont point cela, pour la plupart.
Sans vouloir prendre de parti pris la défense des conseils
municipaux, on doit cependant constater que dans l'ensemble ils
connaissent leur affaire et remplissent leur devoir. Sinon, pour
quoi la situation intérieure de la France serait-elle si stablement
ordonnée sous la fluctuation de tant de gouvernements depuis
plus d'un siècle ? Comment la France serait-elle l'une des nations
les plus riches du monde, si la persécution et la concussion ré-

gnaient en souveraines dans les cellules de cette vaste ruche ? D'autant que les services rendus par les communes l'emportent de beaucoup sur les services dont l'Etat pouvait seul se charger. L'Etat ne fait pas grand'chose pour elles. Le préfet ne doit, et, par bonheur, ne peut habituellement qu'exercer un contrôle. Tout va mal lorsqu'il s'en acquitte avec une arière-pensée politique. Le bienfait le plus signalé qu'il puisse essayer de rendre, c'est d'accorder aux communes la plus large initiative, la plus absolue liberté en tout ce qui ne va pas à l'encontre de la constitution. Quant aux sous-préfets, on sollicite la suppression de ces rouages inutiles, dispendieux, parfois plutôt tracassiers. Tout le mouvement de décentralisation, qui gagne du terrain, réalisera les bons résultats qu'il promet quand, non satisfait d'avoir flatté les amours-propres par une vaine glorification de la province, il aura obtenu que la commune ait enfin les mains tout à fait libres. Que peut-on inventer de mieux qu'une administration locale pour tous les besoins locaux ? Au reste, l'histoire a prononcé. La France trouva, vers la fin du moyen-âge, un principe indéfini de prospérité dans l'affranchissement de ses communes. Celles de Suisse et des Etats-Unis ont su depuis longtemps remplir à la satisfaction générale un rôle bien plus important que les nôtres. Celles d'Angleterre, on le reconnaît, s'acquittent bien des devoirs nouveaux et considérables qu'on leur confie. Où voit-on que les municipes aient jamais causé la ruine d'une nation ? Leurs dissentiments furent la seule cause de leur faiblesse en Grèce : mais quelles floraisons civilisatrices n'ont-ils pas fait éclore ! Dans l'extension de l'Empire Romain, leur forte constitution fut la condition de la civilisation du monde barbare. Soyons reconnaissants, ayons confiance. Les causes de guerre civile entre communes ou provinces rivales ont disparu depuis que les nations sont solidement unifiées. Une expérience tant de fois séculaire qui a fait le peuple d'aujourd'hui ne peut être perdue, mais doit produire de meilleurs fruits encore.

Est-ce à dire que nos édiles soient toujours et partout des modèles accomplis de sagesse et de vertu ? Ils sont ce qu'est le peuple, avec de gros défauts, sans doute, à côté de qualités admirables. Le moyen d'atténuer leurs vices serait précisément de mettre la commune entre les mains de tous. Les hommes pacifiques et philosophes qui, parfois, souffrent de ses vexations parce qu'ils ne peuvent ou ne daignent prendre part à son administration, lui apporteraient le contingent précieux de leurs lumières et de leur prudence. Quel dommage que tous les citoyens n'y participent pas directement ! Il est bien vrai, les mesquines intrigues de parti vexent trop souvent les électeurs en minorité. Toute la faute en est au système du suffrage universel appliqué à la constitution d'un corps de fonctionnaires. Les préjugés et les passions cérébrales exercent plus d'influence, dans un pareil régime, que les intérêts positifs. La sympathie des foules allant de préférence au plus beau parleur, au novateur le plus hardi, à celui qui flatte le mieux les vanités, au prometteur de chimères irréalisables, on vote pour des principes abstraits : parce que celui-ci est clérical ou radical, non parce qu'il serait administrateur plus clairvoyant ou plus dévoué. Tel est le fond de la politique intérieure. On la comprend, à la rigueur, ou du moins on l'excuse, pour l'élection des chambres, le gouvernement étant qualifié, dans une certaine mesure, pour imprimer un esprit général à la mentalité de la nation ; elle ne peut plus être que nuisible dans chaque fraction de la population : un village, une ville, doivent laisser pleine liberté de conscience aux particuliers, pour s'occuper exclusivement de la police, des routes, des écoles, de la culture, du commerce, de tout ce qui fait vivre les gens de la vie positive ; quant à la vie morale, il la faut favoriser en toutes ses tendances, et non pas en une seule, il en faut ouvrir libéralement toutes les portes, quelle que soit leur orientation, à l'opinion des plus infimes minorités comme à celle de la masse. Impossible d'atteindre cet idéal en persistant dans le système actuel. On comprend fort bien la répugnance des honnêtes gens, quand les choses se passent d'une façon équivoque. Dégoûtés, ils ne veulent point se trouver exposés à participer aux tripotages ; ils s'abstiennent, ne consentent point à être maires, ne briguent point le titre de conseillers. Ils préfèrent, comme en certains centres américains, abandonner la proie à quelque tammany impudent, quittes à balayer la pourriture lorsque l'infection devient un danger. En attendant, ils ont d'autres soucis, ils s'occupent de leurs propres affaires. Exceptionnel aux pays d'outre-mer, ce spectacle est à peu près inconnu chez nous. Encore serait-il désirable de couper court aux comédies de clocher qui paralysent parfois par de vilaines brigues les bonnes volontés les plus généreuses. On n'y parviendra qu'en portant la cognée à la racine du mal. On devrait appeler tous les domiciliés à la gestion des intérêts généraux, après que les intérêts particuliers seraient devenus généraux et communs.

Sans anticiper sur la question du referendum national, et nous réservant d'exposer plus loin les avantages que la France pourrait retirer d'un régime plébiscitaire, observons d'abord que nul ne songe à réclamer le suffrage direct des électeurs transformés en législateurs pour l'adoption de toutes les lois : une opération si compliquée et dont l'exactitude est si difficile à conduire ne peut se renouveler qu'à de rares intervalles. Mais suffit-il de le réclamer seulement pour le choix du président de la République, Et après ? Qu'y aura-t-il de changé dans la prospérité nationale ? Tout au contraire, le referendum local. Pratiqué au gré de chaque division territoriale, il est aisé, judicieux et efficace. Les cantons helvétiques, dont nous avons étudié le fonctionnement en fournissent la preuve depuis des siècles. Les habitants de nos communes socialisées savent de quoi il s'agit, votent en connaissance de cause pour des objets qui les concernent directement ; le dépouillement des scrutins n'est pas plus compliqué que lors d'une élection municipale ; le résultat ne peut mécontenter la population, qui a elle-même exprimé sa volonté, et qui ne saurait se plaindre d'avoir été mal servie par les mandataires de son choix. On pensera, non sans quelque vraisemblance, que les gens se lasseront vite de se déranger perpétuellement, préférant vaquer à leur travail ou se livrer aux charmes du repos en famille, quand ce n'est pas aux blandices de la manille au café. De vrai, ce serait à craindre, si tous les jours il fallait consacrer ses loisirs aux soucis de la vie publique.

Rien de semblable. Dans un village, il n'y a lieu de prendre des mesures nécessitant un décret que cinq ou six fois par année : on peut les voter toutes ensemble en réunissant la population une seule fois : des commissions compétentes sont chargées d'expédier les affaires et de maintenir les institutions. Il faut seulement que la population ait, en cela, un droit perpétuel de contrôle, une attention sans cesse en éveil, une activité absolument libre pour discuter publiquement les moindres détails et imposer les réformes nécessaires en ménageant tous les partis, même les moindres.

D'ailleurs, et là gît le ressort du nouvel organisme, soyons sans crainte, tout le monde tiendra beaucoup à peser de sa voix et de sa main sur la gestion des intérêts communs, par le fait que les intérêts de chacun y seront englobés inséparablement. Si tant de braves gens se détachent aujourd'hui de la marche des affaires communales, c'est que les leurs propres en sont indépendantes : ils peuvent vivre seuls, on ne leur demande que de payer pour leurs prestations, leurs patentes et les taxes, l'octroi se chargeant du principal du budget, et de se tenir tranquilles. Tout change du jour où le socialisme les réduit, eux et les prolétaires et les richards, à un égal niveau. Les voilà devenus subitement fort attentifs et très volontaires. Croyez bien qu'on ne pourra tenter le moindre passe-droit sans leur faire jeter les hauts cris. L'emploi de leur salaire normal et de leurs bonis pour un meilleur travail, l'éducation de leurs enfants, la moralité de leur femme, la satisfaction de leurs opinions religieuses, la jouissance des moyens de distraction, une partie de tout ce qui les concerne personnellement est en cause. N'ayez crainte : voilà tous les citoyens à bonne école pour être bientôt des administrateurs avisés et infatigables.

Par le fait même, la probité, la régularité, la justice distributive, l'esprit de tolérance, le zèle du progrès entrent dans la vie publique autant qu'on le peut espérer de la part d'une population prise en bloc. Toutes les valeurs étant employées, comment n'en résulterait-il pas plus de succès ? Supposez un instant que les multiples réformes réclamées unanimement par la presse cessent de s'immobiliser dans la sphère platonique des discussions entre esprits libres et éclairés mais impuissants ; voilà toutes les bonnes idées appliquées par ces mêmes réformateurs aujourd'hui confinés dans leur bureau. Quand il suffit de prendre un bulletin de vote pour s'imaginer obtenir tout ce que l'on veut, le danger est plutôt de manquer d'opportunisme et de vouloir trop exiger au détriment d'autrui. Autrui est là, lui aussi, pour lutter à son avantage.

Il doit rester pourtant bien établi, conformément aux principes précédemment exposés, que jamais une majorité n'a le droit, même écrasante, de se faire écraseuse. En toute sincère démocratie, les minorités devraient être satisfaites, par décision des majorités elles-mêmes, pourvu que l'objet de leur désir ne nuise pas au bien général ; s'il y a contradiction entre celui-ci et le leur, c'est alors seulement qu'elles s'inclineront, mais on peut espérer que ces conflits irréductibles deviendront rares, l'expérience de leurs inconvénients ne peut que conduire peu à peu les esprits à s'entendre. La vie publique et dévouée à la société n'est encore si médiocre et si souvent déviée de son but que par suite du principe vicieux sur lequel elle repose, le principe électif et majoritard. Chacun pouvant dire en toute vérité « l'Etat c'est moi », on tient enfin la condition qui seule peut déterminer tout citoyen à prendre une part active et utile à la direction. Et ce principe est celui même de son intérêt. L'intrigant toujours manœuvrant pour faire triompher son désir au détriment de celui des autres est contrebalancé par l'honnête homme intelligent qui voit la satisfaction du sien dans la prospérité commune, et qui travaille énergiquement à faire rentrer l'intrigant dans sa niche. Quant au brave cœur sincère, légion déjà, il ne peut que se multiplier par la conception d'un nouvel idéal, ce rêve tant de fois déçu, le bonheur possible de l'humanité.

Serait-ce une autre chimère que de vouloir faire éclore, comme nous l'avons cru possible, une nouvelle pléiade de bienfaiteurs consacrant leurs forces à l'épanouissement de la joie dans la vie

commune, joie enfin octroyée à tous au même degré ? Admettons.
Le but proposé n'en reste pas moins abordable. De quoi s'agit-il ?
De supprimer l'égoïsme individualiste. On en coupe les racines
mêmes : plus d'ambitions disproportionnées à la valeur personnelle ; impossible de rien espérer qui ne soit exactement mérité par les œuvres propres et contrôlées ; on comprend que la cité
ne peut prospérer que par la collaboration de tous ses membres ;
chacun sent aussi par des marques palpables que la prospérité
des autres dépend de la sienne. Mutualité de bienveillance témoignée par des services réciproques : tel est le fondement du
succès pour le plus aveugle et le moins généreux. Le particulier
ne s'isole plus dans son âpre indifférence ou ses combinaisons
fratricides. Il aide et surveille à la fois ses co-associés. La sagesse
s'unit à la hardiesse, rien ne pouvant se faire sans que les avis
contraires aient été balancés, dans l'antagonisme des caractères,
jusqu'à l'équilibre des volontés pour le résultat le plus favorable
à la moyenne des besoins.

On trouve ainsi l'application la plus large d'un double principe de bon gouvernement local. Il faut obtenir que l'autorité
soit divisée et multipliée. Un conseil de famille se trompe moins
qu'un conseil administratif de société anonyme, celui-ci moins
qu'un conseil municipal basé sur le système vicieux de l'élection,
celui-ci encore moins qu'un conseil d'Etat, qui prétendrait décider en maître de tout ce qui concerne les individus. Toutes
choses égales d'ailleurs, si, avec la division des autorités, une
administration se montre fautive, peu d'individus en souffrent ;
l'exemple et l'expérience variée des administrations semblables
ramènent la délinquante à la sagesse. La commune, entre tout
autre modèle, semble la mieux outillée pour bien exercer l'autorité et en éviter les abus. La comparer avec une vaste famille
serait juste, à condition de supposer une famille parfaite. Il n'est
que trop vrai, les dissensions ne sont pas rares au sein des familles qui paraissaient les mieux unies. Cherchons-en la cause ?
Elle réside dans un trop petit nombre d'individus supérieurs.
L'un ou l'autre finit par prendre de l'ascendant ou réclamer des
privilèges, soit parce qu'il est le plus fort, soit le plus instruit

ou le moins dévoué, quand on ne devrait pas dire le suprème égoïste, décidé à passer sur le corps de père et de mère pour s'approprier la grosse part des avantages communs, — à supposer, bien entendu, que nous soyons en face d'une famille encore patriarcale. Là où ce type féroce n'est pas encore né, la famille patriarcale fonctionne d'une façon très satisfaisante, tous ses membres sont heureux, parce qu'ils contribuent de leur mieux au bonheur de la lignée entière. Dans une commune, le danger disparaît. Trop nombreux sont les intéressés pour qu'il ne se trouve pas toujours un certain nombre d'antagonistes d'égale valeur en présence. Aucun, à moins d'avoir le génie absorptif d'un Bonaparte, ne peut l'emporter sensiblement. L'équilibre se produit par le seul fait de cette fameuse opposition des forces, dont les individualistes revendiquent la souveraine efficacité en faveur de la lutte présente. Nous aussi, nous en faisons l'une des bases de la paix future.

Il semble aux réfractaires que certaines attributions précédemment décernées à la commune, échappent essentiellement à sa compétence. Ils refusent de l'admettre à aucun degré comme juge dans les questions scientifiques, artistiques et littéraires. Qu'importent à nos villageois, assurent-ils, les progrès de l'esprit ? Proposez-leur de faire élever leurs enfants pour manier des cornues, jouer du violon ou rimer des vers, ils s'en moquent, ils préfèrent leur apprendre le secret d'obtenir un bon fumier, de parader sous un habit militaire décoré de galons, ou de fabriquer des meubles de luxe. Les réponses se pressent en foule. On pourrait tout d'abord, révérence parler, nier cette affirmation pessimiste. Nous n'en sommes plus aux temps d'obscurantisme : le paysan, l'ouvrier se montrent fort avides d'avoir des fils savants, ils se saignent aux quatre membres pour leur faire donner une éducation bourgeoise. Rien ne vaut, à leurs yeux, l'art de satisfaire un chef de bureau par une belle calligraphie. La raison, dites-vous, en est qu'ils pensent assurer ainsi à leur progéniture une existence plus confortable et plus honorée, ce en quoi ils se trompent parfois. Je le veux. Et ce meilleur sort ne leur sera point refusé dans un régime socialiste. Qu'on se rappelle les avantages offerts à l'élite : ne fût-ce qu'une place dans l'administration ou des primes à la qualité de la production, permettant de s'octroyer des plaisirs et des honneurs. Il y a plus. C'est là précisément l'un des points qui ne rentrent pas complètement dans la sphère des attributions de la commune. A l'égard de l'éducation, elle se contente de payer également pour tous les écoliers. L'instituteur reste seul chargé de juger quels sont ceux de ses bambins qui témoignent de facultés suffisantes pour être placés au lycée ; le proviseur, de voir ceux qui ont chance de réussir et que l'on doive pousser jusqu'aux études supérieures ; le recteur d'université, de décerner les diplômes et de choisir les sujets capables de se rendre maîtres d'une spécialité déterminée. En chemin, les éliminés rentrent dans la vie ordinaire et reçoivent un emploi conforme à leur degré d'instruction et à leurs aptitudes.— Plus compliquée en apparence, la question d'apprécier la valeur des œuvres intellectuelles souffre encore moins de difficultés. Seules des sociétés spéciales, et non les communes, en seront chargées. Les Académies sont-elles de si mauvais juges que le prétendent ceux qui ne peuvent arriver à en être membres ? On s'accorde du moins à estimer les opinions des sociétés libres, lesquelles, de fait, peuvent éviter plus aisément de tomber en la routine où s'enlisent quelquefois les institutions officielles. Rien de changé. Nos nouvelles sociétés n'ont d'officiel que l'apparence. Recrutées par voie d'élection comme, par exemple, la « Société des Gens de Lettres », on peut bien croire qu'elles offrent toute garantie de compétence et de libéralisme. Elles examinent les manuscrits, tableaux, opéras ou objets d'art proposés par les spécialistes que la sélection préalable des institutions scolaires a permis de se consacrer à la poursuite d'un idéal. Une fois prononcé leur jugement et l'œuvre produite en public, les choses suivent leur cours exactement comme dans la société actuelle. Qu'elles obtiennent ou non la faveur du public, on sait assez que déjà cela ne dépend point exclusivement de leur mérite intrinsèque. Le goût obéit à des lois complexes, pas toujours très judicieuses, et qui attendent parfois la mort d'artistes dédaignés pour leur décerner de tardives apothéoses. Le Socialisme Fédéral ne peut avoir la prétention de remédier à ces lacunes de l'esprit public. Il lui suffit de ne point les aggraver. Outre que, sur le salaire ou les bonis mérités par un supplément de travail, chacun peut prélever de quoi satisfaire sa curiosité, le gouvernement délègue à la commune, dans la sphère des charges qu'elle assume, le soin d'interpréter, si elle y consent, les volontés particulières ; chaque année les citoyens manifestent leur goût ; disent les livres qui leur agréent, les œuvres d'art qu'ils préfèrent, les drames auxquels ils désirent assister. Leur commune approvisionne sa bibliothèque, son musée, son théâtre conformément à leurs désirs. On ne peut lui en demander davantage : elle n'a point à jouer le rôle de critique. Elle administre de la sorte le facteur *social* du mouvement intellectuel, laissant de côté le facteur technique dont l'appréciation ne lui appartient pas. On ne peut lui en demander davantage. Réformer le jugement populaire est une entreprise au-dessus de tout pouvoir politique.

..

Le Socialisme Communal est tellement à l'ordre du jour qu'il a déjà fourni la matière de nombreuses études, en Belgique (Louis Bertrand, *Le Socialisme Communal*, 1890), en Angleterre (John Thackray Bruce : *History of the corporation of Birmingham*, 1885), en France *(Le Mouvement socialiste* du 15 avril 1900, etc. ; les thèses de Stehelin, *Essai sur le Socialisme municipal*, 1901, de Roger, *Le domaine industriel des municipalités*, 1901, de Saussoy, *Monopoles communaux*, 1903 ; nombreux articles dans la *Revue des Deux-Mondes*, 1er mars 1896, 1er juillet 1900, dans la *Revue d'économie politique* en 1895 et 1897, dans la *Revue des questions pratiques de législation ouvrière et d'économie sociale*, 1898 et 1903).

Ces derniers articles sont signés de M. G. L. Jarray, qui, le 15 novembre 1903, a publié dans *les Annales des sciences politiques* un résumé de la question. Il nous suffira de l'analyser rapidement pour prendre position au milieu des théories variées qui, gravitant de plus en plus nombreuses autour de la commune, montrent bien l'importance de cet élément économique de la vie nationale.

Presque tous les socialistes, surtout les « partisans de la conquête lente », désirent commencer par la socialisation des communes, en accordant aux municipalités des pouvoirs sans cesse croissants. Les *Fabiens* anglais, dirigés par les socialistes les plus instruits, comme M. Sidney Webb, « visent à transformer insensiblement les communes en sortes de coopératives de production et de consommation : la commune se charge des industries, en commençant par celles d'utilité générale ; elle égalise les situations peu à peu en augmentant l'impôt direct et en organisant une assistance publique généralisée à toute la classe inférieure ; le logement des pauvres, un repas gratuit aux enfants des écoles, la fourniture de travail, en vue d'arriver graduellement au communisme complet. Dès 1894, les socialistes belges avaient ajouté à ce programme des projets complémentaires : extension de la régie, assurance communale généralisée contre tous les risques (même contre l'incendie). Dans les villes où ils sont les maîtres, ils gèrent les services industriels « avec le plus grand souci d'une bonne administration ». Leur revue officielle. *L'Avenir social*, publie comme supplément le *Mouvement communal*, où l'on trouve tous les renseignements. En France, le « possibilisme » de M. P. Brousse (v. sa brochure sur les *Services publics)* s'appuie sur la même base, de même qu'en Allemagne l' « interventionnisme » de M. de Vollmar. Le congrès des socialistes municipaux de Lyon en 1899 réclamait, en outre des prérogatives précitées, le *referendum* pour les questions touchant aux finances municipales.

C'est en partie à cette doctrine que se range le Socialisme Fédéral que nous proposons. M. Millerand avait raison (discours de Saint-Mandé, 30 mai 1890) de donner au « municipalisme » ainsi entendu « une place d'honneur dans le programme du socialisme minimum ». Toutefois, n'oublions pas la nécessité d'adjoindre aux conseils municipaux des « comités techniques » dont il a été question dans les pages précédentes.— Souvenons-nous également que la commune ne peut faire qu'une partie — disons un tiers sans prendre le mot dans sa rigueur — de la besogne entière ; il faut à la nation les sociétés de travail et l'Etat, l'une et l'autre également socialisées ; à ce point de vue, nous ne pouvons admettre la définition du socialisme énoncée par M. G. L. Jarray au début de son article, définition qui réduit tout l'organisme à l'Etat et aux communes : c'est trop pour celles-ci comme pour celui-là.— Enfin ne perdons pas de vue que si, par hypothèse, une seule commune donnait l'exemple d'une socialisation complète, elle instituerait une expérience de socialisation sincère, plus efficace que la lente progression dont les socialistes « opportunistes » croient devoir se contenter.

C'est qu'en effet, sans admettre la doctrine « catastrophique » des socialistes « orthodoxes », sans prétendre avec MM. Guesde, Lafargue, Deville, qu'il faille « révolutionner » d'abord, « organiser » ensuite, nous partageons leur intransigeance sur ce point particulier : à notre avis rien n'est fait tant que tout n'est pas fait à la fois et d'un bloc, au moins dans une fraction de la nation aussi petite que l'on voudra, fût-ce la population d'un village. A côté des régies municipales subsiste toujours la propriété privée, qui paralyse l'organisation demi-socialiste et rend celle-ci lettre morte. Rien de plus évident : c'est là une dérision. Quelles que soient les bonnes intentions d'une municipalité, la concurrence du capital libre l'oblige à maintenir ses employés dans une situation qui, pour être un peu moins misérable, reste bien loin de la prospérité normale et proportionnelle que le socialisme intégral assurerait seul à tous les travailleurs. La ville de Paris ne peut payer plus de 5 fr. la journée de ses cantonniers, parce qu'elle ne dispose pas de ressources suffisantes tant qu'elle est réduite à les prélever au moyen de taxes sur les fortunes particulières et sur les denrées de consommation acquises par les riches. De plus, une municipalité ne peut, dans l'actuel état de choses, monopoliser qu'un nombre restreint d'exploitations, celles qui sont considérées par les possédants

comme des « services publics ». En dehors de ces quelques entreprises qui n'occupent qu'un petit nombre d'ouvriers, les
autres restent voués à la « loi d'airain ». Se contenter de cette
dérision, est-ce vraiment poursuivre un socialisme sincère ?
Si le « possibilisme » prétend seulement obtenir ce qu'il est
« possible » d'arracher aux particuliers *en maintenant l'existence du capital privé*, le possibilisme n'est qu'un leurre, il détourne le socialisme de son but essentiel, il rend pour jamais
irréalisable l'égalité proportionnelle des droits et des avantages,
laquelle ne sera établie que par la mise en commun du capital
entier.

Il est vrai que déjà les définitions varient considérablement
quand il s'agit des « services publics ». Les « interventionnistes
municipaux » dont nous entretient ensuite l'article de M. G.
L. Jarray, sans être d'accord avec les socialistes et sans vouloir
rendre tout le capital collectif, « favorisent l'action de la puissance publique dans le domaine industriel et économique.
Aussi peut-on voir dans quelques communes de France, mais
surtout en Angleterre (depuis la campagne de M. Chamberlain),
des assemblées communales approuver des projets étendus de
municipalisation, tout en demeurant anti-collectivistes ». M.
Jarray refuse avec raison de voir là un acheminement vers le
socialisme complet, lequel prétend socialiser le capital entier,
tandis que les « interventionnistes » non socialistes n'en désirent rendre collectif qu'une partie nécessairement restreinte.
Mais encore, quelle partie ? C'est ici que l'on n'est plus d'accord.
On veut socialiser les services publics ; et quand est-ce qu'un
« service » est « public », quand est-ce qu'il ne l'est pas ?
« Pour les représentants de la doctrine (interventionniste) en
France », la borne de l'action communale « est généralement
celle où cesse le monopole de fait : il y a en effet plusieurs
industries qui ne peuvent se créer que grâce à une intervention
de la puissance publique ; pour exploiter une entreprise d'eau,
de gaz, de tramways, etc., il faut utiliser le sol des voies publiques, il faut donc demander à l'autorité la permission de

voirie nécessaire pour le faire ; et comme, en fait, il est impossible de mettre nos rues à la disposition de tous les entrepreneurs qui voudraient se faire concurrence, il se constitue un monopole de fait. C'est donc chaque fois qu'il y aura emprise nécessaire du domaine public, qu'il y aura compétence communale.» A l'étranger, les interventionnistes non socialistes vont plus loin : « ils ne limitent pas au monopole de fait l'action de la commune, ils ne s'assignent pas non plus comme fin à réaliser l'accaparement de la production par la collectivité, ils sont essentiellement opportunistes et demandent que les intérêts d'une ville soient gérés « pour l'instruction, pour la santé, pour l'agrément, pour le bien-être ou pour la commodité des classes ouvrières », texte cité par Viallate, *Chamberlain*, Alcan, 1809. » Ainsi entendus, les services publics deviennent sans doute plus nombreux et plus importants. M. Jarray constate que ce n'est pourtant pas encore là du socialisme proprement dit. Ce n'est pas, comme il le répète, que tous les socialistes sans distinction « résolvent toutes les questions par cette seule idée directrice : faire de la commune l'unique organe producteur », car nous verrons quelle part immense de la production doit être réservée aux sociétés de travail et à l'Etat ; mais il est vrai que le socialisme se propose d' « égaliser toutes les situations ». Conséquence logique : « jamais une municipalité ne doit concéder une industrie, ... elle doit la régir directement. » Bien plus, tous les socialistes sincères admettent cet autre principe, sur lequel nous aurons l'occasion d'insister, qu'il ne faut pas voir « dans la municipalisation une source de bénéfices, et ils exigent que tous les produits soient vendus au prix de revient, voire même, si faire se peut, cédés gratuitement. » Ainsi compris, le socialisme communal étend la dénomination de « services publics » à toutes les productions, elle y englobe le travail total des individus socialisés. Telle est la définition que nous croyons juste d'admettre. C'est la grande erreur de la société présente, que de travailler « chacun chez soi, chacun pour soi ». Ce personnalisme fermé et féroce permet à un petit nombre d'accaparer le superflu qui devrait être dispensé entre tous, et jusqu'au nécessaire dont les indigents sont privés : rien de plus immoral, sans doute, mais aussi, rien de plus illogique, puisque nul privilégié ne peut obtenir le succès dont il abuse sans le concours de la société entière. Loin de pouvoir ainsi l'exploiter pour son *service personnel*, il devrait, de toute évidence, consentir à ce que son travail et ses bénéfices rendent des *services publics ;* les autres associés y consentant de même, les travaux et les bénéfices mis en commun rémunéreraient chacun dans la proportion de sa valeur utile.

Ceci nous ramène à notre conclusion qui toujours s'impose davantage : pour aboutir à la juste répartition des bénéfices proportionnellement à la valeur utile des producteurs, rien ne sert de prendre des demi-mesures, il faut une socialisation complète. On ne peut aboutir tant que la loi permet au capital privé de subsister. M. Charnay montre bien (*Le Mouvement socialiste,* 1er juillet 1899 et 15 avril 1900) que les municipalités à tendance socialiste évitent de grever de taxes les objets de consommation pour prélever tous leurs impôts sur la fortune des riches, qui supportent ainsi la charge de ce qu'en dehors du socialisme intégral on appelle les « services publics » ; — on a beau faire, ce procédé ne peut avoir d'extension indéfinie, tant que la loi protège le capital, et jamais, sous ce régime, il ne sera possible d'égaliser les fortunes. De plus, M. Charnay et les municipalités socialistes s'illusionnent s'ils croient effectivement dégrever les classes ouvrières en renonçant à l'impôt sur les objets de consommation : nous rappellerons en temps et lieu le phénomène de la « répercusion de l'impôt », par suite duquel le capital privé trouve toujours moyen de se dédommager en reportant ses charges sur les objets qu'il fabrique, si bien que le peuple les paye alors plus cher et débourse la même somme que s'ils étaient grevés directement. Osons donc le dire : toutes ces tentatives de socialisation partielle seraient pur enfantillage, si elles n'avaient, non-seulement l'intention irréalisable d'arriver ainsi à la socialisation complète, mais la vertu éducatrice d'habituer les esprits à estimer le travail socialiste par l'évidence de ses bons résultats.

Observons, pour terminer, que nous n'avons cru devoir citer en exemple les municipalités anglaises qu'à ce point de vue particulier : elles travaillent bien, ce qui réfute les individualistes ne voyant de succès possible que dans le travail personnellement intéressé. Seulement, c'est là tout le bien que l'on peut en dire. Ces municipalités non-socialistes négligent de poursuivre l'organisation commune du travail total, qui seul affranchirait les classes ouvrières. Franchement favorables à la propriété privée, elles cherchent à l'exonérer, elles voudraient supprimer l'impôt direct, loin d'y chercher comme les nôtres, les ressources qui leur permettent de dégrever la consommation ; alors, c'est la consommation des services fournis par elles qu'elles grèvent directement, en en tirant tous les bénéfices qu'elles peuvent. Telle était en particulier la thèse de M. Chamberlain en organisant la municipalisation de Birmingham. Rien de plus anti-socialiste, — disons simplement de plus anti-démocratique. Quelle bonne aubaine pour les classes capitalistes ! Comment donc ! vous voulez faire payer le plus cher possible les tramways, le gaz, l'électricité ? Mais je vous en prie ! cela retombera sur la masse, dont la majeure partie est composée d'ouvriers, et le capital n'a rien à débourser ! Quel paradis pour les patrons, les rentiers et les viveurs ! Aussi voit-on partout messieurs les interventionnistes, à la suite de M. Chamberlain (Viallate, *loco cit.* p. 17) soutenir que les municipalités doivent maintenir leurs employés dans la situation précaire ou misérable que leur fait le capital privé, sans jamais se permettre de hausser les salaires... Tout commentaire serait inutile. Nous avons tenu à rappeler ces faits, simplement, répétons-le, pour prendre position.

CHAPITRE III

LES SOCIÉTÉS DE TRAVAIL

Déjà, plusieurs des services jusqu'ici énumérés ne ressortissent plus immédiatement à la compétence de la commune. Beaucoup d'autres, et des plus importants, lui échappent complètement. Effectivement, elle n'est que la cellule de l'organisme fédéral. Il lui faut des membres et une tête.

Pieds et mains, si vous permettez l'outrance de la comparaison, les sociétés spécialisées à la poursuite d'un but précis, agricole, industriel, commercial, littéraire, artistique, scientifique ou autre, donneront au corps le mouvement et la vie, fournissant l'aliment, conquérant la joie, préservant de l'ennemi. Ainsi très spéciales, encore une fois, dans leur destination, elles rempliront un rôle de providence générale, faisant circuler à travers la nation entière les grands et petits objets de son désir, et contribuant plus que les communes, autant que l'Etat, à la mettre en relations d'affaires, de concurrence et d'amitié avec les autres nations du globe.

Nul ne doit être contraint de s'agréger à aucune de ces sociétés. Comme elles offriront de grands avantages à quiconque exerce une profession qui échappe à l'organisation municipale, il n'en reste pas moins probable que, mis à part quelques esprits très indépendants, chacun s'empressera de s'affilier à celle qui saura le mieux favoriser ses efforts. Il aura le choix. A première vue, on pourrait croire utile, si l'on adopte les principes des économistes libéraux, de laisser toute liberté à autant de sociétés qu'il en voudra se constituer pour exploiter le même objet. Ce serait maintenir en son intégrité la concurrence actuelle, transportée simplement des individus à leurs associations. La féconde émulation qui en résulte ne serait point diminuée. D'autres pourront croire préférable d'établir pour chaque objet une seule société, munie d'un monopole de fait, disposant de plus puissants moyens, capable de compenser les aléas, de soutenir sans fatigue tous ses membres, de lutter efficacement contre les trusts étrangers. A débattre dans l'Assemblée Constituante.

Il ne paraît pas nécessaire d'étudier très en détail la composition de ce second élément du Socialisme Fédéral. Telles que sont constituées les sociétés industrielles, commerciales, littéraires et autres que nous voyons fonctionner avec succès, il les faudra conserver, en décrétant simplement que désormais le capital en sera social en propres termes, c'est-à dire propriété commune de tous les membres et non pas seulement d'un petit nombre de capitalistes.

I

La socialisation du capital sera-t-elle une spoliation ?

Nous touchons ici au point le plus délicat. Tout système socialiste, obligé d'en passer par cette révolution économique, s'y voit accusé de spoliation par les possédants.

Le problème général de la moralité du Socialisme trouvera sa place dans un paragraphe ultérieur. En passant, qu'il nous suffise de répondre à ce cas particulier que nous oppose, sous couleur de morale, l'égoïsme des principaux intéressés. S'agissait-il de propriété foncière, on a pu montrer que la majorité des propriétaires ne souffrirait aucunement, sinon dans son amour-propre ; seuls les grands terriens, maîtres de champs dont le revenu est supérieur aux besoins de leur famille, se pourraient considérer comme lésés par l'obligation d'en faire apport à la communauté. Nous proposerons un moyen de les apaiser : c'est de les laisser mourir dans leur opulence et de socialiser seulement leur héritage. Dans le commerce et l'industrie plus encore, moins nombreux sont les petits patrons ; moins aussi les rentiers modestes qui soutiennent de leurs économies les grandes exploitations. Ceux-là n'auront pas à se plaindre de la socialisation. Le travailleur qui vit toujours de ses mains, mais a su mettre de côté quelques économies, qu'en espère-t-il en les plaçant sur l'Etat, en les confiant à une assurance viagère, en achetant un champ ou une maison ? C'est à seule fin d'avoir du pain dans sa vieillesse et de caser ses enfants. Socialisées, ses épargnes trouvent simplement un placement d'une autre espèce : la société prend ses vieux jours et sa jeune famille sous sa tutelle ; rien ne leur manquera. Paysan, dès que ses mains ne pourront plus travailler la terre, la terre n'en continuera pas moins de travailler pour lui.— A tout ouvrier la société doit des bénéfices au moins équivalents à ceux qu'il obtient lorsque le salaire est normal, puisque ces bénéfices représentent simplement ses moyens d'existence. Mais ici, le capital, de beaucoup pour sa plus grosse part, est entre les mains d'une ploutocratie peu nombreuse. On entend d'avance ses clameurs quand elle se verra menacée d'abandonner ses prérogatives. Que de millions elle est prête à verser entre les mains de publicistes complaisants pour protester contre la révolution sociale ! Insulte, dira-t-elle, que d'arracher au commanditaire, fondateur des entreprises dont vit la nation, le droit de gérer le capital qu'il leur a confié ! Injustice, que de le priver des dividendes ou intérêts, déjà minimes, représentant le salaire d'un travail colossal fourni par plusieurs générations d'hommes laborieux, éclairés et bienfaisants ! Crime, assassinat moral, décourageant les énergies et récompensant la valeur par la ruine !

Il est aisé de fermer la bouche à ces généreux représentants de la vertu : Messieurs, on ne vous prendra pas un centime. Vous garderez, si bon vous semble, votre fortune intégrale. Inutile même de lui chercher un placement à l'étranger : l'Etat, devenu possesseur de tous les services publics, les sociétés de travail ayant accaparé la majorité du travail national, les communes maîtresses du reste, peuvent désormais vous offrir autre chose que du 2 1/2 % ; vous avez tout avantage à devenir les commanditaires de ce régime que vous décriez. Quant à vos fils, c'est autre chose. Ils n'hériteront pas ; à votre mort, votre fortune deviendra propriété nationale, nul, de par la nature, n'ayant aucun droit aux bénéfices obtenus par le travail d'autrui. Ces beaux enfants ne seront pas à plaindre : on leur assure les avantages dus à leur mérite personnel. Il ne leur reste d'autre moyen de

leur garantir votre héritage que de les emporter avec lui à l'é-
tranger. N'ayez crainte : on saura prendre les mesures nécessaires pour ne pas vous permettre de constituer une nouvelle race
d'émigrés. Et les plus aigres moralistes n'y auront rien à opposer : si nous gardons les mécontents, ce n'est pas pour leur couper la tête, c'est pour les rendre contents en les obligeant à apprécier l'incontestable supériorité morale du travail sur les écus.

Voilà donc la situation : pendant quelques années, on verra
des vieillards, représentants du régime ancien, jouir à ne rien
faire de rentes colossales, qui'leur seront une réparation, sans
doute, mais une honte. Alors s'appliquera le principe de la stricte
justice : leurs fils n'hériteront point de leurs privilèges. Pourquoi un bébé qui naît nu aurait-il plus de droits qu'un autre qui
naît nu de même, à bénéficier de la fortune paternelle? Nous
n'admettons plus l'axiome de la Bible : Les fils doivent subir la
peine des crimes de leurs pères jusqu'à la septième génération.
Soyons logiques : n'admettons pas davantage l'inverse, rejetons
le droit, non moins factice, de conserver les biens acquis par nos
ancêtres ou nos auteurs immédiats. Si nous ne sommes pas coupables de leurs méfaits, nous ne participerons pas davantage au
mérite de leur travail, ni encore moins, s'ils ont déjà reçu leur
fortune toute faite, au mérite du travail de leurs aïeux. On en
appelle toujours au découragement qui devra. semble-t-il, s'em-
parer d'un père quand il se verra impuissant à transmettre, avec
sa chair et son sang, ses richesses et ses jouissances. Soit, dans
la société actuelle, il s'évertue au succès dans ce but — et encore,
beaucoup ne le font-ils pas simplement pour leur personnelle
satisfaction ? — Supposez, au contraire, le socialisme établi, la
nécessité disparaît de ce stimulant puisé dans un factice désir de
perpétuité. Le .sentiment paternel, si noble et si fécond, n'est
pas astreint par la nature à se satisfaire uniquement ainsi. L'histoire ne manque pas d'exemples de procédés différents qui ont
produit, certes, de non moins bons résultats. La Grèce et Rome,
spécialement Sparte, considéraient l'enfant comme propriété
nationale plutôt que familiale. On abjure trop aisément, parmi
les méthodes employées par ces peuples pour nous donner le

modèle de civilisations dont nous sommes encore enthousiastes, ce principe qui fut précisément le plus efficace et le plus juste. L'homme ne doit obtenir que les rémunérations dues à son travail personnel ; l'enfant n'a aucun droit d'en hériter. Son existence n'étant pas destinée à procurer son seul bonheur, mais à contribuer suivant ses aptitudes au bonheur de la société entière, il appartient d'abord à la société. Qu'on la laisse donc en faire ce qu'il pourra devenir ! Le père n'en peut être mécontent. Il est assuré de voir ses fils cultivés impartialement dans la serre commune, où s'étagent des gradins et se succèdent des chambres propres à développer toutes les facultés naturelles. Bien doué par le hasard, l'enfant, quelle que soit son origine, éclora en floraison riche de couleurs et de vertus bienfaisantes, il sera le décor et la substance précieuse, le parfum et l'aliment dont vivront ses frères. Vous avez toute satisfaction, ô bon père, aussi bien que si votre fortune lui avait garanti le privilège d'une éducation raffinée et d'un capital entraînant la domination. Il ne cesse pas d'être un dirigeant, grâce au raffinement de son éducation, pourvu que son intelligence et son énergie le méritent. Quant aux petits crevés que nos bourgeois veulent nous imposer, crétins, ratés, morveux dilapidateurs d'argent, entreteneurs de filles, corrupteurs de chairs et de consciences, non il n'en faut plus ! Les avoir supprimés, c'est vous rendre un service, ô bon père, qui n'avez su donner à vos fils que de l'or sans esprit et de la morgue sans volonté.

Voilà pourquoi il est nécessaire de vous dépouiller, et il ne sera pas injuste de dire à ceux qui ont fait des enfants moins indignes : En abandonnant votre capital, vous ne les sacrifiez pas, ils trouveront chez nous les avantages qu'ils sont capables d'obtenir.

Il n'en faut pas moins justifier cette posthume dépossession. L'histoire l'excuse par une constante tradition, et la jurisprudence la pose en principe comme un droit absolu. Confisquer les biens du clergé, des émigrés, des conspirateurs, des simples suspects de contre-révolution nous a semblé, à juste titre, plus qu'un droit, c'était un devoir. Des juristes romains aux politiques modernes, la conviction s'est maintenue que l'Etat, disons aujourd'hui le peuple dont la majorité établit le contrat social, demeure souverain maître des fortunes particulières et peut toujours, de plein droit, avec justice, en diminuer quelques-unes, lorsqu'il les juge démesurées et nuisibles, au profit des intérêts généraux. S'il ne l'a fait plus souvent, c'était une prudence. Il ne pensait pas opportun de heurter les préjugés dominants, qué lui-même partageait d'ordinaire. Que l'ordre fût maintenu dans la satisfaction des intérêts équilibrés par des compromis, c'était là tout ce qu'il pouvait souhaiter aux époques de repos et d'indifférence. Arrive le temps des réformes exigées par un vif sentiment national, l'Etat, n'en eût-il cure, est obligé d'abjurer son apathie ; des hommes nouveaux représentant la volonté nationale, s'introduisent au pouvoir, prennent en main la cause des déshérités, abolissent les privilèges. Les apparentes injustices dont se plaignent ceux qui en souffrent, et qui sont plus rares, sont lavées par la vaste bienfaisance dont profitent ceux qui ont fait reconnaître leurs droits, et qui sont légion. Il suffit que le bien excède de beaucoup sur le mal. Nul progrès ne peut s'accomplir sans heurts et déchirements. Au reste, doit-on désespérer que de grands capitalistes, éclairés et généreux, n'en viennent, sous la poussée des faits, à céder, eux aussi, au noble élan qui entraîna les plus puissantes personnalités de l'ancienne noblesse à déposer l'offrande de leurs possessions sur l'autel de la patrie ? Bon sens et bon cœur, ne sont-ce pas là prérogatives éminemment françaises, et ne saurions-nous pas donner encore au monde un de ces suprêmes exemples qui entraînent les autres peuples ? Oui, certes, nous aurons encore de beaux spectacles, et de nobles acteurs du drame, assez dignes pour ne pas geindre lâchement, pour mépriser de vils intérêts, et pour les sacrifier d'un geste simple au bonheur de leurs frères.

II
Constitution et conditions des sociétés de travail. — Emulation et Concurrence.

Nous voilà donc en possession, nous tous, du sol, des matières premières et des instruments de travail, — des produits et des moyens de les échanger,— des œuvres de l'esprit et de la faculté d'en jouir comme aussi d'en produire si la nature nous a donné quelque génie. Des sociétés de tout genre en détiennent et en dirigent les objets, l'exploitation et la rémunération. Il est entendu que nul citoyen ne peut vivre sans être membre, soit de l'une d'entre elles, soit d'un syndicat communal, soit d'une administration de l'Etat ; un simple particulier n'a plus de place dans le système, et, une fois surmontée la puérile répugnance de n'être plus son unique maître, tout le monde en profitant également, la plupart, sauf les toqués, en sont contents.

Ne faut-il point une hiérarchie, quand même, au sein de ces grandes machines égalitaires ? et peut-on imaginer qu'elles ne se brisent si leurs rouages veulent tous remplir les fonctions directrices ou tout au moins éviter les emplois les plus pénibles et les plus humiliants ?

Certes, rien de plus évident : il y faut conserver les mêmes distinctions que toute association a dû adopter pour remplir jusqu'à présent sa destination. Nous sommes là une centaine de bons voisins gagnant notre vie à fabriquer des produits chimiques, des draps ou des jouets. L'un est ingénieur en chef, un autre ingénieur auxiliaire, celui-ci contre-maître, celui-là comptable, la majorité simples ouvriers. Rien de changé. Suivant ses aptitudes développées à l'école gratuite, contrôlées par le conseil pédagogique, chacun a reçu la fonction qui convient à sa valeur naturelle et à son ardeur pour le travail. Et le triage s'est fait d'une façon à la fois beaucoup moins injuste et plus efficace que dans le système capitaliste : au lieu que presque seuls les fils de riches pouvaient ainsi recevoir le bienfait d'une éducation qui développe toutes leurs facultés, maintenant chaque esprit né supérieur en profite sans bourse délier. Les hommes de valeur étant fournis plus nombreux, la concurrence, déjà féconde pour le succès à nos examens, permet de choisir et de pousser aux premières places des intelligences plus éminentes et des activités plus énergiques. Impossible à ceux qui n'y ont point réussi d'en concevoir de la haine : ils exercent le travail manuel dont ils sont seulement capables, leur mérite ne souffre d'aucun passe-droit.

Leur mérite, ni leur intérêt. Sans doute, dans la proportion où l'effort intellectuel, toujours préparé par l'étude opiniâtre au long des années de jeunesse, est en soi d'une valeur supérieure à l'effort musculaire qu'il dirige, comme il rend plus de services il recevra aussi plus de récompense. Mais on ne verra plus de disproportion excessive entre les appointements et les salaires. Chef pourvu de toute l'autorité requise, assumant les responsabilités qui, loin de comprimer son initiative, l'exaltent par l'espoir d'une promotion à de plus hauts emplois et par la crainte d'une dégradation à de plus bas, en toute hypothèse il reçoit, comme l'ouvrier, ce qui lui est nécessaire pour lui et sa famille, et, en plus, ce dont il a besoin pour distraire et réfectionner son cerveau que disloquerait le surmenage et l'ennui. Ce surplus n'est point injuste Il constitue la rétribution de la quantité et de la qualité de travail depuis longtemps soutenu pour devenir apte aux fonctions supérieures ; il ménage les forces qui, après une vacance annuelle, et reposées chaque jour, en famille, au théâtre ou ailleurs, rendront en moins de temps plus de services grâce à un discernement plus lucide. Aussi nul ne s'en plaint. Les humbles s'apaisent à se sentir également à l'aise, sans aléa, recevant leur pleine part de l'utile et de l'agréable, tant qu'ils fournissent un travail consciencieux. Le capitaliste n'est plus là, oisif du moins en apparence, jouissant du superflu sans que ni ses bras ni sa tête semblent contribuer au succès. Nul ne reçoit trop, nul trop peu, et tous gagnent ce qu'ils reçoivent.

⁂

Tout de même que dans l'actuel état de leur constitution capitaliste, les sociétés de travail subissent les lois économiques, celles de la concurrence, celles de l'offre et de la demande, les aléas de la surproduction et du chômage, la nécessité de trouver des débouchés jusques au bout du monde, l'obligation de toujours s'ingénier à mieux faire pour ne point être débordé par l'étranger. Heureuses fatalités, qui fouettent les courages et les poussent aux progrès !

Elles y poussent mécaniquement, peut-on dire. Dans un peuple bien doué surgissent sans cesse les hommes voulus pour réagir à leur provocation et la tourner en profit. Premier motif de ne pas admettre la dépression des énergies et des idées, que nous objectent les individualistes ennemis des sociétés communautaires. En soi et par soi la valeur humaine, où elle se trouve, tend, semblable aux autres forces, vers son maximum d'action et sa plénitude d'efficacité. Par amour-propre si l'on veut, par simple besoin de s'épandre et de triompher, abstraction faite des intérêts positifs, les mieux cérébrés ne cesseront jamais de prétendre à devenir les dirigeants, à escalader l'échelle vers les sommets, à se montrer supérieurs, s'ils le peuvent, dans les luttes pacifiques du travail et de la science, de l'art et de la morale. Rien à craindre, ce ne sont pas les hommes qui nous feront défaut.

Vouloir que l'appât d'un intérêt exorbitant soit nécessaire pour stimuler les élites, c'est, en outre, méconnaître une loi psychologique de simple expérience. Nullement absolu, mais relatif comme nos autres passions, le sentiment de l'intérêt n'est actuellement exalté par l'espoir d'une grosse fortune que pour cette raison accidentelle qu'il est possible de l'obtenir. Changez les contingences, détruisez tout espoir de reconquérir plus que le nécessaire, l'utile et un peu d'agrément, si dans ces trois catégories se trouvent néanmoins des degrés, comme on vient de le voir, l'homme de talent, à le supposer égoïste incurable, faisant de nécessité vertu, se contentera de poursuivre le maximum de jouissance réalisable; et il n'en fera pas moins pour cela, voulant à tout prix sortir des degrés inférieurs.

Nos corporations socialistes ne peuvent donc manquer de direction intelligente et active. Elles ne manqueront pas davantage de main-d'œuvre assidue et appliquée. Les mêmes suggestions déterminent l'ouvrier, sachant que s'il est plus habile et plus ardent, il obtiendra des travaux mieux rémunérés, en passant d'une entreprise à une autre, s'il le faut, comme il le fait en Amérique, tandis que sa négligence obligerait ses chefs à le faire descendre aux travaux les plus vulgaires, où il ne trouverait plus que de quoi vivre strictement.

Dans ces conditions, les entreprises socialistes ne rencontrent ni de plus grandes ni d'autres difficultés à surmonter que celles dont elles ont pris la place. Reste à voir cependant si elles ne seraient pas exposées à plus de négligence et à plus d'improbité. Quand, de nos jours, le capital est fourni par un petit nombre de possesseurs, leur privilège même les contraint, et leur intérêt exceptionnel les excite à en surveiller attentivement l'emploi, à empêcher tout autre d'en bénéficier hors de la mesure convenue. à lui chercher les meilleures applications et les plus productifs débouchés. Voilà des gens que l'on ne peut tromper aisément, ils ont l'œil ouvert ; et que nul effort ne rebute pour s'assurer du succès qui remplira leurs poches. — Eh ! n'en est-il pas de même pour les administrateurs des entreprises socialisées ? Eux aussi restent directement intéressés à les faire prospérer, à seule fin, si l'on veut, de toucher un plus haut salaire. Qu'on y pense, il s'agit non seulement d'appointements fixes, mais de dividendes supplémentaires. Du directeur au dernier manœuvre, il faut bien que l'on se partage les bénéfices, une fois prélevée sur le gain net la somme requise pour étendre les opérations et pour payer les impôts. Quant à la probité des administrateurs, elle paraît, non plus seulement autant, mais mieux garantie. La surveillance est mutuelle, le contrôle appartient à l'ensemble des associés. Là où déjà se pratique le partage des bénéfices, les ouvriers ont obtenu et exercent par leurs délégués le droit d'inspecter les livres et la caisse. Impossible d'échapper à tant d'yeux investigateurs. Il faut que. tous les comptes soient nets comme le cristal.

Et puis, ce n'est encore là envisager la question que sous un point de vue, on ne parle que de l'hypothèse où tout marche bien, où l'on fait de bonnes affaires. Les entreprises socialistes n'échapperont pas plus que les patronales aux déficits, aux déconfitures. C'est ici que se manifeste la supériorité du système fédéral. Il peut plus aisément éviter la faillite, et, si elle s'impose, nul n'en souffrira. Les organismes de la société étant fédérés, une loi constitutionnelle peut très bien les obliger tous à prélever solidairement sur leur budget les sommes utiles en temps et lieu pour venir au secours de tel syndicat en souffrance, quittes à être remboursés sur les bénéfices éventuels qu'on lui permettrait de réaliser en le remettant à flot. Un conseil arbitral déciderait les cas où l'on peut espérer le salut de l'entreprise en souffrance. Jugerait-il impossible de la sauver? Sa faillite, sa dissolution, à la supposer même frauduleuse, n'entraînerait que l'application aux coupables des pénalités légales, et les secours qu'on ne lui aurait point accordés seraient affectés à ses membres jusqu'à ce qu'ils aient trouvé un autre emploi. Depuis longtemps on parle d'une caisse générale de chômage. Tant qu'il faudra compter uniquement sur les bonnes volontés, rien ne se fera. Il y faut l'obligation. librement consentie puisque légalement résolue. Voilà enfin l'assurance mutuelle appliquée à la société entière.

Beaucoup voudraient que seul l'Etat se chargeât de ce rôle providentiel. Maître unique de décréter les genres d'opérations que doivent administrer les sociétés pourvues de monopoles, s'il échoue dans une tentative, il se rattrapera sur une autre, et sa caisse, censée inépuisable, sera toujours là pour soutenir ses employés entre deux avatars. — C'est vraiment rendre trop formidable sa puissance discrétionnaire et sans pondération. A réunir en un faisceau d'oppositions et de concordances les lumières, les compétitions, les intrigues même de toutes les entreprises similaires, spécialement compétentes, celles des communes ainsi obligées de surveiller les hommes et les choses au lieu de s'enfermer en leur égoïste isolement, enfin celles de l'Etat qui apporte son expérience et son autorité morale sans pouvoir tomber dans l'arbitraire, il semble bien qu'on bénéficierait d'un discernement plus judicieux et d'une générosité plus impartiale.

III
Principales attributions des Sociétés de Travail : Culture, Commerce & Industrie

Quels sont maintenant les objets qu'il convient de réserver à ces associations ?

Ici, non moins que pour la commune, toute délimitation systématique serait aventureuse. Avant que l'Assemblée Constituante n'ait longuement délibéré sur les attributions des trois éléments constitutifs de la République, des vues personnelles seraient prématurées. Il suffira d'indiquer sommairement de larges et souples catégories.

Considérons les quatre qui semblent les plus compréhensives. l'agriculture, le commerce, l'industrie, enfin les études et distractions.

Les quelques mots qu'on en a touchés précédemment avaient pour intention d'indiquer à vol d'oiseau les coins de ces immenses domaines susceptibles d'être réservés à la propriété coopérative locale. Rien là de définitif, rien même de précis, qu'on s'en souvienne. Les municipalités obtiendront ce qu'elles pourront et ce que la Constitution voudra leur accorder.

De toute évidence, les sociétés générales d'exploitation obtiendront davantage. Même en matière de culture. Nous avons proposé que des syndicats agricoles composés, par la force des choses, des habitants d'un même village, se réunissent en syndicats plus vastes, régionaux ou provinciaux. Est-ce une utopie ou une juste conception du socialisme d'Etat, celle qui voudrait constituer, pourvue de monopole, une vaste société de culture, laquelle, sous les ordres du ministère, rayonnerait à travers toute la France, et, capable de vastes entreprises, éclairée par un enseignement tout à fait scientifique, appliquerait à chaque partie du sol la culture spéciale qui lui convient ? Pourquoi s'obstiner à faire du blé, encore, en tant de terres qui produiraient volontiers autre chose ? Mais est-il vrai que seule une administration officielle et omnipotente, si sage, si active qu'on la suppose, puisse obtenir du paysan qu'il renonce à ses routines, et tirer du sol le rendement absolu ? Ou si elle l'y contraint, pourra-t-elle espérer qu'il travaille consciencieusement à des choses qui lui répugnent, et qu'il manie intelligemment des méthodes que ne lui a point enseignées la pratique des siècles ? Précisément les syndicats agricoles, et, à côté, de nombreux propriétaires, qui savent leur métier. n'en déplaise à l'administration, sont entrés dans cette voie. Il suffit de les y encourager. Tel, près de Tours ne fait plus que des moutons ; tel autre près de Dieppe, ne fait plus que du lait. L'auteur de ces lignes les connaît, et sait avec quelle sagacité ils se sont déterminés à abandonner tout l'encombrement des cultures variées, dont une grande ferme qui se respecte ne voulait, naguère, sacrifier une seule, et comment ils ont su demander à leur terre exclusivement ce qu'elle peut produire avec plus d'abondance et de qualité. Il ne semble guère probable que la vaste société qu'on nous propose, désintéressée, y mettrait plus de discernement, ni, jouissant du monopole, plus d'application.

Des syndicats libres, remplaçant les propriétaires, y apporteraient les mêmes lumières et la même énergie.

S'agit-il de la fabrication et de l'écoulement d'objets dont chaque particulier peut avoir besoin ? Alors, de toute certitude, il faut avoir recours à de vastes sociétés. Inutile de rien changer à ce qui existe. Depuis longtemps l'élargissement s'accentue. Un syndicat de Lyon écoule les soieries par la France et par le monde, il envoie des missions commerciales au fond de la Chine. Une société anonyme a créé des tramways électriques dans toutes les vill   e France, elle fait de bonnes affaires, et les exploiteur   la houille blanche en Savoie commencent à en faire de meilleures encore. Les filateurs et les tisseurs de Lille, Roubaix et Tourcoing, les savonniers de Marseille et les distillateurs de la Charente savent les moyens de répandre leurs produits jusque dans nos villages et au centre de l'Asie ou de l'Afrique. Prenons tout cela, et distribuons-en le bénéfice, sans distinction, aux plus humbles comme aux plus intellectuels de nos coopérateurs.

Les possédants réclameront. Le socialisme, désireux de se conformer aux contingences, les indemnisera, ils ne crieront plus à la spoliation.

Au fait, à quoi bon s'inquiéter des lamentations dont les privilégiés nous ressassent les oreilles ? Une fois admis le principe, tant pis pour ceux qui ne le comprendront pas ! Du grand au petit, les mêmes causes produiront les mêmes effets, mécontentement d'une minorité trop favorisée, satisfaction de la foule. Avec un peu de logique, on pourra sans trouble assister aux conclusions du syllogisme. En dehors des vastes entreprises répandant par la nation entière et par les continents les objets dont chaque individu éprouve le besoin et que ne lui fournit pas la région qu'il habite, mille autres entreprises locales, qu'il semble avantageux de conserver libres sans les astreindre au monopole de l'Etat, déposséderont également, non pas, si vous voulez, les capitalistes qui les ont fondées et que l'on indemnisera, mais leurs héritiers. Plus d'héritiers, partant plus de capitalistes-nés. Quant à le devenir par son audace ou son astuce, il n'y faut pas compter davantage. Feu Boucicault, ayant commencé par vendre des chaussettes à quatre sous, a réalisé, paraît-il, une centaine de millions, en observant les règles de la plus exacte probité, simplement par son talent d'achalandeur, sachant attirer à lui une innombrable clientèle perdue par ses concurrents. Qu'est-ce que cela prouve ? Qu'il gagnait sur chaque objet un bénéfice exorbitant, un sou sur quatre, sur deux peut-être. Et personne n'avait rien à dire : il vendait moins cher que les autres. Telle est la raison du succès obtenu par les coopératives, qui suppriment autant que possible les intermédiaires. Que toute industrie restreinte, que tout commerce plus encore, soit organisé sur le principe coopératif sincère et complet, sans actionnaires autres que l'ensemble même des coopérateurs, clients qui fournissent les denrées ou les achètent, qui les consomment ou les vendent et qui s'en partagent les bénéfices : les centaines de millions concentrés en une seule main seront alors distribués équitablement.

Quant à préciser les diverses spécialités auxquelles s'appliqueront ces coopératives plus ou moins puissantes, il ne faut plus s'en remettre de ce soin, pensons-nous, à la décision des chambres constituante ou législative. C'est moins leur affaire que celle de l'expérience. Il leur suffira de poser le principe : à la commune les petites industries familiales, le commerce de coin de rue ; aux vastes sociétés les fabrications et négoces qui exigent une concentration de matériaux, de capitaux, de machines, et qui doivent répandre économiquement leurs produits par tout le pays. Certains voudraient leur confier même ce que nous avons réservé aux petites corporations communales, semblables sous ce point de vue à celles du moyen-âge ! Ils voudraient que la boulangerie, la boucherie, la charcuterie, la mercerie, la papeterie, la droguerie, que sais-je encore, fussent exploitées chacune par une commission de l'Etat, détenant le monopole, installant des succursales partout où besoin, vendant au même prix avec un petit bénéfice qui, une fois couverts les frais, reviendrait au budget à titre d'impôt. L'impôt ne serait pas plus difficile à prélever sur les institutions locales ; et on ne peut s'empêcher de les croire plus économiques et plus pratiques. L'économie n'est pas la qualité maîtresse de ces énormes machines anonymes qui échappent au contrôle en le minutieux détail de leurs innombrables opérations : tandis que sous l'œil vigilant des gens d'un même centre, directement intéressés, les affaires doivent marcher rubis sur l'ongle. Eux aussi paraissent les mieux qualifiés pour rendre absolument pratique le choix, le débit, le prix, la quantité, la qualité des choses qu'il leur faut, l'emplacement de la boutique, le genre de personnel, le mode de distribution, les changements de méthodes, les modifications convenables suivant les temps et les lieux. On sait combien le petit bourgeois tient à être maître chez lui. A quoi bon lui enlever cette satisfaction, quand elle offre des avantages positifs pour la marche même des affaires ?

S'il ne semble pas opportun de confier à l'Etat les industries familiales et le commerce local, la commune avec ses comités techniques ou ses corporations n'est cependant pas seule qualifiée pour remplir ces services. On conçoit parfaitement que des sociétés spéciales puissent s'en charger, étendant leurs opérations sur toute une région qu'elles connaissent assez bien pour subvenir judicieusement aux besoins de chaque localité : condition que ne saurait remplir une administration unique répandue par tout le pays.

Encore une fois, ce ne sont là que des indications très hypothétiques. On s'arrangera comme on voudra. Il nous suffisait, de montrer la possibilité, sur ce point, du Socialisme Fédéral. Mieux que tout autre système, il répond et satisfait aux tendances de l'évolution commerciale et industrielle tendances naturelles et spontanées, comme mécaniques, et dont l'aboutissement est fatal, parce que le résultat s'en montre avantageux. Supprimer les intermédiaires, diminuer les frais généraux, concentrer les matériaux, diviser le travail, accumuler les multiples efforts de la machine, épargner de la place et du temps, et aussi les forces humaines, faire plus vite et mieux, plus grand et moins cher, voilà les principes sur quoi reposent nos vastes magasins et nos ateliers monstrueux. Et, simultanément, on les voit incapables de s'étendre au delà de certaines limites. Les premiers refusent de créer des succursales, redoutant les difficultés de la direction si elle doit s'exercer de loin, et du contrôle s'il ne peut s'effectuer directement par l'œil du maître ; les seconds s'agglomèrent dans un coin, favorable, comme Saint-Etienne, par la nature du sol, comme Paris, par les facilités d'écoulement. Quand on a déjà deux mille, dix mille ouvriers, on ne peut songer qu'à leur trouver constamment du travail. Se charger d'en nourrir d'autres serait folie. Il y faut des entreprises différentes poursuivant un but spécial. Osons dire qu'un Socialisme d'Etat s'effondrerait en des difficultés inextricables, tandis que la fédération de tous les organismes déjà créés par l'expérience y échappe, tout en réalisant l'idéal poursuivi par l'évolution économique qui ne peut le remplir qu'en de rares circonstances.

**Bienfaits de la socialisation industrielle ;
le juste salaire ;
l'accroissement de la population.**

On doit observer que toute cette organisation industrielle et commerciale serait simplement l'application universelle et sincère des principes dont s'inspirent de plus en plus le commerce et l'industrie, ainsi que la solution des graves problèmes sociaux, tels que celui de la population. Le travail tend à s'affranchir du capital. Les coopératives de consommation ne réalisent pas seulement des économies en supprimant les intermédiaires ; elles partagent les bénéfices entre tous les consommateurs associés. Le même avantage est assuré aux associés des coopératives de production. Si ces dernières n'ont encore que rarement réussi, la faute en est à la concurrence formidable du capitalisme, qui peut sacrifier de grosses sommes pour écraser, par la réduction des prix au-dessous des frais de production, les ouvriers livrés aux seules ressources de leurs mains. Abolissez le capitalisme, le travail réussira. En attendant, ses droits s'imposent de jour en jour. Nombre de patrons intelligents s'attachent les meilleurs ouvriers en les associant à la direction de leur entreprise dans la mesure requise pour leur assurer une part des bénéfices. D'autres, en Angleterre et en Amérique principale-ment, leur concèdent aisément une augmentation de salaire afin d'éviter une grève, quand ils les voient assez forts pour ré sister longtemps, et assez sages pour discuter en des termes rai-sonnables. Partout, la législation protectrice du travail se précise et s'enhardit. Pauvres atténuations au rude sort du manouvrier! Veut-on loyalement réaliser l'idéal de justice dont ces tendances sont des symptômes? On n'y parviendra point en laissant les forces actuellement consacrées par la loi s'exercer librement. Le fait acquis depuis tant de siècles, cette propriété personnelle qui nous a inculqué les plus monstrueux sentiments d'égoïsme et qui poussa toujours au crime ceux qui en bénéficient pour la défendre et l'augmenter, ceux qui en sont privés pour la leur ravir par force ou par ruse, ce fait, tant qu'il subsistera, ne peut jouer que le rôle d'un frein inéluctable, et qu'empêcher la grande masse des travailleurs de réussir à leur ascension. Il leur faut de l'argent. Lorsque les capitalistes seront devenus eux-mêmes des travailleurs, l'argent sera enfin distribué à tous éga-lement avec une proportionnalité basée sur le mérite. N'attendez point que, bénévolement, ils le lâchent. Seule une contrainte légale les y obligera.

C'est alors que les justes désirs des humanités laborieuses seront satisfaits. Par la constitution universelle du commerce en associations coopératives, le prix de la vie diminue, d'où moins de travail requis pour obtenir le nécessaire, et faculté de consa-crer l'excédent du travail à se procurer des jouissances. Par la propriété commune du capital et la répartition générale des bénéfices, la même somme de travail augmente le salaire, et il devient facile d'instituer, obligatoires si l'on veut, des mutualités d'assurance contre les accidents et la maladie, des caisses de secours pour la vieillesse, des réserves en cas de chômage.

Sans insister, redisons combien serait efficace une telle sécurité pour accroître la population. Mais voyons s'il est vrai que cet accroissement ne soit pas désirable. Depuis que l'on connaît mieux le monde, les tables de Malthus ne sont plus admises comme péremptoires. Il n'est pas exact que les moyens de subsistance se multiplient moins rapidement que la graine humaine. La science parviendra d'ici peu à renverser l'axiome. Livrées à elles-mêmes, les terres les plus riches, celles de la Roumanie, par exemple, produisent de 8 à 10 hectolitres de blé par hectare ; nos départements du nord en obtiennent 80 dans les champs d'expérience. Au temps de Malthus on aurait jugé ce résultat impossible. La chimie peut transformer en nourriture assimilable pour l'homme ce qui ne l'est naturellement que pour les animaux. On découvrira peut-être le moyen de faire de l'Océan un vaste bassin de pisciculture. Sans se laisser entraîner à de tels rêves, les continents sauvages que nous commençons à peine à explorer nous fournissent une réserve quasi inépuisable de denrées alimentaires et industrielles. Ces dernières sont d'ailleurs tout aussi indispensables à la vie, et, qui plus est, multiplient la valeur des denrées alimentaires en permettant de les mieux répartir. Si la Chine végète dans la misère, c'est pour s'obstiner à ne s'occuper à peu près que de culture. Il en est de même pour l'Empire Ottoman. Trop de blé, trop de riz, pas assez de coton ou de betterave ; faute de moyens économiques de transport, les céréales pourrissent dans les silos en temps d'abondance, et ne parviennent qu'à des prix de famine en temps de disette, si bien que cinq millions d'Hindous, n'ayant pas de quoi payer, meurent de faim en une saison. Si ces cultivateurs obstinés savaient exploiter leurs mines, nombreuses et riches à travers l'Asie, ils se préserveraient de la famine grâce au pécule thésaurisé. Nous pouvons donc sans crainte additionner des enfants aussi nombreux que les grains

de sable du rivage : ils trouveront toujours dans le monde assez
de place et de ressources. Loin de contribuer au malheur des
peuples en leur permettant de procréer tant que bon leur semble,
la quantité même de leur progéniture nous est une garantie de
sa prospérité. Attribuer à l'excès de la concurrence la misère des
classes ouvrières trop nombreuses, est un raisonnement spé-
cieux, en apparence irréfutable tant que subsiste la condition
où le capitalisme les refoule. Il n'en serait plus de même sous
une constitution socialiste, où la somme de travail qui les épuise
actuellement, diminuée, ménagerait leurs forces, mieux rémunérée subviendrait à tous leurs besoins.

Moyens d'étude et de distraction :
l'enseignement ; l'art.

C'est aussi à des sociétés libres, ramifiées par toute la nation,
qu'il paraît le plus avantageux de confier les moyens d'étude,
pour la plupart, et quelques-unes des entreprises de distraction.

Sans enlever à l'Etat ni aux villes leurs écoles, leurs musées,
leur droit d'offrir au public jeux et fetes de tout genre, il suffit
de laisser se développer en nombre et en puissance nos sociétés
privées comme celle des Gens de Lettres, celle des Artistes Français et tant d'autres. Il y aurait avantage à en fonder une semblable pour syndiquer les théâtres, ceci soit dit à titre d'exemple.
Ils seront bien obligés de fusionner, une fois soustraits à l'indépendance aléatoire du régime capitaliste, à moins que les villes
et l'Etat n'en assument la direction. Mais ce n'est pas bien l'affaire d'une autorité civile : les préférences du public vont parfois aux pièces que notre administration des beaux-arts n'adopte
pas volontiers. En matière d'enseignement elle est plus compétente parce qu'il s'agit d'une chose positive, la science, et d'une
méthode de diffusion qui se prête à des règlements fixes. Pour
satisfaire le goût fantaisiste de gens qui cherchent à se reposer
du travail selon leur bon plaisir, c'est une autre affaire.

On verra. Moins encore que pour le travail matériel il n'est
possible d'arrêter ici des cadres absolus. Ce qui importe, c'est de

répéter une dernière fois que le Socialisme n'est pas une entreprise d'abrutissement. Il veut favoriser et développer sans limite l'éclosion et la fécondité de tous les talents. Seul il peut tirer de l'ombre où ils meurent ceux qui ne peuvent même pas conscience de leur valeur, faute d'éducation, ceux aussi qui se sentent exister et se désespèrent de ne pouvoir croître, faute de ressources, de temps et d'encouragement. Combien de jeunes gens, doués par la nature de facultés qui pourraient devenir remarquables, animés d'une généreuse ardeur pour l'étude des sciences, des lettres ou des arts, se voient condamnés à la stérilité intellectuelle par la pressante obligation de gagner leur pain quotidien ! Que de progrès tués dans l'œuf par ce système de compression ! Comme on l'a dit, que de Bossuet qui restent laboureurs ! Rares, ceux dont l'indomptable énergie parvient à réaliser l'idéal de savoir ou de beauté quand le hasard ne les a pas favorisés de moyens d'existence suffisants pour se consacrer à leurs études. Dira-t-on que ceux-là seuls méritent le succès, possédés qu'ils sont vraiment de la passion de s'instruire et de produire des œuvres de valeur ? Ce serait condamner sans jugement ceux que détournent de cet effort désespéré les conseils de la prudence paternelle, l'obligation sacrée de soutenir leurs parents misérables, ou mille autres circonstances, une première éducation insuffisante, l'éloignement des villes, la privation de bibliothèques et de maîtres. Très certainement, nous étouffons une partie de nos forces intellectuelles et morales. C'est un crime que le Socialisme seul fera cesser. L'Etat multiplie les bourses, sans doute, mais insuffisamment et au hasard. On les obtient par l'influence d'un député qui voit seulement là une faveur semblable à celle d'un secours en argent, et ignore si le boursier présente les garanties requises pour mériter l'éducation supérieure dont on impose les frais au budget. Le jeune homme n'ayant d'autre droit à cet avantage que la probabilité des services que ses aptitudes lui permettront de rendre à la société en retour des avances qu'il en reçoit, la société ne saurait tolérer une pareille loterie. Elle doit pouvoir choisir et adopter sans exception les meilleurs de ses enfants.

Ici, comme pour la population, revient l'objection des timorés : trop de bacheliers et de rapins, trop de scribes mal payés et d'institutrices sans cachet, tentées de rouler à la galanterie ! De vrai, le prolétariat intellectuel s'étend comme l'une des plus pénibles taches de notre lèpre sociale. Sous un régime socialiste, le danger, sans disparaître absolument, serait moindre. Tout d'abord, ayant des loisirs, le peuple, dirigé par une élite vouée à sa moralisation, les emploierait à lire, à écouter des conférences, des comédies ou des concerts, aussi bien qu'à goûter les charmes de la campagne ou du jeu de quilles. Voilà pour le moins doublés la quantité de la production intellectuelle avec le nombre des orateurs, des écrivains et des artistes. Pourquoi, en outre, tant de diplômés deviennent-ils aujourd'hui des ratés ? C'est qu'habitués au seul travail de l'esprit, incapables de se servir de leurs dix doigts, ils ne trouvent d'autres moyens de vivre que de noircir des paperasses dans les bureaux. Si la direction des écoles socialisées s'est trompée en poussant un sujet sans aptitudes suffisantes jusqu'aux examens secondaires ou universitaires, — ce qui ne peut se produire aussi fréquemment que de nos jours, où la vanité paternelle soutient les cancres jusqu'à ce qu'ils aient leur peau d'âne,— la société qui a fait un faux calcul doit en subir les conséquences : un nouveau devoir lui incombe, celui de donner au malheureux qu'elle a déçu une seconde éducation différente pour lui permettre de remplir un autre emploi et de vivre à son aise.

Voilà pour la science. Le problème devient plus délicat en matière d'arts et de lettres. Ce n'est pas toujours au sortir de l'école que s'affirme un talent. Habituellement, la maturité de l'âge, l'expérience des hommes et des choses, un travail assidu au long de nombreuses années, quantité d'ébauches et d'œuvres où s'essayent la plume ou le pinceau, telles sont les conditions requises pour faire un auteur ou un peintre qui mérite la faveur du public. Il faudra donc que les sociétés artistiques ou littéraires aient la sagesse d'attendre, en étudiant chaque sujet, en le favorisant le plus possible, jusqu'au moment de décider s'il est opportun de le soutenir malgré son insuccès transitoire, où s'il faut renoncer à l'illusion de le voir jamais réussir. Question de doigté, de tact, de jugement sûr et impartial. Le moyen existe presque toujours de contrôler la valeur intellectuelle. Je veux dire de la contrôler au point de vue social, duquel on ne peut envisager la qualité relative au goût du public. Qu'un livre ou un tableau se vende bien, il est bon socialement. De sérieux critiques assurent que dans nos civilisations raffinées un tel critérium n'est point aussi sot que le prétendent les fauteurs de nouveautés : ce que préfère l'élite de nos sociétés élevées dans l'admiration des chefs-d'œuvre du monde entier ne peut être mauvais en soi. Ne lui faisons pas trop compliment de son goût, néanmoins ; accordons qu'il est peut-être devenu plus plat et moins exigeant que le goût des Italiens de la Renaissance. Cependant il s'éduque, on l'a bien vu pour la musique, et qui plus est pour la peinture impressionniste. Toujours est-il que les sociétés artistiques et littéraires, pourvues des fonds considérable que gagnent les libraires, les romanciers en vogue, les peintres à succès et n'accordant plus à ceux-là que la rémunération convenable à leurs besoins matériels et intellectuels, sans préjudice de la gloire, bien entendu, pourront exercer un patronage efficace en faveur de ceux qui, jugés vraiment talentueux, ne seraient capables de réussir qu'à un âge assez avancé, ou produiraient des œuvres vraiment intéressantes mais trop étranges, trop spéciales ou trop initiatrices pour être approuvées en dehors d'un cercle restreint de délicats. Déjà nous avons toute une catégorie d'hommes supérieurs qui fournissent un exemple de ce genre de talent : savants distingués, érudits profonds, chercheurs, inventeurs, possédant les secrets de la métaphysique, de la chimie ou de l'histoire, ils savent très bien que leurs ouvrages ne seront lus que d'un petit nombre et n'atteindront jamais la seconde édition. L'Etat, les instituts privés, de généreux particuliers leur fournissent des places, des prix, des subventions, pour leur permettre de poursuivre les travaux et de contribuer à éclairer les esprits. Ce n'est pas le socialisme qui méconnaîtra la beauté, l'utilité de cette tradition. Il saura l'adopter, l'étendre, l'ériger en principe, en faire bénéficier tous ceux qui, souvent sacrifiés par notre régime, se prouveront capables de recherches scientifiques et de belles créations.

, Des esprits chagrins regretteront de voir disparaître, dans une société complètement démocratisée, les plus curieux types d'humanité qui fournissent des modèles rares à nos psychologues et à nos portraitistes. Des malveillants iront plus loin, se plaindront que tout art soit condamné à devenir bassement utilitaire. Rien de plus injuste. A supposer que l'art s'oriente davantage vers la représentation de la vie populaire, il y peut trouver les meilleures inspirations. Le réalisme des Le Nain et des Chardin, la violence des Ribera et des Téniers, l'audace des Puget et des Rude, s'inspirant des formes de la nature la moins polluée par la civilisation, et de nos jours l'étude sincère du paysan vu par les yeux d'un Milet ou d'un Lhermite, comptent parmi les facteurs les plus féconds de la rénovation esthétique. N'est-ce pas une heureuse nouveauté aussi, que ce naturalisme du roman qui pèche sans doute par les excès inévitables à tout début, mais qui nous a donné Madame Bovary et Germinal ? C'est que la démocratie n'est pas une décadence vers l'animalité, mais comme on le voit, jusque dans ces œuvres où le malheur provient d'une aspiration irréalisable dans la société individualiste, l'esprit démocratique est une ascension vers les cimes d'un idéal. L'âme de l'homme devenu conscient de sa valeur, poursuivant un but raisonné à travers les luttes et les épreuves inséparables du meilleur état social, manifeste ses aspirations et ses angoisses, ses joies et ses douleurs, sur le visage, par les attitudes, en toute la physionomie. Rien de plus intéressant que d'en étudier les mille aspects. Non, la psychologie du travailleur ne vaut pas moins que celle de l'oisif. Au surplus, il ne manquera pas de ces hommes supérieurs, de ces femmes d'élite, de ces actions héroïques et de ces grands spectacles qui, en toute civilisation, ont fourni le thème évocateur des grandes pensées et des fortes œuvres. Les classes dirigeantes ne sont pas supprimées, bien au contraire elles deviennent plus nécessaires que jamais, obligées seulement de fournir un travail utile, travail d'esprit qui modèle les plus beaux types, de même qu'il crée de nobles actions. Notre art ne peut déjà plus trouver dans la vie contemporaine de sujets transcendants. Il y puise cependant de fines inspirations à copier les traits de nos plus célèbres citoyens. Il continuera, ceux-ci demeurant toujours offerts avec la même distinction d'esprit, de lignes et de gestes. On peut espérer que disparaîtront ces êtres singuliers qui éblouissent le monde de leur luxe et de leur insolence. Beau dommage que l'espèce s'en perde! Avons-nous tant souffert de l'évanouissement de la noblesse ancien régime? Elle nous est conservée à l'état de souvenir comme vestige curieux d'un passé mal construit. Nos écrivains trouvent à la faire ressurgir en leurs fictions un moyen d'effet d'autant plus aigu que l'éloignement excite davantage la curiosité et porte à plus de rêve. Qu'ils reculent encore vers les fonds de l'histoire, la Renaissance italienne, la domination arabe, les folies de Néron et de Messaline, de « Basile et Sophia » leur sont d'autant plus profitables à exploiter que la différence se trouve plus accentuée avec nos idées et nos mœurs. Que nos extravagances deviennent cadavres, l'art saura les modeler en esprit séduisants pour les générations futures. Il lui restera enfin l'inépuisable matière semée à travers les temps par les hommes de génie, et à travers l'infini de la contemplation par les symboles et les mystères.

Il n'en faut pas moins laisser champ ouvert à toute libre tendance. Un art qui serait socialiste ne vaudrait pas mieux qu'un art républicain. Nul gouvernement n'y entend quoi que ce soit. Comprimer en un programme cette chose ailée, dont le caprice est la loi, et splendide d'autant qu'elle reste absolument personnelle, c'est la tuer. A l'exclusion de toute ingérence officielle, des sociétés indépendantes en exerceront la gestion financière, et des écoles libérales en guideront l'essor.

Associations visant un but moral ou religieux.

Une liberté qu'il importe sur toutes autres de ne point sacrifier, sera celle de la conscience.

Pensez, dites, faites et pratiquez ce qu'il vous plaît, exercez une influence sur les esprits et les âmes par tous les moyens en votre pouvoir, sauf la violence, la corruption et les agissements captieux auxquels se laissent séduire les têtes faibles, les femmes et les enfants. Voilà le mot d'ordre du Socialisme Fédéral.

Affirmer ainsi la volonté de respecter les opinions est également la tendance générale de toute autre espèce de socialisme. Sauf en Angleterre, où les socialistes font une propagande non-seulement anti-cléricale mais anti-religieuse ; et, en France, sauf *l'Union socialiste révolutionnaire* et le *Parti socialiste français*, qui s'unissent avec les radicaux sur le terrain de l'anticléricalisme, M. P. G. La Chesnais nous apprend *(l'Européen*, 7 et 14 mars 1903), d'après une enquête du *Mouvement socialiste*, que partout, le socialisme naturellement porté à rejeter le joug du clergé et même, en principe, toute opinion qui n'est pas essentiellement scientifique, veut du moins permettre à tout citoyen de s'y soumettre si tel est son bon plaisir. A cet effet, il paraît nécessaire aux socialistes, en Italie, en Allemagne et en Belgique, de s'abstenir quand les croyances personnelles sont en cause, bien que l'on puisse croire utile de lutter contre le clergé *en tant que parti* pour neutraliser son influence politique.

Les socialistes allemands ont toujours si bien pratiqué ce sage libéralisme que, lors du Kulturkampf, ils ont voté pour le retour des Jésuites. M. de Vollmar, le chef actuel de la droite socialiste, constate qu'en Bavière cette tactique permet de remporter « des succès réels sur les ultramontains, qui, de leur côté, s'efforcent désespérément de transporter la lutte sur le terrain plus commode de la controverse religieuse. » M. E. Berstein, autre chef du même groupe, connu par ses écrits « revisionnistes » partage ce jugement : « L'esprit du programme implique — et la pratique du parti l'affirme chaque jour — que la démocratie socialiste allemande est pour la science contre les conceptions basées sur des révélations surnaturelles, bibliques ou autres. Toutefois, dans le domaine où la science, elle aussi, ne saurait prétendre dire son dernier mot, il ne prescrit rien aux consciences : il s'oppose seulement et rigoureusement à toute tentative d'introduction dans les institutions publiques d'un élément confessionnel quelconque. »

Le fait est d'ailleurs que de nombreux ministres des différents cultes approuvent et propagent le socialisme, soit mitigé, comme en France, soit complet, comme aux Etats-Unis ; en Allemagne le pasteur Gohre en est un exemple. Il est vrai que ce dernier rejette toutes les Eglises : en luttant contre elles le socialisme « devient le libérateur de la religion véritable et éprise de progrès.»

Le leader de la gauche socialiste allemande, Bebel, se rencontre sur ce point avec ses adversaires revisionnistes : « Un démocrate socialiste peut être catholique, protestant, matérialiste et athée : dans le parti, la chose n'intéresse personne. Nous représentons l'opinion que l'Etat soit purement laïque et que les communautés religieuses soient des *sociétés privées.* » Telle est la thèse qu'adoptera le Socialisme Fédéral. Nous la trouvons soutenue par Mme Rosa Luxemburg : « La contradiction entre l'Eglise catholique et la République ne peut disparaître que quand l'Eglise d'institution publique, deviendra association privée. » Enfin l'autorité de M. Kautsky, directeur de la *Neu Zeit,* revue subventionnée par le parti socialiste, et lui-même successeur de Karl Marx, vient confirmer la même attitude : « La démocratie socialiste demande que le prêtre devienne un simple particulier, et l'Eglise une association ordinaire. » Il ajoute parmi d'autres considérations intéressantes mais plutôt théoriques : « La démocratie socialiste ne doit pas moins se garder de créer des martyrs catholiques que de paraître être l'alliée des pouvoirs dont le prolétariat est l'adversaire naturel : la bureaucratie et le capital... Nous compromettrions irrémédiablement notre position à l'égard de ces ouvriers (cléricaux) si, côte à côte avec les fonctionnaires et les bourgeois libres-penseurs, nous marchions contre eux et leur Eglise, et si nous portions dans leurs rangs, non la lutte de classe, mais le Kultur Kampf. Il est préférable de leur montrer que la lutte de classe est plus forte que toute divergence en matière religieuse. »

Le professeur Enrico Ferri, député italien socialiste, tout en reconnaissant que la propagande socialiste « fait des consciences humaines réfractaires à toute forme de dictature intellectuelle, et, partout, réfractaires à tout esprit clérical », refuse néanmoins d'approuver les socialistes contribuant à la campagne anticléricale. « Ce sont des libres-penseurs, et ils doivent par cela même respecter la liberté de conscience des croyants de bonne foi, près de qui (il s'agit des paysans) il est impossible de faire une propagande anticléricale. Cette propagande a pour eux la signification antipathique de propagande antireligieuse, et les empêche d'entendre les vérités de la doctrine socialiste.»

M. Jules Destrée, socialiste belge, partage le même avis : « Pour unir les prolétaires, il ne faut pas commencer par les diviser sur la question de foi » ; et le chef du socialisme belge, M. E. Vandervelde, expose fort bien la théorie de la question. Sur le terrain politique, nous voyons que l'anticléricalisme divise la bourgeoisie : de même il dissiperait l'énergie socialiste et la détournerait de sa tâche essentielle ; c'est un passe-temps où les adversaires du socialisme sont heureux de le voir s'attarder. Puisque le cléricalisme, *en tant que parti*, grandit parallèlement avec le socialisme, il est naturel que celui-ci l'attaque sous ce point de vue ; mais il doit laisser tranquille le clergé, afin de préserver la liberté de conscience. C'est là ce que les socialistes allemands ont compris : ils luttent contre le centre catholique mais déclarent la religion affaire privée, contre laquelle la loi ne doit rien faire. « Quel est le but essentiel poursuivi par le socialisme ? » C'est l'affranchissement du peuple, sans doute aussi dans l'ordre spirituel, mais avant tout dans l'ordre économique, dont l'organisation actuelle est le facteur primordial de l'asservissement du prolétariat. Pour réussir à la révolution économique que le socialisme poursuit en faveur des opprimés, l'indispensable est de proposer la satisfaction de leurs intérêts communs en écartant la discussion des opinions religieuses qui les divisent. « Des chants injurieux tels que « Le Christ à la voirie... La Vierge à l'écurie »..., (couplet de la *Carmagnole*), empruntés au répertoire de la bourgeoisie révolutionnaire, ne sont pas de nature à gagner au socialisme les ouvriers demeurés fidèles à l'Eglise. De tels moyens d'action ne constituent pas seulement une insigne maladresse, parce qu'ils donnent à l'Eglise le bénéfice de la persécution, sans lui infliger un réel dommage ; mais ce qui est infiniment plus grave, ils vont directement à l'encontre des principes mêmes du socialisme et de la libre-pensée : ils diminuent notre force morale, en donnant à nos adversaires le droit de dire que leur intolérance est égalée par la nôtre ; ils font obstacle au rapprochement de tous les exploités, en masquant le profond antagonisme de tous les intérêts par l'antagonisme plus superficiel des opinions et des croyances. » Respecter la liberté des croyants est un devoir aussi impérieux que de respecter celle des incrédules. C'est en faveur de cette dernière que se poursuit la séparation des Eglises et de l'Etat. Pour sauvegarder le droit des croyants, cette séparation ne doit pas attenter à l'exercice du culte, aux libertés d'association et d'enseignement. Que l'on s'attache à enlever à l'Eglise les privilèges qu'elle a conquis, l'équité l'exige ; « du moins, dans cette lutte, laissons hors du débat l'idée religieuse proprement dite, et n'employons pas les moyens de contrainte et de persécution dont nous condamnons l'emploi chez nos adversaires. Nous plaçons toute notre confiance dans la force de l'exemple, l'évidence de la vérité scientifique, et, surtout, dans l'action toute puissante des transformations économiques... Au lieu de compter principalement sur la propagande doctrinale, n'oublions jamais que nous sommes socialistes, et que c'est en relevant la condition économique du prolétariat, en abrégeant ses heures de travail, en renforçant son organisation, en le délivrant des puissances temporelles qui l'asservissent, que nous travaillerons toujours le plus efficacement à sa libération intellectuelle. »

Voilà de sages paroles. Pour justifier leur action anticléricale, les députés socialistes français « se sont efforcés de montrer, soit que leur anticléricalisme est plus sincère que celui des radicaux (consultation de Vaillant), soit qu'ils considèrent l'action des radicaux comme une promesse d'actes plus efficaces (Vaillant, de Pressensé) ». Il vaudrait beaucoup mieux accuser la différence entre le parti socialiste et le parti radical en laissant à celui-ci le monopole de ces luttes confessionnelles.

On ne peut en effet, à notre avis, considérer comme réformatrice de la société des théories qui s'écartent sur ce point de la grande tradition de tolérance et de liberté qui fait la gloire des temps modernes. Elles prétendent instaurer une doctrine d'Etat, obligatoire au for intérieur, ou du moins supprimant les manifestations de toute opinion différente. Jamais esclavage ne fut plus tyrannique. Mieux vaut avoir les fers aux poignets qu'à la conscience. Tout homme politique est bien libre de professer des négations intransigeantes ou des croyances exaltées ; mais il n'a pas le droit de les imposer par voie législative. Tout au plus lui sera-t-il légitime de déterminer une majorité qui partage ses idées et représente ainsi la masse du pays, à prendre des mesures préservatrices en faveur de ses principes, dans la limite nécessaire pour leur assurer une libre expansion. Aller au delà, c'est le plus grand des crimes politiques. Nos chambres l'ont bien compris dans leur dernière campagne : elles ont considéré le cléricalisme comme revêtu de privilèges de fait ; elles les ont détruits pour assurer une égalité de moyens d'action aux doctrines opposées. En ces termes notre sens de la justice ne s'est point démenti. Ceux d'entre nos députés qui auraient voulu expulser l'Eglise, et non pas seulement les congrégations qui sont tout autre chose, manquaient à leurs devoirs, sapaient les fondements mêmes de ce grand édifice de la tolérance, si péniblement élevé. Leur droit de considérer personnellement toute religion ou simplement tout clergé, comme néfaste, est indéniable. En tant que représentants pour leur part de la nation entière, qui est divisée sur la question, ce droit disparaît. Il serait d'un jacobinisme aussi puéril qu'indécent de décréter qu'on ne doit plus conserver aucune croyance religieuse : c'est là une source vive qu'une accumulation de boue ne suffit pas à empêcher de jaillir.

L'Etat ne peut donc songer à autre chose qu'à garantir la liberté en mesure égale pour toute propagande non attentatoire à l'ordre public. A leurs risques et périls, que les journaux de toute couleur continuent à défendre les idées de leurs abonnés ; que les cathédrales et les synagogues restent affectées aux cultes dont elles sont respectivement le signe et le foyer, puisque tout croyant requiert une démonstration visible et une suggestion éloquente : que le livre et le théâtre maintiennent la diversité des opinions, stimulent l'opposition des sentiments, insinuent la séduction variée des enchantements que ne réprouve pas une morale intelligente. Arbore qui voudra l'étendard blanc des royalistes ou le drapeau rouge de l'anarchie, tant qu'il ne s'ensuit pas des injures et des coups. Convoquer le peuple à écouter la voix des conférenciers les plus bigarrés, c'est compléter, adulte capable de penser et de choisir, son éducation d'enfant déjà préparé par l'école neutre à ne rien mépriser de parti-pris, à toujours se déterminer d'après un principe rationnel et impartial. — Mal venu serait le socialisme, une fois au pouvoir, d'étouffer la liberté du verbe qui fut, par hypothèse, son arme unique durant les luttes préparatoires. Qu'aura-t-il à craindre, du reste ? Ayant réussi par la seule raison que la majorité de la nation s'est laissé convaincre, c'est alors sur la volonté et la loyauté de ses partisans qu'il se repose, et non sur un appareil de force tel qu'il en faut aux usurpateurs. Convaincu d'apporter une plus grande somme de bonheur à ses adversaires eux-mêmes, il ne peut qu'être assuré d'en faire progressivement des amis. Qu'il les laisse donc, serein et indulgent, attaquer plus librement encore qu'aujourd'hui, les institutions législatives, la constitution de l'Etat socialisé, en proposer de préférables, s'ils en peuvent convaincre les mécontents. Pour qui est sûr de posséder une indomptable force morale, l'ennemi loyal, mais qu'il sait moins armé, n'est pas à craindre : ces incessantes escarmouches ne peuvent que stimuler la défense et lui permettre de gagner de nouveaux alliés.

Chacune des entreprises librement fondées pour répandre une opinion quelconque, étant assimilable aux sociétés industrielles, agricoles ou commerciales, puisqu'elle se propose également un résultat financier, gérera sa caisse comme bon lui semble. Elle ne recevra rien de l'Etat, allégé ainsi du budget des cultes, et d'une bonne partie de celui des écoles, l'enseignement neutre restant libre, et l'Etat n'étant plus obligé de s'en charger pour en assurer la gratuité. C'est une bonne pierre de touche que l'argent pour éprouver la valeur sociale des opinions. Quiconque fréquentera l'église et écoutera le prêtre ne le fera plus que de bon gré, obligé de prendre sur son salaire pour payer les frais de sa foi. Si je m'abonne à la « Petite République » ou à l'« Autorité » sans que rien m'y contraigne, c'est sans doute que je tiens à y voir chaque jour défendues les opinions que je préfère. Aussi les publications ou les institutions poursuivant un but intellectuel, moral ou religieux, ne pourront-elles que se maintenir ou disparaître, se développer ou se restreindre dans la mesure des services qu'elles rendent ou tout au moins de la faveur qu'elles obtiennent. Il n'en va pas de même quand l'Etat fournit à quelques-uns des subsides énormes qui les perpétuent dans leur puissance apparente contre le gré d'un bon nombre de citoyens, mais aux frais de tous. De tels privilèges constituent une injustice flagrante. — Lui sera-t-il du moins loisible de secourir quelqu'une de ces entreprises hasardeuses, battant de l'aile et menaçant de choir ? Lui conférer ce droit absolu, serait le pousser dans les voies de l'arbitraire. Une délibération des Chambres sur chaque demande de subsides décidera tout d'abord s'il est opportun de la prendre en considération. Pour demeurer logique on devra les rejeter, à peu d'exceptions près, lesquelles ne seront pas accordées pour satisfaire une préoccupation de parti, mais pour rendre à l'institution postulante la liberté qu'aurait pu lui soustraire une concurrence déloyale. La logique est une force mathématique. Elle compte, et ignore tout sentiment. Il lui faudra répondre : Tu n'as pas réussi ? c'est parce que tu agrées à trop peu de gens. Quelle que soit ta valeur intrinsèque, elle se manifeste nulle pour la société qui ne veut pas de toi ! Disparais ! Mais, obligé de pourvoir au sort des individus, puisque d'ailleurs nulle institution n'aura pu se fonder sans y être par lui expressément autorisée, et puisque par un contrôle arrêtant ses opérations ou leur permettant de se poursuivre il assume une fois de plus la responsabilité des échecs éventuels, l'Etat socialiste prend alors à sa charge ceux qui vivaient de l'institution désormais abolie, comme il a dû recueillir les ratés de l'école pour les arracher à la misère, et il tâche de les caser ailleurs par les mêmes moyens. Ou bien il fonde de nouvelles sociétés qui fournissent un emploi aux individus en souffrance, ou bien, comme nous l'avons proposé, il oblige les sociétés existantes à se soutenir par une assurance mutuelle dont la caisse répare les désastres des faillites éventuelles. D'une façon ou de l'autre, l'Etat ne peut abandonner ses pupilles. Sa principale raison d'être, c'est de faire vivre commodément tous les citoyens socialisés. Voilà une nécessité qui le fera plus mûrement réfléchir avant d'accorder ses lettres patentes aux institutions qui demandent l'autorisation de se fonder. — Trouvera-t-on cette méthode sévère, injuste même par rapport au traitement privilégié dont bénéficient, par exemple, les érudits sans nombreux lecteurs et les poètes dont la valeur n'est appréciée que d'une élite ? Ce serait oublier que toujours ces questions relèvent du point de vue social. A tort ou à raison, la nation entière veut favoriser les sciences, les lettres et les arts ; à tort ou raison, elle se divise en mille clans opposés dès qu'il s'agit d'opinions politiques ou religieuses, de morale ou de goût. L'Etat, représentant la nation, exécute dans le premier cas ses volontés. Dans le second, il ne peut que laisser libre jeu aux tendances contradictoires.

Associations charitables ;
Assistance.

La nation entière veut aussi que ses infirmes, ses orphelins, ses vieillards soient soulagés, recueillis et convenablement entretenus. A l'Etat revient donc, s'il le veut, le monopole de l'assistance. Il trouvera peut-être avantage, néanmoins, à laisser une grande part de ce devoir et de cette charge aux institutions particulières, si le nombre des assistés déborde son administration, et si les frais alourdissent par trop son budget.

En dehors de toute considération matérielle, il est un cas spécial où la liberté reprend ses droits en une société civilisée. Qu'une famille adopte les enfents d'un frère ou d'un parent défunt ; qu'une autre — on aimerait à dire que toutes — tienne à conserver père et mère jusqu'à la mort, pour leur rendre moins pénibles les chagrins de la vieillesse ; que de bonnes filles, dévorées de miséricorde, trouvent leur joie à recueillir quelquc impotent, on les leur doit, ces déshérités qui offrent la pâture à leur noble faim de dévouement. Les frais naturellement couverts par l'Etat, par des communes ou des sociétés qui se feront un point d'honneur de faire entrer la charité dans leur budget, par des associations bienfaisantes recueillant l'obole prélevée sur les salaires, les frais en seraient-ils augmentés, ce qui n'est pas évident, il n'importe ; en vérité cette mesquine considération d'intérêt doit s'effacer devant l'immense bienfait d'entretenir, et certainement, de développer ainsi dans la nation les sentiments de fraternité. Rien n'a plus contribué que la tyrannie de l'argent à les atténuer, parfois à les faire abjurer par tant de familles qui se débarrassent comme elles peuvent de la surcharge des bouches inutiles, quand il faut tant d'efforts déjà pour faire vivre ceux qui sont capables de travail. Imaginez que tout être reconnu invalide par la faculté de médecine ait droit à une pension alimentaire et aux frais d'entretien, ce serait vraiment calomnier nos populations laborieuses, déjà si prodigues de bienfaisance ignorée, que de ne pas les croire disposées à conserver tout au moins ceux qui leur sont alliés par le sang et que la fatalité réduit à l'impuissance.

De proche en proche, il est bien difficile de s'opposer à la constitution d'établissements charitables plus ou moins revêtus d'un caractère confessionnel. Les Filles de la charité, les Petites sœurs des pauvres rendent tellement de services qu'elles ont beau être des béguines, une laïcisation qui les atteint passera toujours pour féroce. Il leur suffit d'ailleurs de changer les formes, et on ne peut plus les atteindre. Qu'elles renoncent à vivre en communauté et à porter un costume spécial. A Nancy, de braves femmes qui assistent les accouchées réalisent ces deux

conditions, et n'en demeurent pas moins d'incorrigibles suppôts du cléricalisme. Leur arracher les mères qu'elles soulagent,
pour en charger les hospices officiels, franchement, voilà une
méchanceté sans autre compensation que des arrhes donnés au
sectarisme maçonnique. Et si les francs-maçons s'avisent d'instituer une œuvre charitable du même genre pour répandre par
ce moyen leurs idées eux aussi, les en empêchera-t-on par les
mêmes procédés ? Oui ? Ce serait crime double ! Quatre choses
appartiennent directement au domaine de la conscience libre :
la bienfaisance, la religion, les opinions sociales et l'art. Qu'on
les garde intangibles ! On ne peut obliger personne à les pratiquer, ni même à les comprendre. Conséquemment, on n'a le
droit d'en détourner personne.

Le Socialisme ne peut donc que favoriser l'assistance, et, en
tant que fédéral, il offrirait plus de latitude aux institutions et
aux particuliers qui voudraient s'y consacrer. Ce qu'il supprime
radicalement, c'est le paupérisme. On prétend que, bien au contraire, il développerait la mendicité en encourageant la paresse.
Erreur évidente ! Tout un chacun saura qu'il ne peut vivre sans
travailler, que son salaire sera proportionné à son travail, qu'il
est inutile de se croiser les bras en espérant que la société ne
vous laissera pas mourir de faim. La société répondra : Mon
bonhomme, je vais d'abord te faire examiner par un médecin
aliéniste, car de pareilles idées confinent à la folie. Préfères-tu
le cabanon à la vie libre ? Si tu es reconnu vraiment idiot, tu
as droit aux soins et aux égards que réclament les infirmes ; si
tu nous joues une farce, il y a, pour te guérir, les maisons de
correction, après récidive, la prison, au besoin les colonies pé-
nitenciaires... Non, il n'est pas plus à craindre qu'aujourd'hui
de provoquer la paresse. Ce qui sera, en tout cas, radicalement
aboli, c'est la mendicité, bien plus, c'est la criminalité résultant de la faim. Ces messieurs qui, dans leurs salons luxueux,
foudroient de leur vertueuse indignation les rôdeurs de nos
banlieues, en parlent vraiment un peu trop à leur aise. Se sont-
ils jamais demandé quelle était la part de responsabilité qu'il
conviendrait de s'attribuer à eux-mêmes, ou leur dédain n'est-il

pas un moyen commode d'étouffer la possibilité d'un remords ?
Trop facile défaite que de répéter sans cesse : Ces vauriens n'ont
pas de travail parce qu'ils n'en veulent pas ! Allez-y donc voir,
mettez-vous dans leur peau, et tâchez d'en trouver, du travail !
— Le Socialisme en fournit à quiconque en demande. Par quel
miracle, quand, de fait, les places manquent, quand il est certain que des bras sont obligés de rester inactifs ? C'est que la fédération des entreprises socialistes applique au travail une
foule de capitaux aujourd'hui consacrés à des jouissances folles,
et qu'enlevant aux privilégiés le superflu que leur mérite ne justifie pas, elle l'emploie à faire vivre ceux que de tels excès pri-
vent d'ouvrage et de pain ! On est en droit d'espérer que dès lors
ils ne chercheront plus à éviter une besogne plus légère et plus
lucrative. Du moins leur refus serait devenu inadmissible. Qu'aujourd'hui ils se désespèrent et se révoltent pour ahaner comme
mules en campagne et n'avoir pas même tous les jours une tran-
che de viande à mettre sur leur croûton, quoi d'étonnant ?
Soyons plutôt surpris que la plupart supportent courageusement
ce sort injuste, et qu'ils n'aient pas ressuscité une jacquerie formidable pour exterminer leurs exploiteurs. Désireux d'échapper à tout soupçon d'exagération, accordons si l'on veut, que
les exploiteurs sont, de leur côté, excusables, se croyant affranchis de tout reproche, du moment que la loi les protège et que
l'opinion les approuve. C'est donc le régime qui reste seul mauvais, c'est lui qu'il faut jeter à bas.

Retraites et assurances

L'expérience a obligé les peuples les plus civilisés, par suite
les plus désireux de soulager leurs membres souffrants, à reconnaître que l'initiative privée ne pouvait cependant subvenir
à toutes les misères. Il leur a fallu recourir au budget par l'autorité de la loi. Les Etats sont bien loin d'avoir fait le strict nécessaire ; ils ne peuvent parvenir à remplir intégralement les
obligations de la société, dont ils se chargent à ce point de vue :
tant qu'ils seront constitués en vue de la satisfaction des intérêts capitalistes, c'est pure chimère d'espérer qu'ils favoriseront

de préférence le prolétariat. Ils le pourraient seulement sous un régime socialiste, organisé en vue de distribuer à tous les citoyens, sans exception, les bénéfices du travail conformément au principe de l'égalité proportionnelle. Alors il va de soi que les individus infirmes ou âgés ont le droit absolu d'être secourus largement, de vivre avec la même aisance que les travailleurs, et aux frais de ceux-ci. (

Mais dans le système fédéral, il nous paraît préférable, et dans ce seul système il est possible de décharger le budget national de ce service onéreux, pour en conférer le soin aux divers organismes constitués par les associations des citoyens.

Il en va de même pour les assurances de tout ordre. Mis à part les cas où l'assistance peut être exercée par l'initiative privée, ces deux services rentrent dans la même catégorie. Les Etat qui ont commencé à les prendre à leur charge l'ont fait simultanément pour l'un et pour l'autre. Ainsi le feront les organismes du Socialisme Fédéral.

Que les Etats soient impuissants à s'affranchir suffisamment des exigences du capitalisme pour assister et assurer convenablement les citoyens incapables de travail, cette vérité résulte de ce qu'a pu faire le plus hardi parmi eux en cette voie, l'Allemagne. Tandis que nos lois n'accordent encore que de 5 à 20 fr. par mois à l'assisté, les assurances délivrées par le budget de l'Allemagne en 1900 atteignent les chiffres suivants : 124.538 rentes-invalidité (pour les infirmes qui, après un an d'incapacité permanente, ne peuvent désormais gagner le tiers du salaire d'un travailleur valide de même profession) ; cette assurance représente une moyenne de 142 marks et un total de 17.696.204 marks ; — deuxièmement, 6.463 rentes-maladie (secours temporaire), représentant une moyenne de 148 marks et un total de 954.777 marks ; enfin 19.790 rentes-vieillesse (à partir de 70 ans) représentant une moyenne de 146 marks et un total de 2.879.999 marks. De tels chiffres ont paru tellement insuffisants aux socialistes allemands, qu'après avoir déterminé le Reichstag à voter la loi par une active campagne, ils n'en savent aucun gré au gouvernement. Ils lui reprochent de n'accorder aux travailleurs qu'un total de 50 millions de marks, tandis qu'il en donnait 40 aux seuls distillateurs, 70 aux seuls raffineurs avant la convention sur les sucres, et qu'il en fournit 86 pour les retrai-tes militaires. Que l'empire germanique essaye de renverser la proportion, il s'écroulera sous la poussée de l'indignation bour-geoise. Les socialistes ne sont pas moins mécontents des disposi-tions restrictives de la loi. Pour avoir droit à l'assistance ou à l'assurance, il faut que l'ouvrier prélève sur son salaire une par-tie des versements hebdomadaires que requiert l'alimentation de la caisse, une seconde partie étant fournie par le patron, et 50 marks par l'Etat. De plus, la rente-invalidité n'est servie qu'après 200 semaines de versement des cotisations ; la rente-maladie après 26 semaines ; la rente-vieillesse à partir de 70 ans. Il y a toute apparence que ces délais ont pour but de laisser mourir les « as-sistés » avant qu'ils ne puissent bénéficier de la loi. C'est pour-quoi le dernier congrès socialiste de Reims a voté une motion invitant les pouvoirs publics à décharger l'employé de toute coti-sation et à l'assister dès qu'il en a besoin, en particulier, pour les vieillards, dès qu'ils entrent dans la vieillesse. Il faut en effet se montrer logique, pour le moins. Par malheur, les socialistes ne le sont guère plus que l'Etat quand ils espèrent le décider à remplir son devoir : la pression capitaliste et bourgeoise l'en empêche invinciblement.

L'impuissance de l'assistance libre n'est pas moins évidente. Le gouvernement français ayant voulu la favoriser par la loi du 15 juillet 1893 sur l'assistance médicale gratuite, avait prévu pour ce service une somme de 2 millions de francs à la charge de l'Etat, et de 8 millions à la charge des communes. Qu'est-il arrivé ? Tout simplement, phénomène inouï, qu'on n'a pas voulu de cet argent. En 1895, l'Etat n'a été sollicité de verser que 300.000 fr. de subventions. Depuis, on lui a demandé davantage, mais voyant qu'on ne lui demandait jamais tout, il a fini par réduire de 600.000 fr. son crédit. Sur 590.955 fr. inscrits au bud-get de 1897 pour subventions aux communes qui organiseraient des services d'assistance aux vieillards, 65.000 fr. seulement, en

1800, furent employés (d'après M. Charles Chanvin, dans l'*Européen* du 22 août 1903).

Une considération capitale sur laquelle insiste M. Chanvin, c'est que l'attribution des secours et l'appréciation de l'indigence doivent être confiées, « non pas à des tribunaux administratifs, ni même aux tribunaux de droit commun qui ne sont impartiaux que théoriquement, mais à des tribunaux où l'indigent soit représenté. »

Pour observer cette condition et pour rendre plus complète la réalisation de l'assistance et de l'assurance, le Socialisme Fédéral propose de les mettre à la charge des divers organismes absorbant l'activité de la nation entière et disposant de la subsistance des citoyens quels qu'ils soient. Communes, sociétés libres et administrations de l'Etat possèdent parmi leurs associés des malades, des infirmes et des vieillards. Que ces institutions soient obligées par une loi constitutionnelle à les secourir. Cette loi leur impose un minimum de rente à servir dès qu'un sujet se trouve hors d'état de vivre par son travail, même s'il ne perd, par suite de son impuissance, qu'une partie de son salaire normal : le groupement dont il fait partie le lui paye intégralement. Il contribue à lui attribuer la même somme, sans diminution, lorsque tout travail lui est devenu impossible, jusqu'à la mort. Ou bien il le place dans un établissement convenable pour ses besoins, hôpital ou hospice, maison de retraite ou de santé. Ou encore il défraye de son entretien, comme nous l'avons proposé, une famille qui consent à en prendre soin ; le fait se pratique en Belgique depuis longtemps, aux environs de Gand si je ne me trompe. Les dépenses de ce chef rentrent dans les frais généraux des communautés. Toutes pouvant être considérées comme ayant en principe une moyenne d'assistés proportionnelle au nombre de leurs membres, l'égalité de charges en résulte. Evidemment, la loi ne peut prendre en considération la proportion de cette charge avec la fortune du groupe, laquelle varie selon mille circonstances. Par contre, on comprend qu'une entreprise de produits chimiques, une association d'artistes lyriques ayant nécessairement une surabondance d'accidents,

d'épuisements rapides à leur charge, obtiennent une subvention spéciale du budget.

Les individualistes protestent contre l'assurance obligatoire.
A leur avis, tout ouvrier certain de ne jamais manquer de rien
quoi qu'il arrive, ne peut que tendre au relâchement, négliger
son ouvrage, chercher les occasions de tromper la surveillance,
soit pour faire en secret un travail différent qui lui assure un bénéfice supplémentaire, soit pour se livrer à ses plaisirs ou à son
dolce far-niente. Cette objection a déjà trouvé une réfutation en
plusieurs passages précédents. Pour prévenir la fraude, avons-
nous dit, la menace perpétuelle d'une déchéance se suspend
comme une épée de Damoclès sur la tête de ceux qui n'obéissent
qu'à un calcul de bas égoïsme. On préfère toujours accomplir
convenablement une tâche qui vous agrée peu, plutôt que de
tomber à un emploi inférieur et moins rémunéré. Actuellement,
les patrons ne disposent pas à leur gré de ce moyen de contrainte
morale : leurs entreprises, si considérables qu'on les suppose,
ne peuvent à chaque instant renouveler leur personnel ; ils sont
obligés d'en passer par le caprice de leurs mauvais ouvriers, jusqu'à ce qu'ils aient trouvé des remplaçants. Il en va autrement
avec les puissants organismes décrits plus haut : ils possèdent
une variété assez considérable d'emplois pour mettre chaque associé à la place qu'il mérite ; ils peuvent aussi faire entre eux
des échanges ; une académie s'adressera en ces termes à la municipalité : J'ai plusieurs lascars qui sont entrés chez moi pour
étudier Virgile et M. Stéphane Mallarmé, mais ils se contentent de se livrer aux réjouissances de la Butte Sacrée ; prenez-
les donc comme balayeurs, et passez-moi ceux de vos commis
qui auraient quelque habileté à parler la langue des dieux! Dans
ce même système de coactions prenant les hommes par leur côté
matériel, rentre le contrôle exercé universellement en tout établissement qui peut vivre. On dit aux ouvriers : Voilà au juste
la somme de travail que vous devez fournir chaque jour ; aux
artistes et savants : Voici celle qui vous sera demandée chaque
mois ou chaque semestre ; — faute de quoi, cherchez à vivre d'une
autre manière ! Il y a plus. Le Socialisme se proposant de déve-

lopper l'instruction populaire, espère en obtenir comme principal résultat, en même temps que le perfectionnement des aptitudes techniques, un essor général de la conscience, une croissance des sentiments sociaux, celui du devoir personnel, celui
de la solidarité, celui de la justice. Les bons ouvriers ne manquent pas, qui mettent leur amour-propre à bien faire l'ouvrage.
Pourquoi ne serait-ce pas le cas de la plupart, du jour où ils
auront choisi sans contrainte la profession qui leur convient?
Si l'un d'eux feint une maladie, le médecin inspecteur doit être
supposé capable de ne pas tomber dans le piège ; suivant le penchant naturel aux meilleurs de sa corporation de remplir comme
un rôle de directeur de consciences, il peut en outre réveiller le
sens moral chez le simulateur, et, avant de le traiter dans une
maison d'aliénés, exercer en quelque manière sur son esprit
cette influence salutaire qui constitue l'un des meilleurs procédés de cure et de préservation.

Il n'est donc pas à craindre que l'assistance et l'assurance —
j'allais répéter obligatoires, mais ici on n'oblige personne à
verser une cotisation ; mieux vaut dire garanties — entraînent
un amollissement dans l'activité du travail. Le principe essentiel du Socialisme Fédéral agit en cela comme en tout le reste ;
les associés étant solidairement et directement intéressés au
succès de l'entreprise qui leur partage ses bénéfices, ne peuvent
manquer, dans l'ensemble, d'y contribuer de leur mieux.

IV

La Morale Socialiste.

En dehors même des richards, beaucoup de petites gens qui
ne seraient pas dépossédés, puisque déjà ils vivent simplement
à l'aise de leur travail, ne s'en montrent pas moins effrayés et
scandalisés quand on leur parle de socialisme. A leurs yeux,
s'il est vrai que les prolétaires y trouveraient plus d'avantages
qu'ils n'en reçoivent du régime capitaliste, ce serait au détriment du principe même de justice qui doit demeurer le fondement de la morale sociale. Sous prétexte d'améliorer le sort des
uns, on commence par dépouiller les autres. Quand un homme

doit sa fortune à son travail ou à son talent, il n'est pas de raisonnement au monde, assurent-ils, qui empêche de considérer,
sa spoliation comme injuste. Bien plus, pour maintenir incon-
cussibles les bases mêmes de la thèse, ils ne veulent point qu'on
touche aux monstrueuses fortunes reçues des ancêtres, fussent-
elles acquises par des procédés indélicats mais que les lois n'ont
point condamnées. Ils trouvent trop glissante la pente qui, de
l'abolition de celles-ci, conduirait à la confiscation des pauvres
rentes acquises par toute une vie de labeur. C'est donc de la morale naturelle qu'ils se réclament, sur laquelle ils croient que
repose le droit de propriété personnelle dans la forme que nous
le voyons consacré par l'usage.

Et c'est aussi de la morale naturelle que le socialisme veut
faire une meilleure application. Rien n'est plus contraire au
sens de la justice que de voir quelques milliers de jouisseurs oisifs dominer des millions de misérables laborieux. Porter atteinte dans une certaine mesure au droit de propriété, offusque-
rait moins la conscience, et le faire dans le but de répartir équitablement la richesse et la joie, lui donnerait pleine satisfaction.
Rien n'étant parfait en ce monde, il faut se décider pour le moindre mal. Or, ce ne sera qu'un mal transitoire. On n'y pensera
plus, passée la génération de ceux qui, nés d'hier et encore im-
berbes, escomptaient déjà la fortune paternelle et se croiront
lésés, — à tort, sans doute : les seuls qui eussent pu se plaindre
sont leurs pères, qu'on laisse bien tranquillement mourir dans
l'opulence s'ils n'en ont pas le remords, et dont la société se contente de recueillir l'héritage. Une fois bien établi qu'on ne peut
plus vivre que de son travail et sans bénéfices disproportionnés
à sa valeur immédiate, seuls les lâches se plaindront ; tout esprit droit, tout cœur sincère reconnaîtra combien était nécessaire cette révolution dispensatrice de la justice pour tous, et
ne pourront que s'étonner que les actuels adversaires du socialisme lui aient opposé les sophismes de la morale bourgeoise.

On les embarrasserait fort à leur demander une définition de
la morale, et sur quoi elle repose. *Adhuc sub judice lis est.* Les
chrétiens la font émaner de la volonté divine ; les physiologistes

y voient une codification de la lutte pour la vie ; les positivistes
la présentent comme une convention établie en vue de l'utilité
sociale ; Kant en fit un impératif catégorique et Schopenhauer
une volonté ; Hegel n'était pas loin de l'identifier, comme les
anciens Grecs, avec la beauté. C'est aussi par ce mot, que nous
semble le mieux se définir la morale au point de vue psychologique, tandis que, sur sa face extérieure, domine le caractère
social. Il résulte, seulement, de la diversité même des opinions,
qu'on serait pour le moins aventureux à vouloir poser une morale absolue.

Par quoi se déterminent les consciences les plus généreuses ?
Sans oublier qu'avant tout elles *sont* déterminées, s'il est vrai
que tout évènement cérébral a ses racines et ses antécédents,
comme dit Leibnitz, dans la subconscience, comme le montre
M. Spencer dans les évènements antérieurs, et comme le croit
M. Ribot dans le jeu naturel des fonctions soumises aux lois
physico-chimiques, — reste pourtant ce souverain facteur de
spontanéité, qui n'est pas encore liberté de choix, et qui n'est
déjà plus le mécanisme pur. Nous voilà en pleine sphère senti-
mentale : la spontanéité est un instinct. Accomplir de nobles actions, que l'on croie devoir en faire honneur à la grâce divine
ou bien à une conception philosophique, ce n'est pourtant, en
vérité, que subir l'influence d'un dictamen plus ou moins réfléchi, ce n'est que suivre jusqu'aux degrés les plus sublimes
l'évolution naturelle de l'esprit cultivé par des siècles de civilisation. Satisfaction de décrire un beau geste, fierté de se sentir
rare et supérieur, ivresse de la dignité humaine exaltée en soi,
délices de l'amour qui se donne, sans compromissions char-
nelles. par pur besoin de dilection fraternelle, ou, suivant les
cas, par abstraite estime des principes érigés aux sommets de la
contemplation, voilà en quoi se résout l'instinct du devoir. Essentiellement, il demeure esthétique. A mesure que la raison et
le sentiment se développèrent dans. l'histoire, ils se manifestèrent principalement sous la forme de la beauté. Socrate dé-
tournait la jeunesse des excès de table en lui montrant des ivrognes, et comme ils sont laids. Platon, le grand épurateur du

monde ancien et même du moderne, s'inspira principalement de la splendeur des nobles conceptions et nous en fit goûter le charme, tandis que d'autres s'épuisèrent vainement à nous en faire admettre la vérité. Interrogez-vous : faire bien, c'est faire beau. Des héros mourant pour la gloire ou des martyrs pour l'amour du Maître et pour l'orgueil de ne point abdiquer leur conscience, jusqu'au modeste travailleur qui, obstinément, fait des enfants, orne sa femme et s'épuise le tempérament pour abattre mieux que toute autre de la bonne ouvrage, jusqu'à ces vieilles filles, âmes toutes de pitié, qui se vouent aux déshérités sans autre satisfaction que de soulager la souffrance physique et morale, tous les grands cœurs obéissent à une impulsion très analogue à celle qui dirige l'artiste. Ils voient resplendir un idéal. Ça ne se raisonne pas. Voilà la lumière ; marchons-y !

La lumière? Elle peut se trouver à des pôles opposés, suivant la direction de l'axe optique. Un Napoléon voit son devoir tout tracé dans sa grande entreprise de restauration de la France, quitte à broyer sous sa botte quiconque s'oppose à sa volonté indiscutablement seule juste, pense-t-il sincèrement ; un Vincent de Paule est convaincu de remplir la plus noble mission en allégeant les misères humaines, sans chercher un instant à en détruire les causes, auxquelles les palliatifs imaginés par son dévouement n'ont pu opposer le moindre obstacle ; — l'un et l'autre se trompèrent en plaçant le devoir à ces deux antipodes, la tyrannie et la charité. Alors ? Eh bien, comme toute chose humaine, la morale est relative et fractionnaire. Placez-en le foyer où il vous plaira, son évidence ne sera toujours que subjective et discutable pour qui le placera ailleurs. Faites la synthèse de ces vues opposées, leurs contradictions ne les empêcheront pas de se combiner en un vaste bienfait. L'histoire n'est autre chose que la lutte soutenue par ces divers principes du bien, réunis comme ils peuvent en faisceau, contre les principes du mal, souvent, hélas ! coexistants au sein de la même conscience.

Trouvera-t-on quelque principe plus absolu à considérer la morale en tant que garantie de l'ordre social ? Il y a là tout autre chose, sans doute, qu'un égoïsme bassement utilitaire. On veut remplir son devoir par raison, parce que nulle vie commune n'est possible si chacun satisfait ses désirs au détriment du voisin. On comprend que toute société repose sur l'équilibre des droits, et l'on convient de respecter la vie, l'honneur, les biens d'autrui. Fort bien. Il n'y a pourtant là qu'une idée abstraite. Rien ne sert davantage aux fondateurs de religions d'établir qu'il faut faire le bien et éviter le mal. Ce sont des formules vides. Reste à définir les mots. Suivant le contenu qu'on y met, les axiomes reçoivent des applications fort différentes. Qu'est-ce que le bien? qu'est-ce que le mal? Vérité en deçà des Pyrénées, erreur au delà ! Quels éléments constituent la personne humaine, socialement parlant? Est-ce sans limites qu'il faut admettre le fait de la propriété personnelle, ou ne le doit-on pas abolir? Nul n'ayant ni le droit ni la puissance d'imposer son opinion, nous avons pris le parti de l'arbitrage : depuis que les civilisations existent, elles ont fait appel à l'autorité. Autorité morale des Lycurgue, autorité politique des César, autorité populaire des républiques. Ce fut cette dernière que Rousseau nous apprit à préférer. Dans l'hypothèse d'une nation éclairée et qui sait ce qu'elle veut, voilà une solution moins brutale que le droit des armes, ou plus satisfaisante pour le grand nombre que l'arbitraire de quelques sages. Et pourtant, que nous sommes loin d'accorder tout le monde ! Cette morale n'est que celle de la majorité. La minorité peut très bien ne pas s'entendre avec elle, même sur les points essentiels. Imaginons que les thèses socialistes soient parvenues à convaincre une forte partie de la nation, plus faible cependant que celle qui détient le pouvoir et légifère conformément aux préjugés traditionnels. Aux yeux de cette majorité, il est immoral de vouloir renverser la propriété personnelle pour la répartir entre tous à droits égaux ; il est immoral d'accorder aux communistes l'abolition du mariage et la liberté de l'amour ; il est immoral de rendre l'Etat seul maître de l'éducation de l'enfant, sans laisser au père la faculté de lui inculquer les idées de son choix. Et chacune de ces idées est précisément ce que les trois espèces principales du socialisme considèrent comme le fondement même de la morale sociale. Ils ne manquent pas de bonnes raisons. Leurs adversaires leur en opposent d'excellentes. On peut ferrailler longtemps à cette escrime de dialectique. Au bout du compte, la force des majorités aura toujours le dernier mot. Il ne peut en être autrement. Le socialisme, s'il triomphe, sera bien obligé d'employer ce moyen. Il aura pour justification, comme tout autre système politique, d'avoir d'abord conquis l'assentiment du plus grand nombre. Il ne pourra se flatter davantage d'incarner l'idéal d'une morale absolue, c'est-à-dire dans l'espèce, évidente. Si l'on pouvait tirer des considérations sociales une morale évidente, tout esprit réfléchi l'adopterait. On voit tant de consciences éclairées et sincères en perpétuel désaccord, on se trouve réduit à ne plus admettre en ces matières qu'une évidence subjective. « *Non sunt numerandi sed ponderandi* »? Soit, mais le poids est égal de chaque côté. Ici le nombre est un argument au scepticisme.

On tâche de s'en tirer en reléguant la morale dans la sphère des rapports des individus entre eux. Elle ne doit plus être confondue avec la politique. Les législateurs seraient des casuistes cherchant la meilleure application des principes généraux admis par la majorité. A l'égard du pouvoir, les particuliers n'auraient qu'à se soumettre ; et, de l'un à l'autre, ils observeraient la morale la plus généralement reconnue. Voilà deux pétitions de principe à la fois. Il faut d'abord que, dans ses rapports avec le plus grand nombre, la minorité commence par se soumettre à des théories qu'elle n'admet pas. Elle doit ensuite, dans ses rapports avec le pouvoir, reconnaître avant tout qu'il est une institution de force et qu'un gouvernement ne peut s'arrêter à des considérations de morale. Cet axiome n'est pas plus accordé que les principes admis par les individus composant le plus grand nombre. En fait, tout gouvernement touche continuellement à ces questions de l'ordre éthique. Son existence même repose sur une certaine façon de concevoir les rapports des individus entre eux. Impossible d'établir une cloison étanche entre la politique et la morale. Elles ne se combinent pas comme deux substances chimiques, mais elles se mélangent comme les éléments de la poudre : prenez garde à l'explosion !

Ici, l'apparente digression où nous a entraînés le sujet, nous y ramène. Le Socialisme est immoral, prétendent ses adversaires. Eh bien, pour démontrer le contraire, il n'y a qu'un moyen, c'est de faire sauter la machine sociale pour en installer une autre. Et il n'aura fait qu'imiter tous les gouvernements à leur inauguration, avec cet avantage que, venant à une époque où les gouvernements nouveaux ne proviennent plus de coups de force mais de la volonté publique, il représentera l'opinion de la majorité formée par son action persuasive, aboutissant à la révolution pacifique par le suffrage universel. De la sorte, il sera parfaitement conforme aux principes moraux positifs, à ceux qui sont reconnus comme principes, du seul fait qu'ils sont admis par une majorité. Inutile de lui demander qu'il se conforme à une morale absolue : une telle morale n'existe pas. Nul ne saurait la constituer, ni sur des considérations d'ordre social, ni sur une base philosophique ou religieuse. Ce à quoi peut prétendre le socialisme, c'est d'abord de ne pas être plus immoral que toute autre doctrine sociale arrivant au pouvoir : c'est aussi d'être représentant d'une morale plus large et plus humaine.

Ces deux conditions, il les remplit. Il n'est pas plus immoral, puisque nulle autre doctrine ne peut gouverner qu'en s'appuyant sur une majorité qui oblige à la soumission le plus petit nombre, et puisque d'autre part il a conquis sa majorité par la persuasion. Il représente une morale plus humaine, sans d'ailleurs espérer de réaliser un idéal absolu, et cela pour plusieurs raisons qu'il importe de rappeler. En tant que socialisme, il assure à tous les hommes, fût-ce les plus déshérités de la nature, leurs droits essentiels, et il soustrait aux privilégiés les prérogatives qu'ils tiennent de la société pour les lui rendre,— ce qui est bien une façon aussi d'exercer la justice. En tant que fédéral, si l'on veut bien se souvenir de la démonstration qui en a été établie, il satisfait autant que possible au droit des minorités, et garantit autre organisation sociale. Sans compter qu'il laisse l'enfant au

père et la femme au mari, l'église au croyant et la parole au pen-
seur, tout son effort tend à confirmer la puissance et à rendre
effective l'action des deux facteurs de la morale que nous avons
pleinement effective l'action des deux facteurs de la morale que
nous avons reconnus comme réels : le facteur psychologique et
le facteur social.

Au fait, ce sont là deux éléments peut-être théoriquement distincts, mais réellement inséparables. Les tendances de l'âme résultent des influences héréditaires, et sont ainsi d'origine sociale ;
mis à part quelques-unes, de caractère égoïste, et les moins re-
commandables, la plupart trouvent leur objet dans la société,
s'appliquent aux autres hommes. Education des esprits, épura-
tion des cœurs, exaltation des sentiments délicats, soulagement
des maladies et des angoisses, quelque but que l'on se propose,
on applique à ses semblables le désir de bienfaisance dont on peut
être possédé. A considérer d'abord les instincts de dignité qui se
résument dans une satisfaction intime, le socialisme, du moins,
oserai-je dire, sous la forme fédérative proposée dans ce livre,
répond aux plus fécondes et aux plus nobles aspirations des âmes
généreuses. Lui aussi, à l'exemple des écoles de sages et des collèges de prophètes — on ne pourrait pas dire à l'exemple des autres modes de gouvernement jusqu'ici éprouvés à travers l'histoire —, il se propose un objet de beauté, sous les espèces de la
justice et de la fraternité entre particuliers et entre peuples. Son
thème — égalité des droits acquis par le travail proportionnellement au mérite — ne peut être qu'un stimulant des instincts
où se formule le devoir et des gestes où il s'accomplit. Grâce au
jeu naturel de l'intérêt toujours vivace, chacun reste, comme par
le passé, susceptible de conquérir quelques avantages matériels
et de hautes satisfactions d'amour-propre en poursuivant son but
par ces deux moyens : plus de mérite et plus de travail ; en outre,
les forces qui, dans une conscience digne et dévouée, contrebalancent l'égoïsme, trouvent libre carrière et application rationnelle à sentir qu'elles atteignent les causes mêmes de la misère
humaine, et qu'elles les anéantissent, ou du moins les atténuent.
Il n'est plus besoin, en effet, de recourir à des mesures superfi-

cielles et souvent plus nuisibles qu'efficaces, telle la charité, qui encourage la paresse dans une plus grande mesure qu'elle n'en corrige les effets : à meilleur titre que cette formule irréfléchie de la solidarité, l'organisation même de la société que l'on peut s'efforcer de faire mieux comprendre et plus assidûment observer, se présente comme réformatrice des vices et suggestive de vertus, comme antidote des maux dont elle stérilise la racine, et sève des joies dont elle épanouit la ramure. Plus de travail excessif ni de gains inférieurs aux exigences d'une existence aisée : qu'est-ce à dire ? — plus de haines ni de crimes dus à faim ; ils sont nombreux, de l'infanticide à la dureté qui aide la mort des vieillards. Parce qu'il serait illusoire d'espérer la cessation des crimes passionnels, parce qu'il y aura toujours des haines et des convoitises sexuelles, parce que la race des intrigants et des parasites ne sera jamais éteinte, le cœur animé de pitié pour les pécheurs ne manquera point non plus d'occasions à exercer sa miséricorde. Mettons à part l'apôtre d'une morale religieuse. A tout simple citoyen revient le pouvoir de donner l'exemple, de stimuler les initiatives propres à obtenir pour le bien des associés une prospérité toujours croissante de l'association. Libre à lui de surveiller avec zèle le fonctionnement de la compagnie d'assurances ou du syndicat coopératif dont il vit, afin d'en éliminer les fraudes et de promouvoir à leur direction les sujets les plus dignes. Qui l'empêche d'appliquer son talent à persuader ces administrations d'intentions charitables ? Il les décidera, s'il le peut, à soutenir de leur excédent budgétaire une association d'infirmières, un cercle de jeunes gens, un hôpital départemental, une famille qui veut recueillir des neveux orphelins. Rédacteur d'un journal influent, il provoquera des souscriptions pour l'accroissement des bourses dont les académies disposent ou pour l'envoi de missions scientifiques à travers le monde. Il s'y enrôlera lui-même et découvrira des documents précieux pour la science au fond des continents inexplorés, à moins qu'il ne préfère se consacrer, dans le silence d'un bureau, à mettre en œuvre les matériaux fournis par les amateurs d'aventures, pour élever une nouvelle colonne à l'édifice de la science.

Il tonnera, si bon lui semble, contre les débordements du siècle, ou réjouira de sa parole gracieuse les jeunes filles et les vieilles dames. Il régentera la Chambre ou les meetings populaires ; médecin, pansera les plaies morales plus encore que les ulcères du corps ; officier, consacrera ses loisirs à l'éducation de ses hommes — car, de longtemps, la paix armée, les guerres éventuelles pourront s'amoindrir mais non disparaître — ; maire, il apaisera les dissensions ; prêtre, les rancunes ; ou, avocat les litiges. Qui donc s'imagina que le Socialisme étoufferait les initiatives, comprimerait les essors, ferait vivre l'humanité comme un troupeau passif, sans autre aspiration que la pâture assurée, sans autres horizons que les murs de la bergerie ? Loin de là, il ouvre de plus vastes cieux, car il appelle tous les hommes à concevoir un avant-goût des félicités rêvées par chacun d'eux suivant ses opinions, les uns ici-bas, les autres là-haut.

⁂

C'est d'ailleurs à juste titre que les moralistes positifs d'aujourd'hui — ils vont jusqu'à se dire scientifiques — montrent les hommes fidèles ou infidèles à leur devoir suivant les déterminations de leur milieu. Le socialisme offre cet avantage de contraindre à l'observation d'une morale plus élevée par le jeu de ses institutions.

Pour que les affaires d'un pays marchent bien, il ne suffit pas que la production soit considérable : il faut qu'elle trouve des débouchés, sinon une crise de pléthore se produit, d'où non seulement amoindrissement de l'intérêt du capital engagé, ralentissement des affaires et autres signes de marasme mais chômage, réduction des salaires, famines, souffrances, maladies, épidémies et mille calamités qui tombent sur le peuple seul. Tel est le résultat de la morale bourgeoise. On va répétant que le capital, lors des crises, est à plaindre, lui aussi, qu'il supporte une bonne part des malheurs dont se plaint tant l'ouvrier. Le capital, je ne dis pas non ; mais les capitalistes ? Ils se retirent dans une grasse expectative, en attendant que les affaires reprennent. Combien en compterez-vous qui se soient laissé totalement ruiner pour la noble satisfaction de fournir le plus longtemps possible du travail à leurs employés, surtout s'ils désespèrent que la fortune fasse de nouveau tourner sa roue de leur côté ? Sans exception, pourrait-on dire, ils suspendent leur fabrication, renvoient leur personnel dès qu'ils voient baisser le bénéfice au-dessous d'un taux que peut leur assurer le placement de leurs fonds en rentes de tout repos. Que le peuple meure littéralement de faim pendant qu'ils vivront largement sans plus désormais rien faire, cela leur indiffère absolument.

Revenons aux considérations économiques, qui nous permettront de résumer ce chapitre. Quel est le débouché le plus important? De beaucoup, c'est le pays lui-même. Quand le peuple achète bien, les affaires sont prospères. S'il est réduit à une existence resserrée, rien ne va plus. On l'a constaté encore l'an dernier, à propos de la crise de l'industrie allemande. M. A-E. Sayous *(La situation économique en Allemagne de 1900 à 1902)* assurait qu' « un nombre considérable de familles sont souvent obligées de se passer du nécessaire, malgré les efforts énergiques de leurs membres. « Nul doute, en concluait-il, que le sort des travailleurs, comme d'ailleurs celui des classes rurales, n'ait restreint les débouchés. » C'était aussi l'opinion de M. Calwer, écrivain socialiste, qui écrivait le 8 février 1902 dans le *Leipziger Volks-Zeitung :* « La crise actuelle a pour cause principale que la puissance d'achat des travailleurs n'a pas assez progressé. » Rien de nouveau, sans doute, en ces constatations. C'est un lieu commun et comme une espèce de truisme de reconnaître l'influence de la consommation sur la production et réciproquement. Qu'un pays se sillonne de chemins de fer permettant d'offrir en tous lieux les produits manufacturés et ceux du sol, du moment que les ouvriers et les paysans gagnent davantage en augmentant la quantité de ces objets en tant que fabricants, ils peuvent les acheter en plus grand nombre en tant que clients. Seulement il arrive que dans une société capitaliste, les patrons s'arrangent pour maintenir au plus bas les salaires, et les propriétaires pour

surélever les fermages, afin d'obtenir un prix de revient minimum pour un stock énorme de production. Conséquence : ils
gagnent d'abord des bénéfices démesurés sur les malheureux
qu'ils exploitent, puis, les ayant rendus incapables do consommer les produits en excès, ils subissent une crise à leur tour.
Imaginons des organismes socialistes payant mieux et partageant
les bénéfices entre les coopérateurs au prorata de leur valeur ouvrière : le peuple possède alors assez de ressources pour absorber
la majeure partie de la production. Celle-ci s'accroît et s'écoule
dans la mesure où la consommation le lui permet, en réduisant
les chances de voir l'offre supérieure à la demande.

Ainsi la socialisation du travail, régularisant le rapport de la
consommation à la production, pose un principe économique
nouveau, rationnel, essentiellement moral puisqu'il satisfait tout
le monde, s'il est vrai que la morale consiste dans l'équité des
rapports des hommes entre eux. En tout cas, ce principe était
depuis longtemps désiré, mais irréalisable sous le régime du capital privé. Nous le trouvons fort bien expliqué par M. E. Tarbouriech dans le plan qu'il nous propose de « *La Cité future* ».
D'après lui, « dans une société collectiviste, on ne produira pas
pour vendre, mais pour consommer » ; loin d'être organisée en
vue de la vente pour le plus grand bénéfice du producteur, la
fabrication se proportionnera aux besoins du consommateur,
n'ayant d'autre raison d'être que do subvenir aux nécessités et
aux plaisirs de tous les citoyens associés. L'auteur, très complet
sur l'organisation intérieure, n'insiste cependant pas assez sur
les relations commerciales de la France, qu'il suppose socialisée,
avec les autres pays. Quelque riche que soit naturellement une
contrée, elle ne peut se suffire entièrement à elle-même. Nous
manquons de fer et de houille, de peaux et de coton ; nous exportons du vin et des volailles, des étoffes et des œuvres d'art.
L'échange incessant est devenu la loi primordiale de la prospérité. A ce point de vue, il faudra bien que les sociétés de travail
socialisées continuent à produire pour vendre, avec cette seule
différence que leurs bénéfices seront partagés entre les membres
augmentant ainsi leur puissance de consommation des denrées

étrangères en proportion de leur puissance de production des articles nationaux.

Le Socialisme Fédéral repousse le socialisme d'Etat présenté comme un idéal par M. Tarbouriech ; la plupart de ses vues sociales et économiques, inspirées par l'ancienne doctrine communiste, doivent subir, à notre point de vue, les rectifications indiquées dans les articles précédents : nous cherchons à préserver la liberté de l'enseignement, au lieu de retomber à la dure loi de Sparte qui arrachait l'enfant à la famille ; nous voulons conserver le commerce local, la petite culture, l'industrie ménagère, au lieu de laisser l'Etat englober tout dans le fonctionnarisme de ses régies ; nous attribuons les travaux plus considérables à des sociétés indépendantes, au lieu de les mettre à la discrétion d'un colossal ministère du travail ; nous ne passons pas sous silence l'armée et le clergé, qui doivent subsister, celui-ci, nous l'avons vu, pour satisfaire aux désirs des citoyens à qui bon semble d'avoir des idées religieuses, celle-là, nous le verrons, pour maintenir les droits et le prestige d'une nation fortement constituée. L'Etat, se trouvant ainsi réduit à ses fonctions naturelles dans les limites qui seront précisées au chapitre suivant, n'a donc plus besoin de ces énormes budgets devant lesquels ne recule pas l'auteur de « *la Cité future* ». A part que l'obsession du socialisme d'Etat fait ainsi dévier ses conceptions les plus justes, nous y trouvons souvent des vues définitives. En développant la théorie de l'impôt, nous constaterons également que celui-ci doit s'alimenter par une majoration des prix de détail ou, ce qui revient au même, par une taxe sur les produits. En traitant des sociétés artistiques, scientifiques et littéraires, nous sommes arrivés à peu près aux mêmes conclusions que cet habile sociologue, ici arraché au gouffre de l'Etat par une juste et noble conception de l'artiste et du savant, qu'il cherche à soustraire aux préoccupations mercantiles. L'esthétique, une fois de plus, se trouve, dans cet ouvrage, d'accord avec l'éthique.

Mais une théorie libérale, telle que nous tâchons de l'établir, ne peut à aucun prix admettre les propositions de M. Tarbouriech, reflet des idées absolutistes qui dominent tout socialisme d'Etat — et c'est pour lutter contre celui-ci que nous croyons devoir nous arrêter à son livre où s'en trouve exposée une formule complète — concernant la population, la natalité, la famille, la distribution des fonctions. Ce sont là d'inviolables domaines de la liberté, et les fondemnts mêmes d'une bonne partie de la morale. L'auteur s'est laissé peut-être séduire par le matérialisme italien, ou du moins semble adopter une conclusion excessive de la doctrine évolutionniste, en établissant comme régulateur de la cité un tribunal médico-judiciaire chargé d'interdire le mariage ou la procréation aux individus mal constitués (il faudra donc les enfermer !) ; ce tribunal examinera les travailleurs et les « classera suivant leur force corporelle ». Voilà une conception essentiellement fausse. Sans aucun doute, il est désirable que les dégénérés soient mis hors d'état « de donner le jour à des malheureux condamnés par leur hérédité à la misère physiologique, à la souffrance et au crime ». Mais il faut les dissuader par la persuasion, d'abord de se livrer aux vices, puis de satisfaire leurs instincts sexuels, et surtout de désirer une nombreuse famille. On peut mettre en doute l'efficacité réservée à une telle propagande ; mieux vaut toujours conserver un certain nombre de sujets faibles ou déséquilibrés, quitte à en prendre soin dans les institutions d'assistance, que de permettre à une autorité absolue de s'immiscer dans les secrets de la vie privée. Erreur plus grave encore : la force corporelle ne représente nullement une mesure infaillible des valeurs sociales. Pour être logique, la doctrine évolutionniste doit admettre que l'affinement progressif des facultés intellectuelles est un produit naturel des forces vitales humaines, tout comme le perfectionnement des membres. Bien plus les fonctions cérébrales prennent une prédominance croissante à mesure que la société se civilise davantage. Non seulement on a vu des hommes de génie doués d'une faible constitution ou atteints d'une tare physique qui les a conduits à une mort prématurée, mais un ouvrier anémique peut être infiniment plus capable de conduire une machine compliquée qu'un hercule bon tout au plus pour le métier de débardeur. Voilà pourquoi, l'Etat ne pouvant discerner les valeurs intellectuelles et morales, doit en laisser le soin à la libre concurrence, quand il s'agit d'adultes dont l'instruction technique, l'habileté manuelle, la puissance de travail se développent d'année en année par la pratique, l'expérience, l'entraînement professionnel, — à la discrétion des établissements d'instruction quand il s'agit de la jeunesse, conformément aux indications exposées dans les pages précédentes, — enfin au jugement des communes, des services d'Etat, des sociétés de travail, tous organismes chargés de diriger leur personnel, de lui distribuer le salaire et les bénéfices, conséquemment d'attribuer à chacun les fonctions qu'il est le plus capable de remplir, non pas en les lui imposant, mais en accédant à ses désirs dans la mesure du possible.

Voilà au moins une constitution favorable à l'expansion des facultés individuelles, condition requise comme fondement de toute morale, — constitution libérale pour autant qu'elle peut se concilier avec les exigences de l'égalité proportionnelle, c'est-à-dire de la morale sociale, qui reste la base de tout socialisme. Il nous a paru nécessaire de conclure par ce résumé des dispositions favorables à l'indépendance personnelle dans le système fédéral, avant d'aborder l'étude des attributions qui échappent à l'initiative privée pour retomber à la charge de l'Etat.

CHAPITRE V

L'ÉTAT

Délimitations

Souvent on confond les choses les plus diverses sous ces vocables qu'on ne prend pas la peine de définir : Etat, société, gouvernement, nation ; et, faute de notions précises, on se laisse entraîner à des théories inconsistantes. Non pas qu'il y ait là des entités distinctes, soit réelles, soit abstraites. Ce sont des catégories constituées par des relations différentes.

Les deux plus générales sont la *société* et la *nation*. En tant que vivant ensemble sous le régime d'un contrat librement consenti, les individus forment une *société*. Ce contrat leur était jadis imposé par la force ou par l'usage ; il ne doit plus l'être que par leur volonté réfléchie ; s'ils le jugent utile, ils en modifient les bases : ce fut l'œuvre de la Révolution, ce sera celle du socialisme, une fois établi, ils l'observent en modifiant les détails au gré des circonstances. Le but d'une telle convention n'est pas d'aliéner les libertés personnelles, soit au profit d'une classe, soit vis-à-vis de l'autorité, mais d'aliéner une partie de la liberté de chacun au profit de celle des autres, d'une façon rigoureusement égale, afin de permettre à tous d'exercer pleinement ce qui leur en reste. Ce reste, dans un contrat socialiste, se trouve diminué pour la minorité qui en abusait par suite des prétendus droits confiés traditionnellement à la propriété privée : ceux-là pouvaient faire pratiquement tout ce qu'ils voulaient. Par contre, le nouveau système étend aux mêmes limites la liberté de la majorité : jusqu'à lui, les travailleurs ne pouvaient faire autre chose que d'obéir jusqu'à ce qu'ils aient gagné de quoi manger, c'est-à-dire pendant leur vie entière, n'ayant d'autres loisirs que ceux qu'exige strictement la réparation journalière de leurs forces. Désormais, tous les socialisés étant devenus des travailleurs sont astreints à cette privation partielle de leur liberté, précisément en vue de concéder à chacun l'instruction, la latitude, les ressources, les relations requises pour lui permettre d'exercer quotidiennement sa liberté effective, laquelle est une puissance d'action et de jouissance, en cherchant à améliorer, s'il le peut, les instruments de travail, en créant tout ce dont il est capable, en fournissant une besogne supplémentaire si bon lui semble de trouver dans un salaire plus élevé des moyens de s'octroyer des distractions de son choix. D'autre part, on n'oublie pas que le travail lui-même devient pratiquement libre, en ce sens que nul ne trouve plus d'obstacle absolu à choisir l'occupation qui lui convient. Il n'en subsiste pas moins l'inévitable différence des aptitudes et des volontés ; l'inégalité naturelle est une condition même du progrès : la liberté consiste, pour l'homme de génie, à pouvoir faire des chefs-d'œuvre qui lui méritent gloire et supplément de profit ; pour l'homme ordinaire, à vivre largement de son travail, lui et sa famille, sans jamais connaître la disette ; pour celui qui est capable d'un effort spécialement intense et tenace, à gagner double salaire ; pour le paresseux, à mourir de faim. Telle est la société. Essentiellemnet, le mot s'applique aux relations des particuliers entre eux. Il représente ainsi toutes les notions que nous étudions, celle dont l'extension est la plus large, non point quant aux personnes, qui sont toujours les mêmes, mais quant aux attributions qui leur sont conférées.

Ces mêmes personnes forment une *nation* dans leurs relations collectives et non plus individuelles. A ce titre, la nation constitue un peuple, c'est-à-dire un ensemble de citoyens gouvernés par les mêmes lois, et distinct des groupements voisins qui peuvent être gouvernés par des lois plus conformes aux habitudes des races qui les composent. C'est la nation qui est propriétaire des mille objets, institutions et droits ayant une destination d'intérêt général. C'est elle qui représente le principe d'individuation du peuple vis-à-vis des autres peuples ; un être collectif possède à leur égard les mêmes droits et les mêmes devoirs que les particuliers entre eux : aussi les intérêts économiques, les prérogatives politiques, l'honneur traditionnel, le rang obtenu dans le monde, la puissance et le prestige de la nation restent-ils choses sacrées, qu'il lui faut faire respecter par sa force financière et armée aussi bien que par son génie. Ce sont là des postulats essentiels du Socialisme Fédéral. Pour obtenir ces résultats, la nation se soumet volontairement à la double forme d'autorité qui porte les dénominations suivantes :

L'*Etat* est chargé de représenter la nation à l'extérieur, pour la maintenir dans son intégrité territoriale et morale, pour lui permettre d'accomplir dans les destinées humaines la plénitude du rôle dont elle est capable. De plus, il est d'usage de donner au mot « Etat » le sens de l'une de ces trois autres appellations : « Société », « nation », « gouvernement ». C'est là une des confusions les plus fâcheuses où s'embrouillent les sociologues. Ou bien ils en font, parfois, une identification volontaire destinée à supporter une théorie que nous ne pouvons admettre. « L'Etat, c'est moi, disait Louis XIV. « L'Etat c'est tout », disent les doctrinaires, disciples de la tradition romaine. Où est la différence ? L'absolutisme se montre égal de part et d'autre. Roi ou République, l'Etat engouffre et anéantit l'idée même de société, fondée sur le libre consentement des personnes. La société ne peut être identifiée avec l'Etat : c'est la rendre son esclave. Rousseau avait fort bien vu que l'Etat est le simple mandataire des citoyens, lesquels restent, en tant que constituant une société, propriétaires des objets, institutions, entreprises et droits dont ils lui confient la gestion. L'Etat devient ainsi, sans doute, une personnalité civile distincte, mais non souveraine. C'est l'exécuteur des volontés générales. Il ne doit être appelé Etat que lorsqu'il est considéré comme être moral, vivant, pourvu de droits et de devoirs. A ce titre il est dépositaire des propriétés nationales, non pas propriétaire : il en est responsable ; c'est à lui que la société en demandera compte. C'est lui qui détient et garantit indéniables le territoire, la loi, la justice, les moyens de communication, l'instruction, et tout ce dont disposent les ministères. C'est lui qui décide de la guerre et de la paix, les prépare et leur fournit les ressources requises, de même qu'aux services publics, en se chargeant de recueillir l'impôt et de le leur distribuer. Mais là s'arrête son rôle. Cette personne suréminente, supérieure à la société par son caractère, son égale par le partage qu'elle seule peut faire des droits collectifs en en devenant la conservatrice et la gérante, reste son humble servante en toutes les opérations qu'elle accomplit pour s'acquitter de ces charges.

Elle les accomplit à l'intérieur par les soins du *gouvernement*, organisme délégué par l'Etat pour exécuter le mandat confié à ce dernier par la société. Voilà pourquoi le « gouvernement » ou « pouvoir exécutif », doit être soigneusement séparé du « pouvoir législatif ». C'est l'ensemble de ces deux pouvoirs distincts qui constitue les facultés essentielles de l'Etat. S'il lui était possible de faire la loi et de l'appliquer à son gré, on a beau s'intituler une république, on se trouverait replongé dans le césarisme le plus arbitraire. Le gouvernement est la garantie de la société vis-à-vis de l'Etat. Il reçoit de celui-ci les instructions conformes aux volontés et aux besoins de la société ; il les met à exécution, mais en suivant aussi directement que possible les indications de l'opinion, et non point en subissant exclusivement les pressions parlementaires ; d'ailleurs chaque ministère a son esprit, ses traditions, ses tendances conformes aux dispositions de l'esprit public ; enfin il a son autonomie, et il applique les lois, dirige les services selon les lumières de sa conscience : justice ou enseignement, postes ou colonies, le gouvernement administre ce dont il est chargé par l'Etat, selon les inspirations qu'il reçoit de la société.

Le gouvernement est l'ouvrier, l'Etat est le chef, la société est le propriétaire de la grande usine nationale.

Posés ces principes, on saura désormais ce que veut dire l'Etat dont il va être question. Ce n'est pas un souverain, ce n'est pas une société, c'est le mandataire et le représentant de celle-ci, exclusivement pour les services d'intérêt général, sans autre influence sur les activités particulières que le devoir de faire respecter les droits qu'elles se sont elles-mêmes imposées ; s'agit-il, enfin de remplir les services et de faire respecter les lois, l'Etat n'exécute pas ces fonctions directement, mais par l'organe du gouvernement jouissant lui-même de sa personnalité et d'une certaine indépendance.

Voyons donc ce qui reviendrait à l'Etat dans un Socialisme Fédéral, comment fonctionnerait le gouvernement et ce que deviendrait la nation.

Avec la fédération des communes et des provinces, des syndicats de travail et des associations poursuivant un but intellectuel ou moral, tous organismes fondés librement avec l'autorisation de l'Etat et opérant sous son contrôle, la constitution républicaine, pour ce qui concerne le régime intérieur, la nation française, à l'égard de l'étranger, seraient maintenues sans momodification dans aucun de leurs principes essentiels. Il va de

soi qu'on ne peut soupçonner le fédéralisme de tendances ja-
cobines ; il échappe au reproche de césarisme, qu'on a pu adresser au Socialisme d'Etat. Ce qu'il importe plutôt de montrer,
c'est qu'il n'achemine pas à l'anarchie — voilà pour satisfaire
les particuliers avant tout férus d'ordre public, — ni que rien
dans les termes où il se précise n'implique un internationalisme
aventureux — voilà pour rassurer les patriotes, je ne dirai pas
les chauvins.

I

Insuffisance sociale du particularisme : et désastres que causerait l'An-Archie.

Ironie à part, la « radieuse anarchie », comme cela, en l'air,
avant toute application, répond assez bien à l'une des tendances
prédominantes des meilleurs Français, qui réclament la liberté
individuelle en sa plus grande extension. Ils n'aiment pas qu'on
les astreigne, sauf, par intermittence, fatigués de ne pouvoir se
conduire seuls, à se jeter dans les bras dramatiques d'un génial
dictateur.

Pourquoi donc leur bon sens a-t-il, jusqu'à présent, récusé la
forme apparemment la plus séduisante de la liberté ? Ne serait-ce pas que, par un vague mais profond sentiment de justice,
ils sentent la pratique nécessité d'une loi qui contraigne, plus
efficace que les théories, les mieux intentionnés, sans parler des
égoïstes féroces ni des malfaiteurs, à borner l'exercice de leurs
droits personnels là où commencent ceux d'autrui ? L'anarchie
pose bien aussi à la base de la cité libre ce ciment de respect mutuel ; son tort est de le croire suffisamment liant et indissoluble
tant qu'il reste à l'état de conviction : elle s'imagine pouvoir rendre tout homme tellement sincère qu'il n'aura plus besoin d'autre lumière que sa raison ni d'autre loi que sa conscience. Expressément ou par instinct irraisonné, la masse de nos populations et
de notre élite voit bien que la liberté d'autrui ne pourrait trouver de garanties suffisantes dans une société anarchiste. Chaque
citoyen agirait comme bon lui semble ? · · très bien ! Mais les

autres pourraient être, seraient sans doute lésés à chaque instant. La simple réflexion découvre une impossibilité psychologique, et l'expérience la démontre, à ce que des êtres, civilisés autant qu'il vous plaira, mais indépendants, isolés, ne connaissant pas de loi écrite et soutenue par des gendarmes, puissent vivre longtemps côte à côte, sans retomber dans l'une des formes politiques où tourne l'histoire comme en un cercle infranchissable : et ce sera dans la tyrannie. Les mieux doués exploiteront le troupeau, sans chien de garde à le défendre. Les plus chanceux dans l'art de manier les choses et les âmes deviendront, même sans nulle intention perverse, loups ou bouchers, tondeurs au moins, ou, simples bergers, frappant du bâton, ordonnant sans réplique, distribuant sans contrôle la pâture et vendant les têtes à leur gré. Sous la superbe de leur génie dissimulant un fond irréductible d'égoïsme, végétera la tourbe des pauvres d'esprit, de la majorité. Bon pour un socialisme de premiers chrétiens, qui rejetait l'esclave à la Providence !

Nous voulons une famille si étroitement unie qu'on la puisse justement assimiler à un organisme, où les membres et l'estomac, où la tête et le cœur s'équilibrent, se complètent, rendent chacun les services qu'il peut à l'être total, dont il recevra des services d'un autre ordre, mais équivalents. Seule une étroite discipline des forces, leur laissant toutefois libre jeu, peut assurer une telle pondération. Il faut que d'avance, par un « contrat social » nouveau, toutes les cellules se soient systématisées en un organe, tous les organes en un vivant, tous les vivants en une famille : entendez, les citoyens en une commune ou en une société-de-travail, celle-ci en une nation, les nations, qui se suffiraient absolument à demeurer hostiles, en une large humanité qui vaudrait davantage.

On a déjà compris l'impossibilité de laisser les communes et les sociétés de travail dans un état de sporadisme amorphe ; la modération puissante d'un gouvernement central leur est aussi nécessaire que leur régime de parfaite solidarité est indispensable à l'individu. Celui-ci, ne saurait, sans elles, trouver, ni de sécurité contre les habiles et les mauvais, ni de force économi-

que et morale suffisante pour suivre les pas gigantesques du
progrès ; elles lui offrent la dignité d'une collaboration aux vouloirs et aux satisfactions générales, aux éclosions et aux créations que nul solitaire ne peut d'ores et déjà réaliser. En dehors
d'un socialisme, beaucoup de citoyens se trouvent à jamais impuissants à tenter une œuvre pour la part dont leurs aptitudes
seraient capables.

Si donc, d'un côté, la nature a de telle sorte constitué l'individu, qu'elle lui interdit de se développer à sa fantaisie sans
nuire aux autres, corrélativement, elle lui enlève l'espoir, qu'elle
lui suggère, de parvenir à son développement complet, quand
il s'obstine à s'isoler : il profite beaucoup plus qu'il ne perd à
s'associer étroitement. Les hommes seraient même incapables
de coexister, s'ils voulaient vivre dissociés. Ainsi, les communes
et les sociétés de travail divagueraient, atomes perdus en nébuleuse indistincte et agitée d'antagonistes courants, n'était qu'elles
consentissent à se coordonner intimement, par suite, à se su-
bordonner aux déterminations d'une hiérarchie.

C'est pourquoi il leur faut une volonté directrice, embrassant
l'ensemble de leurs activités, supérieure à leur volonté immanente ; mais, établie d'un consentement unanime, cette loi ne
sera plus un caprice divin, émané du ciel par la voie de l'autorité incontrôlable des anciens régimes : ce sera l'expression de
la conscience de tous, la réalisation suprême de leur personnalité jusqu'alors partielle, l'intelligence et l'impératif de
l'Homme syncrétique, effet de ses énergies multiples, cause de
sa direction d'ensemble, quintessence de sa substance, loi de
ses forces, loi réfléchie, révocable et donc souple, car elle
peut être modifiée à chaque instant pour se plier aux circonstances, ou remplacée par une institution analogue produisant
des déterminations différentes.

Voilà l'Etat fédératif. On ne peut en nier la bienfaisance.
Notre vie nationale, telle que le passé l'a ébauchée, en démontre
chaque jour la valeur, déjà, par le jeu du peu de forces qu'il
possède, et en permet d'apercevoir la souveraine efficacité pour
le temps où il sera pourvu de toutes les attributions qui lui sont

propres. Veut-on se convaincre, par ce qu'il fait, de ce qu'il y pourrait ajouter dans la double sphère de la compétence, régime intérieur et relations internationales ? Il suffit de lire les comptes-rendus de nos chambres. Ils renversent, sans prendre garde, les alliciantes théories de l'An-archisme. Choisissons comme exemple la première période des débats parlementaires de 1903 où, comme il est d'usage, à propos de l'établissement du budget, députés et sénateurs se sont livrés à des considérations générales, moins académiques que l'on ne pense, sur la politique intérieure et extérieure. Une seule séance bien choisie éclaire la thèse présente mieux que toutes nos spéculations. En une même journée, le 23 janvier 1903, et ce n'est qu'un exemple, deux démonstrations catégoriques de ce qu'en toute hypothèse doit rester la France, nous ont été fournies par quelques-uns de nos meilleurs orateurs parlementaires.

II

Récentes preuves données par les Chambres des bienfaits d'un gouvernement fortement centralisé.

Ce jour-là, entre ces vénérables sénateurs trop décriés, et dont l'âge même est une garantie de leur expérience, s'est débattue spécialement une question relative au régime extérieur. MM. Gomot, Eugène Mir et Viger nous ont montré les relations, insoupçonnées de beaucoup, qui relient trois de nos principales cultures : celle du blé, celle de la betterave et celle de la vigne. Si les communes et les syndicats se trouvaient doués d'une indépendance absolue, chacun d'entre eux favoriserait exclusivement sa culture particulière. Il en résulterait alternativement une crise pour les autres et une surproduction non moins néfaste en tout travail maladroitement favorisé. Impossible de faire ici la preuve de ce rejaillissement des intérêts privés du nord sur ceux du midi, et réciproquement. Il faut, pour en avoir la conviction définitive, lire les discours. On y sent palpiter le souffle de solidarité qui passe d'un bout à l'autre des membres de la France : on y voit l'impossibilité de vivre à l'aise en aucun point du territoire sans un conseil de discussion et de législation qui concilie, de la capitale, les vœux et les besoins de toutes les provinces, non seulement pour éviter que l'une ne lèse l'autre, mais pour permettre à chacune, qui ne peut le voir par elle-même et qui a parfois quelque peine à le comprendre, de profiter des sacrifices mêmes qu'une loi sage lui imposera en faveur du bien général. Les communes et les syndicats, dans leur propre intérêt, doivent donc être fédérés, afin de constituer une puissante nation dont toutes les parties se complètent. Pour le moment, il serait difficile d'imaginer un meilleur mode de représentation de leurs intérêts que celui dont nous jouissons. Il n'est pas parfait. On saura l'améliorer. Ce serait toujours une aventure singulièrement périlleuse que de tenter de le remplacer par quelque autre dont nous n'avons pas l'expérience. Le Sénat montra ainsi l'impérieuse nécessité de confier au gouvernement l'établissement de l'impôt et des douanes. Ces entraves apparentes à la production et à l'échange se résolvent en bienfaits généraux par l'application que l'on fait des sacrifices partiels aux services publics, police, routes, moyens de correspondance, justice, éducation, beaux-arts, académies, armée, toutes choses que des institutions multiples et isolées ne pourraient établir, ni étendre, ni améliorer dans la mesure requise par les intérêts généraux, et qui sont néanmoins une condition des prospérités particulières.

C'est principalement au point de vue de la défense nationale que, le jour même, la Chambre des Députés raffermissait les bases de l'ordre et de la prospérité publiques, que certains esprits aventureux risquaient d'ébranler. Dans un tournoi remarquable. MM. Jaurès et Ribot ont fini par se mettre d'accord et par satisfaire la conscience nationale en reconnaissant l'obligation d'une armée forte, telle que la voulait le général André, pour maintenir notre honneur, pour assurer la paix et pour lui permettre de porter tous ses fruits en garantissant l'efficacité des efforts que les autres ministères encouragent dans l'agriculture, le commerce, l'industrie et les arts. Ce sont encore des discours dont la lecture seule peut donner une parfaite intelligence de cette question, passionnément discutée dans un peuple initiateur comme le nôtre, où, pour le bonheur de l'humanité, toutes les idées originales éclosent et luttent ; mais la solution de cette question ne peut se découvrir et se formuler que dans une assemblée délibérative réunissant pour une discussion documentée et courtoise les énergies et les lumières de tous les partis, également dévoués à la cause nationale, bien que proposant des moyens différents. Que l'An-archisme, réalisant sa définition, parvienne à supprimer le gouvernement central, les individus livrés aux contradictions d'une vie chaotique deviendront, non seulement la proie des nations qui fatalement persisteraient à se maintenir, mais, qui plus est, les victimes de leurs propres antagonismes. Ainsi en serait-il des communes et des sociétés, si on leur assurait une indépendance engendrant la rivalité sans connexion universelle. Le socialisme n'a rien abdiqué de son idéal. Il se montre vrai fils de la Révolution, qui n'a fait la guerre que malgré elle, et qui rêvait une large fraternité des peuples constitués en nations indépendantes mais unies.

Ne pouvant persuader l'étranger d'entrer dans la voie pacifique qu'elle avait ouverte, elle crut du moins y parvenir par la force des armes. Son but n'était point la conquête, mais la défense permettant à la France de rester indépendante, et la constitution de nationalités voisines, également indépendantes mais amies. Voilà ce qu'a éloquemment rappelé M. Jaurès. Il aurait pu ajouter que ce principe fécond, étouffé un instant par l'ambition de Napoléon Iᵉʳ qui nous ruina et suscita contre nous les haines du monde, fut repris par Napoléon III, qui eut le tort de n'avoir pas le front assez large pour porter la couronne de l'Empire, et qui ne le prépara point à déjouer les rancunes de l'Allemagne. S'il eût su être assez fort, il aurait imposé la paix tout en constituant les nations voisines qui, par la force des choses, seraient devenues sœurs. Les socialistes reprennent notre grande tradition. A leurs yeux comme pour tous les partis capables de gouvernement, il ne nous est point possible de désarmer seuls ; mais ils espèrent créer un mouvement d'opi-

nion, déjà très accentué chez nous par les hommes les plus avisés, d'opinions politiques très différentes, mouvement qui dé-
terminerait les peuples à désarmer simultanément.

III

Principe dirigeant le choix des attributions qui peuvent être concédées à l'Etat

Quelles devraient donc être les attributions de l'Etat ? Encore
et toujours, et plus que jamais, incertitude et expectative jusqu'à ce que la Constitution en ait statué. Tant d'opinions se
heurtent sur le terrain des pouvoirs publics ! Les uns, à ne considérer que les extrêmes, lui donnent le plus possible, les autres
le moins. Formule dix-huitième siècle : L'Etat sera maître absolu
des particuliers qui, l'ayant constitué par convention, résilient
entre ses mains toutes leurs capacités. Formule des individualistes qui admirent « *la supériorité des anglo-saxons* » : Le but
de l'Etat sera de se rendre inutile.

A quoi se ranger ? Au bon sens. L'Etat sera nanti, exclusivement mais sans exception, des facultés et pouvoirs, des organes
et des hommes, des lois et des forces que réclame sa double
mission : à l'intérieur, assurer l'ordre et favoriser le travail
libre ; en face du monde, garantir la puissance nationale, maintenir l'honneur et les droits acquis, trouver des débouchés et
des alliances.

Le premier de ces problèmes ne doit pas être, en somme, si
difficile à résoudre, et nous aimons à croire que le Socialisme
Fédéral y aiderait. La liberté associée, suivant ses voies sous le
contrôle de l'autorité centrale, telle est sa formule. Notre esprit
particulariste, à nous, vieux Gaulois que Rome a seulement
subjugués dans la mesure où nous avons bie voulu, réclame
plus énergiquement que jamais l'épanouissement de la personnalité. Il s'ingénie à chercher une conciliation entre la liberté
des individus et l'autorité de l'Etat. Nous n'y sommes pas encore
complètement parvenus, mais nous le voulons, et il n'y a pas de

raisons absolues pour n'y point réussir à peu près. Cependant le Socialisme Fédéral y serait d'un grand secours. De toute évidence, les fanatiques de l'individualisme se plaindraient que toi et moi nous soyons liés à la commune, à une société ou à l'Etat, sans pouvoir suivre toutes nos fantaisies. Ils auraient tort. Nos mouvements ne seraient pas plus gênés qu'à l'heure actuelle, en supposant, ce qui est le cas général, que nous ne soyons pas de ces privilégiés de la fortune qui échappent pour leur malheur à la loi du travail. Ouvriers de quelque chose, de la charrue, de la plume ou de l'outil, nous sommes asservis en tout cas à la plus terrible des tyrannies, celle de l'argent ; du reste, rivés à l'Etat, à une corporation ou à notre commune, absolument comme dans le Socialisme Fédéral. A l'avantage de celui-ci, on y aurait plus de liberté effective. Une fois admis que nul ne peut vivre seul, qu'il doit faire partie d'un groupe, on tâcherait de faire consister la liberté, non plus dans une fâcheuse indépendance individuelle, mais dans l'autonomie de la commune — et des sociétés générales, sans accorder à l'état plus qu'il ne possède.

Impossible que l'un de ces deux éléments soit purement et simplement autonomes, on le conçoit. Ce serait une comète errante dans l'espace, sans lien avec nul système régulier. Imaginez les astres doués de raison, ils l'expulseraient, craignant son choc.

Conservation
de la constitution politique républicaine

Est-ce à tort que les peuples libres ont toujours considéré la République comme la forme de gouvernement garantissant le mieux leurs libertés ? On aurait pu en croire aussi bien capables les monarchies parlementaires, et jusque sous le régime de l'absolutisme, la Chine montre comment l'autonomie régionale peut subvenir à la plupart des besoins essentiels. On a souvent, depuis Taine, reproché à la Révolution, puis à la troisième République, de n'être en réalité, par jacobinisme ou par suite d'un fonctionnarisme centralisateur, qu'une nouvelle édition de la tyrannie, pratiquée plus franchement par Louis XIV et Napoléon I⁰ʳ. Pourtant l'expérience de la « libre Angleterre », qui n'a pu encore obtenir le suffrage complètement universel, n'est pas de nature à nous faire regretter d'avoir adopté la République. Mais peu importe. Nul socialiste ne songe à rétablir une monarchie. La question est de savoir s'il conservera même la forme républicaine. Cela n'a pas grande importance : question d'étiquette. Cependant les socialistes les plus autorisés voient dans la formule même un signe de sincère démocratie. Enrico Ferri n'a cessé de réclamer la République italienne. M. Jaurès, au congrès de Paris en 1900 disait : « Nous sommes républicains, nous sommes révolutionnaires, nous sommes socialistes, et nous unissons avec le même enthousiasme l'amour de la République et du Socialisme. » M. Augagneur, le maire socialiste de Lyon, disait qu' « en France, la République avait donné au peuple les libertés dont il jouissait ». Singer en Allemagne, l'un des leaders du parti, déclarait que « les socialistes devaient soutenir avec enthousiasme la forme du gouvernement républicain ». (D'après *l'Européen* du 8 août 1903.)

Que l'on adopte le titre de « République socialiste », de « République fédérative » ou tout autre, le contenu n'en peut être essentiellement différent de celui d'une république pure et simple, au point de vue des organismes requis pour constituer un gouvernement.

Il faut bien concéder à un gouvernement socialiste les ministères que nous possédons, sauf celui de la guerre, c'est entendu, mais dans l'état du monde tel que nous l'a fait le passé, on ne pourrait supprimer les armées permanentes que par la vertu d'une entente internationale. Qu'on essaye ! Les autres ministères répondent à des besoins essentiels. On devrait seulement réduire leur puissance au strict indispensable, pour laisser aux communes et aux sociétés les coudées franches en tout ce qui peut dépendre de leur propre jugement. Alors les citoyens qui composent chacune d'entre elles se sentiraient maîtres chez eux. Comme, par ailleurs, ce sont eux aussi qui nomment leurs députés et par eux tous les fonctionnaires du gouvernement, ils ne sauraient leur attribuer simplement les pouvoirs qu'ils ne peuvent pas exercer pour l'intérêt national ou international, sans leur permettre d'empiéter sur les pouvoirs communaux. Outre les attributions extérieures, conventions commerciales, coloniales, maritimes, militaires entre les peuples, restent les travaux publics, les postes, les chemins de fer, du moins sur les grandes lignes, l'établissement du budget, la direction générale de l'enseignement et des cultes ; voilà qui appartient à l'Etat. Mais en tout cela même les communes et les sociétés ont voix consultative,et il ne serait pas mauvais qu'on les consultât par voie de referendum. Bien plus, en quelques-unes de ces questions, elles devraient parler les premières. Etudions seulement le rôle qu'on pourrait leur accorder en ce qui les concerne de plus près. Etudier, c'est trop dire : il y faudrait un livre entier et une compétence particulière. Quelques mots seulement.

Déjà les deux chapitres précédents ont dû poser nombre de restrictions à la puissance gouvernementale. Il n'en a été question que dans la mesure requise pour sauvegarder les libertés des organismes dont vivent les particuliers. Il importe maintenant de s'arrêter à certains objets de caractère plus général, et qui, par leur nature, pourraient aussi bien ressortir à la compétence des institutions privées qu'à celles de l'Etat : cherchons ce qu'il devrait en revenir à celui-ci comme à celles-là. Viendront ensuite les matières que l'Etat peut, sans tant de conteste, prétendre à monopoliser.

IV

DE LA LIBERTÉ

**Limite des attributions de l'Etat
Comment le Socialisme Fédéral lui impose
le respect de la liberté
1° Attitude que pourrait prendre
un Etat socialiste
vis-à-vis des congrégations**

Récemment les Français, toujours fidèles au principe de la liberté dé conscience, se sont divisés sur l'application qu'il convenait d'en faire. Les uns n'y pouvaient rien comprendre si l'on expulsait les congrégations. Le parti dominant les a paralysées précisément pour ne plus leur permettre d'empêcher la pensée libre de suivre son cours, et en ajoutant que d'ailleurs leurs sujets ne peuvent avoir le droit d'aliéner leur personnalité. De part et d'autre, les arguments ne manquent pas à soutenir ces thèses opposées. Pure logomachie ! Non plus que toute autre faculté humaine, la liberté n'est pas une chose simple : elle peut s'incarner en de multiples formes ; mais elle ne le peut simultanément, il lui faut choisir. Telle espèce de liberté contredit telle autre, irrémédiablement. Tout citoyen majeur doit avoir le droit de faire appel aux services des congréganistes, s'il juge qu'ils en rendent ; et, s'il croit leur influence néfaste, d'y soustraire sa femme et ses enfants. C'était une solution, de prime abord, bien simple, que de leur continuer une tolérance déjà séculaire, nul n'étant contraint à leur prêter l'oreille. Toutefois, on a cru démontrer que toujours ils ont profité de cette tolérance pour accroître leur domination par des moyens abusifs, nuisibles à la liberté des faibles. Leurs défenseurs eussent-ils été les plus nombreux, les auraient maintenus en rétorquant par des démonstrations du contraire, également vraisemblables, et que la force rend péremptoires. Ils n'étaient qu'une minorité. La voilà sacrifiée sans que l'on tienne aucun compte de ses désirs. — Juste revanche, réplique-t-on : les réactionnaires n'avaient-ils pas écrasé la minorité adverse avec bien plus de désinvolture encore, à l'époque où le trône s'appuyait sur l'autel ? — De pareils raisonnements ne sont pas dignes d'un parti généreux et conscient de sa bienfaisance. Ces représailles, qui peuvent alterner plusieurs fois en chaque siècle suivant que la fortune porte au pouvoir l'un des deux adversaires, sont la consécration du stupide droit du plus fort, et ne peuvent qu'ébranler les bases de l'ordre social.

La République avait parfaitement raison d'étouffer dans l'Eglise les germes de conspiration monarchique. Ce fut le cheval de bataille de M. Waldeck-Rousseau. Nous avons vu, depuis l'avènement de M. Combes, la bonne bête se cabrer. Abandonnant la prudence d'un prétexte fallacieux, la majorité anti-cléricale, ce qui veut dire, malgré toutes les arguties, antireligieuse, se proposait purement et simplement d'anéantir, pour commencer, deux des moyens d'action les plus efficaces de l'Eglise en France, les écoles et les congrégations, en attendant le reste. Soit ! Très certainement ceux qui viennent de réaliser ce programme n'ont en vue que le bien de leur patrie ; à leurs yeux, la démocratie ne peut prendre son plein essor que portée sur les ailes de la libre-*pensée obligatoire*. Et de quel droit, si l'on voulait argumenter, un gouvernement s'arroge-t-il la décision de questions philosophiques et morales aussi importantes ? Quelle peut être sa compétence pour déclarer que les influences religieuses soient funestes au peuple ? Affaire aux écrivians et aux orateurs d'en convaincre le public, comme à leurs patenaires cléricaux de le convaincre du contraire. Si les particuliers et les sociétés spéciales maçonniques, ou jésuitiques, se voient nier cette prérogative pour le mantien de laquelle leurs partisans leur fournissent des recrues, des auditeurs et de l'argent, on a beau épiloguer, la liberté de conscience perd de ce côté ce qu'elle a gagné du côté opposé en supprimant une partie des moyens occultes dont font usage, par exemple, les congréganistes, et dont les simples mortels ne disposent point. Une conscience, prise parmi

la foule livrée au travail, n'est pas une entité abstraite, capable
de graviter à son gré dans une voie sidérale prévue et infaillible :
elle ne peut naître, se développer suivant sa propension naturelle,
se maintenir dans ce qu'elle croit être le vrai et le bien, que soutenue par les hommes et les institutions auxquels elle accorde
instinctivement sa confiance, ici le Grand-Orient, là l'Eglise.
Il arrive qu'on a soin de ne pas toucher au Grand-Orient et que
seule l'Eglise est attaquée. Ainsi le gouvernement prend parti,
rompant en cela avec l'esprit même d'une démocratie sincère
pour revenir à celui des Louis XIV et des Philippe II, tandis que
les Etats-Unis se trouvent à merveille d'un libéralisme complet
autorisant toutes les manifestations d'opinions. Ce n'est pas eux
qui songeraient à supprimer les écoles congréganistes, convaincus que pour naître les consciences enfantines doivent être soumises exclusivement à l'autorité de la famille. Non pas que
l'exemple des Etats-Unis puisse s'imposer au monde entier. Cette
nation, en grande majorité protestante, et d'un protestantisme
si libéral que toutes les opinions, même le pur rationalisme, y
conservent, je ne sais comment, un caractère religieux, n'a pas
grand'chose à redouter de la congrégation, elle-même inspirée,
en Amérique, d'un catholicisme autrement large que le nôtre,
et paralysée, d'ailleurs, par la concurrence d'innombrables sec-
tes. Que les moines y acquièrent jamais l'influence colossale
dont ils ont joui en Occident, la libre Amérique sera obligée d'y
mettre bon ordre à son tour, comme elle l'a fait aux Philippines
pour commencer, précisément pour rester libre en ne
permettant pas à certains citoyens d'exercer sur les consciences,
par des moyens qui fuient la lumière, une pression que les laïques n'ont point le secret et le goût d'exercer pour leur part, ni
le pouvoir de contrôler et de combattre. Nul gouvernement ne
saurait tolérer pareil état dans l'Etat. Trop aisément l'intrigue
politique s'y est souvent recruté des auxiliaires quasi-insaisissa-
bles. L'Allemagne et l'Angleterre, au moment de la Réforme,
n'ont trouvé d'autres moyens de s'en débarrasser que de les détruire, car le mot d'ordre était bien plus : Guerre aux moines !
que la prétention de revenir à l'évangile primitif. Nous avons

eu tort, nous autres, peuples latins, de nous montrer plus tolérants. Il devait arriver une heure où le joug serait intolérable. France, Italie ou Espagne, nous nous voyons obligés sur le tard de faire appel, nous aussi, aux mesures radicales. — Ces vues opposées, soutenues par des adversaires de valeur égale, prouveraient donc, comme pour la question scolaire, que le problème, ainsi formulé, est insoluble. Tout le monde a bien le droit de se faire congréganiste ou de confier la direction de sa conscience aux congréganistes. Et tout le monde a le droit aussi de les détester, de les combattre par des moyens pacifiques. Que fera l'Etat ? Sous peine de manquer au principe même de la tolérance, il ne proscrira point les uns, il n'écrasera pas les autres ; il cherchera une conciliation. Laquelle ? Allez le demander aux sociologues, aux moralistes, aux législateurs. Il semble qu'on aurait pu laisser subsister les congrégations, tout en leur imposant des règlements sévères qui les empêchent d'abuser de leur influence. Pourquoi les jésuites, les dominicains, les maristes, et tant d'autres, foisonnaient-ils dans les quartiers riches de Paris en abandonnant presque absolument les quartiers pauvres ? Que faisaient-ils des sommes énormes qu'ils récoltaient ainsi depuis longtemps, et qui, certes, ne vont pas toutes à leurs missions, d'ailleurs entretenues par des budgets particuliers ? Voilà qui n'est pas clair. On aurait pu leur dire : Puisque vous prétendez pratiquer, après l'avoir prononcé, le vœu de pauvreté, puisque vous vous présentez comme les meilleurs disciples du Christ dont toute la vie se résume en ce cri : « *Miserer super turbam* », allez au peuple, soyez sincères, fermez vos luxueuses chapelles qui ne sont que des boutiques, organisez des patronages et des cercles, des bibliothèques et des conférences, répandez vos idées par tous les moyens de persuasion, mais n'exploitez plus la bourse des riches dévotes !

C'est ainsi que, dans le Socialisme Fédéral, il y aurait place même pour les ordres religieux, à la condition de brider leurs convoitises et leurs ambitions, et pourvu, clause préalablement établie, qu'on leur enlève l'école, qui doit rester neutre. L'Etat n'autoriserait l'existence que de ceux qui lui paraissent légitimés par une considération sociale, soit qu'ils s'appliquent aux œuvres de bienfaisance, soit qu'une partie notable du public désire solliciter leurs services, écouter leur parole, leur confier la protection morale de la jeunesse en dehors de l'école. Ici encore, le criterium infaillible, c'est l'argent. S'il se trouve un assez grand nombre de citoyens socialisés pour les faire vivre en prélevant leurs frais d'entretien sur le salaire gagné au jour le jour, comme par ailleurs, il n'y aura plus de grosses fortunes à cultiver, qu'on laisse agir la loi de l'offre et de la demande, qu'on permette aux amis des moines de s'en octroyer tant qu'ils voudront. Si leurs ennemis deviennent la grande majorité, eh bien, ils disparaîtront par la force des choses, ne recevant plus de quoi manger. Nul besoin du formidable appareil des lois. L'Etat ne sera plus entraîné à sacrifier par un coup de force le droit des minorités. Au gré des théoriciens du césarisme, le premier devoir d'un gouvernement est de diriger la conscience nationale. C'était aussi la tendance des cléricaux quand ils tenaient le pouvoir. Par malheur, une telle prétention est également tyrannique d'un côté comme de l'autre. Sans rechercher jusqu'à quel point elle pourrait être justifiée en elle-même par les métaphysiciens de la politique et de la sociologie, il suffit d'observer que la minorité est ainsi réduite en esclavage. Tantôt l'anticléricale, tantôt la confessionnelle, il n'importe : on ne veut attaquer ici aucun parti, mais montrer le faible du principe, son illogisme et sa malfaisance.

DE LA LIBERTÉ (Suite)

2° La famille et les mœurs
devant la loi d'une nation socialiste.

On a reconnu précédemment pourquoi l'éducation et la charité ne devront pas être exclusivement entre les mains de l'Etat, et dans quelles circonstances, même, les sociétés libres qu'il autoriserait à prendre la charge de ces services délicats, ainsi que les communes dans la mesure prévue par la Constitution, devraient aux familles désireuses de bien faire, le droit d'élever à domicile leurs enfants, et celui de recueillir orphelins, infirmes ou vieillards.

L'organisation de la famille elle-même, échappant naturellement à la compétence de toute institution particulière, n'est pas moins en dehors des attributions de l'Etat. Loin d'attaquer les usages établis, son devoir demeure de les respecter. On peut désirer, tout au contraire d'une attitude hostile, l'en voir adopter une beaucoup plus libérale qu'il ne l'a jamais fait jusqu'à présent. Les lois actuelles sanctionnent et rendent obligatoires certaines dispositions imposées, soit par l'influence séculaire de l'Eglise, soit par les préjugés favorables à la propriété personnelle. Abolissant celle-ci, rompant avec celle-là, non point pour l'asservir, mais pour l'arrêter aux frontières de la pleine liberté individuelle, l'Etat socialisé devra faire disparaître tout ce qui, dans notre législation, leur garantit un privilège de fait. On aperçoit à ce principe trois applications principales : il doit régir les dispositions relatives au mariage et à la famille, la condition de l'enfant naturel, et les mesures propres à réprimer, s'il se peut, la galanterie vénale.

Hors les questions qui rentrent dans la sphère de son action politique, l'Etat se croit obligé, de nos jours, à professer certaines doctrines morales, conformes ou contraires à celles des religions établies. Il en prend pour prétexte la nécessité de réglementer ses rapports concordataires avec le Saint-Siège, avec le clergé, avec les croyants. Une fois réalisée la séparation des Eglises et de l'Etat, celui-ci, dans un régime socialiste, ne devrait plus suivre d'autre maxime que le respect absolu de la liberté, à tous également octroyée et posant ainsi pour chaque personne et chaque institution religieuse, charitable ou moralisatrice, la limite, législativement précisée, où s'arrête l'exercice de cette liberté pour respecter celle d'autrui.

Sans l'avouer, sans le savoir, l'Etat — on en pourrait dire autant de l'Eglise elle-même — subit une influence plus profondément déterminante que n'en exercent les doctrines abstraites. C'est l'influence historique des institutions grecques et romaines.

M. Fustel de Coulanges en a fait une célèbre et définitive démonstration : la « *Cité antique* » reposait sur le culte du foyer, dont la flamme incarnait les mânes ancestrales ; divisés en tribus primitivement hostiles, comme le sont encore les races patriarcales. Bédouins, Thibétains, Kurdes, les peuples qui surent créer les civilisations dont les nôtres sont des développements naturels, conservèrent dans leurs traditions et consacrèrent par leurs religions ce jaloux esprit de clan, en Grèce d'une province à l'autre, à Rome entre une *gens* et sa rivale. Partout, les familles, distinguées par le fait d'habiter sous le même toit, observèrent des rites, identiques en leur essence chez tous les peuples connus, rites constituant la base même de l'organisation civile et destinés à perpétuer, par le culte des ancêtres, l'intégrité de la race qui provenait d'un même aïeul divinisé. Que le nombre obligeât une famille à essaimer, il fallait y déployer la force, établir de nouveaux contrats, lesquels n'étaient nullement accordés par la volonté libre des parties, mais par l'assentiment des dieux du foyer, obtenu à l'aide de conjurations, de prières et de sacrifices. Faute d'apaiser ainsi leur colère, on se serait exposé à des vengeances si terribles que nul jamais ne conçut même la pensée d'omettre les cérémonies édictées par l'usage. Telle fut, telle est encore, jusque parmi des peuples chrétiens, la notion essentielle qui explique le mariage civil. La jeune fille, d'abord enlevée de vive force, coutume qui existe encore chez nombre de peuplades en Afrique et en Asie, ne put, aux yeux des nations plus civilisées qui remplacèrent la violence par des conventions bilatérales, sortir de sa famille qu'après avoir subi des exorcismes lui épargnant à elle-même, et plus encore à ses parents, la malédiction de ses dieux lares, furieux de voir rompre par son départ l'unité de la petite humanité qu'ils avaient engendrée, et de perdre une personne consacrée dès sa naissance à l'exercice de leur culte exclusif. Accordée par leur consentement à un jeune homme étranger, elle ne pouvait pénétrer sous le toit de son mari qu'après avoir été admise au culte du nouveau foyer, incorporée à cette autre humanité provenue d'autres dieux ; il fallait qu'ils l'admissent à devenir leur prêtresse. C'était, aux débuts,

par suite de l'impossibilité reconnue de fléchir les dieux propres
à chaque famille, que l'on recourait à l'enlèvement par la guerre,
le fait accompli contre le gré des hommes devant les excuser aux
yeux de leurs dieux. En Allemagne et en France, des sociologues
préférant chercher une détermination matérielle à tous les phénomènes humains, ont vainement essayé de rejeter cette explication. Démontrée par les faits les plus certains, les plus universels et les plus importants, elle relègue au second rang, sans les
anéantir, à notre avis, les causes extérieures qui se résument
dans les directions inéluctables imposées par le milieu, la nature du sol, le genre de travail, les conditions de l'existence. On
peut admettre que les peuples nomades, ayant besoin d'un grand
nombre de personnes pour voyager par groupes puissants à la
recherche des pâturages, pour conduire et exploiter les trou-
peaux, pour dresser et entretenir les tentes, pour fabriquer et réparer les vêtements et tous les objets de ménage, ne cèdent qu'à
contre-cœur une fille à l'âge où elle cesse d'être une charge pour
devenir un auxiliaire. Logiquement, cette interprétation n'est
déjà pas en tous les cas péremptoire : pour une qu'on abandonne, bientôt il en viendra une autre, amenée par un jeune
homme qui reste dans la tente où il est né. L'étude minutieuse
de l'histoire démontre qu'avant tout il s'agissait de se mettre
d'accord avec les dieux ; et l'observation des sociétés actuelles
où ces usages ont persisté prouve bien, quand depuis longtemps
elles ne sont plus patriarcales, que sous les anciens motifs d'ordre pratique, se cachait l'influence plus profonde des préjugés
religieux. Seule, leur persistance peut expliquer l'importance
encore attachée au foyer par presque tous les peuples, et certains
usages que le christianisme n'a même pas songé à faire disparaître, parce qu'il n'en comprenait pas la signification. Chez les Rus-
ses, l'enfant nouveau-né est porté processionnellement autour de
la salle principale de la maison, signe du foyer. Chez les Armé-
niens, le père qui accorde sa fille, non pas à un jeune homme,
mais à ses parents, lui dit : Je te donne une poignée de la cen-
dre de notre foyer. Mille traits de ce genre pourraient être rele-
vés à travers le monde, comme ils l'ont été avec une sagacité re-

marquable chez les peuples de l'Asie centrale par M. Grenard
(*Mission scientifique dans la Haute-Asie* sous la direction de Du-
treuil de Rhins). La Grèce et Rome nous ont transmis des vestiges de ces traditions. Les coutumes germaines, moins accen-
tuées sur ce point, jointes aux principes du christianisme, qui fon-
dait l'union des époux sur leur consentement mutuel, et aux pratiques de l'Eglise qui s'efforçait de rendre essentiel le sacrement
sans exclure l'engagement volontaire, nous ont affranchis de la
servitude des superstitions relatives au culte du foyer. Il n'en est
pas moins resté dans la loi de Justinien qui nous régit, elle-même
codification et développement des antiques institutions, une
préoccupation évidente et prédominante d'en conserver l'esprit à
défaut de la lettre. C'est pourquoi le pouvoir civil s'est arrogé la
réglementation des mariages. Il n'en aurait eu ni l'idée ni le droit
s'il n'avait pas fallu sanctionner les usages les plus essentiels de
l'humanité antique. A copier servilement, comme nous l'avons
fait, la politique romaine, nous avons conservé sur ce point ce
qu'elle avait justement incorporé au pouvoir législatif, tandis que
chez nous une telle prétention n'avait plus aucune raison d'être.
Seulement l'Eglise, y trouvant un moyen de maintenir la fidélité
conjugale jurée devant le prêtre, usa de son prestige pour dicter
aux légistes des dispositions étroites et sévères. Puisque nous
abandonnons l'Eglise aux seules ressources de son influence morale, puisque rien ne saurait plus nous engager à maintenir des
institutions familiales périmées, reste uniquement à l'Etat le devoir de laisser plein exercice à la liberté individuelle. Que chacun adopte la forme de famille qui lui convient, la société ne
peut que lui garantir l'exécution de ses volontés.

Concession traditionnelle aux directions de l'Eglise, qui ne se
jugeait pas assez persuasive pour imposer la fidélité conjugale
sans contrainte civile, ce pouvait être aussi, aux yeux des gouvernements dont nous jouissons encore, une nécessité politique,
que de sanctionner les mariages. Il fallait confirmer le droit perpétuel du mari sur la femme, la transmission de biens éventuelle
à la mort d'un des conjoints, la dot de l'un, les apports de l'autre
et le régime particulier qu'ils étaient autorisés à choisir. Si la loi

crut devoir constater la légitimité des contrats, celle des naissances, rechercher même la paternité, établir des conseils de famille et de tutelle, la raison s'en trouvait toujours dans une considération de droit matériel, il fallait assurer à chacun la propriété qui lui revînt personnellement. Là résidant l'unique motif rationnel qui excusât l'intervention de l'Etat, il n'y a plus
qu'un devoir, celui de s'abstenir, du moment qu'il rend la propriété commune à toute la société, refusant de tolérer des différences de fortune et réduisant les ressources de qui que ce soit
au salaire mérité par le travail. Séparé de l'Eglise afin d'assurer à l'incrédule comme au croyant le parfait exercice de son
droit en écartant d'elle sa femme et ses enfants s'il lui plaît de
les soustraire à son influence, l'Etat ne peut chercher comme autrefois à la soutenir en appuyant, comme il le fait, l'institution
du mariage sous la forme précise où elle l'impose à ses fidèles.
On lui laisse les coudées franches : qu'elle se montre, si elle
peut, plus persuasive qu'autrefois ! Est-elle en passe de le devenir ? Sur ce chapitre, on ne l'aperçoit pas clairement. Tant pis
pour nous, tant pis pour elle ! Reste comme solution l'absolution
sacramentelle, offerte à ceux et à celles qui aiment autant la
grâce que le péché. Et comme deuxième solution, mieux appréciée aujourd'hui, celle de pécher sans plus recourir à la grâce.
Aux yeux de la loi, ce doit cesser d'être une faute, en quelques
conditions que le fait se produise. Toute raison d'être disparaît
de sévir contre l'amour libre, parce que tout prétexte s'éclipse de
sanctionner les contrats de mariage. Il sera établi que l'homme
vivant avec une femme lui doit une pension alimentaire, les salaires étant calculés proportionnellement au nombre des bouches à nourrir. S'il prend fantaisie à quelque Mormon d'entretenir une seconde épouse, libre à lui : la société lui en doit les
moyens ; pourquoi ? il est aisé de le montrer ; comment ? nous le
verrons bientôt. La société ne connaît plus que le droit naturel
de l'amour, et il n'est pas contre nature d'aimer plusieurs
femmes. Elle n'aura donc à sanctionner que les situations et les
prétentions qui dérivent directement de l'amour. Elle ignore désormais les prérogatives artificielles annexées, pour le restrein-

dre, au franc exercice du désir ; son devoir se manifeste d'assurer aux êtres qui s'aiment une existence aisée, sans avantager, puisqu'aussi bien elle supprime la dot et l'héritage, ceux qui s'aiment d'une certaine manière conforme à sa théorie et à celle d'une église. Elle maintient le divorce, entouré de son appareil de formalités qui l'empêchent de favoriser d'inexcusables fantaisies. Mais le crime de bigamie est rayé du code. Crime de bigamie ! Voilà un bien grand mot ! Pourquoi l'adultère n'est-il qu'un simple délit, encore quand il devient flagrant, et ncn quand il est simplement avoué ? Moralement, les deux actes ont la même valeur. C'est qu'aux yeux de notre loi la seconde épouse frustre la première de ses droits pécuniaires. Ceux-ci n'existant plus, le crime s'évanouit en même temps. La femme n'apporte que sa personne : c'est un objet dont on peut changer, si l'on se trompa en imaginant que la personne était pourvu des qualités rêvées. L'homme ne fournit que des ressources largement suffisantes aux besoins d'une famille : On peut en trouver un autre, s'il ne reste pas fidèle ou s'il se trouve brutal ; et le changement n'est même pas obligatoire, la séparation suffit à satisfaire l'un et l'autre. L'abandonnée ne peut craindre de tomber à la misère ou à la triste nécessité de la prostitution, la société lui doit l'existance et la joie. A moins qu'elle ne soit infirme et assistée comme telle, on lui fournira du travail. Des emplois seront réservés pour les veuves valides et lentes, d'autres exigeant plus d'agilité conviendront aux doigts prestes et artistes, caresseurs et charitables des filles qui n'ont point goût au mariage. L'espèce en sera plus rare, nulle n'étant obligée d'accepter à contre-cœur un mari que lui imposent ses parents pour des considérations de caste ou de fortune ; on peut croire que, le choix étant devenu parfaitement libre, les causes de dissension en naîtront moins nombreuses.

Loin de là, protesteront les pessimistes ! Vous ouvrez la porte aux pires extravagances du libertin. Sachant que désormais la société n'abandonne plus personne, il ne se verra pas retenu, comme actuéllement, par la crainte de vouer au malheur ou au vice la fille séduite, et par l'impossibilité matérielle ou mondaine

de prendre à sa charge l'enfant de son caprice. — Exagération
pour une part, erreur pour une autre. Est-ce la crainte de l'injustice ou des charges qui réfrène nos passions immodérées ?
Dans une faible mesure et en des cas peu nombreux. Habituellement, nous restreignons nos désirs — quand nous le pouvons — sous l'influence plus puissante d'une forte et noble conviction, ou d'un vil et pratique préjugé. Infusée en nos veines
par l'inoculation lente des idées stoïciennes et chrétiennes, la
conviction, soutenue ou non par des doctrines religieuses encore,
du moins par une armature inconcussible de sentiments que
transmit à notre conscience l'éducation et l'exemple, nous éclaire
d'une lumière plus haute que celle de la nature, nous stimule à
des sacrifices, à des héroïsmes où s'exalte notre fierté. Quant
au préjugé, cette crainte du qu'en dira-t-on, cette honte du jugement et des reproches, cet agacement des regards caustiques et
des allusions malicieuses, voilà qui nous retient plus fortement
que les calamités éventuelles. L'amour ne raisonne pas, soit ;
mais il se laisse contrebalancer par des phénomènes psychologiques du même ordre, par des sentiments. Ces phénomènes ne
peuvent cesser de se produire en nous tous, continuant à vivre
au milieu des mêmes populations, bien que socialisées. L'exagération de l'objection pessimiste se montre donc évidente.

L'erreur dont elle se fait l'interprète doit être ici en toute
loyauté démasquée. Civilement parlant, le nombre des enfants,
légitimes ou naturels, importe par-dessus toute autre considération, à deux égards : pour l'expansion de la race, car le monde
a besoin de produits civilisés absorbant ou éteignant les humanités barbares ; pour la défense nationale, car une nombreuse
armée, maintenant la paix par son prestige, peut s'entretenir
sur un excédent de population, tandis qu'elle ruine une nation
qui se réduit. N'ajoutons pas, avec quelques théoriciens, que le
nombre des candidats aux fonctions supérieures provoque l'énergie en accroissant la concurrence ; sur ce terrain, la France a su
adopter une sage mesure : se jugeant assez peuplée, elle reste
stationnaire, de sorte que la concurrence des élites y demeure
aussi active qu'en toute autre nation, mais l'hypertrophie des

ambitions trop nombreuses n'y engendre pas comme ailleurs des abus aussi hardis. Dans la constitution socialiste, la concurrence ne s'exerçant plus entre les individus, mais se trouvant supprimée par le socialisme d'Etat, reportée entre les institutions libres, ce qui vaut mieux, si l'on adopte le Socialisme Fédéral, les deux positives raisons précitées subsistent pour déterminer l'Etat, par ses dispositions législatives, à favoriser les naissances.

De père et de mère unis en premières noces, tous les rejetons, n'en parlons plus, sont élevés aux frais de la société suivant leurs aptitudes et consacrés aux fonctions qui leur conviennent. Pour l'enfant naturel, à le considérer directement, il en doit être de même. Ce n'est pas sa faute s'il est né. Il n'arrive pas avec des droits moindres. On ne peut continuer à tolérer une législation d'exception en faveur des petits héritiers que nos préjugés avantagent. Rejeter à la honte et à la misère les pauvres êtres qui entrent par la fausse porte, c'est priver la nation de forces vives ; c'est plus encore maintenir dans le monde l'une de ses suprêmes injustices. Que l'amour crée donc tant qu'il voudra ! Mieux vaut sa prodigalité de vie que l'hypocrisie frauduleuse flétrie par Zola. Encore sa « *Fécondité* » ne prouve-t-elle rien : dans une société capitaliste, rares seront toujours ceux dont l'énergie à vouloir soutenir une famille nombreuse peut être récompensée par le succès ; la masse ne saurait que souffrir de s'accroître au delà d'un chiffre donné, — on le voit assez par l'exemple des populations de nos faubourgs, dont l'imprévoyance entasse une misérable nichée en des taudis où la phtisie la guette, et la jette à la rue où le vice la ronge. Socialisée, l'éducation justifie une procréation sans limites. Retenus par le préjugé de l'honneur ou la crainte des jugements sarcastiques, si plus d'amants sèment plus de graines, ce ne sera toujours pas en des proportions inquiétantes. Avec de si vastes colonies que les nôtres, si l'on en veut tirer parti, il y faut des bras et des têtes. Sur le sol même de la patrie, s'il nous est glorieux d'accueillir tant d'étrangers et de les engager à y rester parce qu'ils s'y trouvent bien, ne serait-ce pas une légitime défense, aussi, que de remplir avec les nôtres tant de places que viennent occuper Belges et Piémontais, Anglais et Allemands. Et ne faut-il point que, pour la variété simplement du monde, la race gauloise ne se laisse pas progressivement absorber ? Sagesse sous le régime de la propriété privée et de la concurrence individuelle, la destruction de la natalité deviendrait folie dans une France socialisée.

Alors que viendra-t-on reprocher à l'Etat, s'il en favorise l'indéfinie progression ? Il saura prendre des mesures restrictives de la licence. A lui de s'ingénier. On peut imaginer, sans vouloir rien préciser, une série de dispositions obligeant les conjoints à réfléchir et les jeunes gens à attendre. La loi n'y peut pas grand'-chose directement . à peu près rien serait peut-être l'expression exacte : mais il lui est loisible de développer les conditions où s'affirment des préjugés préservateurs et des sentiments délicats. Il vous a plu de rendre mère une autre femme que celle avec qui vous avez déclaré à Monsieur le Maire vouloir vivre exclusivement ? Farceur ! il fallait donc dire tout de suite que vous en vouliez plusieurs. On vous les aurait accordées sans hésitation, pourvu que cela se passe au grand jour, qu'elles soient installées *at home*, à droits égaux sur vous. Quant à leurs droits sur la société, ils auraient toujours été les mêmes, on vous aurait doublé votre salaire, triplé même s'il vous fallait trois lits. La caisse qui vous est ouverte a d'abord le droit de contrôler vos prétentions ; il serait trop facile de l'exploiter en prétextant une ou deux maîtresses à entretenir au dehors : allez-y voir ! Quand vous aurez prouvé, par leur présence fixe chez vous, que vous êtes leur soutien, votre travail ordinaire méritera une rémunération suffisante pour elles toutes, aussi bien que pour les enfants d'une famille monogame, quel que soit leur nombre. A voir seulement si, en dehors de votre première épouse, censée absorbée par les travaux du ménage, il ne sera pas juste d'imposer aux suivantes quelqu'œuvre utile qui occupe leurs loisirs et les sauve de l'ennui ; car vous n'aurez que la nuit pour les distraire : c'est peu, à vous seul. Que voulez-vous ? on n'est pas des pachas ! il faut employer sa journée à abattre de l'ouvrage.

Aussi, réfléchissez qu'en votre absence la paix du foyer risque de trouver mille occasions de trouble. Enfin à votre aise ! — Entre parenthèses, sans qu'on les sermonne, jeunes et vieux libidineux comprendront bien d'eux-mêmes les dangers d'une pareille existence. Il a fallu aux Mormons une étrange exaltation mystique pour se maintenir en l'état de superbe satisfaction où les a encore vus dernièrement un de mes amis. C'était à l'époque récente où la loi des Etats-Unis respectait encore leur bon plaisir. Consultées, trois épouses d'un riche négociant se déclarèrent parfaitement heureuses. A leur dire, les Européens ne pouvaient comprendre la sublimité de leur condition, parce qu'ils n'avaient pas idée de la gloire qui leur était réservée dans le ciel. Effectivement, nous ne comprenons pas. Aussi n'est-il guère plus à craindre que beaucoup de Français apprécient plus la guerre à trois que le simple bonheur à deux. S'ils ont exercé, une fois mariés, leurs facultés viriles en territoire étranger, qu'on leur donne à choisir : ou franchement introduire chez eux la maîtresse cachée, ou l'abandonner, mais alors abandonner l'enfant avec elle. Le père étant susceptible de mettre sa fierté, son espoir et sa joie à élever ses enfants selon ses goûts, il ne devrait pas y prétendre pour ceux qu'il aurait engendrés en dehors de son ménage déclaré. Ceux-là, l'Etat les prendrait dès leur berceau, les éduquant à son gré, évitant au père les angoisses mais non le remords. Les arracher à la mère serait trop inexorable : qu'on lui propose l'alternative de renoncer à son fruit ou à son galant. Ce dernier parti lui sera plus aisé. Habituellement, ces sortes d'aventures perdent leur charme après les premières couches. S'il s'agit de célibataires, le choix à leur offrir sera entre le mariage et l'éloignement de l'enfant. Selon toute probabilité, le jeune homme préférera conserver ce dernier avec l'ignorante qu'il a rendue femme. Ce qui l'en détourne aujourd'hui, c'est moins souvent un appétit lascif de nouvelles expériences que la crainte de se mettre sur les bras une famille quand il s'esquinte à gagner sa pauvre vie solitaire, ou que la frayeur du scandale s'il appartient à un monde où ces choses-là sont jugées sévèrement. *Sublato metu, tolluntur calamitates.* Qu'on cherche encore. Ce n'est pas notre affaire.

Principalement pour les filles séduites l'Etat socialiste doit avoir des trésors d'indulgence ; et pour les détraquées cherchant l'aventure il doit multiplier les moyens de préservation. De toutes les catégories d'infortunes dues à notre régime d'individualisme féroce, de propriété exclusive et de castes jalouses, réduire ou solliciter au vice tant d'êtres faibles, c'est la plus honteuse ; elle compte parmi les fatalités, prétendues inévitables, dont le socialisme précédemment exposé neutraliserait le plus puissamment la malfaisance. Trois raisons, entre toutes, en entretiennent l'atroce plaie.

La monogamie entre en première ligne. Quelle que puisse être, idéalement, la dignité de la morale chrétienne en ce chapitre nulle société monograme n'a pu depuis l'antiquité où Rome en donna l'exemple, échapper à la prostitution. C'était bien aussi une institution sacrée, religieuse et nullement discréditée, chez les autres peuples qui ne conçurent jamais le mérite d'un amour sans partage ; on devait espérer du moins que le christianisme pût, sur ce point, imprégner de son ascétisme les peuples qu'il convainquait de sa doctrine. Il n'en fut rien, comme chacun sait. Par logique, par vanité, pour sembler au niveau des plus purs, les élites et les masses s'engagèrent à ne conserver qu'une femme, et allèrent en goûter d'autres, hypocritement, aux lupanars. Nulle part, ces satisfactions clandestines ne sont plus fréquentes que dans les sociétés chrétiennes. A Bordeaux, les temples de Vénus éclipsent les temples de la Vierge. A Paris, il faut une police spéciale pour purger le trottoir des immondices trop gluantes. A New-York, c'est à peu près comme en Chine, où les amis, ceux du meilleur monde, s'en vont bras-dessus, bras-dessous à la maison publique pour y prendre le thé du *five-o'clock*, ostensiblement, très simples et très dignes. Il est vrai qu'en Chine rien ne se passe comme ailleurs. Chez les autres peuples de l'Asie, presque tous plus ou moins musulmans, la polygamie a presque supprimé le besoin d'aller trouver un supplément de satisfaction hors de son harem.

Là seulement où réside une garnison, repousse le champignon du vice vénal. N'insistons pas. Ce sont là considérations oiseuses. Nous sommes imbus d'une morale qui, pour noble et délicate qu'on la juge avec raison, reste factice et hypocrite, et cependant nous est trop chère pour que jamais nous y renoncions. Il suffit d'en dénoncer le faible. La loi socialiste doit porter la sincérité jusqu'à prendre les dispositions favorables à ceux qui voudraient affronter une tradition dont ils ne reconnaîtraient plus la valeur : qu'on sanctionne leur polygamie sans céder à une pudeur fausse et néfaste ! On pourrait aller plus loin, autorisér de même la polyandrie. Observation toute abstraite ; il n'est pas à croire qu'un original fournisse jamais l'exemple d'une tolérance si libérale. Manque de logique, tout simplement, puisque tant d'hommes fréquentent des femmes qu'ils savent liées à d'autres. Seulement ils ne l'avouent pas volontiers.

Inutile d'insister non plus sur les deux autres causes capitales de la prostitution, du moins urbaine. Tant de publicistes les ont mille fois dénoncées ! De pauvres filles se laissent conter fleurette sans défiance. Arrive ce qui doit arriver, elles ne savent pas comment. Les voilà chassées de la famille ; toutes les portes se ferment ; l'hypocrite pruderie du monde correct les jette au ruisseau, bon gré mal gré. Quelques démocrates ont fort bien senti la honte et la cruauté de cette odieuse vertu ; par malheur, ils se trouvent impuissants à y appliquer un remède efficace. De si vils sentiments tiennent à la seconde nature, artificielle et perverse, que nous fait l'organisation des séculaires sociétés particularistes. Les abolir, voilà le seul moyen de les soustraire à la fange où elles plongent, pour les reconstruire sur un sol assaini. Que veut-on que puissent faire des parents dont la fille, engrossée dans les blés, ne peut désormais trouver mari ? Et comment ose-t-on bien lui reprocher de tomber aux plus bas fonds, quand on l'y pousse en lui refusant toute pitié, en lui rendant inaccessible tout moyen d'existence, si ce n'est le trafic de son corps ? Ah ! vous levez la tête, fiers de ne point être des Disciples du Prophète qui, s'étant octroyé neuf épouses légi-

times, en pouvait bien permettre quatre à ses fidèles, sans compter les esclaves, — et, par opposition du moins, jaloux de vous
dire chrétiens, vous oubliez les leçons que vous donna votre
Prophète à vous, quand il pardonna, sans souci du scandale, à
la femme adultère, quand il se laissa baiser les pieds par la Mag-
deleine en lui disant : Femme, il te sera beaucoup pardonné
parce que tu as beaucoup aimé ! — Au fait, les invectives n'y
changeront rien. L'homme n'est qu'une matière pétrissable.
Pressé dans le moule d'une société monstrueuse, il en prend la
forme. Donnez-lui le coup de pouce qui cherche à incarner dans
sa glaise un rêve d'humanité généreuse, docile aux impressions
qui l'enserrent il s'ébauchera en effigie plus proche de l'idéal.
Du jour où l'enfant séduite ne sera plus rejetée au rang des parias, du jour où la loi encouragera son ami d'un jour à le rester
sa vie entière, du jour où, répandues par une propagande officielle, les idées socialistes auront imprégné d'indulgence les
âmes moins sensibles à un faux honneur parce qu'elles n'y auront plus d'intérêt, du jour où, enfin, l'Etat s'offrira, suprême
ressource, pour sauver les délaissées, pour panser la plaie de
leur cœur et rectifier l'allure de leur conscience, on peut espérer, sans apparence de trop d'illusion, que la contagion aura
trouvé son Pasteur.

Plus puissante, plus générale, plus triste que ces deux premières déterminations, la misère entraîne au vice les malheureuses
qui, dans un peuple réfractaire au féminisme, ne trouvent pas
les mille moyens d'existence honnête et aisée offerts aux femmes
par le libéralisme américain. Rien ne reste à démontrer sur ce
chapitre, sinon, ce que les pages précédentes ont posé en hypothèse, que le socialisme supprime la faim. Il fait plus : il supprime la richesse individuelle. Derrière la faiblesse de la chair,
en avant d'elle plutôt presque toujours, ce qui entraîne tant de
filles, primitivement honnêtes, aux hontes de la galanterie, c'est
l'espoir d'une fortune singulière ; qu'un riche freluquet les distingue dans le tas, qu'un vieux monsieur, tout béat, se laisse plu-
mer par leurs doigts de fées, pour enfin, d'échelon en échelon,
parvenir aux sommets et après avoir, comme la Païva tombée

autrefois d'inanition sur un terrain vague en bordure des Champs-Elysées, construit un princier hôtel sur le théâtre même de leur angoisse, et se mêler, comblées d'hommages, à la fête insolente qui défile vers le Bois. Leur épargner de pareilles tentations, c'est encore un bon moyen de suggérer aux jeunes débutantes des conseils de sagesse. Plutôt que de rouler perpétuellement de prolétaire en prolétaire, il leur semblera préférable de s'immobiliser sans plus de retard dans les bras de l'un d'eux. Le métier ne paye pas.

Il ne paye pas, faute d'amateurs disposant de gains disproportionnés à leur mérite. Supprimer la faculté de concentrer entre leurs mains de quoi faire vivre une foule, ce que ne se propose pas le capitaliste, c'est leur enlever du même coup, faveur singulière, les basses ou orgueilleuses jouissances où ils se dégradent ; c'est aussi éclaircir le bataillon de turpitudes et de misères qui s'offre en retour de leurs écus. Désormais, restent seules les névrosées avides de grossières trépidations. Chair de folie, parfois il les faudra soigner en des institutions spéciales. Pour le principe, mieux vaut les abandonner, libres, à leur destin. N'est-ce pas aussi pour sauvegarder la liberté de l'homme qu'ont dû sembler équitables les dispositions proposées sur le régime familial ? Nul adulte, désormais, ne doit se voir contraint à suivre une voie que ne lui indiquerait pas son désir ou sa conscience. Sans aucune restriction, si ce n'est le droit d'autrui précisé dans les pages qu'on a lues, les sociétés autorisées à exercer une propagande morale, sont là, confessionnelles ou laïques, pour éclairer les esprits, élever les cœurs, soutenir les courages. L'Etat ne peut que contempler le drame et en laisser se poursuivre le cours. Le Socialisme Fédéral s'affirme protagoniste obstiné des libertés individuelles ou collectives qui ne deviennent pas nocives aux libertés étrangères.

DE LA LIBERTÉ (Suite)

3° Exemple de la modération qu'il convient d'imposer au droit de propriété de l'Etat

Mû par ce même principe, le socialisme entraîne l'abstention partielle ou absolue de la législation en plusieurs questions encore.

Aboli en principe, l'héritage peut être autorisé pour les surcroîts de gain obtenus par un supplément de travail ou pour les salaires supérieurs délivrés en retour des meilleures œuvres d'esprit. Ouvrier de l'usine, du bureau ou de l'atelier, celui qui mérite plus que ne requièrent ses besoins personnels et ceux de sa famille, peut économiser, si bon lui semble, au lieu de tout dépenser de son vivant, — ou bien il meublera son domicile de menus ou importants objets d'art. Cet argent ou ces reliques de sa pensée, il serait barbare de lui refuser le droit de les transmettre à ses enfants. Ne craignons pas que de si faibles épargnes, accumulées en une même famille de génération en génération, finissent par reconstituer un capitaliste dans la personne de l'un des lointains descendants. Quotidienne et générale, l'expérience est faite, que la jeunesse imprévoyante préfère dissiper ce qu'elle peut puiser dans la bourse paternelle. Il n'en est pas moins vrai qu'un Edison ou un Carpeaux, s'ils aiment une vie simple, peuvent laisser à leur mort des propriétés importantes, juste rémunération de leur génie. Le cas mérite d'être examiné.

Qu'ici comme ailleurs s'applique le principe de libéralisme absolu qui caractérise le socialisme fédéral. Non seulement les enfants hériteront, mais le père aura le droit de tester en faveur de celui qu'il jugera le plus digne. Les gouvernements issus de la Révolution excipent d'une apparence spécieuse de préoccupation égalitaire, pour maintenir le partage obligatoire. Il leur est plus facile de justifier leur prétention à professer une théorie sur cette question qu'en matière morale ou religieuse. Là,

c'était une usurpation évidente que de trancher en docteur. L'E-
tat. républicain ou monarchiste, ne devait employer la force
qu'à faire respecter sa forme politique, la constitution et les lois ;
en tout ce qui concerne les opinions religieuses ou morales.
comme scientifiques ou artistiques, il n'a essentiellement pour
mission que de favoriser l'exercice sans entraves de la liberté
personnelle. Le principe démocratique lui-même entre en jeu,
dès qu'il s'agit d'héritage. Déjà en soi l'objet ressort à la compétence de l'Etat : à lui de régler les conditions du travail, en
s'inspirant, soit des libéraux de l'économie politique, soit des
égalitaires issus de la Révolution, ce qu'il fait, soit des socialistes, ce que nous espérons qu'il fera. Il y a plus. En tant qu'égalitaires, parce que démocrates, nos gouvernements du XIXe siècle, voyant à l'œuvre l'institution française de l'ancien régime,
actuellement encore florissante en Angleterre, ont remarqué
l'effet général produit par la liberté de tester : dans la réalité,
elle profite exclusivement aux classes capitalistes, développe leur
puissance d'absorption et de domination, consacre et aggrave
leurs privilèges, quoi que fasse la loi pour les abolir. L'esprit
démocratique n'a pas cru devoir tolérer ce moyen détourné de
lui faire perdre le fruit de ses conquêtes. Qu'il ait tort ou raison,
ce serait encore une question relativement accessoire à longuement discuter. On pourrait reprendre une observation déjà uti-
lisée, à savoir que les conditions toutes changées atténuent singulièrement la valeur du principe. Dans l'état présent de la société française, à part de gros capitalistes dont le socialisme
seul pourrait avoir raison, ploutocratie que le partage égal des
héritages n'arrivera jamais à faire disparaître, depuis longtemps
l'aristocratie financière a disparu, ce qui n'est point le cas en
Angleterre. Il en résulte que les mœurs françaises se trouvent
orientées dans le sens d'une large répartition de petites fortunes.
Un sociologue bien documenté pourrait seul démontrer si, en de
telles conditions, la liberté de tester n'aurait pas désormais la
liberté d'assurer la perpétuité aux entreprises privées qui constituent le fond de la richesse globale, et que peut-être le père serait heureux de pouvoir transmettre son champ ou son usine à

l'un de ses fils, quitte à laisser aux autres de quoi se tirer d'affaire par ailleurs, et comment enfin, n'étant plus obligé de réduire sa progéniture à l'idéal d'un fils unique et à l'espoir d'une fille, délivré de l'angoissante perspective de voir son établissement, fruit des efforts de sa vie entière, vendu à l'encan s'il a plusieurs héritiers, il serait aisément porté à en faire beaucoup. Cantonnées dans la sphère d'une philosophie de la politique, ce sont là pour nous considérations secondaires. Le fait dominant reste l'anéantissement de la liberté ; la minorité qui désire la liberté de tester est sacrifiée.

On voit assez dans quelle intention cet exemple a pu être proposé. Au regard du socialisme les problèmes qu'il comporte ne souffrent d'autre solution que celle d'une suppression radicale, n'atteignant pas, cependant, la transmission des économies consacrées à se procurer quelques objets d'usage personnel ou constituant une épargne nécessairement médiocre. Nul ne contestera que s'il était possible de trouver un autre régime, sauvegardant le droit des minorités et les délicatesses de la volonté paternelle, il y aurait là le progrès de la liberté. Voilà une de ces tautologies qu'il est utile d'énoncer pour solliciter la réflexion.

.˙.

Une fois réglementées ainsi les dernières facultés de propriété personnelle, il ne paraît pas opportun d'étendre outre mesure les droits de propriété collective de l'État, ou, pour parler plus exactement, de lui confier dans une trop large mesure la gérance de fonds dont il n'aurait pas strictement besoin pour les services qui lui sont attribués. Il n'a que trop de propensions à tout absorber. Réduisons-le à des ressources congrues.

L'histoire nous montre une glorieuse galerie de génies indépendants qui, sans appartenir à aucune école, et parce que précisément ils n'appartenaient qu'à eux-mêmes, ont fait accomplir de soudains bonds à l'humanité hors des étroits sentiers de la tradition. Certes, ils ne furent pas rares sur le sol de France. Ceux qui viendront à l'avenir pourront ne pas être inféodés à une société générale, suzeraine de la spécialité qu'ils se sont choisie. Rêveurs libres et jaloux de leur solitude, ils ne sont point fonctionnaires de l'Etat, mais simples bibliothécaires ou chimistes de leur commune. Et voilà que leurs recherches, enfouies au secret de leur cabinet ou de leur atelier, aboutissent un beau jour à quelque découverte, à un livre, à une substance industrielle qui doivent enthousiasmer ou enrichir la nation. Et, puisque nous supposons la nation assez éclairée pour accueillir avec empressement toute nouveauté de valeur, celle-ci rapporte en peu de temps une somme d'argent plus ou moins extraordinaire, — toutes choses continuant à se vendre suivant l'inévitable loi de l'offre et de la demande, avec de fortes primes pour les œuvres supérieures. Qui bénéficiera de cet argent? L'auteur n'y a pas un droit absolu. La société qui l'a préparé et qui est assez cultivée pour le comprendre y a tout au moins autant de droits que lui : voilà une de ces vérités depuis longtemps mises en lumière, et qu'il serait fort étonnant de ne pas voir encore généralement acceptée, n'était l'opposition que lui fera toujours l'égoïsme développé par notre régime de propriété personnelle. Cet égoïsme n'existe plus, dans l'hypothèse. Il suffit à l'inventeur, à l'écrivain qui vient de produire son chef-d'œuvre, que, d'une façon ou de l'autre, la société le récompense, proportionnellement à la valeur de son travail par rapport à celle des travaux vulgaires, de manière à lui assurer une large existence, mais sans lui permettre d'écraser les Philistins de son luxe et de son insolence. Les principes de cette rémunération équitable ont été posés au chapitre III.

Oh ! alors, objectera-t-on encore une fois, n'espérant pas la fortune et l'orgueil qu'elle confère, il ne fera rien, vous le découragez d'avance. — Quelle erreur ! Un Denis Papin ou un Marcel Deprez, un Puget ou un Puvis de Chavannes, un Corneille ou un Victor Hugo, pensez-vous, n'aurait travaillé que pour le vil métal., se condamnerait à ne plus penser s'il n'avait d'autre ambition qu'une satisfaction stérile ? Il fera son chef-d'œuvre, pour l'amour de son art, pour conquérir la gloire, si l'on veut. Voici je suppose, Léonard de Vinci socialisé, dans une commune de Paris, travaillant en son atelier du boulevard Péreire, pendant

quatre ans, à la Joconde, libre de toute école, farouche créateur,
ennemi de toute administration. Son tableau vaut un million —
le musée du Louvre ne s'en dessaisirait pas à ce prix.— Admettons qu'on lui donne là-dessus cent mille francs. Où vont les
neuf cent mille autres ? Auquel des trois ordres de la République ? Nulle société générale — une société artistique dans l'espèce — n'y a droit. Pourquoi l'Etat mettrait-il la main sur cette
aubaine ? Il semble plus naturel de l'attribuer à la commune assez
heureuse pour posséder un tel homme. A moins de la supposer
composée de triples et centuples crétins, elle saura bien satisfaire l'amour-propre, les besoins de repos ou de voyage de celui
qui l'illustre et l'enrichit ; elle lui évitera seulement les dangers
et l'injustice d'une opulence démesurée ; elle consacrera la grosse
somme aux affaires qu'elle dirige dans l'intérêt de tous ses membres, aux besoins des pauvres bougres qui n'ont pas de génie :
— est-ce leur faute après tout ? et est-ce un mérite à l'autre d'en
avoir ? Je veux bien que la « Société nationale des Beaux-Arts »,
le ministère même qui les protège aient quelque droit à réclamer une partie des bénéfices : sans les musées, sans les artistes
dont les causeries, les exemples, l'émulation contribuèrent, assurément pour beaucoup, à son éclosion, ce talent prodigieux ne
fût point devenu du génie, lequel n'est pas seulement une longue patience, mais une longue étude d'œuvres déjà belles. Si
donc on juge équitable de partager, que trois cent mille francs
aillent dans chaque caisse, et n'en parlons plus, — pourvu que
l'Etat n'engouffre pas tout ! Il y prendrait goût trop aisément,
on ne pourrait bientôt, commune ou société, lui arracher que
les os de toute autre proie !

Et elles sont nombreuses. Outre le cas typique dont il vient
d'être question, tout homme supérieur vivant librement de sa
profession sans être attaché spécialement à une société, élec-
tricien d'une grande municipalité, médecin des hôpitaux, mé-
canicien, agriculteur, que sais-je ? peut à chaque instant faire
des découvertes entraînant la fortune ; dans les pays dont le sol
n'est pas encore bien exploré, le premier venu peut rencontrer
une mine d'or ou de houille ; ceux qui ont la chance de trouver

dans leurs champs de larges gisements riches en phosphates, en font une exploitation colossalement lucrative : et ces deux dernières catégories d' « inventeurs » ne méritent vraiment pas de devenir des Crésus. Pourquoi l'Etat empocherait-il le bénéfice de leur bonheur et celui du talent ? Ici, la propriétaire — je veux dire l'administrateur — de ces biens est tout indiqué. Il se constituera une société nouvelle, industrielle ou commerciale, à laquelle l'Etat n'aura le droit d'apporter nulle entrave, sinon que, chargé d'examiner sa demande en autorisation, il lui faudra préalablement discuter le bien-fondé de son désir d'exister, ses chances de succès, les moyens d'action dont elle s'est assurée, capitaux, crédit, relations, fournis par d'autres sociétés, par des communes, par l'Etat même s'il le juge à propos, mais sans que l'on puisse admettre qu'il s'arroge la préemption.

Au reste, on ne saurait ici que poser un principe très général, sans concevoir même approximativement où devra commencer son application. Il y faudra des lois longuement étudiées.

V

**Nationalisme
et Internationalisme**

Préoccupé jusqu'ici de poser des limites à l'omnipotence de l'Etat, désireux de lui arracher toute faculté d'ingérence inutile ou vexatoire dans l'exercice de la liberté individuelle, communale et sociale, notre but pourrait être considéré comme atteint, s'il suffisait de conclure à laisser entre les mains du gouvernement et du corps législatif toutes les autres attributions que la constitution républicaine leur a confiées. Encore serait-il bon, pour la clarté des principes, d'énumérer ces dernières, mais il ne suffit pas d'une simple énumération : sur chaque branche de l'administration se greffent une foule de détails où l'on doit faire le départ entre les attributions de l'Etat, naturellement porté au césarisme, et l'indépendance, plus ou moins large, due aux citoyens. D'autre part, l'esprit du Socialisme Fédéral entraînera souvent des modifications au régime consacré.

Il ne paraît pas inutile d'expliquer, premièrement, pourquoi et dans quels termes il laisse subsister les nations.

Pour réaliser un fédéralisme logique et complet, le socialisme poursuit jusqu'au bout du monde son système d'union entre fractions d'humanité constituant des personnalités distinctes, dont le jeu s'exerce librement et se combine avec harmonie.

A supposer même constitués les Etats-Unis d'Europe, il faudra toujours bien un gouvernement particulier à chacune des nations : leur caractère propre, leurs institutions traditionnelles, leurs mœurs, leurs croyances, leur génie exigent une législation spéciale, une conduite appropriée. Et c'est très bien ainsi. Grand dommage, si tous les hommes étaient bâtis sur le même patron, se suivaient comme des bœufs ! La variété dans l'union est la condition même du progrès. Il faut que l'originalité des uns éclaire celle des autres. Ça n'empêche pas d'être bons amis, au contraire, puisque l'on se communique ses richesses respectives et que l'on est convenu de ne plus se tuer mutuellement. Les nations sont entre elles comme les communes dans la nation, indépendantes autant que possible, unies pour le nécessaire.

Il n'est personne, parmi les socialistes réfléchis, qui ne comprenne l'impossibilité d'obtenir les principales réformes promises au prolétariat, si l'on ne parvient au préalable à mettre d'accord sur ce point toutes les nations industrielles du monde. Vouloir donner l'exemple, en France, par exemple, de la journée de huit heures, ou simplement de l'interdiction absolue du travail de nuit, serait folie pure et simple, si les autres Etats ne prenaient en même temps la même mesure : la France serait écrasée par la concurrence. A ce point de vue, l'internationalisme de la législation ouvrière devient une nécessité.

Et il est aussi une chimère. Les peuples qui se disent civilisés ne le sont pas encore assez pour s'entendre sur les points essentiels. Les plus avides de richesse, qui se croient de ce fait les plus avancés, ne renonceront point de gaieté de cœur à l'exploitation des classes laborieuses, d'où elles tirent tant d'avantages pour le capital. Que la commission de l'Association internationale pour la protection des travailleurs, récemment réunie à Bâle, soit animée des meilleures intentions, nul n'en doute. Mais qu'elle espère entraîner peu à peu l'adhésion des parlements aux réformes fondamentales que réclame le socialisme, outre que tel n'est pas même son but, elle ne peut se leurrer d'une pareille illusion. Le fait de compter parmi ses membres un ex-ministre de Guillaume II, M. Bertepsch, un délégué du Conseil fédéral suisse, M. Scheuer, un député français, M. l'abbé Lemire, voilà sans doute un précédent capable d'attirer ou de forcer l'attention des corps législatifs. Admettons qu'ils en viennent à interdire sans exceptions possibles le travail de nuit ; — jamais ils ne consentiront à accorder les *trois huit*. Il leur faudrait l'accorder tous à la fois, et sans réduire les salaires. Le capitalisme, qui dispose des influences déterminantes, y opposera toujours son *veto* quelque part dans le monde. Alors, il n'y a rien de fait. La loi, comme nous l'avons établi en ouvrant ce livre, se montre ainsi impuissante tant que le régime de la propriété privée domine à son profit les conditions économiques.

La commission de surveillance du travail n'a étonné personne en observant, dans son rapport du 26 septembre (*Journal Officiel*), que, dans le cas où un employeur se trouvait obligé d'observer les lois relatives aux femmes et aux enfants, en ne leur imposant plus que 10 h. 1/2 de travail au lieu de 11 heures, prescription applicable depuis 1902, cette réduction a produit l'effet prévu par les économistes : les ouvriers travaillant à la pièce, spécialement les adultes, qui, dans les ateliers mixtes, bénéficiaient de la réduction, ont produit le même nombre de pièces pour avoir le même salaire ; les ouvriers à la journée ont diminué leur production, n'ayant pas intérêt à la maintenir. D'où affaissement de l'industrie française, qui déjà luttait péniblement contre l'étranger. Que sera-ce en 1904, lorsque la loi du 30 mars 1900 aura produit son plein effet, et que le travail sera réduit à dix heures ? N'est-il pas évident qu'en adoptant les huit heures socialistes, la France se tuerait de gaieté de cœur ?

Il n'est plus besoin, au contraire, d'une convention internationale pour établir sans danger le socialisme intégral dans un

seul pays. Si l'on admet que la communauté du Capital et la répartition des bénéfices entre les dirigeants et les dirigés proportionnellement à leur mérite permette de réaliser simultanéme.it
ces quatre conditions de prospérité : augmentation des salaires,
réduction des heures de travail, développement de l'initiative
par le fait que tous les associés sont intéressés directement au
succès, enfin et en conséquence maintien du niveau quantitatif
de la production, une nation, petite ou grande, peut fort bien
seule donner l'exemple de la réforme sans en souffrir. Hardiesse
et générosité, voilà des qualités qui ne manquent pas à la France,
mais plutôt à certaines de ses concurrentes. Il serait d'un nationalisme plus intelligent et plus noble de la déterminer à prendre
cette initiative que de la pousser dans les voies du militarisme
et de la réaction.

Universel et absolu, l'internationalisme n'est qu'une chimère
dangereuse ; restreint à des rapports amicaux dont les objets
soient précis et puissent pourtant se multiplier indéfiniment, il
serait la première syllabe du dernier mot de la civilisation, préparant l'ère apocalyptique où la justice et la fraternité règne-
ront en rêve et en poésie. L'homme sera toujours plus ou moins
loup pour l'homme. Espérer que jamais tous soient de vrais frères, c'est mériter l'application du mot de Pascal : « Qui fait l'ange
fait la bête. » Et il n'est pas trop à regretter, au fond, que nous
ne puissions être des anges. Ces êtres asexuels et oisifs, béats et
dépourvus de besoins comme de désirs, seraient fort empêtrés
dans les complications de la vie, où il faut aimer et agir, souffrir
et satisfaire un ventre et un cerveau. De la lutte entre les égoïsmes, s'ils sont bien équilibrés sans que l'un nuise à l'autre,
naissent la belle diversité, le drame palpitant, l'orgueil des vic-
toires, l'ivresse des bienfaisances. Que vient-on nous parler d'une
douceâtre union des cœurs, dont la mièvrerie, si elle était possible entre travailleurs, exposerait le godiche à être roulé par le
malandrin ? Mieux valent les bons diables d'hommes, sachant
ce qu'ils veulent, poursuivant leur bonheur par le déploiement
de leurs forces, sans autres limites que les réluctances des forces opposées. Nous ne voulons point d'un équilibre statique, mais

dynamique et ondulatoire, les oscillations alternantes du victorieux et du vaincu — sur des points de détail et non sur l'ensemble — produisant les incessantes réactions qui propagent dans la masse les ressauts infatigables de la chaleur et de la lumière. Entre individus, la concurrence des valeurs et des efforts assure les premières places aux plus dignes. Entre communes et sociétés de travail, la fortune, la gloire, l'influence avantagent les plus habiles et les plus actives. Entre nations, loin de s'éteindre, l'émulation, ardente déjà, s'accentue, s'exaspère, s'étend plus loin et porte sur plus d'objets. Ce n'est pas assez que la science, l'esthétique, les communications, la finance, les aspirations ouvrières soient devenues internationales, avec ce caractère de lutte pacifique et féconde d'où jaillit le progrès ; il faut que l'industrie, le commerce, la culture, la politique, la morale le deviennent aussi, bondissant bien au delà du cercle étroit des échanges entre particuliers. Sur le vaste emporium du monde civilisé, que l'offre de tout ce qui alimente la vie physique et intellectuelle suscite la demande et oblige, par l'exigence des clients, le zèle des producteurs ! C'est grâce à la fréquence des relations et à l'intensité des prétentions respectives, que l'on parvient à se comprendre et à s'apprécier. Du moment que l'on estime votre puissance et votre sagesse, on s'applique soi-même à pouvoir discuter avec vous sur un pied d'égalité ; chacun des adversaires cherchant à l'emporter par l'audace des combinaisons, par la qualité des produits ou la réduction des frais, si d'autre part, le consommateur en profite et le spectateur s'en réjouit, ce n'est plus, du même coup, une guerre de canaques, une folle bataille d'extermination, c'est un désir de mieux faire et une prédisposition à s'entendre : on préfère s'associer, convaincu de la loyauté longtemps éprouvée dans la résistance, — et voilà un groupe de plus dans le fédéralisme mondial qui peu à peu joint les nations. Elles y subsistent avec leurs caractères propres, leurs ambitions et leurs ressources : telles les personnes variées composant une commune, une société de travail ou un ministère. Impossible, l'unification des espèces humaines n'est pas davantage désirable, ni l'identification de leurs intérêts, mais leur union sur un terrain commun de lutte et de progrès. De même que les historiens ou les numismates, les philosophes ou les physiologistes se communiquent en les publiant, leurs découvertes, après en avoir tiré la gloire et, s'ils le peuvent, le profit, ainsi les métallurgistes ou les tisserands, les viticulteurs ou les meuniers, s'étant acquis des brevets de propriété flatteurs et lucratifs, feront profiter le monde de leurs inventions vendues, et susciteront les perfectionnements dont peuvent être capables ceux qui les auront momentanément dépassés ; — or, ces avantages n'appartiendront plus, comme nous le voyons avec tristesse, à un égoïste, à une petite société jalouse et cachotière, à une nation qui se croit forte de ses secrets : Ils seront possession indivise d'une vaste coopération répandue par le monde, et qui en fait profiter ses membres chiffrés par millions, et qui stimule à poursuivre un but encore plus élevé d'autres grands syndicats dont les aptitudes ne sont pas moindres, ni la hardiesse moins généreuse.

Tel serait l'aboutissement logique et le contrepoids nécessaire des trusts d'accaparement. Sans concurrence, s'il est vrai, comme le prétendent les Américains, qu'ils réalisent effectivement une diminution des prix de la vie — ce qui ne les empêche pas, au besoin, de priver le peuple de charbon pour un hiver entier, ils n'en risquent pas moins de devenir, un beau jour, une arme contre la sécurité publique. Puisque nous ne recevons point d'instigation à les imiter de nos mœurs financières et commerciales, ni du chiffre de notre population, ni, avouons-le, de la décision de notre volonté, nous autres Français qui aimons les bonnes petites affaires, vous autres Allemands qui aimez les grandes mauvaises affaires, la chose est simple, associons-nous en bons amis sur ce terrain de défense économique, avec vous aussi, Messieurs les Anglais, qui ne tarderez pas, si vous refusez, à vous trouver débordés en l'île de votre splendide isolement. A nous trois, ne vaudrions-nous pas toutes les Amériques réunies ? Et ce serait bien autre chose qu'un consortium de capitalistes. Quand on empoche des milliards, on a beau se prétendre philanthrope, le peuple en souffre. Je tiens d'un Américain même

que M. Rockfeller, chaque fois qu'il fonde une nouvelle bibliothèque, la fait payer par les consommateurs de son pétrole, dont
il hausse les prix. Encore n'est-ce rien : s'il est déjà méritoire de
chercher à ce Pactole des terrains d'épandage, bibliothèques ou
hospices, musées ou palais de la paix, cent fois encore mieux
vaudrait ne pas avoir privé du plein usage ceux qui par leur
travail, ouvriers et ingénieurs, ont canalisé le fleuve, en ont
creusé le lit, a lieu d'en accaparer les paillettes d'or ravies aux
mille terrains qu'il traverse, faire partager aux uns les bénéfices et permettre aux riverains de moins dépenser, en abaissant
davantage les prix, jusqu'à la limite où le capital de réserve
appartenant aux uns et aux autres, doit se maintenir pour parer
les risques et développer les opérations.

La voilà, rationnelle et virile, la fraternité d'efforts et de services mutuels, dans la communauté des intérêts, des épreuves
et des espoirs. La balance ne risque plus de s'affoler ; en chaque
plateau des deux parties du monde s'ajoute incessamment une
idée, une création, un succès, une foule, une résurrection d'énergie ; jamais l'un des poids, démesurément trop lourd, n'entraînera le servage définitif d'une moitié de l'humanité pensante.

C'est alors que l'arbitrage international devient un idéal réalisable, une source de solutions acceptables par les parties intéressées, par toutes les nations solidaires, au lieu de ne s'imposer,
comme nous le voyons, qu'aux rêveurs et de servir de pions dociles sur l'échiquier politique. On ne l'agrée plus par fantaisie,
quand on y voyait avantage ; on ne le rejette plus au mépris des
protestations antécédentes, si l'on se sentait en mesure d'imposer sa volonté : — on s'est engagé réciproquement à y recourir
en des cas précis, les plus nombreux, ne livrant aux décisions de
la guerre que les éventualités formidables où pourrait sombrer
l'existence ou l'honneur essentiel, non la simple vanité, d'une
nation entière. Non point seulement à cause de ces extrêmes
nécessités, mais parce qu'une preuve de force immanente détermine le respect et l'amitié des autres peuples, comme le développement d'une inépuisable énergie provoque l'estime entre sociétés de travail et l'affection entre individus, voilà ce qui en-

traîne le maintien des armées, du moins réduites, proportionnellement à leur puissance actuelle, au nombre strictement requis pour la défense nationale, et dans la mesure où toutes réunies pour une action commune pourraient sans inquiétude affronter une autre armée, japonaise ou turque, qui n'aurait point diminué ses effectifs. Il n'en reste pas moins une porte toujours ouverte à l'apaisement des conflits par voie de conciliation. C'est encore le plus beau rôle que l'on puisse réserver à l'armée, que d'en faire l'effigie impassible et invulnérable qui préside, comme une statue de Minerve, sage, aux œuvres de la paix, forte, aux enthousiasmes qui maintiennent la défense prête. Qu'elle inspire également de son double génie les peuples alliés, elle les décidera, par crainte et par sympathie, à recourir aux négociations de préférence aux égorgements.

VI

L'Arbitrage appliqué à la Justice dans un Etat socialisé

N'est-ce pas encore un point de vue étroit, que d'appliquer ce principe d'arbitrage seulement aux relations des peuples ? Chimère pour chimère, il n'en coûte pas plus d'en vouloir faire bénéficier tous les citoyens, dans leurs rapports entre eux, et avec la société de travail ou la commune dont ils sont membres, et enfin même avec l'Etat. Sans conteste, rien ne serait pué il comme de concevoir une pareille idée au bénéfice de l'humanité imbue des traditions de propriété individuelle. On a bien pu confier aux conseils de prudhommes la décision par arbitrage d'un certain nombre de menues contestations. S'agit-il d'intérêts importants, de crimes contre les personnes, ni les plaignants lésés, ni la loi poursuivant les assassins ou corrupteurs, ne consentiraient à se priver d'avocats et de juges. Les raisons n'en sont point les mêmes dans les deux cas ; elles ne se présentent pas de valeur équivalente et ne peuvent subir des modifications parallèles.

En matière d'intérêts, toute la procédure s'écroule. Destinée à l'application du   e civil en tout ce qu'il édicte pour la protection des biens pi.   s, elle n'a plus rien à appliquer du jour où le code civil affecte ce chapitre à la protection des propriétés communales, sociales et nationales, seules persistantes. Pourquoi ne pas continuer, pensera-t-on, à mettre en œuvre l'appareil traditionnel pour avoir des hommes du métier qui, avec l'expérience acquise, jugent les conflits entre ces trois ordres de propriétés, d'après les règles régissant déjà les procès entre nos sociétés commerciales et industrielles? Parce que l'arbitrage est devenu possible, et qu'en soi il est préférable. Que l'institution lésée et la défenderesse soient obligées, si elles n'ont pus'entendre à l'amiable, de choisir des arbitres procédant, comme nos jurys, au palais de justice. Mieux que tous les avocats du monde, ces arbitres peuvent connaître de la question et en argumenter, si comme le conseille l'intérêt des parties, on les choisit compétents. Le jury ne l'est guère, on le voit chaque jour. Désigné complètement au hasard, que veut-on qu'il discerne dans le maquis de la chicane? Bienheureux que son bon sens dirige en somme si justement la sentence! Nos arbitres entre institutions désormais seules plaignantes, ne sont plus de fortuits-bourgeois, mais des hommes de la partie, librement choisis d'un commun accord des contestants, parmi les plus instruits et les plus sages. Ils comprennent aisément la loi, moins compliquée, enveloppant en un petit nombre de principes des cas où ne viennent plus s'enchevêtrer les conditions personnelles et où sont restreintes les circonstances particulières. Véritablement arbitres, on s'en remet à leurs connaissances des affaires et à l'impartialité de leur conscience. De même que, dans la presse, les représentants de l'opinion, ils peuvent dire en bloc, avec un général discernement instinctif : Le droit est par ici, le tort par là ; mais, spécialistes pénétrant les dessous, ils estiment, mieux que des magistrats enfermés en leur armure de formalisme, où se trouve une partie des droits, où une partie des torts. Moins raide, la justice devient équitable ; moins textuelle, la voilà humaine ; mieux informée, elle s'évertue à se

montrer exactement distributive. Que préfère-t-on ? la perspicacité de l'homme qui envisage la chose justiciable en elle-même,
ou l'argutie du record ne l'apercevant que dans ses rapports
avec une théorie codifiée ? L'arbitre n'est point voué par vocation, par serment et par goût à la satisfaction des légistes ; il ne
met pas son honneur et son plaisir, sa gloire et son espoir d'a-
vancement à savamment torturer le souple organisme des lois
et de leurs commentaires. Il dit . *Est, est ; non, non.*

C'est aussi là ce qu'on invoque à la défense du jury, pourtant
loin de présenter des garanties comparables à celles dont les arbitres soigneusement élus pourraient se prévaloir. Tel qu'il
vient d'être exposé, l'arbitre réunit les deux compétences de
l'expert et du juge. On peut estimer regrettable de les voir séparées. Quand un expert produit son rapport, comment la mentalité du magistrat, étrangère à la question, pourrait-elle s'assimiler intégralement la question et prononcer en pleine connaissance de cause ? Des considérations « juridiques » l'emportent.
Une société lyonnaise pour l'éclairage par incandescence attaque
une société stéphanoise pour la fabrication des dynamos. Les
arbitres connaissent les machines, l'installation des courants,
les contrats passés, les personnes qui les ont exécutés, la façon
dont le travail a été fait. Nul expert que les intéressés cherchent
à tromper, ne peut préciser comme ils le font. ni voir les défauts
de la cuirasse ; nul juge ne peut dire avec la même conviction :
Voilà ! — Et nul juré ne le peut davantage, en matière crimi-
nelle. Il n'a jamais connu la femme coupée en morceaux, sa famille, son entourage, son magot caché, l'état d'esprit de l'accusé,
ses mobiles, son passé. Il prononce au hasard de sa bonne foi.
Qu'y faire ? Et pourtant nous sommes satisfaits de cette ignorance que n'aveugle pas encore l'instrumentation du prétoire. N'y
changeons rien, si ce n'est d'accorder au jury des attributions
étendues à des cas plus nombreux.

Mais partout où l'arbitrage serait possible, c'est-à-dire en toute
contestation de droits respectifs, établissons la faculté d'y recourir, et non point l'obligation : là encore la liberté reste sacrée
de l'institution que l'on préfère. Déjà que l'on s'entende à insti-

tuer de concert un tribunal d'arbitrage, sans y être contraint, ce seul fait démontre des intentions conciliatrices. Rien de plus instructif que les expériences souvent répétées dans le monde du travail. Entre patrons et ouvriers, c'est là que se trouve la source de solutions la plus favorable aux deux partis. Chacun d'eux voit l'adversaire résolu et modéré, puissant et sage, puis-qu'il ne craint pas la discussion, et qu'il la veut courtoise. Nul ne reste tenté d'employer les moyens de force, mais préfère montrer qu'il les possède, et prévenir l'ennemi de ne point s'ex-poser à les encourir. C'est ainsi que l'on redevient amis... Entre employeurs et employés, une telle amitié ne va pas très loin. Entre vastes groupements composés uniquement de travailleurs solidairement capitalistes, elle engendrerait aisément des al-liances. Les arbitres qui ont réglé le litige pourraient suggérer cette conclusion, la négocier, en conseiller la mise en train, en contrôler l'observance, en rectifier les erreurs.

L'Etat renonçant à imposer, par le ministère d'une magistra-ture à sa discrétion, l'interprétation qu'il lui plaît de ses lois, réaliserait ainsi la complète séparation des pouvoirs. Cette pers-pective ne lui plaît pas. Ayant voulu diriger la nation en lui vo-tant un code, il prétend n'avoir atteint que la moitié de son but si la magistrature reste libre de l'application. Elle peut, en effet, épiloguer, combiner, s'en référer à certains antécédents de pré-férence à certains autres, tourner le texte à peu près comme bon lui semble. Une telle souplesse adoucit la rigueur des volontés législatives, à moins qu'elle ne l'aggrave. Latitude certainement heureuse, qui rend efficace le but proposé par Montesquieu, en permettant aux magistrats de s'inspirer, s'ils le veulent, de « *l'es-prit* » plutôt que de la lettre « *des lois* », et en empêchant le gou-vernement de céder aux intentions sévères de nos dé-putés risque de prendre un caractère politique, religieux, maçonnique ou formaliste, suivant que les juges sont imbus de telle doctrine ou de tels préjugés. Ce fut une vérité d'é-vidence quand la République imposa ou occasionna la démission de l'ancienne magistrature. La nouvelle, révocable et triée, se trouva plus dans sa main pour diriger la France dans les voies du parti radical, au moyen d'interprétations, fort consciencieuses sans aucun doute, mais inspirées par l'état d'esprit antérieur des nouveaux hommes de robe. Qu'entre les intéressés s'interposent des arbitres, ils seront moins sujets à introduire dans les affaires un coefficient personnel. Le sens du texte législatif une fois saisi, les objets du litige, en eux-mêmes, en détermineront seuls l'application.

VII

La séparation des pouvoirs

Corrélativement à la sincère application du principe de la séparation des pouvoirs, et par une conséquence immédiate, il leur faut accorder une compétence plus étendue et une activité moins contrariée, comme elle l'est sans cesse, par les jalouses prétentions des pouvoirs différents. On les voit souvent adverses ; leur action devrait être parallèle et mutuellement adjuvante. Sans tomber dans l'ombre même du césarisme, pour soustraire, au contraire, les chambres législatives au danger d'outrepasser leur naturelle destination en imposant la théorie du parti vainqueur sans tenir compte du droit des minorités, le socialisme, en tant que fédéral, voudrait conférer au gouvernement, président de la République et ministres, une puissance plus efficace qui donnât quelque degré d'initiative au pouvoir exécutif. De ces personnages, le premier n'est pas responsable, les seconds ne le sont que vis-à-vis des Chambres. Ils devraient l'être l'un et l'autre vis-à-vis de la nation. L'extension de la responsabilité entraîne celle des attributions pratiques. Sans rien changer d'essentiel à notre constitution, on aimerait à voir dans l'Etat des forces équivalentes se faire équilibre, telles que sont, dans la vie civile, les organismes socialisés, et, dans la politique extérieure les nations constituées en Etats-Unis. C'est leur valeur qui, les rendant respectivement formidables, provoque une réciprocité d'estime et de confiance dont se cimente leur alliance. Qu'au lieu d'exécuter sans observation, simple dépositaire de la signature nationale,

les ordres des corps législatifs, qu'au lieu d'être près des ministres un vénérable conseiller que l'on écoute si on le veut bien,
le président, choisi à ce dessein parmi les hommes de haute
énergie et rompus au maniement des affaires, soit autorisé par
le consentement national à diriger, s'il le peut, la politique générale, à se choisir les ministres de son gré sans plus être obligé
de subir ceux que lui imposent les partis triomphants et de les
changer à chaque revirement du kaléidoscope parlementaire :
ne voit-on pas là une garantie de sécurité, une promesse de suite
dans les idées, un facteur de directions réfléchies, volontaires et
conséquentes ? L'eussions-nous eu lors des affaires d'Egypte,
nous n'aurions pas perdu l'occasion unique de faire prévaloir
nos droits et de prendre la place que les Anglais occupent, juste
récompense de leur intervention coûteuse et de leur sage administration. Le monde s'attendait à nous voir agir ; nul n'y aurait
opposé d'objection armée. Tout est perdu, parce que la Chambre
s'est affolée au moment psychologique sur la parole d'un politi-
cien timoré. De tels faits auraient dû suffire à déterminer une
réaction de l'opinion obligeant nos députés à se confiner dans une
sphère plus modeste. Qu'un président conscient de sa mission
et décidé à soutenir la gloire et l'intérêt de son pays, qu'un ministre des affaires étrangères, énergique et habile tacticien capable d'autorité et plein de bon vouloir à tourner au profit de la
France l'hésitation des autres peuples, se fussent prononcés
pour l'intervention immédiate et décisive que sollicitaient l'honneur du pays, ses droits consacrés par le passé, les avantages à
lui réservés par l'avenir, qu'ensemble ils eussent imposé à la
Chambre le sentiment de son propre devoir, c'en était fait, du
coup la France reprenait dans le monde son rang, qui fut le premier. Le fédéralisme de forces égales et nettement spécialisées
se montre ainsi nécessaire dans la vie politique comme dans la
vie civile. Inutile d'énumérer dans la constitution le détail
inextricable des cas où plus d'initiative reviendrait à l'un ou à
l'autre pouvoir. Les évènements ne se soumettant point d'ordinaire à de pareilles nomenclatures, députés et ministres. suppo-
sés pourvus de tact et de discernement — c'est leur métier —.

s'entendront pour se laisser agir à tour de rôle suivant les circonstances. Un certain chevauchement de leurs attributions est inévitable. Il suffit que leur esprit, déterminé par l'opinion des électeurs et de la presse, les porte à volontiers abandonner la décision et la responsabilité à celui des deux pouvoirs qui devient dans l'occurrence le plus compétent et qui offre les garanties d'intelligence requises pour résoudre la question.

L'accroissement d'indépendance, l'extension de puissance réelle qui consiste dans la liberté des mouvements, d'où s'ensuit une prédisposition à s'entendre pour l'action commune lorsque l'exigent les circonstances, pourraient être assurées aux ministères de la guerre, de la marine et des colonies par un gouvernement investi de la confiance nationale et pourvu d'une autorité sans conteste. Qui explique les dissensions paralysantes dont nous sommes fréquemment témoins entre nos divers organes de défense et d'expansion ? Serait-ce le désaccord des ministres entre eux ? Nullement. Ils voudraient bien qu'une Indo-Chine en formation bénéficiât de toutes les ressources dont ils semblent disposer. Seulement ils sont à la merci de leurs bureaux, de leurs troupes, de leurs flottes ; un scribe cabale contre un scribe, un amiral contre un général, un député contre un gouverneur. Ces messieurs n'éprouvent pas d'animosité envers ceux qu'ils réduisent à l'inertie : Ce sont les prérogatives militaires qui ne peuvent tolérer d'être à la discrétion d'un fonctionnaire civil ; c'est la marine qui doit se restreindre à transporter les troupes sans se permettre une canonnade. En fin de compte, on se regarde en chien de faïence, et l'étranger en profite pour prendre position. C'est alors que l'on regrette un Napoléon au dixième, qui ordonne, et que l'on écoute. Il aurait eu à craindre de ne pas être approuvé par ses collègues et par les Chambres, si l'esprit public favorisait une distribution rationnelle des pouvoirs indépendants et renforcés sur la décision des présidents du conseil et de la République, tête et bras du gouvernement, nos administrations s'entendraient de bon cœur, quittes, pour celle qui se subordonne, à reprendre la prépondérance en une situation différente. Une sincère fédération présente ce caractère singulier de provoquer l'abnégation par l'espoir d'une hégémonie occasionnelle, et de baser le désintéressement sur l'égoïsme bien entendu comme aussi sur le zèle du bien général. En Angleterre, wighs et tories se respectent et s'estiment parce qu'ils sont stables, doués de capacités égales et de force équivalente. Loin de s'en vouloir à mort, ils considèrent le parti opposé comme indispensable à l'équilibre national. Dès que l'un d'eux voit l'opinion pencher pour l'adversaire, il évolue sans hésiter, il adopte la théorie qu'il avait combattue, il fait alliance sur ce point avec le partenaire qui n'est pas un ennemi, il sacrifie tout amour-propre déplacé pour la satisfaction du peuple entier qui le lui demande. Serions-nous donc incapables de cette tactique, belle et fructueuse ? Un observateur a constaté que dans les matches de football, les jeunes Français montrent non-seulement plus d'ardeur, et les Anglais, comme nul n'en ignore, plus de flegme, mais que ceux-ci doivent leur fréquente supériorité à leur esprit de corps : tandis que nos pétulants écoliers luttent chacun pour soi, cherchant à se distinguer personnellement, bousculant leurs propres associés pour tenter un beau coup qui les mette en relief, les fils têtus d'Albion se tiennent groupés comme des soldats sans autre conscience que celle de leur subordination aux règles de l'art. Gouvernés par un esprit de solidarité qui doit assurer le triomphe du groupe et non flatter la vanité de l'un de ses membres, ils attendent à leur poste, prêts à donner tout leur effort au moment précis où le hasard les en sollicitera ; ils se passent le ballon, mettent en avant le camarade le mieux placé, combinent l'action pour le succès mécanique des énergies étroitement hiérarchisées. Du grand au petit, voilà le fédéralisme.

Et voilà en quoi le socialisme se distingue de l'anarchie. Celle-ci énerve les forces en les dispersant. Si elles forment un organisme soumis à des disciplines inflexibles, elles centuplent leur puissance. Ce n'est pas que le facteur de l'initiative individuelle en doive souffrir. Bien au contraire, cette réglementation, volontairement acceptée, le suppose, et a pour but de le porter à de suprêmes efficacités. Quelle que fût la belle tenue et l'habile direction des troupes hindoues pendant la dernière campagne de

Chine, on n'avait là que des hommes mous et passifs, qui faisaient de la mauvaise besogne. Nos zouaves emportent tout à la baïonnette ; la fougue de leur élan, voilà la matière plastique, informée par une obéissance aveugle. Que, dans les institutions civiles, la soumission soit réfléchie et libre, mais tout aussi absolue, pour le fonctionnement intérieur d'une même institution ; Que toutes s'entendent en vue d'une action générale qui s'accorde aisément avec la concurrence en d'autres cas, nous voilà munis d'une puissance nouvelle et incalculable.

VIII

Des services qui devraient être
à la charge de l'Etat

Sur plusieurs points particuliers les attributions de l'Etat paraissent devoir également être étendues et atteindre même jusqu'au monopole. Le monopole ? En soi, rien de plus opposé au socialisme fédéral, qui prétend développer au plus haut degré la liberté privée sous la forme corporative, et n'accorder même au pouvoir central que les fonctions protectrices de cette liberté. C'est encore précisément pour approcher de cet idéal qu'il voudrait monopoliser entre les mains de l'Etat certains services favorables à l'expansion de toutes les libertés. Il s'agit ici de moyens de communication.

J'ai rencontré, je ne sais plus où — je crois ma foi, que c'était dans la Revue des Deux-Mondes — un brave libéral qui établissait cet ingénieux raisonnement : Je ne vais pas entendre la messe ; mais je désire que l'Etat maintienne le budget des cultes, parce que l'église est une propriété publique où tout le monde peut entrer ; de même les routes sont légitimement entretenues aux frais de tous, bien que nombre de personnes s'en servent rarement, et quelques-unes point du tout... On peut aller loin sur le pied de telles assimilations, en toute voie que n'éclaire pas un principe suffisamment réfléchi. La religion est une institution privée, qui doit à sa propre doctrine d'ouvrir ses portes au monde entier.

Que peut-elle réclamer de l'Etat? Uniquement la liberté, en aucun sens la protection, à plus forte raison nuls subsides. Que les citoyens désireux de ses bienfaits les lui demandent ; quant à ceux qui la considèrent comme nuisible, ils sont nombreux ; enfin pour la majorité elle est devenue indifférente. Comment comparer cette situation du public vis-à-vis de l'Eglise avec le besoin universel de communications rapides, sûres et économiques? Les routes ressortissent directement à l'Etat, et que ceux même qui s'en servent peu ne pourraient vivre parce que la totalité presque absolue des citoyens en fait usage, pour correspondre commodément grâce à elles avec les autres humains. A ce titre, il est juste que le budget puisé dans la poche de tous répartisse les chemins à travers tous les points du territoire suivant leurs exigences respectives. De plus, cela est nécessaire, car laissées aux initiatives locales, les entreprises de voirie seraient ici trop actives, là insuffisantes, et surtout ne sauraient concorder pour assurer d'un bout à l'autre du pays la suite indispensable aux relations à longue distance. Si le gouvernement n'en avait depuis deux siècles assumé la charge, la prospérité générale n'eût pu prendre, avant le complet développement des voies ferrées, qu'un essor toujours contrarié ; détail significatif : de nos jours l'industrie intéressante et lucrative des automobiles n'eût pas trouvé les conditions requises à son étonnant succès.

Depuis longtemps, ce ne sont pas seulement les socialistes qui réclament la socialisation des chemins de fer ; ce sont des pays, comme la Hongrie, la Suède, qui l'ont plus ou moins réalisée. Il serait surprenant de voir tant d'oppositions s'élever en France à l'imitation de cet exemple, n'était l'intérêt des capitalistes peu soucieux de la prospérité populaire, et aussi le préjugé des individualistes qui refusent de reconnaître l'Etat capable de bonne gestion. Sans revenir sur la brève discussion déjà faite de ce reproche, observons ici que les antagonistes négligent encore de s'en référer à un principe susceptible de dominer la question. Les chemins de fer étant devenus des moyens de communication tout aussi indispensables que les routes, doivent, confor-

mément aux mêmes raisons, tomber à la charge du budget.
Pour la plupart des citoyens, il n'est nullement facultatif d'en
faire usage ou de s'en abstenir. Mes affaires m'obligent de me
transporter rapidement de Marseille à Lille ; c'est une plaisante-
rie de me dire : Vous pouvez aller à pied, à cheval ou en voiture.
Et le temps, et les frais, et l'affaire manquée, et la fatigue ? Logiquement, l'Etat, de même qu'il offrit des chaussées à la circulation gratuite, aurait dû pour le moins établir des voies garnies
de rails et permettre à toute compagnie autorisée d'y faire rouler
ses wagons. Ce n'eût été qu'une solution incomplète, mais enfin
un commencement de solution. Puisque les particuliers ne peuvent posséder de locomotives et de fourgons pour les lancer à
l'heure qui leur convient, le matériel roulant devenait assimilable au matériel fixe, la voie ne pouvant être non plus livrée à la
circulation ordinaire. Que les capitaux particuliers aient dû prendre l'initiative de ces colossales entreprises, à un moment où
le budget n'était pas en mesure de le faire, soit, si l'on songe
principalement, insinue-t-on, que, faute de bénéfices certains, l'E-
tat n'avait pas le droit d'y aventurer ses finances ? Il n'en avait pas
le droit, dites-vous, parce qu'il y aurait perdu ? A quoi les faits
répondent qu'en définitive il y aurait gagné, et la raison que, si
même il y avait dû toujours perdre, il en avait le devoir. Deux
hypothèses se présentaient : ou bien que, se réservant le monopole des voies ferrées, il les exploitât à la façon d'un capitaliste,
en laissant payer les transports individuellement ; — ou bien
qu'il décidât la socialisation des voies ferrées comme celle des
routes, en faisant supporter les frais, de beaucoup supérieurs,
aux impôts, et livrant en échange la circulation à tous, suivant
leurs besoins. Sous un régime capitaliste, la première de ces
deux hypothèses pouvait seule être adoptée. Elle aurait dû l'être.
Puisque les compagnies ont sans cesse accru leur exploitation,
c'est qu'elles y ont trouvé avantage. L'Etat aurait touché leurs
bénéfices, ou du moins en partie ; il ne serait toujours pas resté
en perte. Obligé d'emprunter, il ne se trouve pas dans la situation d'un capitaliste qui place directement son argent et touche
intégralement des dividendes ou des intérêts : l'emprunteur doit

commencer par assurer un tant pour cent à son créancier. Or, l'Etat pouvait trouver ce qu'il voulait, dès cette époque à 4 %. A supposer qu'il n'eût jamais gagné que ce revenu par l'exploitation, il ne perdrait rien ; et, comme il a converti en 3 ou 3 1/2, il gagnerait maintenant la différence. Au lieu de cela, il garantit un minimum d'intérêt de 5 % dont il verse ce qui manque aux compagnies. Il l'a fait longtemps pour toutes, il le fait encore pour une. Il perd chaque année cette différence jusqu'à ce que les compagnies le remboursent. Il n'était pas sûr qu'on le remboursât en fin de compte ; et quoi qu'il le soit effectivement, il a grevé pendant un demi-siècle son budget. On ne peut lui faire un reproche d'avoir ainsi aidé la nation. Mais c'eût été un meilleur calcul de devenir seul propriétaire, puisque pendant ce demi-siècle il n'eût pas grevé son budget, et puisqu'ensuite il l'eût allégé par l'encaissement des bénéfices actuellement réalisés. S'il en est ainsi, l'opération reste encore faisable. En rachetant les chemins de fer, et en maintenant le détail des prix de transport à la charge du voyageur ou de la marchandise, l'Etat ferait un bon placement, on peut le croire, bien que certains spécialistes assurent qu'il s'exposerait au déficit. — Eh bien, admettons. C'est fort peu de chose en regard des charges auxquelles l'engage la théorie socialiste en proposant franchement la seconde hypothèse, le rachat en vue d'offrir la circulation libre et sans débours, les frais de ce service colossal étant couverts par l'impôt. Seule, avons-nous remarqué, l'hypothèse précédente serait possible dans une société capitaliste : on voit assez que si notre Répubique offrait gratuitement les transports, les propriétaires, producteurs, rentiers, les grosses entreprises, usines, magasins généraux en profiteraient immensément plus que le peuple. Socialisées, entreprises et propriétaires en recevront précisément le même profit, mais ce sera au bénéfice du peuple. C'est là ce que tout Socialisme se propose de réaliser. d'une façon ou de l'autre. Etabli sous la forme fédérale, il favoriserait ainsi l'activité des sociétés de travail et celle des particuliers qui les composent. Telle se manifeste, ici plus encore qu'en toute autre circonstance, l'efficacité du fédéralisme proposé : il déve-

loppe les initiatives et la concurrence. C'est pourquoi la socialisation des chemins de fer offrant les voyages libres et les transports franco s'impose, dans une nation socialiste, de par les
mêmes raisons que s'était imposée dans la nation capitaliste la
socialisation des routes, ponts et canaux, celle de la police, celle
des écoles primaires, ainsi que tous les services publics payés sur
l'ensemble de l'impôt, armée, marine de guerre, musées, bureaux ministériels, assistance, et le reste. Personne ne se plaint
que l'Etat se dédommage des frais occasionnés par les Ponts et
Chaussées, par les Eaux et Forêts, au moyen, par exemple, d'un
impôt sur les objets de consommation que les routes transpor-
tent. Il serait tout aussi injuste de se plaindre d'un nouvel impôt
établi pour subvenir aux frais des chemins de fer mis à la disposition de tous sans bourse délier. Puisque les compagnies existantes font des bénéfices, la nation entière y trouverait les mêmes avantages. J'ai droit de voyager pour mes affaires ou mes
plaisirs aux frais de tous, du moins sous un régime socialiste,
parce que mes affaires sont solidaires, identiques à celles de la
communauté, et parce que mes plaisirs me sont accordés par elle
en retour d'un travail supplémentaire ou d'une œuvre spécialement méritoire. Nulle crainte que beaucoup en profitent pour se
promener aux frais du budget hors du temps et des limites concédés. Il faudra présenter un ticket délivré par l'autorité sociale
qui décide si vous avez droit à rouler sur les rails. A quoi bon,
d'ailleurs, chercher un stratagème pour tromper l'administration
et vous octroyer des excursions imméritées ? Englobé dans un
système où l'on ne peut vivre sans travailler, ne gagnant plus de
quoi manger, vous seriez vite ramené à votre atelier ou à votre
bureau.

Allons jusqu'au bout du principe. Les deux dernières conséquences ne paraîtront pas moins évidentes à qui sait faire pré-
dominer la raison sur le préjugé. Il faut que l'Etat monopolise
également, pour les offrir gratuits aux citoyens socialisés, les
transports par mer, par canaux ou par toute autre voie, et enfin
la poste, le télégraphe, le téléphone ou tous autres procédés de
communiquer la pensée. On aurait tort d'y vouloir annexer la

presse. Ce n'est pas là un simple moyen de transmission. Journaux, revues, livres, produisent leurs idées, les offrent, et nul
ne peut être obligé d'adopter les unes plutôt que les autres. Seule
l'expédition en sera supportée par la bourse commune. De même
façon les sociétés de travail n'adressent leurs produits qu'aux
clients qui en font la commande, et l'Etat peut se charger de
les convoyer à destination, parce que, le faisant pour toutes, il
répand ainsi la richesse en tout lieu. Evidemment, une réglementation détaillée fixera les cas où la poste, le télégraphe, le
téléphone peuvent être gratuits. La matière prête à plaisanteries
douteuses. Que de petits-bleus, de billets doux, de poulets, de ca-
nards aussi ! L'Etat peut-il s'abaisser à ce rôle d'entremetteur
bénévole ? Au fait, puisque son devoir, reconnu précédemment.
consiste à favoriser l'amour dans un intérêt social,... pourquoi
pas ? Enfin, il s'arrangera comme il voudra. La question est plus
grave, appliquée aux affaires. Déchargée des frais de port, la
réclame peut prendre des proportions faramineuses. Où est le
mal ? Chacun a bien le droit, le besoin pressant, de faire connaître ses produits. Ce ne serait pas banal, que le socialisme
rendît la réclame gratuite. Pourtant elle ne cesse point d'exiger
de la part des lanceurs la plus forte dépense, celle du papier, de
l'impression, de la couleur. Probablement, ils y regarderont à
deux fois. Et les passionnés de correspondance ? Tout de même.
Ils en font déjà ce qu'ils peuvent. Mais ce sont là des oisifs.
Quand il leur faudra gagner leur pain au jour le jour, ils deviendront moins bavards. La plus forte part de ce bataillon, il
est vrai se compose de jeunes filles, qui, ayant fini les devoirs
d'école, trouvent bien le temps pour les effusions épistolaires.
Charmant ! Voyez-vous nos farouches socialistes ? Eh bien, ils
se font fête de favoriser les expansions de ces petits cœurs !
Niaiseries, au fond, que de telles objections. Les quatre-vingt-
dix-neuf centièmes de la correspondance d'une nation concernent les affaires ou les relations de famille, tout aussi nécessaires
à l'existence. Et c'est à cause de leur caractère de besoin positif
et universel, que le budget doit en assumer la dépense.

Là s'arrêtent ses obligations, mis à part les divers services déjà remplis par lui avec l'assentiment du public : l'enseignement gratuit, laïque et obligatoire, le régime des eaux et forêts, la défense nationale, la police, la justice, l'assistance.

Ce serait un sophisme aisé à résoudre, que de vouloir appliquer le principe, sans distinction, à la satisfaction de tous les autres besoins également positifs et universels. Depuis le nouveau-né jusqu'au nouveau mort, tout le monde se sert de vêtements, de meubles, berceau ou cercueil. Faut-il que l'Etat les donne ? En aucune façon. Rien n'est plus dissemblable, dans l'organisation socialiste, que ces deux sortes de besoins. Qu'est-ce que les moyens de communication ? — des conditions de travail ; et le travail est corporatif, l'Etat transporte ce qu'il faut aux corporations pour travailler. Qu'est-ce que le vêtement ou le meuble ? — des produits du travail ; et ces produits ont une destination individuelle, l'Etat ne doit rien de ce genre aux individus. Ils gagnent ce qu'il leur faut pour leur collaboration à l'œuvre du groupement auquel ils appartiennent ; ce groupement leur délivre un salaire qui leur permet, suivant sa valeur proportionnée au mérite du travail, de s'approprier un plus ou monis grand nombre des objets de leur désir. Vouloir que l'Etat concentre tout le travail et délivre en retour la nourriture, le logement, et le reste, c'est du socialisme d'Etat. Les discussions précédentes avaient pour but de présenter comme préférable le socialisme fédéral, dans lequel l'Etat ne peut prendre à sa charge que les services d'intérêt absolument général, comme la disposition favorable des conditions du travail collectif, organisé de la même façon par toute la nation. Pour les intérêts particuliers, l'Etat laisse libre jeu aux corporations et aux personnes qui les composent.

Un gouvernement capable de calculs à longue portée, et non plus réduit à répéter chaque année les mêmes exercices d'acrobatie pour équilibrer son budget, peut aussi, seul, et doit même assumer de fortes dépenses d'intérêt général dont les capitaux privés se reconnaissent impuissants à subir les risques. Il leur faut des bénéfices immédiats ; dès le premier exercice, s'ils ne paient point les dividendes, c'est la faillite par dépréciation des titres. Voilà pourquoi rien ne se fait tant que l'Etat ne garantit pas un minimum d'intérêts. S'il entreprenait lui-même le travail, il ne s'exposerait pas à voir s'accroître d'un centime la charge éventuelle de cette différence, puisque son capital, placé sur une entreprise destinée à rapporter les mêmes bénéfices dans l'une et l'autre alternative, perdrait seulement de ces bénéfices exactement la différence que la garantie fait débourser au budget. Mais alors, entre les mains d'un entrepreneur comme l'Etat, qui dispose de moyens ignorés des particuliers pour activer les affaires, ne fût-ce qu'en réservant à ses institutions le monopole des fournitures et des services dont il a besoin, les choses peuvent prendre une tournure prospère, et surtout préparer un avenir meilleur à la nation. En maintes circonstances l'Etat monarchique et le républicain ont compris que là était leur devoir. Des critiques n'envisageant qu'un point de vue étroit ont blâmé la coûteuse création du port de La Palisse. Economiquement, ils jugent folie de creuser de magnifiques bassins où l'on sait à l'avance que fort peu de vaisseaux arrimeront. L'évènement a jusqu'à présent confirmé leur pessimisme : les Charentes n'étant point un pays industriel, et ne trouvant pas grands inconvénients à écouler leurs produits agricoles par Nantes ou Bordeaux, le nouveau port reste à moitié désert, car il est peu séduisant pour un paquebot importateur de s'en aller avec du sable en guise de lest. Argument à courte vue ! L'outillage économique de la France doit être complet avant même que les circonstances, en tout lieu, lui permettent de rendre immédiatement tous les services dont il est susceptible. L'existence d'un tel port n'est pas sans avoir déjà suscité une recrudescence de prospérité dans la région. Dès le premier jour les quais ont vu s'élever des raffineries de pétrole. Qui sait si les travaux qui poursuivent la dénaturation économique de l'alcool en vue de le rendre industriel ne vont pas provoquer un essor inconnu de notre distillation ? Que le fait se produise, comme il est vraisemblable du jour au lendemain, à quelles déconvenues ne se trouveraient pas exposées nos provinces agricoles si elles manquaient

de moyens de diffusion ! Elles font de la vigne ; elles voudraient
utiliser les marcs de rebut ; elles peuvent faire aussi bien du blé
médiocre et de la pomme de terre pour les convertir en alcool.
Un Etat socialisé est destiné par son essence même à prévoir et
à provoquer la prospérité future. Qu'il prenne en main l'exécution de travaux depuis longtemps reconnus, par l'opinion, d'utilité publique, tels que le canal des deux océans, Atlantique et
Méditerranée, le projet dénommé « Paris port de mer », le chemin de fer transsaharien, la reconstitution d'une flotte mar-
chande, serait-ce donc moins logique, et n'est-ce pas aussi
pressant que d'avoir reboisé les montagnes, multiplié les canaux, mis en train l'Algérie et le Sénégal, le Tonkin et Mada-
gascar ? Les capitaux privés ne le peuvent pas ; ils ne regardent
que leur propre intérêt. L'Etat le peut et il doit envisager l'a-
vantage général. Faire de Paris la première ville du monde pour
le chiffre des affaires, offrir au Midi un moyen nouveau de prospérité, du même coup à notre flotte de guerre la libre circulation, comme aux transactions du nord à l'orient une voie plus rapide, n'y a-t-il pas là de quoi justifier un peu de hardiesse ? Si le
gouvernement français avait lui-même creusé l'isthme de Suez,
sans compter les jolies rentes qui en seraient venues soulager son
budget, il se serait acquis un droit tellement particulier sur l'administration de l'Egypte, qu'il lui aurait bien fallu intervenir
au lieu de l'Angleterre qui n'en avait cure et qui en a profité.
Finissons-en avec cette politique à courte échéance ! Sachons
déterminer la fortune par l'ampleur et la puissance des combinaisons qui seules attirent sa faveur, capricieuse seulement pour
les timorés et les esclaves de l'heure fugitive !

Le crédit public.

L'un des services les plus importants dont l'Etat devrait se
charger seul est celui du crédit public. Rien de plus général à
la fois et de plus indispensable à la prospérité des affaires. L'idée
n'est pas nouvelle, et il suffira de résumer brièvement les principes du Socialisme à cet égard, en les illustrant de quelques
observations.

S'il est vrai que l'Etat soit le représentant et le gardien des intérêts communs, il doit rester maître de régler les conditions de l'escompte, et il doit le faire au mieux des avantages de ses clients. A cet effet, il détiendra exclusivement la banque, et il la mettra à la disposition du commerce, comme les autres services, à titre gratuit, sans bénéfice, en prélevant seulement, par un léger escompte qui ne sera pas un impôt, les frais d'administration et de personnel. Napoléon Ier prétendait avec raison qu'une banque d'Etat n'a pas besoin de capital : la garantie en réside dans la richesse de la nation. Faute de capital, elle n'a point à servir de dividendes. L'escompte peut descendre à 1/2 %, comme le fait se produit en plusieurs syndicats agricoles. N'est-ce pas le meilleur moyen d'activer les affaires ? Une telle concurrence oblige les capitaux des sociétés et des communes à s'offrir désormais à prix réduit. Voilà bien l'impôt sur le capital, tant de fois proposé, et dès lors vraiment au profit du travail. D'autant plus qu'il devient nécessaire de confier à l'Etat, non seulement l'escompte, mais l'émission. Les banques d'émission ne peuvent, si elles restent libres, offrir de garanties suffisantes. Souvent, ce n'est pas tant la mauvaise foi que l'erreur et une audace supérieure à leurs moyens, qui les entraîne à des opérations fatales pour elles et pour leurs clients. On l'a vu encore récemment dans l'affaire Boulaine. Une banque se charge de lancer une entreprise qu'elle croit bonne ; et en effet, tant d'entreprises, librairie, exposition, produits pharmaceutiques, mines d'or deviennent excellentes quand elles trouvent des capitaux. Par malheur, le lanceur n'a pas assez de crédit, de chance ou de ressources pour trouver le capital suffisant. Le peu qu'il en fait souscrire est dévoré en frais généraux par les entreprises auxquelles il le transmet. Voilà la faillite, tandis qu'avec le double de souscriptions, c'était la fortune. Si l'Etat s'était réservé ce genre d'opérations, tout d'abord il eût mieux étudié les projets : n'étant pas harcelé par l'espoir d'un profit possible et considérable, il n'aurait émis que des titres moins aléatoires. Si, par la suite, le succès ne répondait pas à ses prévisions, il reste, en cela comme pour ses autres services, l'assureur qui prévient les cataclysmes ou les répare. Mais ici, comme assureur, il lui faut bien des ressources spéciales. Il sera donc autorisé à fixer, pour se faire une encaisse, le taux d'émission selon son gré, ou même à prélever, sur le capital des entreprises qu'il patronne, des parts d'apport ou une participation à leurs bénéfices éventuels.

Toute société de travail, toute commune, toute institution approuvée et existante reste libre de faire appel aux capitaux, détenus par des institutions analogues, pour développer ses propres affaires. Comme les souscriptions ne peuvent être provoquées ni versées commodément sans l'intermédiaire de banques spéciales, jouant simplement le rôle de courtier, l'Etat maintient celles qui existent actuellement, tout en les obligeant à se syndiquer d'après le modèle universel du Socialisme Fédéral. Ce qu'il se réserve, c'est d'abord le contrôle des projets d'émission de ces institutions déjà établies. C'est ensuite l'autorisation préalable de lancer de nouvelles émissions pour un but que nul n'a encore commencé à poursuivre. Cette seconde catégorie d'émissions suppose qu'une société désire se fonder pour exploiter le projet, l'invention, les matériaux qui justifient sa demande de fonds, puisque nulle entreprise ne peut être à la disposition d'un particulier. On voit donc que le Socialisme entraîne logiquement, sans exception possible, la remise à l'Etat des banques d'émission proprement dite. C'est la condition même de son droit essentiel, droit de contrôle et d'autorisation, qui sera étudié plus loin.

Inutile de montrer qu'avec de telles garanties, les scandales financiers doivent, sinon disparaître, du moins devenir plus rares. Fini le bluf, le charlatanisme des réclames auquel se prête complaisamment une trop grande partie de la presse pourvu que les colonnes de mensonges représentent d.s piles de pièces d'or ! Finis les coups de bourse qu'un puissant financier détermine pour ruiner un adversaire !

Corrélativement au commerce de l'argent, le commerce général des denrées revient à la charge de l'Etat, par conséquence et pour les mêmes motifs. Nos lois ont beau faire, elles ne peuvent toujours réprimer l'accaparement, les coalitions, les manœuvres frauduleuses ayant pour but la hausse ou la baisse factice des marchandises. Que de mal ne s'est-on pas donné pour obliger les agioteurs à ne vendre et à n'acheter que des marchandises réelles ! Leur demander de fournir la preuve qu'ils les possèdent est une naïveté : dans une même journée, à la Bourse du Commerce, elles pouvent passer par des quantités d'acquéreurs successifs, tout en restant à Marseille ou à Canton. Ce serait à la police de fournir la preuve qu'elles n'existent pas. Recherche gigantesque, à laquelle l'Etat préfère renoncer, sachant bien que les trois quarts du temps il n'aurait pas le dernier mot : avant que ses agents ne soient sur la piste, l'acquéreur fictif peut devenir possesseur véritable. L'unique solution reste que l'Etat prenne en dépôt toutes les marchandises sur lesquelles il autorise l'agio. Sans rien accaparer lui-même, bien entendu, qu'il offre aux sociétés propriétaires des docks, entrepôts, magasins généraux, halles et bazars, où toute marchandise en gros cherchant un débouché devra obligatoirement être consignée. Il est d'ailleurs loisible à l'Etat de déléguer à cet effet les conseils municipaux, exécuteurs jurés et responsables de la loi, afin de permettre la dissémination des matières dans les provinces et d'éviter à l'Etat une pléthore de fonctionnaires. D'une façon ou de l'autre, ce service, intéressant la nation entière, sera gratuit au même titre que les précédents : l'administration se contente de prélever sur les dépositaires les frais sans bénéfice. C'est une économie nouvelle en faveur des consommateurs. Quand il s'agit d'acheter certaines denrées qui, par leur nature ou par suite de circonstances, doivent être acquises sur le marché des pays de production, ce n'est pas pour rien que la France possède six cents consulats à travers le monde : qu'elle les emploie à contrôler la réalité des objets sur lesquels s'amorce une opération. Aux spécialistes d'étudier la mise à exécution de ce principe. Il faut pourtant bien arriver à posséder une mercuriale exacte, ne cachant ni avilissement ni renchérissement des prix. Enlever aux agioteurs leur liberté abusive, c'est assurer à tous le droit d'acheter les choses à leur juste valeur.

IX

L'Impôt socialiste.

Quel but doit se proposer l'Etat en se chargeant de ces différentes exploitations ?

Déjà, dans les démocraties existantes, quand il a pris en main les postes et télégraphes, la justice, l'enseignement secondaire, devait-il y chercher quelque avantage? Aucun. Ce ne sont pas des régies ou des fermes destinées à créer un impôt ; ce sont des services que la collectivité réclame comme un droit. L'Etat les lui doit en retour d'une somme équivalente aux frais bruts, somme que dans le régime actuel, il devrait seule percevoir en fixant les tarifs. Il n'y a là qu'un échange. Simple mandataire, le gouvernement exécute les volontés des particuliers qui n'ont pas le temps ni les moyens de subvenir par eux-mêmes à leurs besoins généraux. Depuis la Révolution, cette vérité est admise en principe. Dès que l'on descend dans la pratique, on ne la voit pourtant appliquée que partiellement. Effective, elle ne peut le devenir tant que l'on fera payer en détail, et dans la mesure de ce qu'il demande, tout citoyen ayant recours à l'une de ces administrations. Fatalement, chacune d'entre elles croit de son devoir de s'assimiler à une entreprise capitaliste, et de faire de son mieux pour obtenir des bénéfices, afin de soulager le budget. Si elle y parvient, comme il arrive dans les postes, ce n'est plus un service, c'est un impôt. Elle y parviendrait aussi dans l'enseignement secondaire si l'on ne croyait pas devoir faire tant de sacrifices pour élever des boursiers. Alors le principe est faussé ; nous revenons aux théories de la souveraineté, qui cherchent à tirer du peuple tout ce que l'on peut et non plus seulement ce qu'il doit.

On ne mettra fin à cet illogisme qu'en réduisant tous les services publics à la condition de plusieurs autres déjà remplis gratuitement par l'Etat : police, défense nationale, instruction primaire, assistance, ponts et chaussées. Gratuitement, c'est une manière de parler : de fait, quiconque en use ne débourse rien, mis l'Etat prend sur l'impôt global exactement de quoi couvrir les frais. Là, le principe n'est plus lettre morte, si du moins l'application en est sincère. Qu'on fasse de même pour les moyens de communication, pour tout l'enseignement, pour la justice et pour la finance ! Voilà la franchise.

Il importe de résoudre, à ce sujet, certaines difficultés, parfois réelles, mais démesurément grossies par les particularistes. Et cette discussion nous entraînera à brièvement esquisser une théorie de l'impôt socialiste dans l'hypothèse du système fédéral.

La nation ne ferait que gagner à l'augmentation des impôts productifs.

On s'effraye du socialisme à voir combien il augmenterait les impôts, dût-il se réaliser sous une forme libérale, comme ce livre cherche à démontrer qu'il le doit et le peut ; surtout quand il s'agit du socialisme d'Etat, on déclare que les charges en seraient écrasantes, mortelles pour la nation. Nous admettons en effet que, si toute vitalité particulière et collective se trouvait réduite à ne plus s'exercer que par les soins de diverses administrations, les légions de fonctionnaires exigées par ce régime dévoreraient une trop forte partie du budget national, les fonctionnaires ne donnant pas habituellement, pour un même prix, la même somme de travail que les intéressés directs. Et voilà une des raisons qui justifient le socialisme différent proposé dans ces pages.

Quant à lui, c'est encore une forte dépense qu'il entraîne par la multiplication des services qu'il confie à l'Etat. Mais on ne doit pas s'en effrayer. En résumé, la nation ne paiera pas davantage. Elle paiera moins presque toujours. Socialisés, les chemins de fer et les transports maritimes, les postes, l'instruction, la finance, la justice, l'assistance, enfin la partie de la culture, du commerce et de l'industrie que pourra peut-être se réserver l'Etat, s'il constate que certains travaux ne réussissent pas entre les mains des sociétés libres, se trouveront par le fait même ramenés au type des services publics « gratuits », c'est-à-dire offerts à tous sans paiement au détail, et prélevant sur l'impôt global l'indemnité exactement égale aux frais, sans bénéfice. De ce fait, les dividendes ou intérêts accordés à nos capitalistes se transforment en diminution de dépenses pour la bourse des institutions qui exécutent tout le travail, une fois du moins terminée la période pendant laquelle l'Etat sera obligé de liquider par amortissement la dette présente, — et bien entendu aussi le capital d'achat de ces entreprises, car, même dans l'hypothèse d'une socialisation nationale, elles seraient rachetées aux sociétés libres qui les auraient héritées des capitalistes privés en leur offrant les compensations précédemment stipulées.

Sitôt entré dans la voie du fonctionnement normal, sitôt trouvé le secret de faire travailler ses employés autant que les autres ouvriers à prix égal, — et ce secret n'est plus une utopie : nos chemins de fer d'Etat en sont la preuve —, la dépense totale ne peut être, au pis aller, plus forte que de nos jours. L'Etat ne cherchant point de bénéfice, se contente de faire payer ses frais par l'impôt. Toute la différence consiste dans leur répartition collective qui remplace les débours personnels. Que l'impôt soit devenu, au total, sensiblement plus considérable, peu importe. Les seuls impôts dont on doive se plaindre de voir se grever notre budget, sont les impôts improductifs, tels ceux qui sont destinés aux armées permanentes. Mais toutes les dépenses d'Etat ne sont pas improductives, n'en déplaise à Adam Smith. Si elles observent la règle précitée, prenant strictement ce qu'elles coûtent, sans doute elles ne réalisent pas ainsi les bénéfices considérés seuls comme produits par les capitalistes ; jusque dans ce cas, néanmoins, elles peuvent contribuer pour une large part à la production nationale : par l'éducation elles forment des hommes capables de la diriger ; par la « gratuité » des transports elles facilitent l'usage des moyens d'échange ; de même, depuis longtemps, grâce à la police elles assurent la sécurité, grâce aux routes et canaux, les communications et une partie de l'écoulement des produits agricoles et industriels. Qui se plaint de ces derniers services ? Qui ne sent combien ils sont indispensables à la prospérité générale ? Ceux dont nous réclamons la socialisation à leur exemple ne sont pas moins importants. Qu'ils rendent des services analogues, la nation ne paiera pas davantage, et les affaires en seront activées. Dans ces conditions, les impôts ne sont pas directement productifs, si l'on-veut, mais ils sont employés à développer la production. La nation n'y perd rien ; la plupart des citoyens y gagnent, par l'augmentation des salaires que peuvent leur distribuer les sociétés et les communes ainsi favorisées.

Véritable nature de l'impôt : c'est un échange.

Pour bien établir que la société ne perdrait rien à une large augmentation des impôts indirectement productifs, il nous faut rappeler quel est le caractère essentiel de l'impôt en général dans les démocraties, puis montrer comment le Socialisme Fédéral l'allégerait aux yeux des contribuables en rendant la répartition et le prélèvement moins sensibles qu'ils ne peuvent l'être dans aucune société capitaliste.

C'est seulement au cours du XIX° siècle que l'on a commencé à comprendre la véritable nature de l'impôt : il doit être un *échange*, et à ce titre les contribuables payent volontairement un service qu'ils demandent, et ils ne le payent que ce qu'il vaut.

Locke, Montesquieu et le marquis de Mirabeau avaient préparé cette vérité en montrant que l'impôt doit être fixé et payé volontairement par les citoyens. Qu'il soit, de sa nature, un simple échange, cela résulte pour la première fois des considérations présentées par J.-B. Say dans son *Cours complet d'Economie politique*, liv. III. ch. IV, et qui corrigeaient les erreurs traditionnelles admises encore dans le *Traité d'Economie politique*. P.-J. Proudhon l'établit définitivement dans sa *Théorie de l'Impôt*, ch. II. Il commence par montrer que « l'impôt n'est ni un tribut, ni une redevance, ni un honoraire, ni une offrande, ni une assurance, » et à ce dernier propos il observe : « L'assurance contre les sinistres provenant du hasard et de la force majeure des éléments peut former, comme la viabilité et la banque, une branche du service public », mais il refuse d'accorder que l'impôt soit, comme le veut E. de Girardin, inventeur de la théorie, « la prime d'assurance payée par ceux qui possèdent pour s'assurer contre les risques de nature à les troubler dans leur possession ou leur jouissance », car Girardin ajoutait de suite : « Parmi ces risques, nous inscrivons au premier rang le cas de sinistre pour cause de révolution. » Effectivement, cette clause supprime tout progrès démocratique, et Proudhon traduit judicieusement : « Le risque de Révolution, c'est le risque de la *rente*, du *monopole*, du *capital*, tels qu'ils sont constitués. Le risque de révolution, c'était, en 1789, l'abolition des droits féodaux et la reprise des biens du clergé ; en 1847, le suffrage universel ; en 1852, la conversion du 5 en 4 1/2 ; ce sera demain la reprise des chemins de fer et des divers services publics, indûment aliénés. Le risque de la Révolution, en Russie, c'est l'émancipation des serfs ; c'est, à Rome, l'abolition du pouvoir temporel des papes. » Assurément, dans ce sens, l'impôt ne peut être qu'une assurance provisoire, jusqu'à ce que la volonté nationale ait constitué d'autres droits à assurer. Ce n'est pas tout. Le socialisme est allé bien au delà des conceptions de Proudhon. Sur nombre de points la démocratie républicaine elle-même a vu dans l'impôt tout autre chose qu'une assurance : elle en a constitué une caisse générale pour subvenir aux frais de services qui importent à la prospérité de la société entière. Ce qu'elle a fait pour l'instruction primaire, pour l'assistance, pour la justice en certains cas, le socialisme voudrait le faire pour la gestion de tous les autres intérêts collectifs, la justice complète, les transports par terre et par mer, les postes et télégraphes, la finance et certains travaux particuliers dont les sociétés privées ne pourraient se charger. C'est à cet ordre d'idées que la théorie de l'impôt établie ensuite par Proudhon apporte une justification décisive. Il formule trois principes :

1 °. « L'impôt est un *échange*, car il doit se définir « *la quote-part à payer par chaque citoyen pour la dépense des services publics.* » Au lieu de le faire payer par chaque citoyen, demandons-le aux différents groupements dont ils font partie : nous avons la formule convenable pour le Socialisme Fédéral. Et en effet, avait dit Chauvet, « la contribution est une mise que fait

chaque individu, dans l'espérance légitime de retirer de son emploi une utilité proportionnelle ; d'où il suit que la société doit en avantages et en jouissances, à chaque contribuable, un dividende proportionnel à sa contribution. » En d'autres termes, souligne Proudhon, « ce que le pouvoir donne aux citoyens en *services* de toutes sortes doit être l'équivalent exact de ce qu'il leur demande, soit en argent, soit en travail ou en produits ... L'impôt est un échange ... De même que, pour certaines utilités, l'échange se fait de personne à personne, de famille à famille ; de même, pour certaines autres utilités, l'échange ne peut se faire que des particuliers à une personne collective, qui a nom l'Etat ... Il existe des services dont l'initiative, la dépense et la liquidation ne peuvent incomber à tel ou tel en particulier, et qu'il appartient à la collectivité des citoyens de réglementer et de solder. Ces services constituent la spécialité de l'Etat et sont l'objet de l'impôt ». A ce point de vue, le pouvoir, revêtu d'un caractère de sublimité, non plus parce qu'il représente l'autorité divine, c'est-à-dire celle de la force, mais parce qu'il est l'émanation et l'exécuteur de la volonté générale, n'en descend pas moins de sa dignité suréminente pour être justement assimilé par l'impartial sociologue à toute entreprise d'exploitation : jurandes, corporations et maîtrises, sociétés de gens de lettres et d'auteurs dramatiques, sociétés industrielles exploitant les chemins de fer pour écouler leurs produits, armateurs se construisant des docks et des bassins. Semblablement, la société impose son propre capital pour subvenir à ses frais généraux. L'Etat, chargé de gérer les sommes ainsi prélevées, doit donner en échange un service de même valeur.

2° Ce travail doit être « gratuit » comme on le dit pour l'instruction primaire, en ce sens que « *l'Etat rend ses services à prix de revient* », ... « *sans bénéfice* ». Il n'en était pas de même sous l'ancien régime, où le roi, les princes, les seigneurs, absorbaient une partie du budget infiniment disproportionnée à la valeur de leurs fonctions ou de leur personne. Le peuple s'en plaignait en gros, mais trouvait fort bien, en détail, d'entretenir ces personnages décoratifs. Depuis la Révolution, il a changé d'avis.

Cependant les listes civiles, les gros traitements des principaux fonctionnaires ont subsisté comme vestiges de l'ancienne erreur. De nos jours, on y ajoute la multiplication des sinécures impo-sées par les électeurs, qui continuent à se plaindre et qui se plain-draient encore davantage si l'on supprimait les faveurs pour di-minuer les impôts. Il le faut pourtant bien, mais on n'y par-viendra qu'en abolissant le système individualiste, nécessaire-ment cause d'innombrables convoitises, pour établir un régime socialiste que Proudhon ne propose pas intégralement. Il tire seulement de son deuxième principe des conséquences, et il en signale des causes qui peuvent contribuer à justifier l'impôt du Socialisme Fédéral. « Distinguons donc soigneusement entre les services et produits des simples particuliers, dont le prix nor-mal, légitime (dans le système individualiste), se compose des frais de production, plus un *tant pour cent* de profit, et les pro-duits et services de l'Etat, dont le prix doit rester égal à la dé-pense, c'est-à-dire sans bénéfice. La raison de cette différence est que le travailleur, chargé seul du soin de son existence, sujet à mille accidents, doit non seulement vivre de son travail pen-dant le temps qu'il travaille, mais encore, en vue des éventuali-tés de l'avenir, avoir un reste; tandis que l'Etat subsiste de la sub-vention assurée des citoyens, n'agit qu'au nom et pour compte des citoyens, ne se distingue pas lui-même de la collectivité des citoyens (on se rappelle que plus haut nous avons rejeté cette définition), en sorte que si, par cas fortuit, il réalisait sur ses dé-penses un bénéfice, ce bénéfice ne serait pas pour lui, ce serait pour les citoyens, dont les représentants ne manqueraient pas de faire de ce bénéfice le premier article du budget des recettes de l'année suivante. » Ces vérités sont rappelées pour lutter contre les survivants de l'ancien régime : « les partisans de *l'Etat supérieur et antérieur à la société* supputant que plus un pays paie d'impôts, plus il est riche. Le pays, pour ces écono-mistes fiscaux, ce ne sont pas les contribuables, ce sont les béné-ficiaires des contributions. » Sans plus vouloir de bénéficiai-res privilégiés, les légistes actuellement encore imprégnés de l'esprit romain n'en tendent pas moins à ruiner le principe démocratique en attribuant les droits démesurés au pouvoir dont ils ont l'entité seule réelle et omnipotente. Le socialisme d'Etat risquera toujours d'écraser ainsi l'individu. Un gouvernement rationnel doit à la fois se charger uniquement des services que lui demandent spontanément les citoyens, et les leur faire payer au prix de revient. De la sorte, il devient vrai que « plus un pays paye d'impôts, plus il est riche. »

3° Les services de l'Etat doivent être *reproductifs d'utilité* ... il faut que ces services répondent à des besoins réels, que l'intérêt public le réclame... *Tout produit ou service doit, à peine de se liquider en perte, répondre à un besoin tel, que celui qui éprouve le besoin consente à donner du produit un prix égal au moins à la dépense que ce produit coûte.* Hors de là, le service ou produit offert, dépassant les besoins de la consommation, la demande du marché tombe dans l'avilissement : ce qui signifie, quant au gouvernement, que la dépense qu'il s'est permise a été inopportune, prématurée, exorbitante, partant ruineuse. En deux mots, la loi de *l'offre* et de la *demande* est obligatoire pour l'Etat comme pour les particuliers ... Le pouvoir, dépensier de sa nature, *offre* toujours plus qu'on ne lui *demande* et autre chose que ce qu'on lui demande. On lui a donné des contrôleurs, qui sont des députés de la nation, juges naturels des besoins du pays et de l'utilité des dépenses du gouvernement. » Par suite de ces observations, certains services, comme nous l'avons reconnu, doivent être regardés comme productifs. Ce sont eux que le Socialisme Fédéral demande de confier en plus grand nombre à l'Etat.

Il est inutile de montrer maintenant comment ce système se justifie, en ce qui concerne l'impôt, par les trois principes de Proudhon. Etudions-en seulement l'application. Ce n'est pas aux particuliers, c'est aux communes et aux sociétés de travail que l'Etat demande l'impôt, afin de remplir pour elles les services généraux dont elles ne peuvent se partager l'exécution. De la sorte, les citoyens ne souffrent pas du mode de perception de l'impôt. On sait que ce fut toujours là un problème épineux. Ce qui excite les plaintes des contribuables, c'est moins la somme à verser considérée en elle-même que l'obligation de tirer l'argent de leur bourse. Affaire d'imagination. Qu'on le tire de la bourse d'une société à laquelle ils appartiennent et qui les paiera moins, le résultat reste le même. Sans doute ; pourtant l'effet produit est tout différent. Les légistes le savent bien : leurs lois s'ingénient en mille manières pour faire débourser les contribuables sans les faire crier. Il y a manière de tondre sans écorcher. Et lorsqu'ils s'apercoivent moins de l'opération, on peut leur prendre beaucoup plus. En prélevant le tout sur la caisse du groupe, on arriverait peut-être à doubler progressivement sans occassionner de souffrances. Et quand il sera bien prouvé que l'Etat rend au prix de revient uniquement les services dont la collectivité éprouve un besoin réel, le contribuable collectif aura moins de peine à se convaincre de la légitimité des impôts que s'il restait obligé de les payer personnellement.

D'autre part, il se convaincra aisément que ce n'est pas de l'argent gaspillé. A en croire Michel Chevalier, tout impôt aurait ce côté fâcheux de priver les particuliers d'un capital auquel ils auraient pu faire rapporter intérêt, et qui leur est remboursé seulement au pair sous forme se services. Rien de plus faux que ce raisonnement. Si l'Etat n'avait pas prélevé sur la population l'argent nécessaire pour payer les services que nous avons reconnus indirectement productifs, de deux choses l'une : ou bien, les citoyons auraient pu remplir eux-mêmes ces services, et alors l'argent qu'ils y auraient dépensé serait précisément la somme qu'ils ont confiée à l'Etat, et ils ne lui auraient pas davantage fait rapporter intérêt ; ou bien ils n'auraient pu, osé, voulu, remplir ces mêmes services, d'où il serait résulté un marasme général des affaires, faute de protection ou de moyens d'échange. En toute entreprise, les frais généraux doivent commencer par être prélevés sur le capital, avant que l'on ne songe à se servir du reste pour réaliser des bénéfices. Nul ne peut donc objecter aucune difficulté de principe à l'augmentation des impôts productifs, si l'on admet que pratiquement l'Etat puisse devenir capable d'en administrer l'emploi sans plus de frais que n'en entraînerait la gestion des mêmes sommes entre les mains de sociétés particulières.

Répartition de l'impôt :

1° L'impôt sur le capital ou le revenu
serait-il juste et efficace ?

Reste une grave question, celle de la répartition des impôts. Seul le socialisme en offre une solution rationnelle, complète et réalisable sans inconvénients économiques. On veut depuis longtemps grever progressivement les revenus et proportionnellement au capital, afin de décharger les classes laborieuses. Des deux ordres d'arguments invoqués pour ou contre, l'un pourrait être mis hors de cause : C'est celui qui prétend cette réforme inspirée par la justice. Pour démontrer que la justice l'exige, on met en opposition le superflu d'un rentier et le salaire de famine d'un prolétaire. Mais il s'agit de calcul plutôt que de sentiment. La finance n'a besoin de savoir qu'une chose : imposer le capital, n'est-ce point diminuer son pouvoir, faire baisser les actions, décider les rentiers à cacher leur numéraire, paralysant ainsi les affaires, ou à l'offrir aux entreprises de l'étranger, ruinant ainsi la nation ?

Ces deux bases de discussion présentent assez de complexité pour fournir aux adversaires des répliques indéfiniment victorieuses à tour de rôle. Qu'il nous suffise d'en admettre ou d'en rejeter ce qui convient ou s'oppose à l'esprit du Socialisme. A considérer les extrêmes, nul doute qu'un richissime usinier, ayant, je suppose, un million de revenu, ne puisse être admis à se plaindre si on lui demande de payer l'impôt proportionnellement à la partie de cette somme qui sert à sa jouissance personnelle, défalcation faite des réserves nécessaires pour développer sa fabrication, trouver des débouchés et parer aux catastrophes de l'avenir. La justice évidente demande que ses ouvriers soient exonérés, et que ses ingénieurs, s'ils ont deux cents fois moins de revenu que lui, paient, par exemple, vingt fois moins. Cependant on émet la crainte que l'employeur n'en profite pour diminuer les salaires ; et l'on se trouve amené à légiférer sur la loi d'airain en fixant un salaire minimum. Reste à savoir si la concurrence n'obligerait pas à enfreindre ces dispositions factices, ou si leur observation ne serait pas une cause d'nfériorité économique. Seul le socialisme les rendrait aisément applicables en ne laissant plus la concurrence s'exercer entre les particuliers, mais entre de puissants groupements, dont la force de résistance serait égale ou supérieure à celle de nos sociétés anonymes classées en Bourse. En tous cas, la justice ne paraît pas également approuver un grand nombre d'applications de l'impôt sur le revenu. Quand un modeste patron emploie tout son capital aux besoins de son entreprise, à quel titre le charger plus qu'un artisan qui travaille à domicile à soutenir sa famille? Leurs situations paraissent identiques en regard de la théorie : ni l'un ni l'autre ne jouit d'un véritable superflu. Pourquoi, d'autre part, à considérer la stricte justice, exempter le ciseleur en joaillerie, le peintre en céramique, qui se fait des journées de 20 francs, qui n'a pourtant qu'un loyer de 200 francs, et qui passe une semaine sur deux à faire bombance? Autre inconséquence : on protège le paysan aux frais du consommateur, et ce qu'on lui rend ainsi, on le lui enlève par l'impôt foncier ! Décidément la justice fiscale n'est pas chose aisée à établir sous le régime du capital privé. Qu'on adopte la formule fédérale du socialisme, personne n'a plus à se plaindre : chaque société commune, institution, groupement quelconque, paye au prorata du chiffre de ses affaires, et tout est dit.

Alors l'impôt sur le revenu, s'il reste, comme nous le verrons, une fiction et s'il ne peut éviter de retomber sur les produits, peut du moins être appliqué sans exaction inquisitoire. On l'adoptera comme élément d'appréciation, comme mesure comparative. La loi ne s'illusionne pas, elle sait qu'on ne saurait atteindre le capital en lui-même ; mais en taxant les produits, comme nous verrons qu'elle devrait le faire, elle charge, par le fait même, chaque société de production, c'est-à-dire, dans le système fédéral, tous les organismes détenteurs du capital, sociétés ou communes, suivant la quantité de capital qu'ils détiennent.

Il s'agit maintenant de calculer quelle est la quotité d'impôt que l'Etat peut demander en essayant ainsi de la proportionner

aux revenus. A ce sujet les économistes ont formulé depuis longtemps des restrictions dont on semble parfois oublier l'impérieuse nécessité. On les voit pour la première fois établies dans
les quatre règles de Sismondi.

La première de ces règles stipule que l'impôt doit porter sur
le revenu et non sur le capital, c'est-à-dire sur ce que les particuliers devraient dépenser et non sur ce qui produit ; la seconde
précise que l'on doit considérer comme revenu imposable, non
pas le revenu brut annuel, mais la partie qui n'en est pas consacrée à maintenir ou à renouveler les capitaux fixes et les travaux
accumulés ; la troisième affirme que la vie des ouvriers productifs devant être entretenue sur ce revenu, la partie de celui-ci qui
est nécessaire à leur entretien échappe également à l'impôt ; enfin
la dernière observe qu'il doit éviter de mettre en fuite la richesse,
et par suite épargner encore la partie du revenu nécessaire pour
que ce revenu se conserve. On voit que là se trouve en germe toute la théorie des impôts somptuaires, que nous avons commencé
d'adopter, car ce qui reste imposable est uniquement le superflu.
Sismondi le déclarait d'ailleurs en propres termes, quand il jus-
tifiait la troisième règle en disant : « L'impôt étant le prix que le
citoyen paie pour des jouissances, on ne saurait le demander à
celui qui ne jouit de rien », à celui qui ne possède qu'un revenu
suffisant pour vivre. Nos Chambres se sont désespérément débattues pour rendre ces principes effectifs en cherchant à fixer
les signes de la richesse qu'il fallait atteindre ; elles n'ont réussi
qu'à une approximation susceptible de fortes critiques ; et l'on
craint de voir se réduire ces apparences dénonciatrices, chacun
désirant dissimuler ses véritables revenus ; on redoute également
l'arbitraire, les vexations qui tracassent déjà les contribuables
allemands. Appliquez, au contraire, ces principes et ces lois
aux institutions du Socialisme Fédéral, toute difficulté s'évanouit.

Alors aussi les inconvénients économiques redoutés pour le
capitalisme ne peuvent que disparaître absolument. L'Etat, les
communes, les sociétés libres autorisées à se constituer ont acheté en bloc le sol, les outils, les titres, les immeubles, les baux et

contrats. Il ne reste plus rien aux particuliers que l'indemnité obtenue jusqu'à ce que par leur mort elle fasse retour à la société. Les empêcher de transporter ce numéraire à l'étranger ? rien de plus simple : ils sont obligés de le confier, soit aux institutions nouvelles, soit à l'Etat, lesquels leur en versent l'intérêt, à moins qu'on ne leur accorde l'autorisation d'en disposer pour s'octroyer l'insolence d'une dernière splendeur en achetant sur le sol de France palais et forêts, bijoux et œuvres d'art : leur fortune n'est pas perdue pour la nation. Après eux, plus rien à craindre. Les associations ne peuvent diminuer leurs opérations pour dissimuler leur fortune : celle-ci est connue, contrôlée, sans plus d'erreur possible que lorsqu'il s'agit aujourd'hui d'une compagnie de chemins de fer. Elles n'y ont pas d'ailleurs les mêmes motifs que nos capitalistes. Ce qui effraye ces derniers, c'est la perspective de voir leurs rentes amoindries. Préoccupation égoïste qui disparaît pour un groupement dont l'intérêt n'est plus personnel mais collectif ; il suffit que les membres en reçoivent le salaire convenu. Les causes générales subsistent pour stimuler les activités et récompenser les initiatives. Les règles de Sismondi peuvent alors être appliquées intégralement.

2° La proportionnalité
de l'impôt d'après le capital
et sa progressivité d'après le revenu
ne sont que des fictions.

Il résulte des indispensables restrictions apportées au revenu imposable, que seuls peuvent être imposés les citoyens qui jouissent d'un superflu. Il faut donc exonérer ceux qui n'ont que le revenu nécessaire pour leur subsistance et celle de leur famille. C'est ce qu'on a pensé obtenir en imposant le capital ou le revenu. Mais ce résultat est impossible, parce que seuls les produits supportent l'impôt. De sorte que la proportionnalité des charges fiscales par rapport au capital, et leur progressivité par rapport au revenu sont choses également désirables en théorie, et irréalisables en pratique. Voilà une vérité démontrée depuis assez longtemps, et qui reste ignorée ou méconnue volontairement jusque des législateurs qui ne cessent de promettre l'impôt proportionnel et progressif aux justes exigences des classes laborieuses. C'est leur mentir et les duper, sinon pour exploiter leur crédulité, du moins pour leur donner une apparence de satisfaction qui manque de franchise, puisqu'elle ne remédie en rien aux duretés de leur sort. Dans un régime capitaliste, de quelque façon que l'on s'y prenne, tout impôt retombe sur les produits, et le consommateur seul les paye, propriétaire ou rentier, dans une mesure à peu près identique, exactement comme si l'on soumettait tous les citoyens à une capitation uniforme. Voilà ce qu'il est indispensable de montrer, pour aboutir à faire comprendre que seul un système socialiste, sans supprimer, ce qui est pure chimère, l'égalité absolue de l'impôt, sans y introduire l'utopie d'une proportion ou d'une progression, sinon à titre d'une base de calcul, entraînerait du moins, par l'égalisation des fortunes, la justice dans la fatale répartition de l'impôt : — comme il accompagne les produits, il retombe sur tous les consommateurs uniformément ; leur salaire étant désormais calculé pour leur assurer, avec la subsistance, la jouissance d'un minimum de superflu, c'est dans la mesure de celui-ci qu'on leur demande l'impôt ; comme les salaires sont peu différents, la quote-part payée par chacun à l'Etat, et qui est sensiblement la même de par la force inéluctable des lois économiques, les affecte avec une égalité proportionnée aux légères différences de leurs avantages respectifs, — l'impôt n'est pas plus lourd pour l'un que pour l'autre. En même temps, portant sur les produits, il répond proportionnellement à la valeur du capital social et du travail qui en sont les sources, et il suit une progression corrélative à celle du revenu, sans les atteindre directement. Telles sont la critique et la thèse dont il nous faut établir les démonstrations.

Hippolyte Passy avait formulé comme il suit la proportionnalité de l'impôt par rapport au capital, en confondant avec elle la progressivité par rapport au revenu, ce qui, en effet, revient au même et n'en est distingué que par abstraction : « L'impôt doit être proportionnel, c'est-à-dire de façon à n'exiger de chaque contribuable qu'une quote-part proportionnée au chiffre total de son revenu particulier. » Combiné avec les restrictions de Sismondi, ce principe peut être admis tel quel, car pour tous les revenus les restrictions seront proportionnellement les mêmes. Aux considérations théoriques fort justes par lesquelles H. Passy, développant le texte de l'*Adresse aux Français de 1789*, justifie sa formule, Proudhon, *loc. cit.*, ajoute des raisons plus sensibles : « Les services de l'Etat, profitant inégalement aux citoyens selon le degré de leurs fortunes respectives, si l'impôt était payé par égales parts, d'après le système égalitaire de la capitation, il arriverait que les indigents recevraient moins que les riches pour une même quote-part de contribution. Par exemple, l'un des services de l'Etat est d'entretenir les routes, ponts et chaussées. Celui qui exploite de vastes domaines ou qui fait un grand commerce prend une plus forte partie du service public que le simple salarié... L'impôt étant un échange entre les citoyens et l'Etat, la redevance pour chacun doit être égale à sa participation. » Nul n'en doute plus aujourd'hui. Vienne le temps de légiférer : à quoi se voit-on réduit? A établir la proportionnalité d'après les signes extérieurs de la richesse. Rien de plus trompeur : tel médecin se trouve obligé d'avoir un loyer de 4.000 fr. quand il n'en gagne que 10.000 ; tel millionnaire juge à propos de ne payer que 2.000 fr. pour son logement, de se priver de carrosse et de valet de chambre, pour capitaliser son revenu en faveur de ses héritiers. Impossible pourtant de trouver mieux. C'était, en effet, une erreur bien pire, sous un régime capitaliste, que de prétendre établir la proportionnalité en taxant les produits. Alors on aboutissait à rendre l'impôt *progressif*, sans doute, mais *avec la misère* et non avec la richesse. Ce résultat est évident. Riche ou pauvre, il fallait payer le même prix la même marchandise, et s'il s'agit d'un objet de nécessité, coton ou blé, houille ou fer, frappé de droits dits protecteurs, l'impôt dont cet objet était grevé n'atteignait pas le producteur, mais, en vertu de la loi de *répercussion* ou de *diffusion*, le consommateur, qui achetait plus cher. Le même impôt ainsi prélevé sur le chauffage, par exemple, soit une somme de 20 fr., pouvait représenter 5 pour cent du revenu d'une famille ouvrière et 5 pour *mille* du revenu d'une famille bourgeoise. Iniquité flagrante qui disparaît dans le Socialisme Fédéral : là, en effet, celui qui paye l'impôt, ce n'est plus le particulier, c'est le groupement dont il fait partie, c'est donc toujours une riche société. Il est vrai, la répercussion continue à s'exercer sur chaque salarié qui achète l'article grevé ; mais tous les salariés disposent des mêmes ressources, l'égalité est rétablie. La proportionnalité s'exerce entre les sociétés de travail, l'égalité entre les individus.

L'importance exceptionnelle de cette question nous oblige à l'examiner de plus près.

Proudhon *(Système des contradictions économiques)*, a fait une critique judicieuse des différents procédés imaginés pour répartir l'impôt conformément aux justes exigences de la démocratie. Il a démontré combien, dans un régime capitaliste, sont illusoires les moyens que l'on croit capables de rendre l'impôt proportionnel aux facultés des contribuables. Son seul tort a été de se montrer aussi faible dans ses propositions de réforme que décisif dans ses attaques. La raison en est qu'il prétendait conserver le régime capitaliste, en demandant seulement la socialisation des services d'intérêt général. Conservé, d'une façon ou de l'autre, le principe du particularisme ne pourrait manquer de produire les mêmes effets. Ce raisonneur implacable n'a pas vu qu'en faisant supporter *(Théorie de l'Impôt)* les trois cinquièmes de notre budget par la rente foncière, ce qui équivaudrait, il l'avoue, à la supprimer au profit de l'Etat, il décensuragerait la culture, la ferait abandonner, et forcerait ainsi l'Etat à racheter les terres. Ce serait la moitié du socialisme complet : que n'a-t-il pas adopté franchement ce commencement de réalisation ? Ou bien si les propriétaires pouvaient revendre leurs terres en haussant les prix de la valeur de la rente qui leur est prise, ce ne pourrait plus être qu'en entraînant une hausse équivalente des produits agricoles, à supposer que l'Etat établit des droits protecteurs draconiens, poussant au même prix les importations ; alors ce seraient les consommateurs, la nation entière, qui payeraient la différence, et l'impôt sur la rente foncière deviendrait illusoire comme tous les autres Il n'en est pas moins utile de résumer la critique dont cette inconséquence n'infirme pas la valeur : plutôt elle la confirme.

La proportionnalité est une chimère, tant que les fortunes sont inégales, pour cette raison, toujours agissante, de la répercussion entraînée par la mobilité des valeurs, par les transactions incessantes qui constituent la vie économique. Du producteur au consommateur, le produit garde la surenchère de l'impôt, après l'avoir reçue du capital imposé ; et finalement, c'est la population qui paye. Il faut bien, en effet, que le producteur, pour trouver le bénéfice qu'il se propose, fasse rentrer sa cote contributive dans ses prix de revient, et qu'ainsi la masse supporte, en achetant les produits, le renchérissement dont l'impôt les a grevés. Ainsi, quel que soit le fonds de fortune directement visé, cette fortune étant employée à produire une utilité matérielle ou morale, tout impôt se résout, en définitive, à une taxe de consommation. Or, à peu de différence près, la consommation est sensiblement égale d'un individu à l'autre, riche ou pauvre : nourriture ou vêtement, chauffage ou logement, un homme n'en peut prendre par lui-même le double d'un autre ; les riches en donnent à leurs amis, à leurs domestiques ce qu'ils en achètent en plus des prolétaires. Il n'en reste pas moins la différence des fortunes entre ces deux catégories. Par suite, l'impôt, fatalement rejeté sur la consommation, étant à peu près égal pour tous, ne grève que de un centième les grosses fortunes, par exemple, mais de un cinquième les petits budgets.

Pour remédier à cette injustice que la proportionnalité recherchée par les lois ne peut faire disparaître, on a voulu atteindre, soit le capital, soit le revenu, par une progression. Nouvelle hypocrisie ! Du côté des forts capitaux que l'on prétend viser, on n'a jamais osé dépasser une certaine limite. Irait-on jusqu'à surtaxer de 25 % les revenus de 100.000 fr. et au-dessus, qu'importe à leurs possesseurs ? Ils ont encore 75.000 fr. de rente. Par contre, le moindre prélèvement opéré sur les petits revenus dont vit péniblement une famille, lui est infiniment plus sensible. Ici, nous ne suivons plus Proudhon, qui s'égare en des moyennes théoriques et dont la dialectique déraisonne ; ce sont là simplement des vérités d'évidence. Il se montre plus avisé en prétendant contre E. de Girardin que l'impôt sur le capital est non seulement incapable d'atteindre à l'équité par progression, mais constitue une nouvelle utopie, et laisse entièrement insoluble la péréquation désirée. Qu'est-ce que le capital ? Par lui-même, il n'existe pas, c'est une fiction, une manière générale de désigner la valeur des objets, instruments de travail, matières premières, choses qui servent à la subsistance des producteurs, substances qu'ils transforment ou qu'ils multiplient. En fin de compte, c'est encore sur les produits, et donc sur les consommateurs, que retombe la taxe contributive. De plus, celle-ci ne peut être unique pour un même capital, car suivant les cas, il rapporte plus ou moins : placé sur l'Etat, 2 1/2 pour cent ; sur de bonnes affaires, 10 pour cent ou davantage. Si donc on l'atteignait directement, par impossible, il faudrait faire autant de catégories de proportions que de progressivités, chose manifestement impossible, les intérêts ou dividendes des entreprises variant à chaque instant. E. de Girardin s'imaginait obliger ainsi les capitaux mûs par la loi de conservation, « à chercher sans relâche l'intérêt le plus élevé que lui permettra de trouver la concurrence des capitaux aux prises avec l'émulation des efforts. se stimulant l'un l'autre. » Ne verra-t-on pas plutôt s'accentuer le phénomène général et naturel ? Emprunteur ou acheteur ne seront-ils pas seuls à payer la contribution avancée à l'Etat par le capitaliste, qui, ne voulant rien perdre, en chargera son prêt ou sa propriété ? De même, ceux qui exploitent ce capital emprunté ou acheté ne feront-ils pas, comme toujours, rentrer l'impôt dans leur prix de revient ? C'est encore la masse des consommateurs qui le paye finalement.

Puisque tout impôt se résout inévitablement en une taxe sur la consommation et, de la sorte, équivaut à une simple capitation à peu près égale pour le riche et le pauvre, puisque toute progressivité est illusoire et ne peut se conformer à l'inégalité des fortunes si elles restent privées, chercher de nouvelles combinaisons serait un travail vain tant que l'on n'aura pas changé la constitution sociale. Il est impossible d'éviter que tout citoyen paye sensiblement la même somme à l'Etat : pour établir une répartition juste, c'est-à-dire égale, il ne reste qu'à égaliser les fortunes ; et seul le socialisme y parvient. Dans le système fédéral, il s'adresse seulement aux sociétés productives qui, conjointement avec l'Etat et les communes, détiennent le capital entier. il leur demande un impôt proportionné à la quantité de leurs produits, en taxant chaque produit dès son apparition. De la sorte, les capitaux, sans être visés directement, se trouvent eux-mêmes taxés proportionnellement, si l'on admet que chaque société fournit des produits pour une quantité corrélative à ses ressources en capital. Les consommateurs continuent, si l'on veut, à solder cette taxe, tous également, mais sans plus en souffrir les uns que les autres, étant réduits au salaire mérité par leur travail.

3° L'impôt sincère
doit porter sur les produits,
Solution que seul le socialisme rend juste

C'est en effet sur les produits que l'impôt retombe inévitablement, puisqu'aussi bien ils représentent les seules valeurs réelles. Proudhon l'établit bien ; mais de nouveau il infirme son principe par une fausse déduction : ce serait une absurdité de taxer le capital ou le revenu, qui ne sont que des fictions improductives. Fictions si l'on veut, les valeurs monétaires n'en existent pas moins. Quelle est la raison intime qui justifie l'estime dont les gratifient tous les peuples ? C'est qu'elles représentent un travail ; lorsqu'elles proviennent du vol, de la fraude, de manœuvres trop habiles, il n'est injuste de les posséder que précisément à cause de leur caractère général qui y reste attaché mensongèrement entre les mains de celui qui ne les a pas acquises par une même somme de travail que les honnêtes gens. Le capital ou le revenu étant par hypothèse des mesures exactes du travail et, par suite, de la valeur des produits, il est parfaitement naturel de chercher à les atteindre. Seulement cette prétention est infirmée par le fait que l'on ne les atteint jamais en eux-mêmes : toujours l'impôt tombe sur les produits, seule valeur réelle.

Il vaut donc beaucoup mieux, pour la franchise des principes et pour la simplicité des opérations, viser directement les produits. La seule manière de le faire avec équité, sans écraser les pauvres, c'est de supprimer à la fois les pauvres et les riches. Socialisées, les fortunes, appartenant désormais à des collectivités, offrent dans leurs produits une base de taxation unique et qui ne peut se dérober. Nul n'a plus le droit ni le pouvoir d'immobiliser ou de cacher son capital ; tous ont confié ce qu'ils possèdent à l'Etat, aux sociétés de travail, aux communes, et ces divers groupements n'ont d'autre raison d'être que de se prouver producteurs d'utilité ; il est d'ailleurs dans leur intérêt d'employer leur capital intégralement à leurs affaires. Blé, tissus ou force électrique, livres, tableaux ou conférences, voilà le bilan de leur richesse. Rien de plus aisé que de le tarifer. Or, de cette manière, on atteint les revenus.

On ne peut les atteindre infailliblement en visant les capitaux, non seulement parce que tout retombe sur les produits, mais parce que les capitalistes ne manquent pas de moyens pour se rendre fréquemment insaisissables. Ils le deviendront d'autant plus que se mobilisent davantage les propriétés. Comment saisir une fortune qui n'existe pas en numéraire, mais en papier ? Un virement, un ordre de bourse, une lettre, un télégramme suffit pour faire passer cette fortune à l'autre bout du monde. Le produit, au contraire, est palpable, indiscutable. C'est pourquoi les contributions directes ont toujours paru la manière la plus sûre de faire rentrer l'impôt. Ce n'est pas que l'on doive maintenir les taxes sur les voitures, les bicyclettes, les vins et spiritueux : elles atteignent le consommateur ; et, quoi qu'il n'en souffre pas davantage, payant toujours, en définitive, la même somme, il faut pourtant bien conserver le principe, rendre l'impôt collectif, échapper une bonne fois aux inconvénients qui renaissent à chaque pas dès qu'il devient personnel. Dira-t-on que, du moins, certaines choses peuvent être considérées comme spécialement imposables, le tabac, les alcools, les objets de luxe, tout ce qui n'est point de nécessité ? Nullement. Les socialisés qui veulent se procurer ces choses sont obligés de s'astreindre à un travail supplémentaire qui, produisant plus, leur mérite davantage, et trouve en lui-même la compensation réclamée par la justice relativement aux citoyens qui se contentent du nécessaire. Le sur-produit qu'ils obtiennent augmente les bénéfices de la société qui les paye, et c'est là-dessus que l'impôt perçoit la part équivalant à celle que maintenant il affecte aux objets de luxe. Tout citoyen doit rester libre d'acheter ce qui lui plaît. Nous n'avons pas cette liberté effective lorsque nous sommes arrêtés dans nos désirs par la cherté artificielle des objets dont le prix naturel dépasse nos moyens, il faut que notre impuissance à les acquérir provienne seulement de l'infériorité de notre travail, sans que rien de factice empêche notre liberté de s'exercer avec sa pleine expansion. — En résumé, il nous faut rejeter la différence établie entre les produits de luxe et ceux de nécessité. Les premiers seuls sont aujourd'hui considérés comme imposables : en vertu de la loi de répercussion ou de diffusion, les revenus de pure jouissance sont ainsi atteints exclusivement. Ce fait ne paraît plus désirable, du moment que les jouissances deviennent la rémunération d'un travail précis. La liberté exige qu'alors elles soient franches d'entraves.

X

Nature de la Liberté & de l'Egalité
qui servent de base au Socialisme Fédéral.

La liberté ? Toujours ce mot revient dans les développements du système fédéral, lequel se présente ainsi comme le plus acceptable des socialismes. Qu'on y veuille bien réfléchir, il offre une plus grande somme d'indépendance, même individuelle, que le régime prétendu individualiste où nous vivons. On en a vu la preuve, c'est qu'il permet le choix sans entraves à tout citoyen : une fois la preuve faite d'une aptitude particulière, suffisante pour se rendre utile, chacun embrasse la carrière qui lui convient, faculté rarement accordée aux prolétaires, que les circonstances poussent au hasard à n'importe quel métier, — faculté réservée aux classes bourgeoises, pourvu encore que la bourse paternelle soit assez garnie pour soutenir l'enfant au delà des études secondaires pendant la période coûteuse de préparation technique. Ce n'est pas tout, on s'en souvient : si la profession choisie vous déplaît à l'épreuve, si elle vous occasionne trop de fatigue et que votre santé dût mieux s'accommoder d'une autre, si enfin vous sentez naître, ce qui se voit, une vocation insoupçonnée pour un travail plus délicat dont le goût ne vient pas toujours pendant la jeunesse, vous avez droit au changement, pourvu que les administrateurs de la nouvelle société où vous demandez à être reçu aient constaté vos talents, et, cela va sans dire, qu'ils disposent de places vacantes. Si ce n'est pas là une liberté nouvelle, le mot n'a plus de sens. C'en est une qui n'est rachetée par la perte d'aucune autre, sauf celle de vivre à ne rien faire, et celle aussi, dont on peut fort bien se passer, de s'évertuer à la poursuite de la fortune par un travail solitaire. Ce dernier cas est peu fréquent. La plupart des hommes civilisés dépendent d'un patron, d'un propriétaire, d'une société anonyme, d'une administration. Bien que l'initiative individuelle, nous l'avons reconnu, s'efforce de se maintenir dans ses positions et que, peut-être, elle soit capable d'étendre les limites de son domaine, les économistes considèrent le fait comme fâcheux, et croient désirable de parvenir à un régime d'associations englobant tout le travail humain. La liberté, restreinte d'ores et déjà, par la force des faits, à collaborer aux œuvres collectives, n'éprouverait en cela nulle diminution si le socialisme rendait ces groupements obligatoires. La situation de leurs membres serait exactement la même. Mais, pouvant choisir à tout instant, ils se sentiraient plus à l'aise, satisfaits de trouver à leurs aptitudes un meilleur emploi.

Il a paru nécessaire de rappeler ces principes pour les appliquer à plusieurs entreprises qui reviennent entièrement à l'Etat.

Le service militaire

On nous fait une obligation du service militaire. Certes, il faut assurer la défense nationale. Inutile de renouveler la constatation déjà établie, que notre socialisme reste patriote. Fédéral, son esprit de libéralisme s'ingénierait à faire une carrière de ce qui n'est qu'une corvée. Le problème ne comporte pas de solution dans notre société « individualiste » ; sous cette alliciante épithète se dissimule une essence autoritaire voisine de la tyrannie. Seuls les Etats-Unis, parce qu'ils sont très loin, et l'Angleterre parce qu'elle est isolée, ont pu réduire le chiffre de leurs effectifs suffi-samment pour offrir au soldat des moyens d'existence qui lui permettent de n'être plus en propres termes un esclave. L'entre-prise de la défense nationale pourrait devenir une exploitation comme une autre, de façon que les hommes doués d'aspirations à la gloire et de goût pour le panache y trouvassent les ressources nécessaires à la vie et le superflu requis pour se distraire à de délicates jouissances. Il faut comprendre dans le nécessaire la possibilité de vivre en famille, et dans le superflu les moyens de distractions raffinées. Marié, le soldat n'aurait plus tant de pro-pensions aux filles du plus bas étage ; convenablement payé, on pourrait lui inspirer l'estime des bibliothèques et des théâtres. Choisissant une carrière où il peut avancer par son héroïsme, et, si même il reste dans le rang, où il se trouve déchargé de l'obli-gation coutumière de vouloir et de lutter, satisfait de remplir le devoir non moins méritoire de l'obéissance et du dévouement, grâce à la sécurité qui lui est garantie de ne point mourir misérable, mais fonctionnaire de l'Etat dès qu'il atteint la li-mite d'âge, pensionné comme tout autre citoyen une fois inva-lide, le soldat aime dès lors son métier, au lieu de l'abhorrer comme nous voyons qu'il en a coutume ; qui plus est, il l'exerce mieux. L'exemple des vieux grognards de Napoléon suffit à mon-trer que la maturité de l'âge, soumise au même entraînement qu'elle commença de recevoir dans la jeunesse, n'est point un obstacle à la vigueur physique indispensable pour la guerre. D'autre part, rompus à l'exercice, enthousiastes de beaux coups, on les reconnaît fort supérieurs à nos troupiers de passage. Il n'est pas un spécialiste qui n'ait affirmé la valeur incomparable des armées de métier organisées par les moyens perfectionnés de la discipline moderne. On regrette de ne pouvoir constituer ainsi nos régiments. Beaucoup préféreraient les voir réduits pour en

composer la trame de professionnels encadrant les recrues. Dans
cette limite, le socialisme déjà peut seul présenter des conditions
favorables à la réforme. La grosse difficulté consiste dans la dépense. Notre budget de la guerre n'est pas en mesure d'assumer
les charges nouvelles entraînées, on a beau s'en défendre, par
une telle organisation. Le budget de l'Etat socialisé en souffrirait
moins. Ayant doté les sociétés de travail des capitaux particuliers, il peut leur demander en retour une rente, qui représen-
terait le surplus de dépenses. Quand il s'agissait des moyens de
transport, le même raisonnement ne pouvait être invoqué : convoyer les hommes et les marchandises, c'est une fonction intégrale de l'Etat qui doit disposer favorablement les conditions du
travail producteur, apport de ses matières et écoulement de ses
produits ; l'Etat, en demandant à un nouvel impôt les ressources
exigées par ce service, ne faisait autre chose que de répartir sur
la communauté nationale les frais actuellement payés inégalement par les individus ; la charge n'était accrue en rien. Pour
l'entretien d'une armée de métier, la charge s'accroît d'une quantité que ne rembourse pas un avantage pécuniaire. Elle n'en est
pas moins justifiable par le surcroît de valeur technique que
fournissent des hommes du métier, par la diminution du nombre
des engagés, que cet avantage rend possible, enfin par l'amélioration apportée au sort des défenseurs de la patrie, — sans oublier que d'ailleurs les ressources exigées par le supplément de
frais sont trouvées au préalable. En outre, le socialisme ne se
présente pas comme une panacée immédiate. Il pose un principe en réalisant un premier fait. L'évolution en reste ouverte à
l'indéfini. Il faut bien qu'une nation prenne l'initiative pour entraîner les autres par l'exemple de sa décision et par les preuves
de l'accroissement de prospérité qu'elle en espère. Se proposant
de devenir international dans les termes et avec les restrictions
précédemment exposés, le socialisme escompte l'avenir. Quand
ses intentions pacificatrices auront convaincu l'Europe, le désarmement général aura chance de s'effectuer progressivement. La
génération qui saura inaugurer en France le régime nouveau ne
dût-elle voir qu'un commencement de réduction des armées per-

manentes, elle se devrait tenir pour satisfaite. L'excès de dépenses entraîné provisoirement par l'organisation socialiste de l'armée n'est plus, dans cette hypothèse de succès partiel, qu'un faible sacrifice mille fois compensé par la gloire et le profit.

XI

La Guerre & la Paix

Proposer une organisation militaire favorable à la liberté ne signifie point que l'on perde peut-être de vue la question plus importante de savoir si la société entière peut être constituée en vue de la guerre ou de la paix. Sur ce point, les partis socialistes, sans exception, s'accordent avec les protagonistes de la paix, nombreux en toute autre sphère politique aussi bien que parmi les philosophes, les historiens, les sociologues, les classes instruites et surtout les classes ouvrières. Nul socialiste n'hésite à tendre la main aux conservateurs comme aux anarchistes ou aux radicaux dès qu'il s'agit de condamner la sauvage infamie des exterminations de peuples prescrites dans la Bible et considérées depuis comme la prérogative du droit divin conféré aux monarchies.

Alfred de Vigny, en phrasant noblement la philosophie bourgeoise de son temps, nous a fait croire que *Grandeur et Décadence militaires* doivent désormais être deux concepts inséparables dans l'esprit du sage. On admet bien, depuis un demi-siècle, dans le clan des esprits-forts, que sans doute les preux chevaliers et les intrépides mousquetaires d'avant la Révolution se fourvoyèrent à considérer le seul métier des armes comme séant à leur noblesse ; on avoue qu'il est apparu aux yeux de l'implacable critique avec ses tares et ses hontes ; mais on maintient qu'il reste la meilleure école de discipline et de devoir, qu'il développe l'esprit de sacrifice, le sentiment patriotique et jusqu'à l'habitude de cette solidarité qui sert de base à nos projets de réforme ; on ajoute que pour les paysans il a des vertus éducatrices, pour les bourgeois des coercitions égalitaires ; on termine le panégyrique par la louange particulière de nos officiers, modèles accomplis

d'intelligence et de dévouement. Si bien que l'auteur de ces lignes entendit à maintes reprises un bon docteur de la génération
de 1830 déclarer qu'à ses yeux il n'existe que trois professions
« honorables » : être prêtre, officier ou ... médecin, — naturellement !

Un petit volume ne serait pas de trop pour discerner le vrai
et le faux mélangés dans cette doctrine à la mode. Impossible
d'entrer ici dans les détails. On devrait d'abord spécifier quels
sont la « discipline » et le « devoir » utiles à la société : est-ce la
soumission aveugle, exigée du soldat, ou la soumission réfléchie
et volontaire requise dans un état démocratique, spécialement
tel que le socialisme désire le constituer ; — est-ce l'ensemble des
dispositions qui préparent à la guerre, ou de celles dont il faudra
faire preuve dans les œuvres de paix ; — le troupier se prépare-
t-il bien à labourer les champs ou à conduire une machine, en
apportant à cette occupation de sa vie entière l'application, la
conscience, la persévérance, l'habileté qui assureront sa prospérité personnelle et le progrès de la nation entière ? Que vient-on
nous parler de « Solidarité » militaire ? La solidarité des travil-
leurs n'a rien à voir avec celle-là : il leur faut savoir se grouper librement et intelligemment pour la défense de leurs intérêts communs, pour le soulagement de leurs infirmes et de leurs vieillards, pour l'assurance contre le chômage et les accidents, et jusque pour obtenir que le groupement auquel ils appartiennent
dans l'hypothèse du Socialisme Fédéral observe complètement
ses devoirs envers les individus qui le composent. Est-ce que par
hasard on apprend cela dans les casernes, où la discipline consiste, en France, à se laisser injurier, en Allemagne à se laisser
battre, où la solidarité consiste à échanger un bon de tabac contre une miche de pain et à régaler les bleus de mille brimades
sottes, brutales ou obscènes ? L'apprendrait-on mieux sur les
champs de bataille, où le « devoir » est de tuer ? Qu'avons-nous
besoin de l'« esprit de sacrifice », en un temps où il s'agit de
satisfaire aux justes réclamations du droit populaire ? On vient
d'expulser les moines précisément pour cette raison, entre autres,
que nul citoyen ne peut aliéner sa personnalité. Quoique l'évan-

gile soit un beau code de générosité, l'Eglise en a fait une loi
d'abdication ; elle ne cesse de prêcher le renoncement, que, du
reste, ses prêtres pratiquent seulement sur un point secondaire,
le renoncement à la femme ; elle s'inquiète peu que le pioupiou
se montre réfractaire à celui-là, mais elle tient beaucoup à maintenir par l'exemple et l'éducation de l'armée le principe général :
voilà pourquoi elle a toujours été, pourquoi elle demeure le sup-
pôt du césarisme et de la guerre ; et voilà pourquoi le socialisme
n'en veut plus. Quelle espèce de patriotisme, enfin, représente et
soutient l'institution militaire traditionnelle ? — un patriotisme
haineux et qui ne songe qu'à la conquête ou à la vengeance ;
étroit et pour lequel les frontières nationales doivent être autant
de barrières aux communications entre les peuples ; meurtrier
et dont l'idée ne peut être que le massacre ; exaspéré enfin, âpre
et grinçant, par le fait de l'immobilité où la paix armée réduit
les baïonnettes. La notion du patriotisme exposée précédemment
est toute différente. Venons-en aux officiers. Pour qui les a fré-
quentés, c'est un plaisir de reconnaître — en France du moins —
qu'ils méritent parfaitement les éloges qu'on leur décerne. Ce
ne sont plus comme autrefois des ignorants et des bravaches.
Encore un peu trop portés à plastronner, corsetés, pour les yeux
des belles dames, ce qui en soi est seulement ridicule, mais ce
qui peut entraîner un amollissement de caractère nuisible au
maniement des hommes ; encore un peu trop fiers de sonner la
charge du sabre sur le mollet, dénotant ainsi un autoritarisme
violent peu conciliable avec le rôle éducateur que les meilleurs
d'entre eux voudraient que la corporation entière s'astreignît à
remplir. Défaut n'est pas vice. Dans l'ensemble. ils connaissent
leur métier et s'acquittent de leur devoir. Par malheur, le système au maintien duquel ils se sont voués leur imprime son stig-
mate. Impossible de faire œuvre bonne et utile quand on prodigue ses services à une doctrine fausse et néfaste. Y apporter des
améliorations accidentelles, comme de travailler à instruire les
recrues illettrées, ce que d'ailleurs ne feront jamais qu'un petit
nombre d'officiers, ne remédie en rien aux absurdités de l'institution.

C'est que l'institution a pour but d'entraver les progrès réalisables par la paix. Nous ne pouvons nier, à vrai dire, que la guerre n'ait des avantages : à considérer les résultats de la catastrophe de 1870, nous y avons trouvé, certainement grâce à notre vitalité incoërcible, l'occasion et le stimulant d'une résurrection ; les Allemands n'en ont pas seulement profité immédiatement, mais en ont tiré une évidente recrudescence de prospérité économique et scientifique, quoique en même temps un affaissement moral provenant de l'idéal militariste qui leur inspire une politique fâcheuse pour la civilisation. Mais en fin de compte ces avantages restent cent fois dépassés par les inconvénients, et ils auraient pu être obtenus par un travail pacifique de l'évolution sociale naturelle. Quelles conquêtes de territoires peuvent compenser les saignées formidables opérées par ces batailles monstrueuses ? Les statisticiens de l'histoire sont allés jusqu'à estimer que la France compterait aujourd'hui cinquante millions d'habitants sans les guerres de la Révolution et de l'Empire, lesquelles, du reste, ont laissé le territoire plus petit que sous l'ancien régime. MM. Frédéric Passy et d'Estournelles de Constant ont maintes fois représenté que si nous parvenions à reprendre l'Alsace et la Lorraine, ce serait une victoire à la Pyrrhus : l'Allemagne grâce à son excédent de population, ne tarderait pas à les reprendre à son tour ; et nous aurions ainsi consacré pour longtemps encore dans le monde l'inepte droit de la force. Répéter cela, c'est de notre part, tomber dans les lieux communs, comme aussi que les années passées à la caserne pour la jeunesse à l'âge le plus productif, les sommes immenses (54 pour cent, assure M. d'Estournelles de Constant) consacrées à ces armements stériles, paralysent la production et nous enfoncent dans une infériorité de plus en plus marquée vis-à-vis des Etats non militaristes, en Europe la Suisse, la Belgique et la Hollande, en Amérique les Etats-Unis et le Canada, bientôt en Asie l'Inde et peut-être l'Australie. Viendrait-on encore nous déclamer que la guerre est nécessaire pour réveiller de temps à autre la mollesse où s'endort un peuple trop comblé des prospérités matérielles ? L'exemple des premiers de ces pays suffit à démontrer qu'il n'en va plus de nos jours comme autrefois : ce n'est pas pour rien que l'esprit humain s'est affiné au long de tant de siècles. Qu'il sache maintenant gouverner les sociétés sans violence, la preuve en est faite.

On a vu dans les pages précédentes qu'aux yeux du socialisme francais, et particulièrement d'après la théorie fédérale exposée déjà presque complètement, la guerre de défense reste néanmoins une nécessité temporaire. On ne peut permettre que des voisins encore hypnotisés par les désastreux prestiges de l'esprit de conquête profitent de notre naïveté pour nous dévorer dès que nous aurons désarmé. Si le patriotisme reste une réalité puissante, un noble stimulant des initiatives, il faut bien que la patrie conserve perpétuellement la force de repousser à la première alerte les prétentions dominatrices de toute autre nation. Elle peut y parvenir par une organisation différente de l'armée : du moins, nous avons reconnu que d'habiles réformateurs en sont convaincus. Qu'on imagine d'autres combinaisons, il faut toujours aboutir à étouffer l'esprit militariste traditionnel pour lui substituer un esprit démocratique. Les socialistes inclinent à croire que ce but serait atteint par la création de milices encadrées en une petite armée de métier.

Dans une étude théorique, il importe davantage de justifier les principes socialistes que de proposer un détail d'institutions que seule l'Assemblée Constituante pourra spécifier. Il est d'usage courant parmi les chefs de la politique bourgeoise de rendre les théories humanitaires responsables des maux croissants du prolétariat. Ces messieurs n'imaginant pas qu'il soit possible de gouverner le peuple sans employer les coercitions césariennes, ni même d'assurer l'ordre nécessaire à sa subsistance sans déployer les prestiges militaires, sont naturellement portés à rejeter sur des doctrines opposées à la leur la responsabilité des malheurs dont la patrie porte le deuil. A discuter sur le terrain des principes, chacun s'obstinerait à croire qu'il a toujours raison et que son adversaire a tort. L'unique manière d'éclairer la question, c'est d'étudier les faits. Nous sommes abondamment pourvus de renseignements sur le point particulier de la guerre franco-allemande. Depuis que M. Rothan, excellent diplomate du second empire, a publié, dans la *Revue des Deux-Mondes* de 1892, une série d'articles documentés et judicieux qui aboutissent, en somme, à réhabiliter Napoléon III, nombre d'autres écrivains se sont appliqués à étudier le caractère complexe de ce souverain malheureux, et ont en général conclu en sa faveur. Il est admis aujourd'hui que Victor Hugo l'a calomnié en le qualifiant de « Napoléon le Petit », sans compter les invraisemblables monstruosités qu'il lui plut d'assembler dans les *Châtiments* pour en faire une silhouette infernale. Cet homme qui connaissait à fond son oncle et son propre temps, ne dut peut-être. en somme, ses malheurs, qu'à sa mauvaise constitution physique et à la-faiblesse de son entourage. On admet, réflexion faite, que s'il avait eu la force d'imposer sa volonté — de préférence par la persuasion —, il aurait pu pacifier l'Europe et l'organiser avantageusement selon son principe des nationalités établies conformément à leur décision plébiscitaire. Nous ne saurions mieux résumer la question que ne l'a fait M. Marcel Collière dans l'*Européen* du 24 Janvier 1903, à propos de ces mots prononcés quelques jours auparavant par M. Ribot, aux applaudissements de la Chambre : « J'ai vu les désastres dont nous portons encore le poids et j'ai été effrayé de voir reparaître à cette tribune les doctrines humanitaires qui nous ont fait tant de mal et dont nous avons failli mourir. » M. Collière montre par l'exposé des faits historiques, étayé de considérations fort justes, que les doctrines humanitaires ne sont nullement responsables de cette guerre désastreuse, et qu'elles seules au contraire auraient pu l'éviter. Les documents les plus récents démontrent que la guerre fut amenée par la politique ambitieuse, césarienne et militariste de M. de Bismarck et du parti dynastique des Tuileries. Pendant la période qui précéda immédiatement 1870, « de grandes aspirations à la paix universelle, à l'union des peuples s'élevèrent de toutes parts... Dans tous les pays, les hommes de liberté, d'indépendance et de progrès mettaient au premier rang de leurs revendications et de leurs espérances l'abolition des guerres ... Cette tendance fut si marquée au commencement du congrès de Genève en 1867, que les divers gouvernements monarchiques en prirent ombrage ». Il n'est pas vrai que l'opposition républicaine ait désarmé l'Empire « par ses déclarations utopiques en faveur de l'union des peuples et de la pacification universelle, et qu'elle lui ait refusé les lois militaires qu'il proposait et les crédits budgétaires qu'il réclamait ». Elle fit son possible dans ce sens ; mais elle était trop faible pour y réussir, et d'ailleurs la loi fut « votée dans toutes ses dispositions générales : ensuite, cette loi, qui ne pouvait entrer en vigueur que dans le courant de 1869, ne pouvait guère avoir d'effet sur l'armée en 1870 ... Ce n'est pas la faute de l'opposition si après la mort du général Niel en 1869, le gouvernement négligea complètement l'organisation de la mobile... En vain allèguera-t-on que l'argent manquait : au budget annuel de la guerre et de la marine, montant à 604 millions, s'était ajouté un emprunt de 129 millions couvert le 13 août 1868, et destiné tout entier, sauf une somme de 8 millions, aux dépenses militaires. Non seulement l'opposition n'a pas nui à la défense nationale, mais ses tendances pacifiques eussent été capables d'éviter la guerre si on les avait adoptées comme principe directeur de la politique. Bismarck « n'était pas tout en Europe, ni même en Allemagne. La tâche fut grandement facilitée par l'attitude de la cour et du parlement français ». L'empereur ne voulait pas la guerre, mais y était poussé par son entourage. « Quant au parlement, on vit par les séances du 13 et surtout du 15 juillet, quel aveugle empressement, quelle coupable précipitation il mit à voter la guerre, sans même exiger la communication des pièces diplomatiques, et malgré les supplications obstinées de tout le côté gauche. (Il suffit, en effet, de lire le discours de M. Thiers pour toucher du doigt la preuve de la folie militariste qui avait envahi la France.) On sait quelle peine M. de Bismarck eut à déterminer son roi, il a raconté lui-même à quels moyens il dut s'abaisser ; qui sait ce qui serait advenu si la Chambre française, docile aux représentations des humanitaires, eût laissé aux malentendus volontaires le temps de se dissiper, aux interventions étrangères le temps de se produire avant d'être en face du fait accompli ? » Quelque puissant que soit un gouvernement, il ne peut aisément déclarer la guerre quand le peuple est pacifique...

Voilà une conclusion d'évidence. Loin donc qu'il soit utile de maintenir l'esprit militariste, le bien de la nation, sans parler de celui de l'humanité, réclame une active propagande en faveur de la paix, obtenue par ces deux moyens simultanés : le désarmement général et l'arbitrage international.

Tant que les circonstances nous imposent cependant une armée permanente, la simple logique demande qu'on la respecte et qu'on n'essaie pas de la désorganiser. M. Millerand avait eu parfaitement raison de soutenir le ministère de la guerre dans la répression des tentatives imprudentes faites à cet égard par le *Pioupiou de l'Yonne* et d'autres journaux de combat, ainsi que de la diffusion de brochures engageant les soldats à déserter. Comme l'a remarqué M. Jaurès, en disant aux soldats : Désertez ! on ne fait pas appel à leur énergie, mais à leur faiblesse, et tout déserteur est perdu pour la Révolution sociale. Il y a plus. Tant que la défense nationale doit être maintenue prête à repousser une attaque toujours possible, le bon sens le plus élémentaire commande de maintenir ferme la discipline de l'armée actuelle jusqu'à ce qu'on ait pu la modifier.

XII

La Représentation proportionnelle.

Jusqu'à ces dernières fonctions, tout ce que nous avons reconnu comme devant être attribué à l'Etat le serait en principe, par Constitution. A côté de ces facultés essentielles, il en pourrait posséder quelques autres, dont le revêtiraient provisoirement les différents partis vainqueurs aux élections. Le détail en serait hasardeux à préciser. Les désirs d'un peuple varient avec ses préjugés et ses idées nouvelles aussi bien qu'avec ses besoins ; d'année en année ils peuvent devenir contradictoires, car il faut bien procéder par expériences pour savoir ce qui, a l'épreuve, se montre utile ou nuisible, possible ou impraticable.

Qu'il suffise de poser ici les jalons d'un système rationnel de suffrage, conforme aux données du Socialisme Fédéral. On verra que ce système permet de varier à l'infini les modalités du gouvernement une fois fixé en sa forme, et qu'il donne pleine satisfaction aux minorités. Il ne paraît pas inutile d'insister sur ce dernier avantage : il rend la liberté plus effective que nous ne la voyons réalisée dans notre République.

Parmi les nations démocratiques, la Belgique s'est distinguée par ses recherches sincères en vue d'établir un mode d'élection représentant aussi fidèlement que possible les volontés variées de tous les citoyens. Elle a cru résoudre le problème en établissant deux principes : celui de la « représentation proportionnelle » et celui de la « pluralité des suffrages ». Il nous semble que la première de ces formules devrait être adoptée par toute véritable démocratie, tandis que la seconde ne pourrait se défendre que dans un seul cas.

Pour obtenir une représentation réellement proportionnelle, on dit aux électeurs que si, par exemple, ils sont soixante-quinze mille radicaux et vingt-cinq mille conservateurs, les premiers éliront trois députés, les seconds un, simultanément. La satisfaction des partis est ainsi accordée à chaque district, par fractions de vingt, cinquante, peut-être cent mille habitants. De la sorte, quiconque appartient à un groupe assez puissant pour réunir le nombre de voix nécessaire à l'élection d'un député, obtient celui qu'il veut. Rien de plus juste. On ne peut que s'étonner de voir cette répartition pratiquée à nos portes sans que nous l'ayons encore adoptée. Certains disent bien que notre régime aboutit essentiellement au même résultat : si, dans un canton ou dans un département, la majorité radicale l'emporte, soit au scrutin de liste, soit en faveur de candidatures personnelles, l'équilibre se rétablit par la victoire tout aussi complète des conservateurs dans une autre circonscription. Toutefois, cette excuse reste loin de pallier, pratiquement, l'écrasement des minorités. En premier lieu, la représentation belge présente une adaptation plus détaillée aux opinions de chaque citoyen. De plus, s'il est juste d'admettre que l'élection des députés ait non-seulement pour but de leur confier le soin de veiller aux intérêts généraux, mais puisse aussi légitimement prétendre, dans les limites que nous aurons l'occasion de poser prochainement, à obtenir leur protection pour les intérêts locaux, cette dernière partie du programme devient lettre morte pour les électeurs de chaque circonscription qui n'ont pu élire de représentant avec mandat d'exposer leurs vœux au parlement. Déjà même au point de vue de la direction d'ensemble qu'ils voudraient imprimer au pays, le député que leur impose la faction victorieuse ne répond que partiellement à leurs intentions ; du moins peuvent-ils se consoler en songeant que leurs amis plus heureux en des circonscriptions différentes ont envoyé au Palais-Bourbon des unités de combat chargées d'exécuter les plans de leur stratégie. Encore n'est-ce là qu'une consolation risquant fort de rester platonique : il suffit souvent de quelques voix, déterminées par une campagne de presse, par un incident retentissant, pour décider, à travers toute la France, la prédominance d'un parti pendant le ballottage. En tous cas, à les supposer satisfaits de ce côté, les vaincus de telle ville, de tel arrondissement se voient complètement sacrifiés dans leurs revendications locales ou personnelles. Toutes les faveurs dont dispose le gouvernement iront à leurs adversaires ; la protection leur est refusée pour ce qui leur est le plus cher, et ils ne peuvent avoir, ni, si le député est anticlérical, les écoles où il leur plairait de faire élever leurs enfants, ni, si le député est conservateur, le tracé de routes favorables aux petites propriétés et qui passeront près des grandes ; il n'est pas jusqu'au droit de pétition, si solennellement concédé à tous les Français, qui ne leur devienne réellement inaccessible : pour qu'un citoyen puisse espérer de voir sa pétition prise en considération, il faut bien qu'il l'adresse personnellement au député qu'il a élu, et s'il appartient à un parti qui a voulu en élire un autre, sa pétition ne peut qu'être jetée au panier avec les rapports dont les oubliettes sont d'avance la destination naturelle. Ce n'est pas là une sincère démocratie, c'est une oligarchie déguisée, à supposer que le but du suffrage universel doive consister à obtenir des faveurs personnelles ou locales aussi bien qu'à imposer une politique d'ensemble. Nous n'admettons pas ce postulat sans de fortes restrictions ; mais comme il est cher à de nombreux socialistes et à la plupart des républicains, le seul fait de s'en réclamer devrait suffire à leur faire considérer comme indispensable pour le rendre effectif la représentation proportionnelle. Basé sur la fédération des partis aussi bien que sur celle des communes et des sociétés de travail, le socialisme proposé dans ce livre ne devrait point seulement autoriser à élire le représentant de leur choix ceux qui admettent le principe socialiste en divergeant sur des points secondaires, mais encore ceux qui voudraient revenir à un régime monarchique ou rétablir une république selon notre formule présente. Conscient de sa force, sûr de sa majorité, il lui siérait mal de ne pas continuer la tradition de libéralisme à laquelle nous sommes habitués. Loin d'y renoncer, il en élargirait l'application en rendant, sur ce point comme sur les autres, la représentation exactement proportionnelle.

L'expérience a confirmé les prévisions optimistes de ceux qui avaient imaginé, en Belgique, la représentation proportionnelle : les Belges ne se sont pas repentis de l'avoir adoptée. Il en est de même en Suisse, où ce système électif et parlementaire n'a jamais subi un recul dans les cantons où il s'est introduit, au Tessin en 1891, puis à Neufchâtel, à Genève et dans une douzaine d'autres cantons.

Si les Belges se trouvent bien de la représentation proportionnelle, il n'en est pas absolument de même du vote plural, le 14 mars dernier, le congrès progressiste réuni à Bruxelles pour renverser la majorité catholique a émis comme premier vœu : « l'abolition des privilèges du vote plural, qui portent atteinte à l'égalité politique et violent le suffrage universel » , — tandis qu'au contraire le second vœu demandait l'extension de la représentation proportionnelle aux élections provinciales et communales.

Pour savoir dans quelle mesure pourrait être adoptée la pluralité des suffrages, considérons les trois cas où un citoyen belge dispose de plusieurs voix. Pour être nanti d'une seule, pour être simple électeur, il doit se prouver propriétaire ou du moins locataire d'un appartement de 200 fr., par exemple. N'insistons pas : rien de plus antidémocratique. Le socialisme ne nous ramènera pas aux erreurs de la Restauration. — Si l'électeur est père de famille, il dispose de deux voix. C'est ici que le principe peut se soutenir. Non que le bébé soit considéré comme membre actif de la société politique ; non que son père ait le droit d'interpréter ses futures opinions comme pour lui imposer d'avance les siennes : ce serait une conception aussi fausse de la liberté de conscience que celle où est tombée l'église catholique en accaparant les nouveau-nés par le baptême. Mais, sous deux aspects, le privilège du père se justifie. Indirectement, c'est là un moyen d'encourager la paternité, ou du moins de la récompenser, car les encouragements législatifs, nous le savons, comptent pour bien peu. D'un autre côté, si nous avons reconnu au père le droit d'élever ses enfants comme bon lui semble, il s'ensuit qu'il lui faut pouvoir recourir à une protection législative qui lui assure le libre choix de cette éducation. Il nous a semblé que là gît une des applications les plus essentielles de l'autonomie personnelle compatible avec une organisation socialiste ; accorder au père une voix en faveur de sa famille, et aussi puissante que celle dont il dispose pour lui-même, ce n'est pas trop. — Reste enfin le citoyen qui, électeur simple ou double, peut le devenir triple, car on lui accorde une voix supplémentaire s'il est pourvu d'un diplôme. Là, il nous faut discuter sur des bases plus profondes. Sans doute, au même titre que la paternité, on pourrait prétendre à encourager l'instruction supérieure, ou plutôt à la récompenser. Néanmoins, cette considération devient faible en regard des principes qui doivent diriger l'organisation socialiste. L'instruction a pour but la culture de l'*intelligence*. Le droit de vote repose sur l'obligation de satisfaire les *volontés*. La science et la politique, considérées respectivement dans leurs caractères essentiels, relèvent ainsi de catégories différentes. A n'en pas douter, elles se trouvent en contact sur nombre de questions : un esprit éclairé peut être meilleur juge qu'un illettré sur la marche qu'il convient d'imprimer au gouvernement, et plus judicieux dans le choix des candidats. Cependant, il n'en est pas toujours ainsi : combien de savants, de romanciers, d'apothicaires déraisonnent superbement, avec preuves à l'appui et tout l'attirail de dialectique propre seulement à démontrer par *atqui* et par *ergo* la fausseté d'un esprit entier, là où le simple ouvrier voit clair sans savoir trop pourquoi ni comment ! Eh bien, admettons qu'il n'en soit jamais ainsi ; la volonté populaire n'en garde pas moins le droit de s'affirmer, tout comme la volonté des gens instruits ; et de la part de ces derniers, c'est uniquement aussi leur volonté qu'il s'agit de représenter aux Chambres. Ils ne sont pas ainsi frustrés des avantages légitimement dus à leur culture : libre à eux de communiquer leurs lumières à ceux qu'ils croient aveugles, avant l'élection ; ils ont la plume, la parole, l'argent peut-être, le talent quelquefois. Mais dès l'instant qu'il s'agit de savoir comment la nation veut être gouvernée, l'Etat ayant au préalable favorisé la discussion et provoqué l'action des intellectuels, ne peut que supposer la masse suffisamment édifiée ; il lui demande alors pour quel parti elle se décide. Le demandera-t-il aux mendiants, aux ivrognes, aux débauchés, aux escarpes, aux rôdeurs de barrière ? Ces derniers comptent pour si peu, les ivrognes sont au contraire si nombreux — je veux dire ceux que l'on voit pompettes les jours de paye — enfin les pauvres ont évidemment tant de droits à la protection, qu'il n'y a guère de raison spéciale pour chacun de ces citoyens à les écarter du vote. Il y a au contraire des raisons générales péremptoires pour les y convier. Du moment qu'un citoyen n'a pas perdu ses prérogatives civiles par suite d'une condamnation judiciaire, il peut avoir des vices personnels, il n'en reste pas moins citoyen. A ce titre, lui refuser les avantages accordés aux autres par le contrat social pour ne lui en laisser que les charges, serait une injustice flagrante. La façon dont il désire être gouverné est peut-être mauvaise ; mais il veut ainsi l'être, cela suffit. A quel égard la jugera-t-on mauvaise ? D'après l'opinion générale ? Abdiquez donc ouvertement le droit des minorités ! Et, alors, prenez garde : l'opinion générale est fort difficile à contrôler ; les habiles ou les forts se feront un criterium de leurs opinions particulières en les affirmant générales quand il sera malaisé de contrôler si elles le sont. Recourrez-vous à l'opinion des gens instruits ? Nous revenons à la contradiction fondamentale. Il ne s'agit pas de lumières philosophiques. Gardez-les pour fonder le royaume d'Utopie ; nous avons renoncé à pétrir la société comme une glaise selon une conception abstraite ; ce que veut la démocratie reste la seule inspiration qui s'impose. Le monde, à en croire Schopenhauer, est une volonté aussi bien qu'une représentation. Formule tellement suggestive que des penseurs éminents comme M. Fouillée, ont, en la codifiant sous le vocable d' « *idées-forces* », déterminé la nouvelle génération philosophique à en faire l'explication essentielle de la vie. Ce qui vit suit un instinct. Bon ou mauvais à votre gré, vous ne l'empêcherez pas d'exister. Tout vivant se dirige d'après une « idée » essentielle qui n'est pas une spéculation abstraite, mais une « force » immanente tendant à conquérir les éléments de nutrition, les jouissances réclamées par la sensibilité, le but inconnu où va le jeu des organes, enfin les moyens de se procurer l'objet du désir. Voilà le fait, voilà l'énergie, voilà le droit. Rousseau l'avait compris, sans le dire ; c'était une conséquence du naturalisme. Il nous a pénétrés de cette conviction, que, puisque nous existons, vivants, tels que nous sommes, bons ou mauvais *sub specie æternitatis*, ne pas vouloir, ne pas chercher à satisfaire nos instincts vitaux, c'est mourir. Soyez logiques : guillotinez une bonne fois ceux qui ne se conforment pas à votre idéal de l'homme social ; mais si vous les laissez vivre, donnez-leur la faculté d'exprimer de quelle façon ils le veulent, et de voter pour les députés de leur choix.

Le Referendum

L'étude que nous avons dû esquisser du système électoral suisse pour justifier le referendum partiel destiné à la législation d'une province, a déjà dû faire comprendre par analogie comment fonctionne cette même institution appliquée au gouvernement de la nation entière. Sans pouvoir entrer ici en autant de détails, il

suffira d'exposer les principes directeurs du plébiscite législatif régulier qui porte le nom de referendum, pour justifier son
adoption par une grande république socialiste comme serait la
France.

A proprement parler, un *plébiscite* n'est qu'un appel au peuple sur un point particulier. Il a des protagonistes dans tous les
partis républicains ou autres, même les moins socialistes,
comme le nationalisme. MM. Déroulède et Marcel Habert, s'appuyant sur l'opinion de Montesquieu, d'après lequel le gouvernement est le gouvernement direct par le peuple, invoquant
l'exemple de toutes les républiques de l'Amérique du nord et du
sud voudraient que si, par exemple, les pouvoirs publics
n'étaient pas d'accord sur l'abolition de la peine de mort, on fît
appel au peuple, qui trancherait la question. Le *referendum* est
tout autre chose, avons-nous dit : un plébiscite « régulier »,
institué une fois pour toutes, fonctionnant normalement pour
tous les cas prévus par la constitution, et « législatif », ayant
pour but de créer directement les lois de certaines espèces dont
la constitution n'aurait pas cru devoir charger les Chambres.

Ce système de législation se trouve exposé dans la *Revue des
Deux-Mondes* du 1ᵉʳ mai 1902, à propos du « *Referendum belge* ».
L'auteur anonyme de l'étude ainsi intitulée expose les objections
du parti conservateur, puissant en Belgique, auquel n'agréait pas
l'exemple des républiques fédérales, Suisse et Etats-Unis. Ce parti alléguait une essentielle différence de constitution et de mœurs
qui ne permet aucune assimilation entre ces républiques et une
monarchie constitutionnelle. En principe, les opposants belges
n'avaient pas tort : le referendum ne peut être que consultatif en
présence d'un pouvoir différent de celui du peuple. Pour devenir
délibératif et capable de légiférer, il faut que déjà une constitution démocratique assure au peuple la souveraineté. Cette condition, réalisée dans les républiques fédérales, le serait à plus forte
raison dans une nation socialisée.

Si le referendum fonctionne, en Suisse, normalement et utile-
ment, c'est, en effet, que « le principe de la souveraineté populaire appliqué dans toute sa pureté, y a produit dans l'organisme

constitutionnel et dans les mœurs politiques des conséquences tout à fait particulières. Tout homme qui reçoit une parcelle du pouvoir législatif, exécutif ou même judiciaire, y est nommé pour un terme fixe. Chacun des élus exerce le pouvoir qui lui est délégué par l'unique souverain, suivant ce qu'il croit être la volonté de ses mandants. S'il s'est trompé sur ce point, il se hâte de réparer son erreur sans refuser son concours. Ainsi les membres de l'assemblée fédérale dont les opinions ont été désavouées par leurs électeurs n'abandonnent pas leurs sièges (nous avons déjà constaté ce fait pour l'administration intérieure des cantons) ; ainsi les ministres, dont les volontés personnelles sont contrecarrées par les votes de l'Assemblée ou du peuple, restent à leur poste : *en Suisse, les autorités ne se démettent jamais ; elles se soumettent toujours.* » N'est-ce point là une conséquence logique du pouvoir populaire ? De même qu'un roi de l'ancien régime, il ordonne : ses fonctionnaires n'ont qu'à exécuter ses instructions. Mais il ordonne directement ce qu'il juge utile à ses intérêts. On sent bien que dans une république représentative comme la nôtre il ne peut en être de même. Il faut au contraire que le gouvernement ait une certaine indépendance vis-à-vis des Chambres ; sinon les ministres seraient soumis au parti dominant, qui ne représente pas toujours l'opinion générale de la nation, ou du moins qui ne la représente habituellement que sur un point particulier. Il est vrai que dans le cas d'un désaccord nos ministres sont obligés de céder la place à d'autres plus dociles ; on a tout dit sur les inconvénients de cette instabilité : incontestablement il serait préférable de conserver les mêmes hommes, déjà rompus aux affaires courantes, et capables d'imprimer une direction suivie à la politique générale.

Les décisions du referendum tel qu'une démocratie absolue doit le pratiquer sont obligatoires. « La loi fédérale ordinaire, ainsi déférée au peuple, est adoptée dès que la majorité des électeurs suisses l'accepte, quand même la majorité des cantons l'aurait rejetée. L'intervention directe du corps électoral a été ainsi provoquée vingt-sept fois depuis que la constitution fédérale de 1874 est en vigueur (jusqu'à 1892), et le droit populaire s'est exercé sans secousse. » La sagesse du peuple, déjà constatée dans le gouvernement des cantons, ne se dément pas dans la législature générale qu'il possède le droit d'exercer exclusivement, soit quand il est question de modifier la constitution, soit quand 30.000 citoyens ou huit cantons font une proposition de loi. Aussi le parlement fédéral n'a-t-il qu'une besogne modérée : il siège seulement huit semaines, n'ayant qu'une compétence restreinte, et ne votant pas plus de deux ou trois lois chaque année. C'est que le peuple suisse prend au sérieux ses fonctions législatives, surtout quand il s'agit d'intérêts économiques. Au mois de mars 1903 ce n'est pas seulement 30.000 citoyens, mais 100.000 qui ont signé la pétition pour porter devant le referendum la question du tarif douanier.

Sans doute dans un pays de trente-six millions d'habitants, la complexité des lois répondant à celle des besoins, réclamerait toujours un parlement considérable et siégeant sans interruption. On ne peut soumettre au referendum que certaines questions d'intérêt fondamental. Déjà, en Suisse, le vote populaire ne s'applique pas à tout. « Le texte même de la constitution lui soustrait les arrêtés fédéraux, à la différence des lois fédérales, quand ils n'ont pas soit une portée générale, soit un caractère d'urgence. Mais comment distinguer la *loi de l'arrêté?* C'est ce que le conseil fédéral n'a pas cru pouvoir faire dans le message joint à la loi sur les votations populaires du 17 juin 1874 sous prétexte « qu'une définition, quelque bonne qu'elle soit, est toujours sujette aux interprétations ». L'assemblée fédérale s'est donc attribué le droit de décider, pour chaque cas spécial, si un décret législatif est une loi ou un arrêté, si l'arrêté est ou n'est pas d'une portée générale et présente un caractère d'urgence. On arrive ainsi, dans la pratique, à soustraire au referendum, outre les arrêtés pris pour des cas concrets (par exemple ceux qui accordent la garantie fédérale aux constitutions cantonales), les traités avec les Etats étrangers, le budget annuel et l'approbation des comptes de l'Etat, les crédits pour l'acquisition du matériel de guerre, les subventions pour la correction des rivières et la construction des routes. » A première vue, ce sont là en effet des questions qui devraient être réservées également aux Chambres, aux ministères ou à l'Etat d'une grande République socialiste. On en devrait probablement ajouter nombre d'autres et fixer exactement ce qu'il faudra soumettre aux décisions directes des citoyens. Ce travail de départ ne peut être fait que par l'assemblée constituante.

Le grand nombre des électeurs peut sembler aussi un obstacle. On sait quelle opération gigantesque ce fut d'organiser et de contrôler les plébiscites qui étayèrent le gouvernement de Napoléon III. Que de frais, de dérangements et de contestations n'entraîne pas encore l'élection de nos députés ! Le suffrage universel ne peut s'exercer à jet continu. Il est vrai. Pour le simplifier on pourrait faire exercer le referendum au second degré, soit qu'on adopte le système des doubles collèges électoraux qui élisent les sénateurs, soit que chaque circonscription nomme un comité chargé d'un mandat précis. Cette dernière solution se présente avec un caractère plus franchement démocratique.

L'auteur de l'article précité, énumérant les objections des adversaires du referendum, signale celles qui sont inhérentes à l'ignorance populaire. « La multitude se figure aisément que, la ligne droite étant le plus court chemin d'un point à un autre, il suffit de la suivre et d'atteindre un but précis avec la plus grande somme de vitesse possible. Cependant on ne gouverne un peuple qu'en tenant compte de ses antécédents et de ses traditions, de son tempérament et de ses habitudes, en cherchant dans le passé le secret de l'avenir, en amortissant par la sagesse des résolutions présentes la violence des réactions prochaines : en un mot, la science du gouvernement est la science même des transitions et des nuances. C'est ce que la démocratie pure ne comprendra jamais. » Qui sait ? On tâchera de le lui faire comprendre, en ayant soin de préparer longuement tout appel au vote public par la presse, par des conférences, par des manifestes, de même que l'on prépare l'élection des députés. Le lecteur se rappelle comment le peuple suisse est soigneusement instruit à l'avance des questions qu'il devra débattre. L'éducation politique de la démocratie a suivi le même progrès que son instruction primaire.

Rien ne prouve qu'elle ne peut atteindre à une perfection suffisante pour permettre d'en obtenir des lois judicieuses. Au reste,
ce qu'on demande au peuple, ce sont des décisions de principe.
Là, il est maître incontesté, si l'on admet, comme nous l'avons
établi précédemment, que la politique doit être l'exécution de la
volonté nationale, et non pas directement des jugements de l'élite.
Dans cette sphère le gouvernement ne consiste pas à ménager les
transitions, mais bien plutôt à les brusquer si la nation le veut :
telle fut la justification de la Révolution dès son début. Comme
on demande seulement au peuple ce qu'il exige en bloc, le détail est laissé à la discrétion des Chambres et des ministres :
à eux de manœuvrer avec une tactique sage et de diriger la pratique de l'application avec le doig: nécessaire.

Notre auteur le reconnaît, « le referendum ne peut être et n'est
pas une panacée : ce serait une véritable puérilité que d'y chercher un remède à tous les maux dont souffre une nation. Il s'agit
de savoir, non si le peuple donne, à coup sûr, la meilleure réponse aux questions posées, mais si les inconvénients du recours direct l'ont, en somme, emporté sur les avantages ... En
compulsant avec un soin minutieux, vote par vote les annales
du referendum suisse, nous inclinons à penser, non pas qu'il
a donné sans interruption les meilleurs résultats possibles, mais
que la démocratie en a fait généralement un judicieux emploi.
S'il est vrai, comme nous le croyons, qu'il ne faut pas sacrifier
l'autonomie cantonale aux champions d'une concentration exa-
gérée, comment ne pas approuver le peuple d'avoir, en repoussant deux fois la loi sur le droit de vote des citoyens suisses, laissé
les cantons régler encore à leur gré les conditions de l'électorat ?
S'il est vrai que les minorités doivent être protégées ... contre le
despotisme des majorités, la nation n'a-t-elle pas bien fait de
désavouer, durant la législature de 1881 à 1884, la politique op-
pressive de l'assemblée fédérale en rejetant toutes les lois soumises au referendum ?... La liberté d'enseignement est précieuse
entre toutes les autres, puisqu'elle permet au père de famille de
faire élever ses enfants selon sa conscience et sa croyance ; or
depuis que la constitution de 1874 (art. 27) avait décrété l'instruc-

tion obligatoire et laïque, aucune disposition législative ne réglait l'exercice du droit de contrôle de la confédération sur l'enseignement primaire : un arrêté fédéral, voté par la majorité radicale des conseils, prescrivit une enquête scolaire dans tous les cantons, tendant à prouver que la constitution avait été transgressée et à préparer l'élaboration d'une loi défavorable à la liberté religieuse : il est difficile d'oublier que la démocratie se souleva d'un bout à l'autre de la Suisse et que les croyants de toutes les confessions, unis aux véritables libéraux, rejetèrent ... l'arrêté soumis à la sanction populaire. Enfin cette même démocratie, en repoussant le 6 décembre 1891 l'achat des actions du chemin de fer central par la confédération, aurait eu, chose à peine croyable ! assez de finesse pour éviter les pièges (tendus par une légion de financiers habiles) auxquels la représentation nationale elle-même avait été prise. » L'auteur n'a-t-il pas raison de dire que cet exemple « n'a rien de décourageant » ? On se rappelle quelle importance le Socialisme Fédéral attache précisément aux questions en cause. A part la laïcisation que nous avons reconnue devoir être franche et complète, il serait fort désirable que le peuple pût se prononcer directement sur ces matières capitales : la liberté de conscience, la finance (je ne dis pas le budget, mais les entreprises nationales entraînant des emprunts), l'autonomie communale et provinciale, la sauvegarde des minorités.

C'est avec raison que l'on assimile ensuite le referendum suisse au plébiscite de la république romaine. « *Plebiscitum est quod plebs jubet atque constituit* ... Dans chaque tribu, les suffrages se comptaient par tête, sans distinction entre les riches et les pauvres, entre les *seniores* et les *juniores*, entre les patriciens et les plébéiens ; enfin, dans le dernier état de la législation, le plébiscite pouvait être, en général, soumis aux tribus sans l'autorisation du sénat. Le plébiscite devint donc..., au même titre que la loi proprement dite, une des sources du droit. » Rien de commun entre ces dispositions démocratiques, qui ont contribué à civiliser lo monde barbare, et le plébiscite exploité par les Bonapartes à leur profit personnel. Le plébiscite romain est le seul qui doive servir d'exemple au socialisme, comme il en a servi aux confédérations helvétique et américaine.

Le pouvoir central n'en était pas moins puissant à Rome ; il l'est encore suffisamment en Suisse et aux Etats-Unis. L'une des choses que l'on peut apprendre à la démocratie, c'est la nécessité de rester confinée dans ses attributions constitutionnelles et de maintenir une autorité supérieure qui balance la sienne propre, non pour lui faire échec sur les principes, mais pour en modérer l'application suivant les circonstances. Au reste, quelle que soit la satisfaction qu'éprouve le peuple à se gouverner lui-même, l'expérience est faite qu'il ne s'en fait pas une partie de plaisir quotidienne. Il a trop affaire pour vivre, il ne tient pas à se déranger continuellement pour la vanité de faire acte de souverain. « A Genève, où le referendum facultatif cantonal existe depuis 1879, il n'en a été fait usage que deux fois (jusqu'en 1893) : on n'en a pareillement usé que deux fois dans le canton de Neuchâtel. »

Un autre mode de referendum est celui des Etats-Unis. Il consiste essentiellement en ce que certaines lois votées par le congrès et par le Sénat ne sont obligatoires pour chaque Etat que si elles y sont acceptées par le vote populaire. « La constitution fédérale, dit encore l'auteur de l'article sur le *referendum belge*, ayant permis à tous les Etats particuliers de déterminer eux-mêmes les conditions de l'électorat de leurs propres citoyens (même pour les élections d'une nature fédérale), plusieurs d'entre eux, tels que le Connecticut, le Massachusetts, la Floride, le Missouri, soumettent à diverses restrictions le droit de l'électorat. » Il semblerait avantageux de laisser également cette liberté aux provinces de la France sur un point particulier dont nous avons montré l'importance : l'attribution de plusieurs voix aux citoyens qui réunissent les conditions discutées au paragraphe précédent. Ce serait un moyen pratique de faire l'épreuve du suffrage plural, en lui appliquant un discernement convenable aux différents caractères de nos populations si variées. « Aux Etats-Unis, quoique le système du gouvernement soit essentiellement représenlatif, les constitutions des Etats particuliers ne peuvent être amendées que par le peuple lui-même. ... Le peuple n'intervient pas seulement dans la réforme des constitutions particulières : si, dans plusieurs Etats de l'Union, les cours suprêmes ont annulé comme inconstitutionnels et révolutionnaires de simples actes législatifs subordonnés à la sanction populaire, plusieurs constitutions comme celles de l'Illinois, de la Caroline du Nord, du Wisconsin, d'Iowa, d'Ohio, du Kansas, du Michigan, dérogeant à cette règle, permettent ou prescrivent le recours au peuple dans certains cas, par exemple lorsqu'il s'agit d'imposer aux citoyens une charge exceptionnelle ou d'autoriser des banques de crédit. Mais il est facile de concilier cette intervention du peuple souverain avec le mécanisme d'institutions qui impliquent l'entière souveraineté du peuple. » Il est spécialement facile de l'adopter dans le système du Socialisme Fédéral. En tout ce qui n'est pas essentiellement d'intérêt national universel, les libertés locales y trouveront des occasions de s'exercer. Qu'il s'agisse de charges exceptionnelles ou de banques de crédit, ce ne sont là que des exemples que le lecteur interprétera en se souvenant des observations exposées plusieurs fois dans ce livre, l'Assemblée Constituante est seule qualifiée pour déterminer les points particuliers où le referendum serait requis pour accepter ou rejeter certaines lois en chaque province, dc même que ceux où le vote des lois générales serait réservé au referendum collectif du peuple entier.

Remarquons enfin que le referendum peut prendre des formes diverses. Si l'on trouve trop d'inconvénients à faire voter directement les lois les plus importantes par la population d'une nation nombreuse, on peut fort bien adopter les deux procédés simultanément indiqués par le congrès des socialistes allemands tenu à Erfurt en 1891 : « Législation par le peuple au moyen du droit *d'initiative et de veto.* » C'est en effet plus simple. Le peuple dit ce qu'il veut ; il laisse aux Chambres le soin d'établir les textes, travail fort compliqué ; s'il ne les approuve pas, il le dit, — et l'on recommence.

∴

Mettre ainsi le peuple en mesure de parler librement et d'imposer sans obstacles ni intermédiaires sa volonté dans les questions essentielles, serait apparemment le meilleur moyen de développer ses aptitudes politiques et de lui apprendre, par une expérience peut-être longue et parfois coûteuse, mais efficace, à concilier les deux tendances opposées dont l'équilibre est une nécessité primordiale pour la prospérité d'une nation : d'une part, le désir de l'autonomie provinciale et la poursuite des intérêts plus ou moins personnels ; en face, le besoin d'un gouvernement puissamment centralisateur et la propension à recourir volontiers à sa protection.

Il a été parlé suffisamment de la première de ces tendances. N'y revenons pas, sinon pour rappeler une fois de plus combien le Socialisme Fédéral est pour ainsi dire anxieux de la favoriser, de lui donner pleine satisfaction. Le referendum pratiqué sous l'une de ses formes, en tant que délibération du peuple de chaque province, soit pour accepter ou rejeter certaines lois de l'Etat, soit pour se constituer à lui-même une législation, dans une mesure nécessairement restreinte, mais sur des points particulièrement intéressants pour une population spéciale, se présente assurément comme l'instrument le plus efficace, le seul pratique, de l'autonomie tant désirée en France. N'étouffons pas ce réveil d'initiative, qui, pour s'exercer collectivement, n'en est pas moins une marque précieuse de l'énergie individuelle trop souvent comprimée.

Si le peuple commet des erreurs, les inconvénients mêmes de ses excès lui seront une preuve de l'autre nécessité, non moins impérieuse, celle de poursuivre méthodiquement une centralisation puissante qui permette à l'Etat de travailler efficacement à la prospérité des affaires générales. Une démocratie éclairée ne peut manquer de faire surgir incessamment de son sein des hommes capables de l'orienter dans cette voie. L'exemple de la fédération des colonies australasiennes fournit les exemples les plus suggestifs de la sagesse populaire à cet égard. Formées au

hasard par l'émigration libre des cultivateurs, par la poussée
des chercheurs d'or, par la déportation des convicts, ces provinces
sans lien naturel manifestèrent d'abord des préoccupations
égoïstes provenant simplement des exigences d'un rude travail,
qui ne leur ouvrait les yeux que sur la sphère étroite de leur
champ d'action respectif, sans leur montrer les obstacles opposés
au développement de leur prospérité par l'absence d'union, d'administration commune, de législation générale et d'organisation
économique. Celui qui leur fit comprendre l'obligation de constituer elles-mêmes la fédération capable de leur assurer les avantages d'une forte politique, ce fut un enfant du peuple, Henry
Parkes. Ouvrier tourneur, fils d'un fermier anglais, n'ayant reçu
dans la métropole qu'une éducation élémentaire, il la compléta
bien par des lectures de hasard ; mais son talent d'organisateur,
admiré de l'Europe elle-même, naquit et se développa directement sous l'influence des faits. Une vue claire des situations,
une intelligence pratique des obstacles, une appréciation exacte
des hommes et des choses lui montrèrent et lui permirent de
faire comprendre à ses compatriotes qu'ils devaient renoncer à
l'antagonisme de quelques-uns de leurs intérêts locaux pour
s'unir dans la poursuite de l'intérêt général, qui favorisait en
définitive l'essor des particuliers et des provinces.

Il lui fallait d'abord créer une démocratie. Car ce n'en était
pas une, que cette domination exercée sur les classes ouvrières
par les grands terriens enrichis sur les concessions gratuites
qu'ils avaient obtenues dans la proportion des capitaux apportés
avec eux, et par les riches squatters, locataires d'immenses pâturages. Il y avait bien, pour soutenir les revendications populaires, la classe bourgeoise et le clergé ; mais leur leader, Went-
worth, orateur et légiste distingué, s'était insensiblement déclaré
pour le parti le plus fort et proposait une constitution favorable
à la ploutocratie qu'il croyait seule capable de gouverner. Parkes
entra en guerre contre cette entreprise. Secondé par une jeunesse intelligente dont le chef était l'habile publiciste Lang,
homme de tous les progrès, importateur de la viticulture française et allemande, conseiller sage et actif de la jeune immigra-

tion écossaise, Parkes réussit d'abord à repousser la déportation
des convicts qui avilissaient la main-d'œuvre et qui offraient le
spectacle honteux d'une classe d'esclaves soumis aux traitements les plus barbares et livrés aux vices les plus dégradants.
Une fois assurées la constitution démocratique et la franchise
du travail, il s'agissait de provoquer une entente générale des
colonies encore divisées sur des points importants et cherchant
à se faire une concurrence qui ne pouvait être que nuisible. Les
deux principales, celle de Victoria et celle de la Nouvelle-Galles
du Sud, ne se trouvaient pas seulement séparées par une constitution politique différente, mais par un système fiscal opposé.
La première était protectionniste parce qu'il lui fallait développer son industrie ; la seconde, libre-échangiste parce qu'elle voulait avant tout mettre en exploitation son immense domaine co-
'lonial. Les autres colonies avaient également adopté l'un ou
l'autre de ces régimes à leur gré. C'était la confusion la plus incompatible avec le progrès. Victoria se trouvait menacée de la
ruine si le parti protectionniste, qui lui permettait de développer considérablement sa production, l'emportait, comme il était
à craindre dans la plupart des autres colonies, lui fermant ainsi
un marché qui fournissait la moitié de la clientèle nécessaire
à l'écoulement de ses charbons. Parkes comprit l'urgence d'une
réduction de ces divergences à l'unité : sinon les conflits d'intérêts devaient entraîner la guerre civile, soit à coups de fusils,
soit à coups de tarifs et d'injures. Déployant à la fois un grand
sens politique et une activité infatigable, il fit adopter son projet de constitution à la conférence de Melbourne de 1890. Il en
résulta une nouvelle nationalité dénommée *The Common-
wealth of Australia*, communauté fédérale d'Etats indépendants
mais confiant leurs intérêts collectifs aux discussions du sénat
et de la chambre des députés. Or, chaque Etat y reste libre de
choisir le mode d'élection qui lui convient, soit par ses représentants, soit par son propre gouverneur. Celui-ci conforme son administration à une législation locale, à peu près indépendante
dans la même mesure qu'aux Etats-Unis ; mais il dépend hiérar-
chiquement du gouverneur général et ne peut communiquer que

par son intermédiaire avec le gouvernement impérial de la Grande-Bretagne, toujours souverain de nom, mais déjà peu de fait. Complétée par le pouvoir exécutif, gouverneur général et ministres, cette organisation politique ne fut adoptée dans la Nouvelle-Galles du Sud que grâce à l'activité de Parkes. Et il obtint ce triomphe par un plébiscite. Toujours il avait ainsi mis en œuvre l'appel direct au peuple. Sans instituer directement le referendum, il organisait d'immenses meetings, faisant décider, par exemple, le renvoi des convicts par une réunion de 35.000 personnes, créant partout une agitation nullement violente, toujours réfléchie au contraire, et basée sur la discussion pacifique. Une telle méthode a produit les meilleurs résultats. Le parti socialiste est entré dans l'arène avec G. R. Dibbs, successeur de H. Parkes, et déjà il fait figure : on peut suivre actuellement dans les journaux le récit de ses conquêtes progressives. Il n'a point méconnu l'impérieuse nécessité de maintenir, de fortifier l'union des Etats australiens. La démocratie a prouvé de la sorte qu'elle sait comprendre les hautes exigences de la politique et qu'elle peut y répondre par son action directe favorisant les intérêts collectifs et non point les mesquines préoccupations de partis aveuglément voraces.

XIII

L'Etat-providence et l'initiative privée.

Est-ce à dire qu'un système socialiste doive fatalement développer et porter à l'absurde la propension, trop fréquente chez les Français, à se croiser les bras pour compter uniquement sur le gouvernement-providence, et pour ne plus attendre que de leur député les moyens de se tirer d'affaire? Nul n'approuve cet excès d'inertie. S'il s'agit cependant de poser les conditions où le citoyen a droit de recourir à la protection de l'Etat, deux théories sont en présence.

Proconsuls romains, rois francs, légistes de Philippe le Bel, ministres de Louis XIV, dictateurs de la Révolution, tous n'ont fait qu'affirmer et ont tâché d'appliquer la théorie orientale qui considère le pouvoir central comme de droit divin, le monarque ou la république comme existant seuls, la nation comme constituant sa propriété personnelle, le peuple comme devant rester sa chose et son bétail, s'ils étaient enclins à la tyrannie, ses enfants s'ils se sentaient animés de sentiments plus humains. On pourrait démontrer qu'en France ce dernier point de vue fut généralement celui auquel se placèrent les dynasties et les administrations. Ce fait n'est que secondaire. Le principe reste : le gouvernement représente la volonté suprême à laquelle tout doit se soumettre ; l'Etat est le seul être réel, essence de la société, dont la population représente une matière atomique et amorphe, simple puissance de devenir ; celle-ci ne peut prétendre à rien sans agir socialement, c'est-à-dire comme une machine sous l'impulsion de l'Etat ; elle ne possède par elle-même ni droit ni facultés, ni volonté ni moyens ; il lui faut recourir à sa tête, à son âme, l'Etat, lequel, se donnant comme protecteur depuis qu'il n'y a plus de tyrans, dispose de tout pour le bien des sujets. Afin de les bien protéger, il réglemente jusqu'aux détails où la vie publique se confond avec leur vie privée et confine au domaine de la conscience ; il leur donne des écoles et hôpitaux du plus parfait modèle ; il leur suggère une opinion par sa presse officieuse, et, conscient de son devoir d'être le Mentor de la nation, il a une philosophie qui inspire sa publicité, son service d'assistance, son enseignement ; si bien que, dans l'Eden de tout repos qu'il organise, l'effort d'agir, spécialement de la manière la plus ardue, par la pensée, peut être épargné aux dociles qui ne sont pas curieux de savoir quels fruits porte l'arbre du bien et du mal. Afin de les encourager à ne plus s'occuper que de leurs jouissances, il leur suggère que lui seul suffit à diriger leurs destinées, il dispose de places, de pensions, d'exemptions, de mille faveurs, qui pleuvent sur les bons enfants et sont refusées aux têtus. Rien de mieux. Il est parfaitement naturel que les soutiens du gouvernement soient rémunérés de leurs services : de nos jours, l'homme est l'homme comme autrefois, s'il choisit un député, ce ne peut être exclusivement pour la gloire de la patrie, c'est pour obtenir des avantages personnels, un chemin de fer sans autre avenir que la garantie du budget, mais qui fera bien les affaires de la localité, un bureau de tabac pour le mérite d'avoir fait pendant vingt ans le service de Montélimar à Valence et de Valence à Montélimar réciproque-ment : faible indemnité aux trésors d'éloquence prodigués pour les candidats officiels. Chacun de ceux-ci n'est-il pas élu pour le bien de la nation, tandis que les candidats de l'opposition ne peuvent vouloir que son mal ? En favori-sant ses électeurs sur les points les plus extrêmes du territoire, s'il est de l'opposition, vous voyez donc qu'il ne saurait que con-tribuer au malheur du pays ; s'il est officiel, qu'il en accroît la prospérité.

Oui, et vous oubliez le revers de la médaille, riposte l'école individualiste. Donner tout ce que l'on peut au citoyen, c'est le déshabituer de l'action : espérant se pousser grâce à une protec-tion extérieure, il perd la notion de la nécessité, mère d'indus-trie, et celle du mérite, pour ne plus apprécier que l'intrigue. Ré-server les faveurs aux amis, c'est engendrer l'hypocrisie. Epar-gner aux gens l'obligation de penser par eux-mêmes, que l'Etat soit bon ou mauvais berger, — c'est les réduire à la condition de moutons ne songeant qu'à la pâture. Rendre obligatoires des écoles laïques ou congréganistes, c'est tuer la liberté. Protéger à outrance, réglementer la vie privée, assurer le nécessaire, dis-penser un peu de superflu, ne voit-on pas que là se résume tout le système d'éducation convenable aux petits enfants ? Ainsi vous ferez de votre peuple une famille puérile ; vous lui enlevez un élément de virilité chaque fois que vous lui concédez l'objet de son désir sans qu'il ait fourni pour le gagner un travail utile de valeur équivalente. C'est une démoralisation systématique, une entreprise d'énervement des caractères. Les volontés obsé-quieuses n'auront bientôt plus d'autre but que d'obtenir quel-que grasse sinécure. A l'école de votre régime, elles auront ap-pris à profiter de leurs privilèges, identiques à ceux de l'an-cienne noblesse, et seront portées à en abuser au détriment des vaincus. Prenez garde aussi à la banqueroute ! Une telle dilapida-tion des fonds publics, ces créations incessantes de places utiles seulement à caser des pupilles, ces pensions, ces palais scolaires, ces voies de communication d'un village à l'autre, tout cela ne vous coûte rien, mais sort de la poche du contribuable. Viendra le jour où il fermera les cordons de sa bourse, quand il en aura par-dessus les épaules. On vous le crie de toutes parts ; il n'est pire sourd que celui qui ne veut entendre : la ruine est au bout de vos folies ! Mais après vous la fin du monde, n'est-ce pas ? La vague d'indignation monte. Quand elle vous aura submergés, le nouveau régime ne sera toujours pas le socialisme ; et vous vous bercez d'étranges illusions en croyant le préparer : ce serait d'un illogisme par trop stupéfiant, que la réaction contre vos concussions aboutît à ériger en principe ce que vous ne pouvez encore faire que par accident. Non, l'individu ne se laissera pas étouffer, en France, par la molle opulence que vous promettez à ses abdications ; il a trop de vitalité pour ne pas ressurgir des décombres de ses libertés, pierre à pierre renversées par vos griffes de despotes. Il commence à se dire : Qu'est-ce que l'Etat ? — tout ! — Que doit-il être ? — rien ! — Et c'est à nous autres, qui voulons un Etat modéré, consacré à d'étroites obligations, c'est à nous de lutter contre l'anarchie comme nous luttons contre la république jacobine et césarienne. N'est-il pas scandaleux que déjà la libre France donne l'exemple d'une politique d'ostracisme ? Il y a quelques jours, on inaugurait à Marseille une statue de la République. Le ministre de la justice et celui des colonies y présidèrent un banquet où étaient invités les maires du département « à l'exception de ceux dont la politique est anti-ministérielle » . Le jour où l'Etat prendra ainsi pour règle de conduite d'insulter ainsi la liberté en toute autre circonstance, nous ne voulons plus être Français.

Si une formule socialiste mérite de tels reproches, ce n'est pas, en tous cas, celle qu'on a vue exposée dans les pages précédentes. Le Socialisme Fédéral repose essentiellement sur l'initiative et la liberté. Etant reconnu que, pour proportionner les salaires aux mérites, et pour constituer une force économique capable de soutenir les plus terribles concurrences, on doit travailler solidairement avec les membres d'une société, d'une commune ou

d'une administration de l'Etat, l'énergie, la persévérance, l'audace, toutes les qualités qui font les peuples forts, trouvent libre
carrière ouverte, sans que nul puisse désormais escompter vivre
de faveurs, sinon dans une maison de santé ; l'appât des fonctions directrices, plus honorables et mieux rémunérées, subsiste comme incitation positive et tangible, s'il ne vous suffit
pas d'en avoir de morale ; elles conservent le même degré de
séduction ; la concurrence entre les groupements nationaux et
ceux de l'étranger aiguillonne tout autant les activités inventives. Si les socialisés conservent leurs facultés initiatrices, c'est
qu'ils gardent intégralement les libertés privées et publiques,
sauf celle de s'enrichir démesurément aux dépens d'autrui. Déjà
on l'a compris ; on en verra une preuve spéciale au chapitre des
conclusions.

Aussi le Socialisme Fédéral se déclare-t-il pour les individualistes contre les partisans de l'omnipotence de l'Etat. Le fait n'est
pas douteux, cette protection outrée affadit les consciences ; partiale, elle nous ramène aux empires et aux oligarchies ; coûteuse, elle nous ruine. Réluctants, nous risquons d'en être écrasés ; bénéficiaires, elle déprime nos forces et dégrade notre orgueil.

Quelque chercheur de contradictions s'étonnera de voir le Socialisme Fédéral se dresser avec l'individu en face de l'Etat,
quand tout ce chapitre est rempli des larges attributions qu'il
voudrait confier à celui-ci, le constituant, de la sorte, plus puissant que ne le furent les Napoléon et les Sésostris. On aurait
tort, répondrons-nous, de confondre deux ordres de choses différents. Que, d'une part, l'Etat possède un grand nombre de prérogatives ou de monopoles, rien que de légitime, si chacun des
objets qui sont confiés à sa gestion ressortit à sa compétence et
peut être exploité par lui d'une façon plus avantageuse pour le
public ou la nation : ce n'est pas là une évolution vers le principe de l'omnipotence, c'est une disposition pratique, ce sont
des détails susceptibles de varier du plus au moins, suivant les
opportunités. Qu'en même temps, la liberté privée ou collective
s'exerce avec toute l'intensité qu'elle possède chez les races les

plus individualistes, en portant son effort sur les objets que l'Etat ne s'est pas réservés, et qui sont de beaucoup les plus nombreux : — quoi d'étonnant à ce dualisme? et ne présente-t-il pas une application remarquable du principe de spécialisation reconnu comme la base même du progrès? Nul agent, nulle action ne se confondent : l'individu reste dans sa sphère, et l'Etat dans la sienne. Ils s'évertuent l'un et l'autre à remplir pour le mieux leur devoir, sans se nuire, sans chercher, l'un à exploiter, l'autre à protéger, ce qui est bien une manière de nuire aussi, parfois.

Loin d'instaurer une nouvelle espèce de tyrannie, sachant qu'à un peuple entreprenant et frondeur il faut les coudées franches, nous croyons avoir ouvert plus de latitude à son essor que n'en offrit jamais aucune république. En Grèce et à Rome, par quelles minuties légales, par quels préjugés et quelles superstitions n'était-on pas restreint, même dans l'élite fière de sa liberté, plus fière encore de sa domination sur la tourbe des esclaves, valeur aux trois quarts perdue, matière humaine sacrifiée, exploitée comme une chose ! En Suisse même et aux Etats-Unis, que d'aptitudes réduites à l'impuissance par le fait de l'isolement des personnes : Si la véritable liberté consiste à pouvoir déployer efficacement l'initiative du caractère et les talents de l'esprit, un système qui en offre le plein pouvoir en syndiquant étroitement les forces, répond assurément mieux que le régime actuel à l'idéal des particularistes ; et il y parvient en évitant les abus d'une concentration de toutes nos activités sous la main de l'Etat.

XIV

Situation des entreprises particulières vis-à-vis de l'Etat ; Autorisation et contrôle.

Toutefois les libertés particulières doivent être exactement délimitées, sous peine de glisser sur la pente de l'anarchie. A l'Etat socialiste revient, comme la plus importante, peut-être, de ses attributions, le droit et le devoir d'autoriser et de contrôler.

Sans autorisation légale, nulle société de travail, nulle commune, nulle association intellectuelle, religieuse ou politique ne peut se fonder. Comme l'avait fort bien mis en lumière M. Combes aux débuts de son ministère, telle fut, en principe, la ligne de conduite invariablement adoptée par les divers gouvernements de la France à l'égard des congrégations. Que plusieurs se soient montrés faibles, par suite de leurs opinions cléricales jamais aucune loi n'a infirmé le principe. Ii ne pouvait en être autrement : on n'imagine pas un gouvernement laissant avec indifférence vivre et agir de puissants groupements qui peuvent tôt ou tard organiser une opposition formidable.— A ce cas particulier ne s'en pouvaient joindre que peu d'autres sous le régime capitaliste, que la loi tout entière s'efforce seulement de laisser maître absolu de ses prérogatives. Il en va tout différemment, une fois socialisés le tr vail, l'argent, le sol et les instruments. L'effort des individus ne s'exerce que collectivement. Partout et en tout, il n'existe désormais que des associations. A chacune d'elles s'applique la nécessité spécialement affirmée jusqu'alors pour les congrégations religieuses avant qu'on ne songeât à les détruire : l'autorisation préalable. Le rôle de l'Etat peut paraître, en cela simplement, disproportionné à ses lumières et à ses moyens. Quelle armée de fonctionnaires, et qui devront être spécialement compétents ! que de nouveaux bureaux ! quelles complications pour obtenir d'eux le droit de travailler ! quelles larges portes ouvertes à l'arbitraire et à l'erreur ! En effet, si l'Etat devait se poser en tuteur jaloux et tatillon, s'il risquait de devenir empêcheur de danser, si on se le représentait comme un cuistre avec, pour insigne, un éteignoir. L'Etat socialiste ne saurait marcher qu'à contre-pied d'une pareille allure. Par essence, tête du corps social, centre nerveux irradiant la vie, il ne peut que favoriser l'activité des membres. Son droit est peu de chose : accorder l'autorisation. Avant tout, le devoir s'impose à lui de ne jamais la refuser, à moins qu'il n'y trouve des inconvénients majeurs, pour la liberté d'autrui ou pour la sécurité civile ou nationale. Et ce devront être des dangers sérieux, de ceux qui se montrent de suite à un œil exercé et qui n'exigent aucunement une paperasserie formaliste. Il suffit de se souvenir des explications semées à travers tout ce livre, pour comprendre que l'Etat ne veillera pas, trop paternel, à la libre action d'une société commerciale, au point de refuser l'autorisation à la demande d'une autre qui désire se fonder à côté et lui faire concurrence. Bien au contraire, il sera trop heureux de voir surgir cette nouvelle initiative qui promet d'accroître l'essor des affaires. Toutefois, comme en accordant l'autorisation il prend sous sa responsabilité, dans une certaine mesure, la subsistance des citoyens qui composeront le nouveau groupement, il ne peut s'exposer de gaîté de cœur à les jeter en déconfiture ; et, s'il juge certain que l'autorisation demandée ne peut aboutir qu'à une faillite prochaine de la société trop aventureuse qui voudrait s'organiser, il l'en empêchera. C'est assez dire que toute demande en autorisation devra être accompagnée d'un bordereau de justifications, exposant le but de l'entreprise, ses moyens d'action, ses chances de succès, ses principaux statuts, son capital assuré, la qualité et le nombre de ses membres. Il n'en va pas de même dans le cas complémentaire : si les probabilités sont en défaveur des sociétés déjà existantes, si la nouvelle, mieux conçue, plus puissante, plus pratique, se présente avec une supériorité telle que les autres se verront à coup sûr écrasées par sa concurrence, l'Etat lui doit quand même l'autorisation. Telle est la condition du progrès ; le mieux ne va jamais sans quelque catastrophe de ce qui lui barre le chemin.— Non moins large sera l'esprit de la législation quand il sera question d'ordre public ou de compétition politique. On l'a vu, le drapeau rouge ou noir, la croix ou la bannière, tout insigne a le droit de s'arborer, pourvu qu'il n'en résulte pas coups et bagarres. Par suite, toute association d'un caractère quelconque a le droit d'être autorisée, du moment qu'elle garantit que sa propagande sera exclusivement pacifique, sans secrets, ne cherchant point à exercer une pression illégitime sur les consciences faibles, à corrompre les bonnes mœurs ou à prêcher la révolte. Qu'après cela elle combatte la politique du gouvernement, que son programme même affiche la prétention de le renverser et d'en changer la forme, très bien, l'Etat ne peut que lui dire libéralement : A votre aise, parlez, écrivez, bâtissez, enseignez, mais évitez toute manœuvre frauduleuse, c'est-à-dire réprouvée par la loi !

Une fois constituées, ces multiples sociétés restent nécessairement sous le contrôle de l'Etat. Il lui faut bien étudier leur action pour constater si elles observent les clauses de l'autorisation accordée, et pour mettre le hôla aux tentatives qu'elles pourraient oser pour s'y soutraire. De même qu'il devait, avant d'autoriser, songer au sort des personnes qu'une faillite ferait retomber à sa charge, il lui revient naturellement, pour cette raison, le droit de diriger dans un certain sens les initiatives syndicales, de les entraver quand elles hasardent une opération éminemment dangereuse, pour les reporter vers un but reconnu plus accessible, en leur inspirant, par ses fonctionnaires spéciaux, une conduite plus sage. Au besoin, qu'il les relève d'un faux pas en leur concédant, outre ses lumières, des subsides prélevés sur le trésor. Cependant, pas trop de zèle ! voilà son mot d'ordre. Avant tout, libre jeu aux activités particulières ! L'autorisation ne peut se traduire par une police d'assurance : ce serait engendrer l'inertie. Si l'on veut s'assurer, il faut payer. Ce n'est peut-être pas une fausse conception que l'Etat devienne l'assureur général. Mais c'en est une assurément qu'il devienne l'assureur obligatoire. C'est là, sans doute, un système simple : il prélève sur l'impôt global de quoi subvenir aux accidents, aux chômages, à l'impuissance résultant de la vieillesse et des infirmités ; ici, ce serait jusqu'à l'existence même de toutes les entreprises, ou du moins de leurs membres, qu'il garantirait. Il peut s'en charger, mais en faisant payer spécialement pour chaque police, et non en payant sans qu'on s'en aperçoive. L'homme est ainsi fait que versant lui-même ses mensualités, il sent, à l'effort du sacrifice, le prix de l'avantage : et, du reste, il sait que son droit se limite à des conditions étroitement précisées ; si bien qu'il ne s'abandonne pas, le système développe son énergie. Si par contre, il est certain de trouver un protecteur infaillible en toute difficulté, non plus en telle ou telle, et s'il compte pour cela sur un chapitre du budget, au lieu de se voir astreint à le mériter par un travail et une dépense supplémentaire, il s'abandonne, il se relâche ; on le paralyse, on le ramène à la psychologie de l'enfant. Oue l'assurance reste donc libre, comme tout autre organisme social ! L'Etat peut fort bien exercer un contrôle efficace qui sauve d'avance les syndiqués en prévenant leurs erreurs, sans se voir réduit, souvent du moins, à les sauver après coup en favorisant leur nonchalance.

Toujours et en tout, qu'il favorise l'initiative et respecte la liberté !

CHAPITRE V

APOLOGIES & CONCLUSIONS

I

Puissance financière
des organismes socialistes.

Inutile, ce me semble, de démontrer une fois de plus les avantages que le socialisme apporterait aux prolétaires. Qu'il suffise d'indiquer en quoi le communisme fédéral pourrait favoriser l'éclosion de la propriété universelle.

Outre qu'il rend pratique la réalisation des théories admirées par un grand nombre d'esprits droits et généreux dont la seule objection était jusqu'alors de les croire inexécutables, outre qu'il rend superflu cet excès de fonctionnarisme dont s'effrayaient à juste titre ceux qui veulent une société basée sur la liberté et la conscience, puisqu'au lieu de multiplier les fonctionnaires il unit les consciences dans l'intérêt et fait surveiller les individus les uns par les autres, il va bien plus loin : il rend inutiles une foule de fonctionnaires dont notre état présent réclame la multiplication incessante, et il étend à la nation entière le principe des sociétés telles que les anonymes et les coopératives, qui seules disposent d'une force assez considérabl pour créer de vastes entreprises et pour emmagasiner les produits en attendant le moment opportun de les écouler.

C'est une nécessité à laquelle tous les gouvernements se voient réduits, d'édicter chaque année de nouvelles lois pour la protection des travailleurs. A chaque loi s'adjoint un surcroît d'inspecteurs pour en surveiller l'application. Il en faut pour la réglementation du travail des femmes et des enfants, pour l'organisation et le service des caisses de retraite, sans compter ceux qu'exigent les caisses d'épargne, pour l'application des règlements sur le sucrage des vins, sur les boissons hygiéniques, sur tout ce qui intéresse la santé publique, la morale, l'éducation, sur la mendicité, les délits, la presse. On en supprimerait une bonne partie si la commune et les sociétés de travail avaient pouvoir discrétionnaire en tout ce qui les concerne. Les femmes chargées d'enfants ne seraient plus obligées à d'autres travaux qu'à ceux du ménage. Au lieu de s'accumuler odieusement entre les mains des capitalistes dont le luxe insulte les pauvres, ou de n'en sortir en faveur de ceux-ci que pour des charités avilissantes, l'argent, propriété commune, n'aurait-il pas un meilleur emploi, après avoir nourri le travail des hommes, à soutenir leur famille en distribuant les salaires au prorata du nombre de ses membres ? Pour le dire en passant, voilà une solution pratique du problème de la dépopulation. Nul n'hésitera plus à être père tant qu'il voudra du jour où ses enfants seront tous assurés de vivre, de recevoir la meilleure éducation qui leur convienne, de trouver sans recherche et sans frais une situation conforme à leurs facultés et leur garantissant une existence confortable sans excès de labeur. A l'égard de la population rurale, seule la commune ou le syndicat peut exercer, pour la surveillance mutuelle de ses membres, le double contrôle qui rendrait les inspecteurs inutiles, soit pour apprécier la valeur du travail de chacun, soit pour empêcher qu'un fraudeur n'obtienne quelque avantage indû en produisant, par exemple, un travail d'industrie ménagère qu'il aurait fait exécuter en secret par sa femme et ses enfants. Ce n'est pas que l'on doive interdire aux femmes certains travaux qui leur sont propres, dentelles, élevage des vers à soie ; la commune pourra exiger au contraire que celles qui n'ont à leur charge qu'un ou deux enfants fournissent quelques heures d'ouvrage : à elle d'apprécier ce qui convient. Elle devient inhabile à contrôler les ateliers. Ceux-ci s'en peuvent bien charger eux-mêmes. Plus d'antagonisme entre l'âpreté du patron et les réclamations des ouvriers. La protection des faibles, des maladroits, même des plus solides ou des plus expérimentés que menacent perpétuellement les accidents inhérents à leur travail, réclame des installations souvent très onéreuses quand il s'agit d'appareils de préservation contre les engrenages et les courroies, ou très gênantes quand ce sont des précautions méticuleuses comme celles que l'on devrait prendre pour décaper le cuivre. Dans le premier cas, on comprend la résistance de celui qui débourse ; dans le second, les ouvriers eux-mêmes sont les premiers à violer les règlements : il faut faire vite beaucoup de besogne pour gagner un morceau de pain, la santé deviendra ce qu'elle pourra. Maîtres chez eux, disposant de la caisse, ayant moins à faire pour gagner davantage, ils se chargeraient eux-mêmes de tout ce que font les inspecteurs du travail et de l'hygiène.

C'est la puissance financière de l'organisation socialiste qui peut seule permettre la réduction des heures du travail et la suppression des risques. Il ne faut pas englober injustement tous nos patrons en une réprobation que beaucoup ne paraissent mériter que parce qu'ils ne peuvent réaliser leurs bonnes intentions. La petite industrie se voit souvent réduite à de terribles alternatives : ou fermer l'atelier si les commandes cessent, si la grève lui impose des exigences trop lourdes pour les réserves du capital, bien que simplement proportionnées aux besoins des employés,— ou faire comprendre à ceux-ci la dure nécessité de subir plus de misère pendant quelque temps pour ne pas perdre leurs seuls moyens d'existence. Par l'irrésistible poussée des trusts et des cartels on voit assez l'impérieuse obligation de coordònner l'industrie en de vastes associations qui diminuent les frais généraux, pèsent à leur gré sur le marché, maintiennent à un niveau uniforme la quantité de la fabrication, emmagasinent les produits sans être pressés de les écouler avant le bon moment, grâce à leurs ressources indéfinies. Le socialisme d'Etat, s'il possédait tout en France, serait sans doute le plus puissant trust du monde. On ne voit pas bien cependant comment il pourrait gérer avec compétence des milliers d'exploitations diverses. Un syndicat industriel, commercial ou agricole se propose un but précis, s'occupe exclusivement d'un objet, le fer, les transports, le vin. Il lui suffit de l'immensité d'une seule de ces choses, et toute son habileté n'est pas de trop pour bien diriger les innombrables rouages de la machine. Comment réussirait l'Etat en embrassant tout ce qui alimente notre vie nationale ? Une fédération partielle de communes et de sociétés, dans la même région, serait presque partout nettement spécialisée : ici la soie, là le bétail, plus loin la mine, ailleurs la pêche. Chaque centre de production particulière contient les hommes qui peuvent le mieux connaître et exploiter l'affaire. Dans les grandes villes, il faut que, loin d'être absorbée par telle commune, la cité trop vaste devant être fractionnée en plusieurs, les diverses industries se constituent en sociétés, réunissant tous les ateliers semblables, que cette souche se ramifie dans les ateliers de la province, à travers tout le pays, chez les nations voisines. Quelle force en chaque colonie de cellules ! Quelle santé dans le corps ! Quelle chaleur à l'âme ! Qui, en effet, nous entrave en notre désir d'expansion ? C'est notre faiblesse. Les particuliers, morcelés en poussière, ne peuvent que végéter dans l'ombre de leur coin ; trop peu de sociétés à grands moyens suffisent à peine aux besoins généraux essentiels dont l'Etat ne s'est pas chargé ; rares, en présence des difficultés formidables de la colonisation, ceux qui osent porter notre ardeur, nos produits, nos idées dans les pays inoccupés ou mal utilisés par leurs habitants, pays qui recèlent tant de richesses. En France, où nous avons 36.000 communes, constituez-les en autant de sociétés coopératives, et constituez à côté d'elles autant de sociétés de travail liées ensemble par un gouvernement fort et groupées en catégories suivant leurs affinités : que ne pourront-elles pas entreprendre ? Qui empêche les gens du Perche d'avoir fait eux-mêmes en Amérique ce qu'y ont fait les Américains ? Ceux-ci, la poche bourrée de bank-notes, sont venus leur acheter leurs étalons jusqu'à des 75.000 francs. Le profit eût été triple, si les Percherons, transportant leurs personnes et leurs produits aux Etats-Unis, s'y étaient réservé le monopole de l'élevage. Ils ne le pouvaient pas, rivés à leur sol par familles désunies. Leurs éleveurs, socialisés, représentés par une société spéciale, eussent seuls eu la puissance de déraciner quelques indigènes, en supportant aux frais de la province, qui en aurait subséquemment profité, les charges d'une pareille entreprise. Nous n'en sommes plus au temps où l'immobilité et la routine étaient considérées comme les conditions de la sécurité dans la modestie du succès. Faire pénétrer nos richesses aux extrémités du monde et en recevoir l'échange de ce qui nous manque, telle est la loi des temps nouveaux, c'est une paralysie, non plus une sagesse, que d'être rivés au sol paternel. Si l'Allemagne commence à concurrencer énergiquement l'Angleterre, la France, la Russie et l'Italie, des côtes de la Syrie à celles de la Californie, on sait de reste que le mérite en revient à ses agents de commerce autant qu'à l'habileté de son industrie, fabriquant ce qui convient pour les demi-civilisations. Pourtant, ces agents ne sortent pas de quelques grandes villes, centres de rayonnement où le reste du pays s'approvisionne. Nos consuls sont convaincus que la France prendrait le marché si, plus pratique encore, elle avait ses représentants de commerce, non seulement dans les mêmes villes, mais jusqu'au cœur des régions dont les besoins s'accroissent tandis que leur industrie reste nulle. Ils ont beau le dire, on ne les écoute pas. M. Hanotaux en a montré la raison dans le « *Journal* » . Un bon commis-voyageur est long et difficile à éduquer, il exige de fortes indemnités, et la marchandise ne peut s'imposer qu'à force de persévérance. A l'heure où les fabrications et les négoces subissent des crises dont l'Allemagne précisément possède le record, il est naturel que notre sagesse traditionnelle évite de s'engager dans une voie aussi hasardeuse. Pourtant, nul doute possible, elle aboutirait à de beaux horizons. Les associations syndiquées pour l'écoulement de produits similaires convenant à un pays donné, pourraient seules entreprendre la campagne. Elles enverraient dans nos colonies le trop plein de leur jeunesse et de leur caisse, système qui a fait la fortune de l'Angleterre, une bonne colonie étant avant tout un vaste marché.

II

Le Socialisme Fédéral énerve-t-il les caractères ?

Voit-on maintenant si les individualistes ont raison ou tort de redouter une indolence énervant les caractères, une inertie avant-coureuse de crises épouvantables qui obligeraient les communards à rappeler de tous leurs vœux notre système capitaliste et autoritaire, comme après les révolutions le dictateur qui étouffe l'anarchie rétablit un césarisme plus intolérant que iamais ?

Tel fut le sort en effet, des révoltes politiques en Grèce, à Rome, en France. Ici encore, cependant le fond même des choses a changé. Les revendications civiques des classes opprimées contre les classes privilégiées ne sont plus en cause. Elles ont conquis leurs droits politiques. Ce sont leurs droits économiques qu'elles réclament. Il n'y a plus à craindre de ces troubles profonds dont s'inquiétaient avec raison les hommes de gouvernement. La question n'est pas de changer l'administration générale de la nation : nous voulons tous rester républicains. Rien de ce qu'il faut assurer aux citoyens paisibles ne sera modifié : ni l'ordre, ni la sécurité des personnes, ni la morale, ni la liberté de conscience. Nulle anarchie n'étant à craindre, un dictateur ne viendra pas. Des pacifiques se gouvernant eux-mêmes seront trop jaloux de leur propre autorité pour en appeler une autre, pour supporter celle d'une volonté arbitraire.

Posée cette hypothèse, qui détruit les suggestions spécieuses d'une comparaison mal fondée, reste à comprendre pourquoi les caractères ne seront point énervés, comment on évitera les crises redoutables qui parfois semblent mettre en péril la fortune de nos peuples capitalistes : — et c'est parce que ni l'indolence ni l'inertie ne les envahiront, une fois organisés en communisme fédéral.

Le travail produira moins, prétendent les particularistes. C'est à quoi l'on ne peut souscrire si l'on a bien compris le système. Ceux qui travaillent trop se reposeront plus : mais ceux qui vivent de leurs rentes seront obligés de travailler autant. Supposons néanmoins que la somme totale d'énergie musculaire dépensée actuellement doive s'amoindrir. J'y vois moins d'inconvénients que d'avantages. Avant tout, le travail musculaire déjà fort diminué par rapport à celui qu'exigeaient les temps passés pour la même somme de produits, n'est plus considéré par les sociologues comme le premier facteur des valeurs positives. Là où tout le monde est plus à l'aise, c'est où la machine remplace les bras, lesquels dirigent. La machine, c'est l'esprit, c'est la science, et non point le monstre brutal que se plaisent à peindre les déclamateurs. La tête l'emporte sur les membres, le cerveau vivifie les chairs. Quand la machine sera devenue d'usage universel, on fabriquera beaucoup plus avec peu d'efforts et en un temps abrégé. Le travail moindre aura supprimé la fatigue en produisant plus de bien-être. Or, pour les raisons précitées, seules les sociétés et les communes, riches, fortes et patientes, peuvent réaliser cette substitution. Allons plus loin. Admettons que la totalité des produits soit diminuée. On peut tirer de ce fait contraire un profit différent. Ce qui cause les crises industrielles et commerciales, c'est habituellement la surproduction alternant avec l'insuffisance : tantôt nous mourons de pléthore, tantôt nous souffrons de disette, ou d'autres en souffrent parce que nous ne pouvons pas les satisfaire. Il nous manque un appareil régulateur. Trusts et autres vastes combinaisons offrent cet avan-

tage premier, de jouer le rôle de la bosse du chameau, le nourrissant de sa graisse quand il n'a plus rien à manger. Ces organismes ne suffisent pas. Ils ne pourront jamais englober ni la
culture, ni les petites industries, ni le commerce de détail, ni
les professions intellectuelles. La commune et les associations
qui embrassent tout ce qu'elles contiennent sont l'accumulateur
tout désigné. D'un coup de pouce elles lancent l'électricité où
bon leur semble, dans la mesure qui leur plaît, cependant que
la dynamo humaine continue sans interruption à la charger
d'un effluve régulier qui sera réparti quand il faudra en quantités variables. Mais cette production peut être calculée de manière à ne jamais charger jusqu'à saturation, à ne point brûler
ou faire éclater l'appareil. Travail modéré, quantité amoindrie :
vous voulez cette conséquence? Soit ! Et après ? Il suffit de renoncer à l'expansion. De tout petits peuples, la Suisse, la Belgique, sont des plus prospères. N'essaimons point, si vous cherchez uniquement le confortable personnel, exportons peu, travaillons pour nous-mêmes et nos voisins immédiats, en vue de
nous procurer simplement ce qui nous manque. C'est là ne rien
changer à ce qui existe dans notre France sagement stationnaire, disent ceux qui ont compris Malthus. N'est-ce pas déjà
quelque chose d'assurer la paix, l'abondance, la joie à 40 millions d'êtres ? Que les autres en fassent autant chez eux ! Solution héroïque de l'égoïsme ! Solution quand même.

N'ayez crainte, ce ne sera pas les délices oisifs de Capoue !
Il faudra tout autant d'énergie que nous n'en avons jamais déployé, pour en arriver simplement là ! Il la faudra, nul n'en
doute. La question est de savoir si les conditions de travail donnant l'illusion d'une sécurité indéfectible ne doivent pas avoir
pour effet d'endormir les vigilances en chaque individu, de
tuer ses initiatives, de le déshabituer de la lutte contre le besoin,
de laisser revivre ses apathies, fondamentales en tant de molles
natures ? Pour moi, je ne crois pas à ce fâcheux résultat. Précisément l'évidence de l'activité nécessaire pour maintenir le
niveau de la production, semble suffisante à stimuler sans cesse
les défaillances possibles. Qu'on se rappelle le jeu des avanta-

ges accordés aux meilleurs travailleurs, des conditions pénibles réservées aux négligents ; qu'on n'oublie pas les considérations qui nous ont permis de compter sur de nobles ou d'égoïstes sentiments plutôt que sur l'appât du gain pour pousser en avant les mieux doués : ne voit-on pas là des garanties suffisantes ? Il a été admis que pour rendre le socialisme pratique on devait le fonder sur l'intérêt individuel dont la satisfaction engendrerait automatiquement celle de l'intérêt commun, tout en faisant bonne part aux puissantes forces de fraternité que rien ne pourra jamais éteindre, et qu'une société intimement unie ne pourrait au contraire que développer notablement. Eh bien ! l'intérêt le plus personnel à tous les membres, le plus large puisqu'il concerne la famille, le plus immédiat pour la conservation d'une vie aisée, également octroyée à tous, cet intérêt, confondu avec le problème même d'être ou de ne pas être, de rester ainsi libres dans l'association ou de devenir esclaves d'un despote ou d'une concurrence, n'en serait-ce pas assez ?

Les individualistes ne sont pas toujours d'une impartialité irréprochable dans leurs critiques des exploitations communautaires. A les entendre, tout ce que fait l'Etat est plus mal fait et coûte plus cher que les travaux analogues entrepris par les particuliers. L'expérience des chemins de fer d'Etat ne concorde pourtant pas avec leur théorie. Si, au début, ces entreprises ont dû nécessairement hésiter, si elles ont commencé par des déficits — moindres toutefois que les déconfitures de tant de sociétés particulières — elles ont fini par démontrer l'inanité des préventions qui auraient voulu s'opposer à leur établissement. Les économistes, au témoignage du vicomte d'Avenel, se partagent, dès à présent, en ennemis et en défenseurs également nombreux. Ces derniers démontrent la bonne et lucrative organisation des services publics qui exigent un paiement de ceux qui veulent en profiter, postes, voies ferrées, par exemple. Les ennemis s'acharnent à la critique ; mais, diminuant en nombre, ils en sont réduits à la défensive sur le terrain des principes. C'est alors une affaire d'appréciation. Ne possédant pas les statistiques budgétaires du gouvernement russe, nous admettrons

si l'on veut comme évident qu'il doit être en déficit pour les chemins de fer. Toujours est-il qu'un trajet de même longueur
coûte trois fois moins cher en Russie qu'en France. A coup sûr
les frais d'établissement n'ont pu être triples chez nous. Il s'agit
de faire un calcul à longue portée. Dans les pays neufs, en Sibé-
rie, au Soudan, en Indo-Chine, on sait fort bien que les premières années seront désastreuses, que souvent les trains fonc-
tionneront à vide. Le gouvernement de la colonie du Cap, en se
chargeant, sous le ministère Molteno, de poser plus de mille
kilomètres de rails entre Wellington et Kimberley, sans autre
espoir immédiat que de transporter à travers un désert des diamants dont la poste se charge fort bien, n'en a pas moins vu
cette -sage hardiesse récompensée par un nouvel essor de
la civilisation sud-africaine. Il comprit que peu à peu la locomo-
tive peuple les territoires, sème les champs et découvre les mines, qu'elle renverse les routines des peuplades hostiles, entraîne
les hésitations des amis prudents, qu'elle répand la richesse et
draîne les idées. Arrive le moment où les débours sont couverts,
où les recettes affluent. Toute la population a profité du bon
emploi des impôts qu'elle versait d'abord à contre-cœur ; et à
supposer même que le budget reste perpétuellement en déficit
sur ce point, il a rendu des services plus considérables que les
sacrifices qu'il impose.

Bien sûr que dans une société complètement fédérative il ne
devrait pas en être ainsi. Un nouveau Mirabeau viendrait la
mettre en garde contre la *hideuse banqueroute*. L'Etat perd nécessairement dans l'ensemble, car il produit moins qu'il ne con-
somme : il produit des fonctionnaires, des professeurs, des
transports, une police, une justice, une force qui nous maintient en bon rang près des nations étrangères ; il en résulte la
sécurité qui étaye la finance et donne libre jeu aux initiatives
des producteurs ;— en somme, plus de valeurs morales que de
créations positives —; et ce serait une banqueroute économique,
du moment que les produits n'ont pas la valeur brute de l'argent dépensé. La justification de l'Etat n'en reste pas moins évidente : ses bienfaits d'ordre intellectuel et moral compensent,

et bien au delà, son inflorié matérielle, par le surcroît de
puissance productrice qu'en retirent les particuliers. Notre fédération socialiste ne serait plus un organisme ajouté à la masse
de la population, mais cette population elle-même avec toute son
énergie, tout son capital, tous ses moyens de travail. Perdre
dans l'ensemble lui est interdit sous peine de mort. Elle peut
seulement consentir à des sacrifices partiels pour aboutir à augmenter le profit général. Toute vraisemblance nous porte à croire
qu'elle y parviendra. C'est un sophisme de comparer cette constitution avec la situation actuelle des Etats. Elle ne dispose pas
uniquement, comme ceux-ci, des services, nécessairement onéreux pour la plupart, que ne peuvent remplir les particuliers.
précisément parce qu'ils sont onéreux. Elle possède tout. Aucun
fonds, aucune intelligence qui puisse exister ou agir sans elle.
Puisque, de fait, l'ensemble de la France, depuis des siècles.
s'enrichit sans discontinuer, l'ensemble des communes et des
associations s'enrichit de même : c'est le sang, c'est le cœur de
nous tous qui les vivifiera comme il vivifie la France morcelée,
mieux et plus encore en utilisant à leur maximum de puissance
tant d'énergies aujourd'hui comprimées. Au reste, il existe des
coopératives socialistes prospères, surtout pour l'écoulement des
produits. Pour leur fabrication, elles ont moins réussi : mais
peut-on d'emblée se montrer aussi fort que l'immense capital,
posséder instinctivement dès le début la même expérience ? Patience ! la voie est tracée, on ira jusqu'au bout ; et l'on y parviendra, nous l'espérons, en adoptant le Socialisme Fédéral, qui
n'aurait plus à craindre la concurrence des exploiteurs formi-
dablement outillés.

Ce serait la dignité des hommes enfin égaux en droits effectifs, équitablement rémunérés suivant leurs mérites, heureux
et fiers de collaborer à la grande œuvre mutuelle de la civilisation intégrale.

III

Accroissement de liberté
procuré par le Socialisme Fédéral.

Ils pourraient alors décider en toute liberté de conscience sur les questions délicates qui divisent le plus les esprits et les cœurs. Sur le mariage, la religion, l'éducation, le socialisme a des opinions ébauchées, mais nullement décisives, encore moins intransigeantes. On redoute fort que si l'Etat s'emparait de tout il ne fût tenté d'imposer une doctrine et une morale par la force brutale d'une majorité inintelligente en ces matières. Ce serait la plus lourde des tyrannies. Le for intérieur doit échapper aux déterminations de l'autorité. A chacun de se conduire comme il lui convient d'après sa propre conception de la justice et de la vérité. On ne voit que l'association parfaite qui puisse établir et sanctionner cette liberté essentielle, que nos gouvernements tendent sans cesse à violer. Mille ou vingt mille citoyens qui se connaissent, s'estiment, sont attachés au même devoir, jamais ne tomberont dans le jacobinisme impersonnel auquel la Chambre la plus sage est incessamment exposée. Ils se diront l'un à l'autre : Tu veux être disciple du franc-maçon ou du prêtre, esclave d'une maîtresse ou d'une épouse? A ton aise, ami ! voici des règlements, voici de l'argent pour tous les besoins qui ne nuisent pas à des droits étrangers, pour tous les plaisirs qui n'avilissent point le cœur. Dilate-toi ! Poursuis l'éternel καλὸν κἀγαθὸν jusqu'au mirage de l'Olympe que tu rêves !

Le Socialisme Fédéral atteint cet idéal de liberté en accentuant la séparation des pouvoirs et la spécialisation du travail.

Démontrée le plus productif de tous les systèmes d'exploitation, de fabrication, d'étude et d'échange, la spécialisation y est maintenue et poussée à ses extrêmes conséquences. Elle s'impose à la commune elle-même et s'y réalise par la variété des comités administratifs, chacun poursuivant un but particulier. Elle demeure la loi des sociétés de travail, constituées, celle-ci pour les productions agricoles, celle-là pour les productions littéraires, — avec autant de subdivisions qu'on en jugera d'utiles. Elle délimite jusqu'aux fonctions de l'Etat, qui n'est plus le tyran omnipotent dont s'épouvantent avec raison les individualistes, mais qui, chargé il est vrai d'un contrôle plus efficace que celui dont il s'acquitte actuellement, ne s'en voit pas moins réduit à des initiatives étroitement déterminées dans la sphère des attributions qui lui furent concédées par la volonté publique.

A la différence de nos coopératives, celles du Socialisme Fédéral seront investies de pouvoirs et de devoirs répondant à tous les besoins de leurs membres. Chargées de réaliser le but socialiste, aisance pour tous, privilèges pour personne, par la diminution des salaires que nous prodiguons aux dirigeants, par l'augmentation de ceux que nous disputons aux dirigés, et surtout par la suppression de ceux que le rentier arrache à des combinaisons de bourse, les associations nouvelles devront entretenir et satisfaire complètement tous leurs membres. Que j'appartienne à un groupement industriel, que je sois fonctionnaire de l'Etat, ou que je me trouve entièrement indépendant de ma commune, obligé d'abdiquer partiellement ma liberté en choisissant le groupement qui me convient sans pouvoir vivre seul, je n'y ai consenti qu'à la condition d'en recevoir tout ce dont j'ai besoin en retour de mon travail. Membre d'une « Société Dauphinoise d'Electricité », je suppose, j'en recevrai donc un salaire suffisant au moins pour vivre largement, moi et ma famille. Cette société me doit non-seulement notre entretien, nourriture, logement, vêtement, chauffage et le reste, mais encore l'éducation de mes enfants aussi complète que leurs facultés le permettent, puis leur placement conformément à leurs goûts et aptitudes ; elle me doit, comme à eux aussi, non-seulement l'aliment incessant de l'esprit et la satisfaction des aspirations religieuses, si j'en ai, mais encore les distractions et le partage des bénéfices permettant celui des luxes. S'il est vrai que beaucoup de ces choses, la plupart peut-être, me seront fournies par des sociétés différentes : l'habitation par une société de logements hygiéniques, les distractions par des sociétés dramatiques et musicales ; mais celle à qui je donne mon travail pour fabriquer de l'électricité me paye en retour — à moins qu'elle ne me fournisse en nature la maison et le reste —, assez d'argent pour indemniser celle à qui je demande ce dont j'ai besoin.

Voilà pourquoi elle doit détenir intégralement le capital de fondation et les bénéfices obtenus par ses produits, en leur affectant pour première destination l'entretien de ses membres coopérateurs, et pour seconde et dernière le paiement de ses frais généraux, l'achat des instruments de travail, le développement de ses opérations. Tant que l'on voudra s'en rapporter au jeu des groupements libres, l'argent échappera en grande partie à sa destination juste, il ne sera pas également distribué entre tous ceux qui travaillent, au même degré d'effort et de valeur. Nul socialisme ne touche son but sans obtenir cette égale répartition, en nature ou en espèces, n'importe. Avec la pleine liberté légale, toujours il y aura des capitalistes jouissant seuls des libertés réelles, disposant de la monnaie comme bon leur semble, en dépit des plus fortes sociétés financières, et à côté, au-dessous, au fond de l'abîme, des asservis de la besogne mal rémunérée, ne jouissant presque d'aucune liberté. On oublie le but de justice poursuivi par le socialisme, sous quelque forme que ce soit, et c'est une duperie d'appeler encore socialisme une forme consacrant les errements anti-sociaux dont vivent les privilégiés tandis que les foules en meurent. Les socialistes qui font machine arrière ne pourront que s'en repentir, le jour où ils auront compris qu'ils enlèvent à la démocratie le gain vraiment positif, essentiel plus que tout autre, des changements qui doivent se faire à son profit. La démocratie veut l'argent ; sans exclusion de personne elle prétend le partager entre tous ceux qui le gagnent : elle ne l'aura qu'au jour du triomphe d'un socialisme sincère et intégral, c'est-à-dire communiste.

Or, il nous semble que, parmi les systèmes communistes, celui du régime fédératif serait le plus efficace, combinaison que le lecteur a comprise, entre l'Etat, les communes, et des séries de sociétés répondant aux exigences trop spéciales pour que la commune puisse en connaître ou trop générales pour qu'elle puisse y apporter satisfaction, hors de son territoire.

IV

Est-il vrai que les faits politiques doivent aboutir par une évolution naturelle au socialisme d'Etat ?

A entendre les partisans du socialisme d'Etat, ce n'est point seulement par estime des avantages dont ils le revêtent, c'est par l'expérience du mouvement général des sociétés contemporaines, qu'ils se trouvent déterminés à lui accorder leurs préférences. Toutes les nations, même réputées les plus individualistes, évoluent vers une concentration des forces sociales, laquelle, de proche en proche, aboutit partiellement, et aboutira totalement à en rendre l'Etat maître suprême. Voilà un fait plus probant que toutes les vues théoriques. La France n'y échappe pas plus que l'Allemagne ; les Etats-Unis se voient forcés d'imposer aux provinces les volontés du congrès et multiplient les lois d'application générale ; l'Angleterre n'a fait que suivre deux parallèles dirigées vers la centralisation en se jetant à corps perdu dans l'impérialisme, et en retirant le plus possible d'attributions aux particuliers pour demander aux communes de mieux s'acquitter des mêmes charges. C'est là un signe de civilisation supérieure. L'essence de l'Etat, représentant des citoyens, est de leur servir de tuteur ; il remplit d'autant mieux sa mission qu'il dispose de plus de pouvoirs.

Ici, on retombe dans la spéculation. Impossible d'y échapper. Théorie et pratique se confondent. Si, de fait, les Etats vont à progressivement tout absorber, ce serait donc qu'en principe la logique immanente de l'organisme social et la réflexion plus ou moins judicieuse des hommes qui le composent, tendent à approuver l'accroissement des pouvoirs de l'Etat, et considèrent comme nécessaire qu'il devienne maître de tout.

Réciproquement, si, par malheur, les faits ne sont pas tels qu'on les croit voir, la théorie s'effondre. Eh bien, ce que nous voyons se produire dans les nations citées se trouve précisément interprété en sens contraire par de bons observateurs. La Gran·

de-Bretagne fournit à la discussion une matière riche et des conditions suggestives. Comme l'avait constaté M. Demolins, dans
la Revue qu'il dirige sous le titre de « *La Science Sociale* », bien
avant de nous dire « à quoi tient la supériorité des Anglo-
Saxons », l'initiative des Anglais prend volontiers une forme collective. Ce caractère provient, croit-il, partie de l'hérédité communautaire des races primitives, Celtes, Angles, Pictes, Ecossais,
partie des aptitudes administratives qu'ont manifestées les Nor-
mands outre Manche aussi bien que chez nous ; les Saxons, au
contraire, représenteraient l'élément individualiste par excellence ; mais la fusion des races a entraîné, non pas en tout, du
moins en politique et en affaires, un mélange des instincts, si
bien que l'Anglais, moisson de semences bigarrées, se montre à
la fois très initiateur et très collectiviste. Cet amalgame effectue
en sa propre masse l'équilibre des éléments qui le composent. Ils
se limitent mutuellement. L'initiative ne peut être exclusivement
individuelle, sauf exception, bien entendu : elle recherche l'appui
des activités du même ordre, et provoque l'association. Le collectivisme qui en résulte, obligé de respecter les droits et vouloirs particuliers, ne peut être que partiel ; loin de tendre à tout jeter entre
les mains de l'Etat, il a pour raison d'être de favoriser spécialement un nombre restreint de personnes, en des circonstances et
pour un but étroitement précisés. Dans l'industrie et le commerce,
ces tendances des Anglais sont évidentes et connues. Qu'elles se
manifestent à présent sous la forme de plus larges attributions
confiées aux communes, rien de changé : l'initiative individuelle
constitue un groupement plus serré, pour exercer une action collective plus efficace. Mais qu'on ne vienne pas proposer à ces
bourgeois, fort jaloux de leur indépendance municipale, de
les englober dans le coup de filet d'un socialisme d'Etat ! Rien
n'est plus contraire à leurs intentions. Ils veulent rester maîtres
at home. Ce semblant de progrès vers la concentration gouvernementale n'est qu'une fausse apparence. L'Anglais se maintient
foncièrement individualiste, bien que jugeant préférable d'exercer
son activité associé avec d'autres que livré aux seules ressources
personnelles. — Individualiste, l'Anglais ? ripostent les adversai-

res de M. Demolins — et ils sont nombreux ! — Le Français
l'est beaucoup plus. C'est même là une différence qui explique
l'histoire comparative des deux peuples. Si l'Angleterre n'a pu encore se constituer en République, s'il lui faut un gouvernement
fort, représenté par deux partis immuables et auxquels personne ne trouve rien à opposer ; si l'Etat est obligé de prendre
en main la réforme de l'instruction publique ; si les communes
s'adjugent de plus en plus le monopole de services pour lesquels
leur compétence semble plutôt discutable : — quelle différence
avec ce qui se passe chez nous, où les rois, et surtout les privilèges aristocratiques si tenaces en Angleterre, ont paru intolérables au peuple entier il y a plus d'un siècle ; chez nous où l'activité indépendante des esprits se montre si énergique et si variée que les chambres se morcellent en nombreux partis, lesquels changent après chaque élection ; chez nous enfin, où l'on
trouve, jusque dans les moindres coins de province, des particuliers pour créer des écoles aussi bonnes que celles de l'Etat.
pour faire le gaz ou l'électricité, pour satisfaire à la plupart
des besoins généraux ! — A quoi ont répondu par avance les rédacteurs de la « *Science Sociale* » en observant que, dans les
pays de forte initiative individuelle, les esprits sont peu attentifs aux choses politiques : ils s'appliquent de préférence à leurs
affaires personnelles, et c'est pour la prospérité de celles-ci qu'ils
recherchent l'association ; quant à la machine gouvernementale,
qu'elle marche comme elle pourra, ils n'ont ni le loisir ni le
goût d'y regarder de très près ; il leur suffit qu'elle ne gêne pas
leurs mouvements ; et, comme, laissée volontiers entre les mains
de politiciens inférieurs, elle grince et meurtrit parfois impu-
demment, alors les braves gens absorbés par leurs affaires tournent la tête, lancent un coup droit de boxer expert, font éclater
le système, décapitent un Charles I⁰ʳ, blackboulent une Tammany, et recommencent à laisser fonctionner un autre système
à l'essai. Voilà pourquoi la politique locale des Etats-Unis nous
scandalise, et pourquoi l'Angleterre, plus jalouse d'ordre et de
« respectability », est obligée de confier aux communes les ser-

vices d'intérêt général que les particuliers remplissent mal ou ne remplissent pas du tout.

Puisqu'il n'est donc pas démontré que, de fait, les civilisations modernes évoluent, de gré ou de force, vers une concentration de tous les pouvoirs entre les mains de l'Etat, ni vers une régulation de toutes les activités privées par une administration centralisée, nous ne trouvons plus dans ce prétendu fait un appui à des théories qui permettraient de rejeter le Socialisme Fédéral.

V

Hiérarchie des principes.

Les considérations philosophiques deviennent sociales dès que, de la sphère psychologique personnelle ou abstraite, elles passent dans la sphère des relations. Suivant le point de vue auquel se place le spéculateur, toute la société peut changer. Mettez au premier rang la volonté, comme divinisée, tellement sacrée que seule elle mérite le succès, la gloire et la fortune, fût-elle tournée entièrement à la satisfaction de l'égoïsme : — vous justifierez l'apologie du « surhomme ». Mais Nietzche et Hartmann n'ont point prétendu établir une nouvelle société. Il leur aurait fallu reconnaître que les êtres vivant en relations stables ne peuvent coexister sans une série de sacrifices mutuels légalement imposés. Autant de retranché à la liberté individuelle, autant d'accordé à celle d'autrui. Tel est le principe de l'égalité.

En passant, il nous a fallu plusieurs fois insister sur ce fait que le Socialisme Fédéral ne supprime pas la liberté, qu'il se contente d'en modifier l'application, qu'il lui assure amplement en extension ce qu'il lui retranche de l'abus qu'en font quelques-uns, et qu'enfin chacun des citoyens pourvus également de cette prérogative, trouve dans la nouvelle organisation plus de latitude à faire effectivement usage de l'indépendance personnelle que dans tout autre système social.

Sur ce terrain. les principes doivent dominer les préjugés. Il sera peut-être utile de conclure par une discussion abstraite de la notion même de liberté.

On ne manquera pas, dans un pays qui a pour devise « Liberté, Egalité, Fraternité », de pleurer le deuil apparemment définitif, du premier de ces trois termes, pour lequel on a tant lutté et tant sacrifié, souvent, les deux autres. Il suffit de crier à l'oppression, à travers même et à tort, pour fermer les oreilles qui ne demandaient qu'à entendre. Le reproche est formidable et exige que l'on veuille bien examiner de près si le Socialisme Fédéral le mériterait plus que nos actuelles organisations.

Sans vouloir, qu'on nous en croie sur parole, atténuer la valeur de la sacrosainte liberté redevenue la déesse des démocraties modernes comme elle le fut des antiques, osons dire à quel rang et dans quelle mesure le sentiment de la justice chez un peuple qui n'aurait pas nos préjugés devrait placer la liberté dans son estime et l'introduire dans ses institutions. La formule renversée ne définirait-elle pas mieux les rapports ; « Fraternité, Egalité, Liberté » ? Question de point de vue. Si l'on tient à ce que les hommes vivent en frères, les subséquentes prérogatives ne seront plus que de nobles et nécessaires moyens de leur assurer ce suprême avantage : égaux ils seront parce que frères, et libres pour qu'il n'y ait point d'inégalité entre forts et faibles ; ainsi tout se subordonne en la hiérarchie familiale, et chacun sacrifie de sa liberté, qui sans limite serait licence, ce qu'il importe aux autres d'en voir sacrifié pour la sienne propre, afin que tous également s'aiment et s'aident par une mutualité de services. Veut-on, au contraire, instaurer la liberté au centre ou au but de la vie sociale ? Adieu la fraternité, hors des murs où elle se grave en belles lettres, et des cœurs généreux où elle ne peut se formuler que sous les espèces nocives de la charité ; à tout prendre, plus d'égalité. L'esprit de la Révolution française rétrograde à la pratique de l'empirisme américain. Force financière écrasant le faible capital, et les trusts, ce triomphe suprême du laissez-faire, absorbent toute entreprise privée ; exclusivisme des opinions générales, et le blanc rejette à la honte le noir émancipé de la servitude. Nous ne voulons pas, en France, de cette liberté-furie, tueuse des timides libertés mendiantes. En abolissant les privilèges, soit des castes, soit des corporations, évidemment nous avons eu l'intention de restituer à chaque citoyen la franche allure indispensable à une association d'égaux, mais dans la subordination précisément à l'égalité de leurs droits, et nous voulions que pratiquement ces droits fussent assurés de pouvoir se maintenir. Ce fut pourquoi la première République, au risque de paraître en certains articles reprendre les traditions du césarisme, et aussi bien de préparer Napoléon, se vit contrainte à restreindre l'absolue liberté concédée en principe, par une multitude de dispositions favorables aux faibles et que des administrations fortement centralisées furent chargées de rendre exécutoires. Triste vérité, mais il la faut reconnaître : un homme qui se sent une tête, un estomac et des griffes, sera fatalement porté à suivre les conseils de la peu maternelle nature, à user de sa liberté jusqu'au bout, jusqu'à la limite où la main souveraine de la légalité se dressera enfin pour protéger le moins armé.

Le meilleur usage que l'on puisse faire de sa liberté, en bien des cas, c'est donc de la sacrifier, spontanément ce sera plus beau, en faveur de celle des autres.

Tout socialisme sincère préfère la Fraternité, qui, elle, ne doit subir aucune diminution. Loin cependant de détruire la liberté, il peut à bon droit prétendre que seul il l'assure dans sa plus large extension, de la même manière et pour les mêmes motifs qu'il est seul capable de sauvegarder, d'étendre jusqu'à ses extrêmes possibilités le principe moteur de l'intérêt personnel. Il restreint seulement la compréhension de celui-ci comme de celle-là. De même qu'en l'orbe harmonique des activités obligatoires, nul mérite ne resterait sans récompense proportionnée à sa valeur, tandis que dans la mêlée présente des forces sans frein, de nombreux efforts doivent se contenter d'une rémunération dérisoire, ainsi la liberté serait l'apanage effectif de tous les socialisés, sans distinction de riche et de pauvre, de puissant ou de chétif ; et comme l'abolition des appétits démesurés est l'heureuse conséquence de la satisfaction égale accordée aux besoins universels, aussi ne devrait-on que se réjouir de voir la liberté illimitée, dominatrice et féroce de quelques-uns, qui leur est assurée en dépit des lois par le fait de leur richesse ou de leur culture, nivelée au prorata de leur utilité effective pour permettre aux moins favorisés d'exercer leur propre liberté sans entrave et de fournir leur pleine disponibilité d'énergie. Mon patron étant né millionnaire jouit d'infiniment plus de libertés que je n'en exerce si je suis son employé, et les lois ne peuvent que se moquer de moi en m'opposant la douce ironie de l'égalité de mes droits théoriques. A son gré, il me congédie comme il change une machine ; et tandis que l'âpre nécessité de manger me rive à ses ateliers, il se promène, si bon lui semble, le jour ; et les nuits que je passe, brèves et lourdes, à dormir dans l'angoisse ambiante de ma famille précaire, il les distrait en de beaux salons où toutes les joies de la vie sont réservées à lui seul, pour moi à jamais interdites. Par le fait de sa liberté pratiquement illimitée, la mienne devient nulle, et par contre-coup il anéantit la fraternité dans l'évanouissement de l'égalité réelle. Ce ne sont plus que des prérogatives verbales. Instituez un socialisme quelconque, mais sincère, positif, sans circonstances d'exception. les mots reprennent un sens, ils vivent, et j'en vis, vous de même, et tous, et non plus quelques-uns.

Ce fut pour l'apparente nécessité de sauvegarder le plus possible les abus de liberté existants, que certains partis demi-socialistes se décidèrent à laisser fléchir le principe. en déclarant notamment qu'ils ne songeaient plus à frapper la liberté individuelle. Leur théorie ingénieuse mériterait une longue considération. Il suffira ici de l'exposer rapidement pour aboutir au grave obstacle que dès le début cette étude s'est appliquée à détruire : l'obstacle des résistances multiples et sans cesse renaissantes qui enlèveraient au socialisme toute possibilité pratique de réalisation.

VI

Est-il vrai que les faits économiques
tendent, par une évolution naturelle,
à imposer un demi-socialisme
qui rendrait inutile le socialisme intégral? —
et comment le Socialisme Fédéral
bénéficie des avantages promis par cette évolution.

Rien à changer, dit-on, aux institutions présentes. De fait, elles évoluent spontanément dans une sphère de socialisation toujours croissante. Le moment est proche où l'on ne pourra plus vivre sans être associé. Ce n'est rien encore que d'y être contraint en certaines industries ; que de voir nombre d'entreprises incapables de se fonder ou de subsister sous une forme individualiste ; que, si l'on est ouvrier, de sentir dans le seul régime syndical le cadre requis pour la sauvegarde de ses droits ; si l'on est Etat, de se trouver entraîné à monopoliser tabacs et postes, boissons et chemins de fer. A suivre cette pente, comme y entraînent de fatales lois économiques, il se produira, sans secousses, par une extension graduelle et irrésistible, telles conditions nouvelles en soi, logiquement dérivées des premières, et dont la détermination nous poussera, vous et moi, récalcitrants et volontaires, à nous grouper en de semblables associations pour tous les besoins de notre vie physique et morale. La liberté ainsi réduite à se soumettre aux coactions générales, sera seulement sauvegardée, mais alors pleinement, en deux points particuliers, de souveraine importance.

A chacun d'abord la liberté du choix. Qui se plaint de naître dans sa patrie, d'être obligé à en observer les lois, de bénéficier de ses mœurs, sciences et arts, de passer sa jeunesse dans la soumission aux parents, dans le labeur imposé pour l'éducation et l'apprentissage? Autant de restrictions à la naturelle liberté, autant de bienfaits. Nul ne doit regretter davantage qu'une humanité entièrement fondée sur l'association le place dans l'impossibilité de bien vivre sans soumettre toutes les modalités de son existence au système qui distribue la prospérité le plus équitablement et lui garantit le mieux la jouissance des avantages que mérite son travail.

Cet argument est bon. Observons seulement que la liberté du choix n'est plus le monopole d'un système social où, sans détermination légale, l'association libre serait devenue, par la force des choses, le seul moyen de vivre à son aise. Le socialisme exposé dans cette brochure offre le même avantage. Par constitution législative, on ne peut plus s'isoler ; tout Français doit s'agréger au groupement qu'il trouve le plus conforme à ses goûts et qui est le plus capable de mettre en valeur ses aptitudes. Le voilà donc astreint en tout, mais content : un syndicat lui impose la besogne et lui en assure le salaire ; une mutualité l'indemnise des risques de chômage, de maladie ou d'accident ; une société artistique, sportive, littéraire lui offre à foison l'aliment des nerfs ou de l'esprit ; une compagnie de vignerons, d'éleveurs, de maîtres-queues satisfait bourgeoisement à ses rêves gastronomiques ; un inévitable comité de pédagogues distribue équitablement à sa progéniture l'instruction et les diplômes ; une loge maçonnique ou une confrérie cléricale répond pour le mieux à son idéal spirituel ; rien ne lui manque, et l'Etat lui assure la justice, les transports, la police, l'eau et le grand air, gratuitement, entendons-nous, moyennant l'impôt payé par les différents groupes qui englobent les parcelles de son individualité, et comme il se contente de leur verser ses cotisations, il s'imagine être affranchi du fisc abhorré. Quel rêve ! — Halte-là ! s'écrie M. Prudhomme, et mon bon plaisir, ma seule joie en ce monde, qu'en faites-vous ? Plus moyen de respirer dans votre phalanstère, toujours forcé à ceci, soumis à cela, esclave d'une consigne, incapable de remuer le petit doigt sans l'autorisation d'un réglement. Pitié, de grâce ! — M. Prudhomme, là n'est pas la question. Vous oubliez la souveraineté du fait. Tel qu'il est devenu par la contrainte de ses lois immanentes, le monde ne veut plus nous supporter isolés mais seulement groupés en agglomérations. Soumettons-nous à l'inévitable, ou allons voir si la liberté parfaite ne se serait pas réfugiée dans la lune. Or, il nous reste assez de libertés fractionnaires. Philosophiquement, le choix est la seule prérogative indéniable du libre arbitre, dépendant en son fond d'inéluctables déterminations intellectuelles et sensibles. Dans notre nouvelle société, nous avons le choix. Rien ne m'oblige à m'inféoder à tel organisme plutôt qu'à tel autre pour toute ma vie. Je puis en changer à ma fantaisie. C'est une indispensable condition pour me trouver à mon aise : le restaurant corporatif où jubilera mon voisin pourrait fort bien m'occasionner des nausées, j'en vais donc quérir un autre ; le groupement scolaire où mes enfants ne réussissent pas ne convient point à leur caractère, je n'ai qu'à les envoyer au groupe d'à côté. L'essence même des libertés principales que nous possédons aujourd'hui, si peu nombreuses, se trouve sauvegardée : nous pouvons toujours rechercher ce qui nous convient le mieux ; mais nous le pouvons pour tout, et non plus seulement pour la rare satisfaction de quelques besoins.

Encore, choisir n'est-il pas suffisant. L'état de choses actuel nous subjugue à des conditions d'ensemble où nous ne pouvons qu'opter en bloc : lors même qu'il m'est loisible de changer, si ma fortune ou mon énergie le permettent, il me faut tout abandonner, ou à peu près, à la fois, pour me jeter en une autre gueule voracement ouverte à mon individu entier, sans pouvoir en presque rien soustraire ; je quitte ma patrie pour une colonie, en laquelle ce sera plus difficile encore de trouver les multiples institutions dont la variété m'offrirait plus de chances de prospérité ou de bonheur. Bref, il me faut être tout l'un ou tout l'autre. Dans le système fédéral, aussi bien que si les lois économiques aboutissaient à ne plus permettre de bien vivre sans être membre d'une société libre, je me divise au contraire tant qu'il me plaît. Les chances d'oppression diminuent d'autant. Ainsi que nos prudents rentiers, je place ma fortune en de multiples banques, industries et entreprises. Que l'une me trompe ou fasse banqueroute, le reste est sauvegardé. Déçu pour le fumier que m'a fourni la coopérative agricole, je m'adresse à celle du village prochain ; en perte sur les gains de la filature dont je suis un co-

partageant, je me rattrape sur la prime de mon assurance ; en-
nuyé de voir ma femme victime des langues de son cercle, je
lui ouvre à deux battants les aventures d'une confrérie charitable ; et si mon fils ne se plaît pas aux bureaux du ministère,
je dispose de plusieurs moyens pour le caser à l'étranger. Voilà
bien une somme nouvelle et immense de liberté, si la liberté
consiste dans la puissance de tenter diversement le sort.

⁂

Et voilà principalement où le Socialisme Fédéral, affirmera-
t-on, serait une abdication. Plus que les conditions présentes de
l'existence, il rendrait malaisé ce bienfaisant éparpillement des
risques. Que faire pour éviter de voir absorbée dans une commune ou dans une société de travail, toute sa personnalité, livrée pieds et poings liés à une domination unique ?

A bas donc la commune et les sociétés obligatoires ! et vive
l'association libre, qui ne supprime point l'ndépendance du
travail individuel ! approuvent conjointement avec les purs conservateurs, les partisans de ce socialisme mitigé.

La commune, mais c'est le pire des tyrans ! Ne sait-on point
de reste comme elle est tracassière, mesquinement livrée aux influences personnelles, étroite en ses conceptions et bornée en ses
aspirations ? Ce qui la dirige, tantôt c'est le capital caché sous
un gros bonnet, tantôt l'intrigue d'une populace jalouse ; c'est
ici le préjugé radical, là l'influence des dévots ; ce sont, aux périodes d'élection, d'absurdes antagonismes d'opinions mal rai-
sonnées ou entraînées par la pression la plus financière. Ah !
vous voulez faire de la commune la souveraine de nos démocraties ? Eh bien, elle l'est, déjà, un peu, beaucoup trop. Parlez-en
à ceux qu'elle tracasse en mégère, toujours hargneuse pour eux
qui ne demanderaient qu'à se dire ses enfants, et, décrépite, a
devenir ses protecteurs. Stupidement jalousés, ils se voient refuser une indemnité pour la rectification du chemin, supprimer
une servitude immémoriale dont l'usage leur est devenu nécessaire, défendre de faire relever un mur ou de faire écouler leur

basse-cour dans le ruisseau. Tous ces droits sont réservés, tournant alors en faveurs arbitraires, pour les gros lurons de la majorité, qui empiètent, rongent, s'engraissent, simplement parce qu'ils sont à leur tour, de par le nombre des suffrages, les plus forts. Qu'ont-ils fait pour que la pitance la plus foisonnante tombe en leur mangeoire ? Ils ont fondé un syndicat d'exploitation. Vous pouvez avoir mérité l'ingratitude des pauvres par vos largesses, la méchanceté des enfants en dotant l'école, du moins croiriez-vous à tort à la reconnaissance du conseil municipal : il sent un reproche à son inertie dans votre activité ; d'ailleurs vous êtes un gros propriétaire : sachez que les riches ne font que remplir un devoir de restitution en déchargeant leur bourse et leur conscience en faveur de ceux que leur fortune spolie, — bien heureux que le jour de la justice populaire ne soit pas encore venu pour conquérir par la force le droit que la loi bourgeoise nie encore aux partageux !

Allez donc mettre votre personne, vos biens, votre famille, votre honneur, votre droit même au pain quotidien, sous la dent de cette racaille ! Tous les honnêtes gens qui ont pu voir de près ses mœurs de basse cupidité, de brigandage légal et d'envie implacable, se révolteront en désespérés, décidés à lutter jusqu'à vouer toutes leurs ressources aux chances de la bataille, plutôt que de choisir pareille démagogie.

On comprend fort bien, par ailleurs, une large extension du pouvoir communal. Si, au moyen-âge, il entraîna par son étroit exclusivisme une tyrannie économique que nous fûmes obligés de secouer, — depuis mieux harmonisé avec les exigences de la liberté, assagi en la hardiesse de ses prétentions, il a pu se réformer et acquérir, en même temps que plus de modération, par quoi il a cessé d'être tyran, plus aussi de puissance, par où il rend des services très supérieurs. En Angleterre, nombre de communes font de belles et bonnes choses, que nul particulier n'entreprendrait, faute de ressources encore après celles qu'ils consacrent follement aux œuvres charitables, comme si l'efficace dévouement au bien public ne résidait pas en des créations de moyens propres à favoriser le travail de tous ! Et à quoi, s'il vous plaît, s'applique la recrudescente activité des communes anglaises ? A des points particuliers, à un ou deux, à quinze ou vingt. Hors de ces attributions nettement délimitées, elles sont surveillées afin que la tentation ne leur vienne pas d'absorber pied à pied le terrain des libertés individuelles. Voilà qui est bon. La commune fait le gaz, donne l'eau, paye l'école, la police, les chemins, offre la force électrique, ouvre le temple et entretient le pasteur, elle remplit tel autre office précis ; et c'est tout : pour rien au monde on ne lui permettrait de fixer les salaires, de régenter les familles, de réglementer l'atelier ou de surveiller les contrats. A chacun son rôle. Elle s'acquitte du sien comme elle peut, dans la mesure où les électeurs et les publicistes l'y obligent. Tout autre, elle l'exercerait fort mal si la négligence des hommes libres lui permettait de se l'arroger.

Epargnez-nous donc, implorent ceux qui sont accoutumés à vivre honnêtement de leur travail en ignorant l'art de flatter les majorités, — épargnez-nous les intolérables vexations d'une commune à laquelle nous serions livrés pieds et poings liés, corps et âme, biens et tête, nous et notre mérite, et notre liberté, et notre famille et son avenir ! Pas d'issue pour échapper à la tourmente si elle fait rage, nulle planche de salut, nulle épave, si la coalition de la jalousie ou de la sottise nous fait sombrer ! La commune m'octroiera-t-elle seulement un revolver pour me permettre d'aller voir si l'enfer d'au delà n'est pas plus tolérable que le sien ?

⁂

En ce qui concerne directement la commune, ces objections portent à faux. On a compris que, dans le système fédéral exposé précédemment, nul ne serait livré pieds et poings liés au conseil municipal : celui-ci est doublé de conseils techniques, disposant d'une autorité indépendante, et chargés de régir, soit la petite propriété, soit la petite industrie que, par un consentement unanime, les domiciliés auraient décidé de leur confier. S'ils le préfèrent, libre à eux de s'annexer à un vaste syndicat agricole échappant à la commune, ou à une société générale d'exploitation. En outre, le lecteur voudra bien se souvenir des observations par lesquelles nous avons cherché à établir que, dans l'ensemble, le régime communal a été l'un des principaux facteurs de la prospérité publique. Enfin on n'oubliera pas quel sophisme ce serait de raisonner sur l'avenir d'après les expériences du passé : les conditions se trouvent changées du tout au tout ; les moyens d'action, de communication, de renseignement, de réforme et de progrès sont devenus et deviendront encore plus une garantie de succès, là même où jadis la commune devait échouer nécessairement. Voilà pourquoi l' « esprit communautaire » dont M. Demolins fait le grand épouvantail en relevant tous les méfaits à sa charge dans l'histoire, peut devenir, tout à l'opposé, le principal facteur de la civilisation, d'ores et déjà, dans ce monde nouveau que le XIXᵉ siècle a constitué de toutes pièces.

Au lieu de nous arrêter encore une fois à ces considérations secondaires et de justifier le Socialisme Fédéral sur chaque point particulier, nous préférons, pour conclure, ramener le lecteur aux principes essentiels qui exigent la destruction du régime capitaliste et qui justifient l'instauration d'un régime communautaire absolu.

Accordons-le de bonne foi, le système proclamé inévitable des associations englobant toutes les manifestations de la vie et répondant à tous ses besoins, mériterait sans doute les préférences de quiconque tient à sauvegarder le plus possible de sa liberté, si, d'une part, il se prouvait effectivement inévitable, si, en second lieu, il pouvait parvenir à tout absorber, si enfin il offrait une solution suffisante du problème de la souffrance populaire. Malheureusement pour nous, qui aurions voulu en profiter, il ne répond à aucune de ces trois conditions. Comme tant d'autres utopies sociales, mieux vaut renoncer d'avance à ce rêve impossible, plutôt que de s'exposer à y être obligé par une dure expérience.

Karl Marx s'est trompé en croyant pouvoir assigner comme aboutissement fatal aux tendances du capital l'absorption de

la petite propriété par la grande, la disparition du travail individuel, l'obligation pratique de l'association universelle. Il n'y a
pas longtemps que les socialistes sont revenus de cette erreur :
en 1891, si j'ai bonne mémoire, j'ai entendu M. Jules Guesde,
prendre cette conviction comme idée fondamentale de sa conférence contradictoire avec M. Demolins. Mais enfin les faits
ne s'étant point pliés à la théorie, on en est revenu. C'est pourquoi ce livre s'est ouvert en établissant la nécessité d'une contrainte légale, se poursuit en essayant de la démontrer, et se fermera en concluant dans le même sens.

Loin de se présenter comme l'aboutissement fatal des conditions économiques actuelles, le régime corporatif, à mesure qu'il
renaît et se développe, laisse subsister, grandir, semble même
provoquer l'initiative individuelle. Ce serait grand dommage
qu'il la tuât. Obligés de nous soumettre aux destins, nous ne devrions cependant ni en devenir chagrins ni croire que sans elle
le monde cessera de marcher à peu près : on devrait simplement
constater le fait, chercher à tirer le meilleur parti du régime de
l'association inévitable, fractionnaire et universelle. Que les individus se rassurent : l'avènement spontané de ce régime n'est point
un spectacle réservé aux générations vivantes. Celles-ci, et telle
apparaît l'une de leurs gloires, sont plus que ne le fut jamais aucune humanité, douées d'une énergie aussi indépendante qu'initiatrice. Il leur faut, pour qu'elles soient heureuses, l'épanouissement sans entraves ni surveillances, de leur entière personnalité. Là est le caractère dominant des races progressistes. Ce
n'est point par les trusts que se formule l'idiosyncrasie essentielle
des Américains, c'est par l'esprit d'entreprise des particuliers.
Trusts ou coopératives, assurances ou sociétés anonymes, clubs
et groupements littéraires, ne sont que des accidents, nécessaires
et bienfaisants, certes, mais secondaires dans l'ensemble de la
vie des nations prospères. La libre action des individus fait bien
davantage et veut et peut faire de plus en plus, de mieux en
mieux. Loin de reculer, la petite propriété est en progrès. Lors
même qu'elles dominent, les grandes exploitations agricoles n'en
sont pas moins entre les mains d'un maître : et ce sont elles, pré-

cisément, qui par leur puissance peuvent lutter le plus victorieusement contre l'absorption. De même en est-il dans l'industrie : un gros fabricant a les moyens de vivre seul, quelle que soit la puissance d'une coopérative qui lui fasse concurrence. Au reste, il ne perd presque rien de son indépendance effective s'il entre dans un trust ou un cartel ; il continue à fabriquer de même, à toucher personnellement ses bénéfices, il a seulement plus de moyens de se rendre maître du marché. Mais en même temps le petit industriel pullule. On espère que l'électricité produite par la houille blanche permettra de distribuer la force au domicile des plus modestes. Sont-ce des rêveurs chimériques, ceux qui prédisent la dispersion des ouvriers d'usine réintégrés à leur foyer pour y faire leur besogne au moyen d'un moteur de chambre actionné par l'air comprimé ou par tout autre semeur de force quelconque ? Quoi qu'il en soit la tendance du particulier à se défendre devient de jour en jour plus efficace. Avant qu'on ne l'ait réduit à capituler, il se passera beau temps, si l'on se contente de faire agir les lois économiques. Il y faut une contrainte.

Soit ! mais cette contrainte est-elle désirable ? Oui, nul indépendant ne le nie : coûte que coûte on doit changer l'état de choses qui consacre l'antinomie entre le prolétaire du bas de l'échelle, qui est légion, et le capitaliste du sommet, qui ne représente pas la millième partie de la nation entière. On atteindra malheureusement avec lui la classe intermédiaire des braves petits patrons et bourgeois qui vivent de leur honnête travail : et c'est une fâcheuse nécessité que de les contraindre à mettre en commun leur avoir et leur travail ; on peut leur faire comprendre qu'ils n'en souffriront guère ; à part le froissement d'amour-propre de ne plus être soi, chez soi et pour soi, ils trouveront dans l'état nouveau exactement les mêmes avantages proportionnés au même mérite. Les seuls privilégiés du régime actuel seront réduits à une exacte rémunération de leur valeur productive, comme les vaincus deviendront leurs égaux, et ce sera tant mieux.

L'extension de l'association libre à toutes les manifestations de la vie, si elle n'est donc point inévitable, à suivre la pente où nous sommes, tient d'ailleurs ce caractère de contingence et d'improbabilité d'une positive inaptitude essentielle à englober tout ce que font actuellement les particuliers. Et c'est pourquoi, de libre, l'association doit devenir obligatoire.

Il faudrait une enquête colossale pour rechercher les multiples objets auxquels ne peut s'appliquer une société constituée comme le sont nos syndicats, nos mutualités, nos mille groupements. A première vue, on en distingue tout au moins quelques-uns. Dans la sphère de tout ce qui constitue le confortable, les associations libres ne peuvent fournir même le nécessaire que dans une limite restreinte.— L'ouvrier de nos usines ou de nos champs aura beau être associé tant qu'il voudra, ses ressources trop modiques le priveront toujours de beaucoup de choses qui font la joie de la vie, matériellement et intellectuellement. D'ingénieuses combinaisons d'assurance mutuelle allègent parfois le poids de son sort ; il n'en reste pas moins privé de mille avantages que seul l'argent procure aujourd'hui : point de mets agréables et délicats, point de voyages ni de vacances, nul spectacle esthétique, nulle autre lecture que celle du journal, faute de livres et de loisirs, et aussi de culture première. Pour dispenser à tous ces agréments, disons mieux, ces nécessaires consolations à l'âpre effort musculaire, et, quand il s'agit du prolétaire intellectuel, à l'épuisante dépense cérébrale, il faut autre chose que des sociétés augmentant les revenus,— de combien peu !— ou les épargnant,— de combien moins encore !— il faut le capital. Seule la mise en commun des ressources permettrait de le dispenser avec une égalité proportionnelle. Ici se dévoile l'insuffisance fondamentale des groupements libres et partiels. Leur puissance, restreinte à la satisfaction de besoins précis et rares. n'englobera jamais toute la finance. Elle ne peut indéfiniment devenir anonyme. Même alors qu'elle l'est devenue, elle ne remédie pas à la plaie, elle reste la propriété des rentiers, elle ne se partage point bénévolement entre ceux-ci et ceux qui ne le sont pas. Le but est de rendre tout citoyen, à la fois prolétaire en ce sens qu'il ne puisse compter que sur son travail utile, et rentier en commun avec les autres travailleurs, possédant tous ensemble le capital et l'administrant par droits égaux. Seules les coopératives de consommation et de production, lorsqu'elles n'ont pas dévié de leur esprit, réalisent partiellement cette exigence au point de vue strictement économique. Chaque élément de la fédération socialiste serait une vaste coopérative, aux attributions nettement spécialisées.

VII

Illogisme & malfaisance du particularisme.   —

Au reste, la pensée directrice de tout socialisme domine ici les questions de détail.

La propriété personnelle, c'est l'incarnation de l'esprit d'autorité. Quelle antinomie, quand tout le reste repose sur l'esprit de liberté ! C'est la consécration des tyrannies antiques où le riche et le fort sont tout, le travailleur et le faible rien : et alors, à quoi bon avoir fait une Révolution décrétant l'abolition des privilèges de caste plus puissants que jamais sous d'autres formes, moins brutales mais non moins asservissantes ? A quoi bon proclamer sur un ton dithyrambique l'émancipation des classes laborieuses, tout en les ployant avec une persistance inexorable dont rien ne rachète l'injustice, fût-ce l'insolente pitié qui l'aggrave, sous ce joug d'airain dont elles sont écrasées comme aux époques hypocritement maudites où il y avait un monde d'esclaves, chose d'une poignée de maîtres ? Calcul ou conviction, le tort en est, sans excuse, aux classes possédantes : qu'elles avouent leur despotique avidité, ou qu'elles la dissimulent à leurs propres yeux sous le vernis de belles considérations, elles ne veulent rien changer aux causes de la misère qu'elles exploitent, elles veulent garder pour elles seules le profit des moyens nouveaux de production joints à la prescription de leur situation acquise et à la force du capital accaparé. Tous les avantages déjà obtenus ou encore enveloppés par la puissance de production que décupla le XIXᵉ siècle, il leur en faut la part du lion :

les miettes en sont bonnes pour le peuple. On lui accordera l'instruction primaire, seulement avec la restriction, posée en principe, que chacune doit rester à sa place et au rang de ses pères ; qu'on lui donne l'autorisation platonique de s'élever, on ne lui en fournit pas les moyens financiers : autre genre d'hypocrisie, car on favorise, pour la forme, l'ascension de quelques sujets des classes pauvres jusqu'à l'instruction secondaire et supérieure, tout en ayant soin de les réduire aux bourses congrues qui sont supprimées une fois le diplôme obtenu : et l'on s'étonne que, lancés dans la vie sans autre capital que leur modeste savoir, déshabitués de l'ouvrage manuel et sans espoir de pouvoir, jeunes, acquérir un fonds ou entreprendre une exploitation, ces déclassés d'avance, ces recrues fatales du prolétariat intellectuel, soient voués aux écritures d'huissier ou aux répétitions de lycée, seules fonctions où l'on puisse vivre du travail cérébral ! Bras atrophiés, mains vides, que veut-on qu'ils deviennent. sinon, pour les plus malchanceux, légion aujourd'hui, des miséreux, des vagabonds portés au crime, sinon, pour la majorité même de ceux qui ne tombent pas jusque-là, des ronds de cuirs voués à une misère découragée, sinon des médecins ou des avocats trop souvent sans clients, réduits à s'ingénier en mille sortes de procédés équivoques pour ne point succomber à la concurrence de leur propre nombre? Sincères et justes, nous devrions leur assurer les moyens matériels aussi bien que les intellectuels. Ces derniers ne sont que la moitié, souvent la simple fumée du capital nécessaire ; il leur faudrait en même temps le capital positif, le sol et les outils, l'administration et l'accessibilité à toutes les fonctions. Ce capital positif, les privilégiés qui le possèdent ne veulent point le partager ; leur prétendue volonté de justice égale se prouve ainsi mensongère ou tout au moins incomplète. Tant que le socialisme ne les aura point dépouillés de leurs privilèges pour en répartir la puissance à titre de droit entre tous les nationaux capables d'en profiter, des millions de forces disponibles mais étouffées resteront sans emploi. Il faut arriver à mettre enfin les progrès anciens et récents à la disposition de tant d'individus incessamment fournis par le peuple, qui sont capables de fonctions directrices et que nous condamnons à végéter sans profit, ni pour eux, ni pour autrui.

Quelle incroyable prospérité ne devrait pas espérer un pays comme la France, doublé, en tant que sol exploitable, par ses colonies, si partout, autant que leur nombre le permettait, les sujets les mieux cérébrés, une fois pourvus de l'instruction convenable, étaient promus directeurs des travaux, apportant à l'expérience des laboureurs ou des mineurs qui posséderaient le fonds solidairement avec eux, les lumières nécessaires pour aménager chaque fraction de la terre au mieux de ses aptitudes ! Le voulût-il, nul régime capitaliste ne peut prétendre à ce résultat. Aucun ne l'a jamais voulu, ne le voudra jamais : il faudrait partager le sol et l'argent.

Ainsi ne peut que s'accentuer la contradiction : les moyens de prospérité se sont accrus au décuple : la prospérité a peut être simplement doublé pour les classes moyennes ; elle est restée à peu près stationnaire, c'est-à-dire négative pour le prolétariat ; elle s'est transformée en paupérisme pour un nombre croissant de sacrifiés. M. le Vicomte d'Avenel peut bien démontrer, dans *«La Fortune privée à travers sept siècles »*, que l'ensemble des classes laborieuses paraît avoir reçu quelque accroissement de ressources proportionnellement au prix de la vie ; grain de sable auprès de l'opulence acquise par les classes capitalistes, sans compter la triste compensation de la misère plus fréquente chez les déshérités du sort ! Il peut bien ajouter, en nous exposant les vicissitudes de « la fortune mobilière dans l'histoire » *(Revue des Deux Mondes* de 1892) que les grandes fortunes sont d'origine récente et qu'il n'existe plus un seul rentier héritier des capitalistes des siècles précédents. Resterait à savoir si ces nouvelles fortunes ont été acquises par le travail, si, comme le disait je ne sais plus qui, peut-être Massillon, toute prospérité rapide et démesurée n'est pas à coup sûr entachée d'injustice. Et puis enfin, ces privilégiés existent, dépouillant le prolétaire : il n'y a pas de sophisme qui puisse prévaloir contre ce fait. Qu'ils ne datent pas des croisades, est-ce donc là une excuse ? La conscience ne répond-elle pas qu'un homme est un homme, qu'entre eux l'inégalité des gains à mérite égal est une iniquité ? Sortons de ce paralogisme ! Tout a changé : changeons à notre tour ; la justice est devenue possible : ne nous obstinons pas à entraver son avènement pour vouloir nous réserver à nous seuls quelques-uns des avantages offerts par les conditions nouvelles, en privant la foule de nos frères de bienfaits équivalents, et qui pourtant, s'ils leur étaient concédés, ne nous spolieraient point, car tout en conservant ce qui est dû à notre valeur propre, notre sacrifice du superflu et de l'immérité entraînerait, avec une sorte de progression géométrique, la multiplication indéfinie du bien-être matériel. des lumières intellectuelles et des vertus sociales pour tous ceux qui en sont également capables et dignes !

VIII

Définition authentique du collectivisme.

Ce n'est pas que le collectivisme, nous répétait M. Jaurès le 10 mars 1903 dans sa belle conférence, veuille « couper en morceaux la société capitaliste pour que chacun en ait une pièce ». Feu Alphonse de Rothschild, ou quelque autre, fit un jour aux partageux affamés qui venaient lui demander d'exécuter sur lui-même cette petite opération, une démonstration fort nette de son insuffisance. Supposez, leur dit-il. que ma fortune soit distribuée entre tous ceux qui la désirent : il leur reviendrait à chacun quelque chose comme trois francs. Admettons qu'il existe un capital cinquante fois plus considérable que le sien, réparti entre les différents rentiers de la France, — hypothèse tout à fait impossible, puisque l'ensemble de leurs biens n'atteint vraisemblablement pas plus de vingt-cinq milliards, mais l'exagération rend cette démonstration par l'absurde plus évidente, — il en résulterait une somme de cent cinquante francs attribuée à chaque Français. Que faire de cette dérision ? En très peu de temps, les ivrognes l'auront bue, les incapables en seront dépouillés par les habiles qui recommenceront à créer une nouvelle classe d'exploiteurs, comme le firent les bandes

noires lâchées à la curée des biens du clergé dont le gouvernement de la Révolution ne tira pas grand profit. C'est là une bille-
vesée. Le capital doit être confié à de puissants groupements,
non disséminé, poussière inféconde, entre des individus sans
union, les uns réduits à l'impuissance par leurs vices, les autres
poussés à l'injustice par leurs attitudes combatives, tous condamnés à des luttes stériles par leurs intérêts contradictoires.
Qu'ils s'astreignent à n'avoir que des intérêts communs, ils se
soutiennent réciproquement, trouvent dans la bourse collective
des moyens de mettre en valeur un fonds et un outillage infiniment plus riche que cette fortune, en même temps que la jeunesse, capital plus précieux encore. « Nous demandons, expli-
quait en effet M. Jaurès, que la grande propriété capitaliste appartienne à la communauté nationale, qui en conflera l'usage
aux travailleurs de tous ordres, du cerveau comme des bras. »
— Transformez les adjectifs ; au lieu de la « grande propriété »,
dites : « toute propriété privée, à titre personnel ou anonyme » ;
en place d'en faire une « propriété nationale », sauf pour les services que nous avons reconnus devoir être confiés à l'Etat, parta-
gez-la entre l'Etat, les communes et les sociétés de travail : vous
aurez la formule du Socialisme Fédéral.

Organisateur pratique aussi bien que leader éloquent, le spea-
ker du parti socialiste sait fort bien qu'une telle réforme n'est pas
l'œuvre d'un jour, ne peut s'opérer d'emblée que par la vertu
d'une loi ou d'une constitution. Il se contente provisoirement de
poursuivre le but par étapes successives. Pour le présent, dit-il, le
socialisme réclame trois grandes catégories de réformes considérées comme seules actuellement possibles :—1° Celles visant la
protection du travail ; — 2° Celles visant l'organisation de la vaste
assurance mutuelle des travailleurs contre l'accident, la maladie,
la vieillesse ou le chômage, et il explique à ce propos que la libre
mutualité ne peut suffire à pareille tâche ; — 3° Celle qui a pour
but de transformer dès maintenant en services publics les grandes entreprises capitalistes. « Si nous faisons, dit-il, des mines,
des chemins de fer, des raffineries, des ateliers d'Etat, l'Etat sera
obligé de payer une indemnité aux détenteurs du capital et d'ins-

crire au Grand Livre de la Dette Publique des obligations nouvelles. Guesde a raison de dire ici que n'est pas le dernier mot de l'émancipation ouvrière. Cette émancipation ne sera définitive que le jour où le rachat aura été fait pour toutes les grandes industries et où la période d'indemnité aura pris fin. » On ne peut se contenter de si peu : il n'y aurait là qu'un commencement ; à marcher de ce pas, la socialisation exigerait pour parvenir à l'existence de longs siècles encore. Si l'on veut aller au plus pressé, obtenir une prompte amélioration du sort des exploités, tant de lois les protègent déjà sans grand effet, qu'il serait plus sage de chercher mieux. Multipliées encore, certes, elles apporteront au malade des remèdes partiels ; ne vaudrait-il pas mieux lui rendre d'un coup sa parfaite santé, le reconstituer à l'état normal d'homme pourvu de toutes ses facultés et de toutes ses énergies ? Le socialisme d'Etat ne semble pas y pouvoir parvenir d'ici longtemps. Partout s'il fait des progrès, il rencontre bientôt une limite : au delà, il n'y a plus rien à espérer pour lui. Eût-il pris en main les principales exploitations, mines et chemin de fer, grande industrie et commerce en gros, il n'absorbe pas ainsi la moitié de la fortune publique, et cette moitié est au pouvoir de particuliers plus ou moins groupés en sociétés anonymes ou coopératives qu'il faut absolument laisser indépendantes, tout en ne permettant plus, on s'en souvient, à aucun particulier de vivre sans faire partie d'un groupement, et tout en répartissant les bénéfices entre ses membres. Dans les sociétés existantes, la prospérité des travailleurs est loin d'avoir atteint l'étiage exigé par la stricte équité ; elle ne l'atteindra pas tant que le régime capitaliste gardera ses positions. D'ailleurs, reste la masse des isolés, ouvriers de la terre, de l'atelier ou du bureau : pour eux, l'Etat ne peut à peu près rien. On l'a bien vu lors de l'effort consciencieux mais stérile du gouvernement anglais pour adoucir le sort lamentable des nombreuses victimes du *sweat-system*. Il s'agissait d'empêcher les entrepreneurs de confections, travaillant pour les grands magasins, de « faire suer » le plus possible de travail aux couturières en les payant d'une façon dérisoire. Les malheureuses continuent à en mourir.

après comme avant les enquêtes des graves commissions parlementaires. Il n'y a pas deux moyens de les sauver, elles et tant
d'autres victimes du capitalisme, que leur métier exclut des syndicats puissants : il faut socialiser l'entreprise des « nouveautés »
comme tout autre, et obliger les patrons, transformés en gérants,
à partager leurs bénéfices avec les employés. Que les communes
se socialisent librement, à côté des vastes sociétés autorisées par
l'Etat, les unes et les autres laissant à l'Etat même les attributions qui lui sont propres en tant que tel : voilà enfin réalisée la
complète Révolution Sociale. Rêve peut-être et chimère que d'attendre son avènement de la libre décision d'une commune donnant l'exemple aux autres. Pourtant, une telle initiative apparaît moins utopique, très certainement, que l'action des lois, telles
que nous les voyons à l'œuvre, cherchant des palliatifs sans changer le principe même de la propriété : elles peuvent bien arracher
quelques lambeaux au capital privé ; mais dans un pays où l'on
redoute l'accaparement de la liberté par le pouvoir, jamais le
suffrage universel ne choisira des députés pour les charger d'une
telle réforme, tant qu'une active et persistante propagande n'aura pas modifié l'opinion.

IX

La Révolution pacifique.

Déterminer un irrésistible courant de volonté populaire et d'estime parmi les intellectuels, tel est donc le but que doit avant
tout poursuivre le parti socialiste. Au lieu de dissiper ses forces
à gagner le terrain pied à pied, travail perdu puisque l'ennemi
gagne l'équivalent sur d'autres points, qu'il s'attaque au fond
même des choses, qu'il mine le sol et le fasse sauter, qu'il attire
à lui la majorité des adversaires : La voilà, pacifique et réfléchie, la nouvelle révolution qu'attendent les déshérités. Plus
de stupides bombes qui frappent au hasard sans empêcher les
victimes mêmes qu'elles ont visées et atteintes d'être aussitôt
remplacées par de rusés personnages qui s'entourent de plus de
sauvegardes ! Plus de proscriptions, de fusillades ou de procès

tendancieux qui exaltent au martyre et provoquent les représailles ! Le socialisme, théorie de fraternité, se présente les mains ouvertes, le parler franc, provoquant la discussion, ne connaissant que la persuasion pour seul moyen de victoire. Dire qu'il stimule les convoitises des miséreux, c'est lui faire honneur : dans la satisfaction de leurs justes appétits réside son idéal : et le dire quand on est soi-même un rassasié, c'est naïvement se discréditer, par cet aveu d'égoïsme, aux yeux de quiconque n'a pas encore réduit les lois de la justice au mensonge d'une vaine formule. Aussi le socialisme se présente-t-il le front haut ; il n'a rien à craindre du futur jugement de l'histoire, qui sera sévère pour nos capitalistes. S'il mérite un reproche, c'est de se montrer timide. Toute conception politique qui veut réussir doit s'astreindre à des sacrifices préalables, persistants et pénibles, et ne doit pas reculer, au besoin, devant la possibilité de fructueux coups d'audace. C'est dans la longue souffrance de l'apostolat que s'exaspère la foi et que l'exaltation même de ceux qui la propagent la communique. Il leur faudrait avant tout constituer un budget. Qu'ils sachent déterminer les travailleurs à verser leurs cotisations, modestes, mais régulières, pour faire face aux frais d'une immense publicité, non point aux époques transitoires d'élections, mais au long des années requises pour un tel bouleversement des préjugés et pour une telle lutte contre la publicité entretenue par le capital ! Qu'ils organisent une armée de conférenciers semant à toute heure la parole de résurrection en tous les terrains, ceux de la campagne comme ceux de la ville ! Deux ou trois orateurs, vingt ou cent ne signifient rien : quelques milliers seraient à peine suffisants ; le socialisme ne s'implantera dans les âmes que s'il imite la puissante organisation des entreprises politiques ou religieuses qui ont réussi, et si, comme l'Eglise, il dispose d'un agent spécialement consacré à sa diffusion jusque dans les moindres villages. Un prêtre pour mille habitants, Rome a jugé que ce n'était pas trop pour nous dominer. Un médecin dans la même proportion suffit à peine aux besoins des malades. Il y a au moins quatre ou cinq fonctionnaires de l'Etat en regard. La presse capitaliste utilise peut-être un aussi grand nombre de scribes. Diriger une nation où tout le monde pense, argumente et vote, ce n'est pas une petite affaire. La conduire à abjurer les erreurs qu'elle a sucées avec le lait, montrer même aux citoyens qui en souffrent qu'ils ont sous la main le moyen de conquérir la satisfaction de leurs droits, c'est un travail de géant et de fourmi, quand la presque totalité de ceux qui ont l'oreille de l'habitant s'appliquent, par devoir ou par intérêt, à lui faire croire que la justice est dans leur camp, que le socialisme veut tromper le peuple pour l'exploiter plus à l'aise. Démontrer la fausseté de cette accusation, faire toucher du doigt, non seulement la valeur théorique, mais la sagesse d'allures, la facilité de réalisation, la sécurité de résultats que présente un système de socialisation soigneusement étudié, voilà le grand effort à soutenir ; il y faut de l'argent et des hommes.

Puisse ce livre contribuer pour sa modeste part à répandre le nouvel évangile !

X

L'Education socialiste.

L'un des principaux moyens d'évolution pacifique, c'est l'enseignement. On le reconnaît depuis quelque temps, on arrive même à exagérer l'efficacité de telle ou telle méthode pédagogique. En tant que scolaire, l'enseignement n'est que l'un des facteurs de l'éducation. Le milieu et la famille, la presse et la politique, le métier et les amis, la science et l'art, voilà d'autres influences non moins déterminatives, qui éduquent un peuple. Toutefois l'efficacité du milieu et du métier ne reste absolument prépondérante que dans les classes laborieuses qui ont appris seulement à lire, à écrire et à compter. Le socialisme étant décidé à les instruire davantage, l'école reprendra en leur faveur, proportions gardées, le rôle qu'elle remplit à l'égard de l'élite. Là, elle est vraiment pour une part considérable la source des idées et le moule des caractères. Nous gardons plus ou moins toute notre vie l'empreinte de l'école qui nous éleva. Fussions-nous dirigés ensuite par d'autres autorités, comme nous choisissons d'instinct celles qui nous agréent, nous observons dans notre obéissance et jusque dans nos initiatives la discipline mentale et morale reçue en nos premières années. Quelles que soient les apparences d'arbitraire que l'on a reprochées aux mesures radicales prises dernièrement par la République contre les congrégations, il est donc parfaitement légitime d'avoir mis en avant comme argument plus fort que les considérations d'équité, ce fait que l'enseignement congréganiste était animé, souvent même sans le vouloir, d'un esprit essentiellement opposé à celui de la démocratie. Depuis que Léon XIII avait donné pour mot d'ordre le ralliement, sans doute, le clergé, les religieux, comme la majorité du parti conservateur, avaient accepté franchement la forme du gouvernement ; nous savons de source certaine que dans leurs établissements d'éducation on n'y faisait point de politique ouvertement hostile à la République. Cependant on ne cessait d'y vitupérer, par toutes les ressources de l'éloquence sacrée et profane, et dans les conversations ou les directions privées, contre les lois qui avaient pour but de rétablir l'égalité des influences en atténuant celle que l'Eglise exerçait dans une trop large mesure. Les allures, les opinions sur tout sujet, les procédés de maniement, auxquels la jeunesse est plus sensible qu'aux théories mêmes, en un mot ce je ne sais quoi d'impalpable qui constitue l'esprit d'une institution, qui s'inculque aux consciences dirigées comme un élément de leur atmosphère, tout cela restait trop certainement en opposition irréductible avec les tendances les plus fondamentales et les plus légitimes de la société moderne. Il fallait en finir, dût-on encourir le reproche, que le gouvernement n'a d'ailleurs pas mérité, d'injustice et de violence. C'est là une de ces nécessités qu'on ne raisonne pas. La majorité de la France l'a sentie. Sa volonté devait prévaloir. Qu'on ne l'oublie pas : ici le droit s'identifie avec la force, et l'instinct constitue la vérité.

Il s'agit donc pour le socialisme d'imprimer un esprit vraiment démocratique à la jeunesse des écoles. Bouleversera-t-il les traditions, cherchant à créer un type nouveau que ne conseillerait point la sagesse séculaire de l'Université ? Prétendra-t-il au rôle pédantesque de pédagogue doctrinaire bourrant les cervelles d'un fatras de principes économiques et sociaux ? Nullement. Il laissera les maîtres remplir tranquillement leur métier comme d'usage, avec le noble détachement politique et la haute conscience de leur mission qui font leur honneur. Le socialisme s'appliquera seulement à semer les germes de sa propre conception de justice : le cours d'économie politique dans les écoles secondaires et de morale civique dans les primaires n'est sans doute pas un abus ; il lui suffit de les employer à justifier ses doctrines. On ne peut blâmer qu'il choisisse ses instituteurs et ses professeurs parmi ses amis, sans cependant s'inquiéter de leurs opinions personnelles, spécialement religieuses : l'enseignement libre reste ouvert à ses adversaires, — non congréganistes, s'entend —, pourvu qu'ils ne fassent aucune opposition publique aux institutions du régime établi. L'Université continue comme devant à rester libre directrice des cours et des méthodes. Le socialisme n'a pas à prendre parti dans la querelle des classiques et des modernes. Il pourra bientôt incliner à développer parallèlement, sans détriment de l'un au profit de l'autre, les jugeant également utiles, les deux cycles extrêmes que la dernière réforme a sagement séparés davantage, et l'on peut dire, à d'autres points de vue, réunis par le cycle intermédiaire. Tous les genres de culture deviennent d'autant plus utiles, chacun visant un but particulier, que désormais nul jeune homme capable d'études secondaires ou supérieures ne doit plus en être exclu, mais y est agréé de plein droit aux frais de la communauté.

Sans préférer un système à un autre, le socialisme, en tant que fédéral, tend néanmoins à adopter tout ce qui, dans les plus récentes tentatives, a pour but de développer dans la jeunesse l'énergie du caractère, le sentiment de la responsabilité et la générosité de la conscience. Il est vrai, tout le monde est d'accord sur ce point, sauf précisément les congréganistes, qui s'efforçaient avant tout de plier les âmes à l'obéissance *perindè ac cadaver.* Seulement, quand il s'agit de l'application, les partisans du vieil internat, prétendent atteindre le but tout aussi bien que les no-

vateurs favorables à l'externat ou qui, tels MM. Demolins et Lavisse, sont allés chercher des modèles d'internat familial en Angleterre et en Amérique. S'il est permis à l'auteur de ces pages
d'invoquer son expérience personnelle, il lui semble que le socialisme devrait concilier ces deux tendances opposées. Quand
on a manié successivement la jeunesse parisienne et celle d'un
pays étranger, on arrive, par comparaison, à cette conclusion
que l'exclusivisme est, en pareille matière, la pire des erreurs.
En réalité, il faudrait appliquer une méthode d'éducation spéciale à chaque espèce de caractère — et elles sont nombreuses.
Tel sujet, on a beau dire et beau faire, ne peut être conduit que
par une discipline militaire qui le brise et le contraigne impitoyablement ; sinon, il sera une source perpétuelle de désordre
et, qu'on y prenne garde, un conseiller de vice, sans compter
que, livré à lui-même, il ne fera jamais rien de bon, tandis qu'obligé de force à un travail quotidien, il pourra y prendre goût et
devenir enfin un homme instruit et utile. Qu'on nous croie sur
parole ; nous pouvons citer des exemples. Tel autre regimba
obstinément contre la sévérité qui ne pouvait dompter sa mollesse et sa rêverie, puis, subitement, à l'âge critique, fut transformé en écolier modèle par les procédés affectueux d'un maître
qui avait compris sa nature délicate et pleine de ressources cachées. — Comme il est pourtant bien impossible, en dehors de
la famille, qui généralement, n'y entend rien, d'appliquer à chaque enfant un système spécial d'éducation, il semblerait logique, non point de créer des écoles exclusivement vouées à telle
méthode, en face d'autre écoles exclusivement fidèles à telle autre, mais plutôt de combiner les deux méthodes en toutes les
écoles et pour tous les élèves. Elles ne sont ni l'une ni l'autre des
panacées aux défauts de l'enfant, ou des talismans infaillibles
à en faire un citoyen parfait. On a eu tort de ne pas voir qu'elles
doivent être appliquées, en gros successivement, en détail simultanément à presque tous les enfants sans autre distinction que
celle de leur âge, tout en laissant aux maîtres la latitude d'accentuer l'un ou l'autre procédé pour chacun des sujets que son devoir est d'étudier avec soin et de traiter avec discernement. De

la sorte, on peut conduire l'un par la force, l'autre par la douceur, sans cesser de leur appliquer extérieurement la même loi. Nous croyons que, à partir de 8 ou 9 ans jusqu'à l'âge critique, 13 ou 14, l'enfant réclame une discipline énergique ; que pendant cette période difficile qui souvent ne finit qu'à 16 ou 17 ans, il faut une surveillance minutieuse et une direction à la fois énergique et paternelle ; qu'enfin jusqu'à la majorité, la raison et la liberté doivent être les seuls agents d'éducation.

Dans l'impossibilité où nous réduit notre cadre d'entreprendre ici la démonstration de cette thèse, il nous suffira de chercher quel profit pourrait en tirer le socialisme pour la mise en valeur des ressources offertes par la totalité de chaque nouvelle génération.

On se souvient que la récente mission déléguée par les Trades-Unions anglaises pour étudier les causes de la prospérité industrielle des Etats-Unis conclut à signaler comme facteur principal le genre d'éducation instinctivement adopté par une démocratie sans préjugés et sans prétentions doctrinaires. Ce système pédagogique repose sur quelques principes auxquels il ne sera pas inutile d'accorder notre attention pour clore cette étude sur le Socialisme Fédéral : on verra qu'en effet il favorise les tendances dont l'inspiration profite au peuple le plus entreprenant du monde.

Avant tout, l'éducation américaine correspond à l'état social et le pousse dans les voies qui lui sont naturelles. Ce sont aussi les voies les plus humaines, celles qui se dirigent le plus franchement vers l'idéal d'égalité proportionnelle que le socialisme voudrait réaliser. Riches ou pauvres, citadins ou paysans, conservateurs ou radicaux, croyants ou athées, les Américains font élever leurs enfants indistinctement dans les mêmes écoles, les *public schools*, complétées par les *high schools* pour les jeunes gens qui veulent faire des études complètes ; les unes et les autres leur donnent la même instruction, les imprègnent du même esprit. La commission a fort bien vu que là gît le secret de la prospérité économique en tant que déterminée par un facteur social. L'ouvrier se trouve en puissance l'égal du patron. Souvent son travail intelligent, persévérant et initiateur lui permet effectivement de conquérir la fortune. S'il reste employé, il possède au moins les lumières et la sagesse requises pour organiser. de puissantes associations qui contrebalancent le capital. Travailleurs de l'esprit ou des mains, les artisans et les bourgeois, les manœuvres et les milliardaires ne sont plus des êtres d'espèce différente, irréductiblement voués à se dévorer à tour de rôle ; ils se comprennent, s'estiment et s'entendent. Voilà le résultat des conditions scolaires où ils ont été préparés à débuter dans la vie. MM. Lavisse et Demolins, l'un par l'histoire, l'autre par la sociologie, dénoncent avec une louable perspicacité les malheurs toujours engendrés par l'esprit de caste. Pourquoi donc leurs écoles nouveau modèle semblent-elles avoir pris à tâche d'accentuer encore les divisions funestes entre nos classes capitalistes, auxquelles seules leurs institutions sont accessibles, et le peuple relégué à l'enseignement primaire, à moins que les lycées et les séminaires ne lui offrent des bourses, beaucoup trop faibles d'ailleurs pour leur procurer l'avantage de participer à l'éducation luxueuse que l'on prétend imitée de l'éducation anglo-saxonne ? Elle l'est, en effet, sous un certain point de vue, qui n'est pas le mieux choisi : on s'est inspiré des collèges aristocratiques, Oxford et Eton, Harvard et Wellesley, ces derniers non moins dédaigneusement fermés et plus tapageusement prétentieux, comme tout ce qui provient d'une aristocratie financière. C'est précisément ce qu'il fallait éviter, puisqu'il s'agissait de prendre aux races anglo-saxonnes ce qu'elles ont de plus conforme aux exigences d'une démocratie. On dit bien que l'on cherche à former une élite, qui, d'après les théories particularistes, sera toujours la condition de la prospérité générale. Le socialisme est le premier à en convenir. Il voudrait seulement que l'on accueillît impartialement dans les rangs de cette élite tout jeune homme, fils de prolétaire ou de banquier, qui se montre capable de remplir un rôle de dirigeant. Il regrette de voir méconnue la judicieuse pratique des Américains qui réalise partiellement cette première condition de la prospérité sociale ; et il pourrait seul la réaliser complètement en offrant l'instruction complète gratuitement à quiconque peut l'acquérir.

Sur la plupart des autres principes d'éducation moderne. nous reconnaissons avec plaisir que les méthodes de MM. Lavisse et Demolins sont d'accord avec les exigences de la vie active dont les Anglais et les Américains nous offrent des exemples intéressants. On peut assurer que notre activité n'est pas moindre, mais elle se montre plus routinière et moins bien adaptée aux conditions économiques. Que, sans sacrifier l'enseignement classique, on donne à l'enseignement des sciences et des langues un caractère plus pratique, rien de mieux. Nous avons sous les yeux les statuts d'une nouvelle université américaine, celle du Maine. Université, c'est une façon de parler. On y chercherait en vain une chaire consacrée à l'enseignement d'une science abstraite et désintéressée. Tout y est calculé pour y former des lutteurs dans la bataille industrielle, agricole et commerciale. Nous avons également des études, trouvées à la section américaine de l'Exposition de Paris 1900, sur l'instruction primaire et secondaire. Partout règne une remarquable adaptation des programmes aux besoins de la vie. On l'a dit, peut-être sans exagération, il en résulte qu'un gamin de 12 ans est plus capable de gagner sa vie chez ces gens-là, qu'un jeune homme de 20 ans chez nous. Ce qui importe particulièrement, et ce que les écoles de nos réformateurs ont eu grand soin d'inaugurer, c'est la manière d'enseigner les sciences et les langues, par une pratique assidue, des expériences de laboratoire et des exercices d'atelier, la conversation quotidienne et la fréquentation de camarades étrangers. Voilà les avantages que le socialisme assurerait à tous ceux qui en sont dignes, et non plus à un petit nombre de privilégiés.

Il attacherait également une grande importance, plus qu'à toute autre chose peut-être, à la formation morale, qui a spécialement attiré la sollicitude de nos innovateurs, imitant ici plutôt les États-Unis, car l'Angleterre avoue elle-même qu'elle est un peu en retard en matière d'éducation. Il s'agit de préparer des hommes. Pour y parvenir, on prend juste le contre-pied de ce que recommandait le système classique, lequel commençait par broyer l'enfant en pâté homogène dans un moule uniforme. On prétend au contraire le traiter en homme dès le bas âge, afin de l'habituer à se comporter en homme spontanément le plus tôt possible. Nous devons nous souvenir à ce propos de la thèse exposée tout à l'heure : Soit qu'en fait les petits Américains ne soient pas les singulières perfections qu'on nous présente (et, en effet, nous avons appris que les écoles officielles, les *public schools*, sont obligées de se priver de professeurs étrangers, à qui ces prétendus petits sages faisaient un chahut abominable) ; soit que la race française soit plus rétive ou parfois plus indolente, et qu'elle réclame une autorité plus ferme pour renoncer à ses fantaisies : toujours est-il que nous croyons une forte discipline indispensable chez nous pour mener la jeunesse jusqu'à l'éclosion de l'adolescence. L'expérience que nous avons faite de la jeunesse d'un pays étranger (qui n'est ni latin ni anglo-saxon) nous porte à croire que partout les enfants sont les mêmes et doivent être conduits de cette façon. Légers et insouciants, on obtient de la plupart tout le travail que l'on veut par la contrainte, et zéro absolu si on les abandonne à eux-mêmes. En ce qui concerne le caractère, ils sont toujours prêts à abuser de votre bonté, à ne voir dans la liberté qu'une occasion de licence, à mentir et à se dénoncer mutuellement, à se moquer et à faire mille sottises. Il semble fort douteux que les choses se passent autrement en Amérique, à moins, bien entendu, que les familles ne suppléent par leur exacte surveillance au défaut de la discipline. On nous montre les petits garçons faisant leurs devoirs sur les bancs des boulevards, sur le parapet des ponts, dans les champs, au lieu de perdre leur temps au jeu. Très certainement c'est que le papa les attend avec des arguments sévères. De même en France et partout ailleurs. — Maintenant, ce qui reste évidemment excellent, c'est l'application aux adolescents de la méthode rationnelle. On cherche à développer en eux trois choses : la réflexion qui les oblige à chercher eux-mêmes les solutions au lieu de les attendre toutes faites ; le sentiment de la responsabilité morale qui les habitue à se conduire en tout d'après les seules suggestions de leur conscience, l'énergie physique et volontaire, acquise par la multiplicité des sports, par l'apprentissage des travaux manuels, par l'obligation de remplir seuls, chaque jour, un devoir fixe, mais à l'heure que l'on veut et comme il leur plaît, sans plus être astreint à un règlement de fer qui lasse, énerve et révolte, à moins qu'il ne déprime et ne réduise à l'état de passive bête de somme. Ce sont là d'évidents progrès. Il nous paraît, toutefois, indispensable d'insister sur l'illusion que ce serait de vouloir appliquer cette méthode avant les trois ou quatre dernières années qui précèdent l'entrée dans la vie. Si le système disciplinaire conserve ses partisans, c'est qu'il a aussi ses avantages, du moins pour la prime jeunesse. L'internat, dans laquelle il se montre en toute sa splendeur, est considéré par de bons esprits comme une école de solidarité et comme un apprentissage des rigoureuses obligations de la vie. On y sent que le devoir est une chaîne d'airain qui vous enserre par toutes les conditions ambiantes ; on y expérimente les châtiments et les hontes méritées par les omissions ou les infractions que l'on se permet à son égard ; on y comprend que tout avantage, sous forme de récompenses, bons points, faveurs, louanges, doit être acquis par un effort spécial. S'il est vrai qu'il faille, dans la vie, tout payer argent comptant, et au préalable gagner cet argent, les bonnes notes et les croix, les billets de sortie et les prix ou accessits d'un bon écolier représentent assez bien le portefeuille où il amassera plus tard ses économies, également proportionnées à son travail et à son mérite. Mais il faut que ce calcul d'intérêt égoïste, le seul que la plupart des jeunes enfants soient à même de comprendre, disparaisse peu à peu pour faire place, dans l'adolescence, aux décisions libres de la volonté réfléchie, mue par un pur sentiment du devoir et par une émulation qui se base sur la sympathie mutuelle. C'est la succession et la combinaison de ces deux principes d'action, le sentiment de l'autorité infrangible des choses, et le sentiment de la responsabilité morale, possédant en elle-même sa propre sanction, initiatrice, généreuse, énergique et infatigable, c'est là ce qui fera l'homme complet. Il se trouve dès lors préparé aux conditions de la société moins imparfaite dont le Socialisme Fédéral essaye de fournir une ébauche. D'une part, respectueux de l'autorité, soumis à la loi, dompté par une nette intelligence du déterminisme économique et social ; d'autre part, voulant donner plein essor à ses facultés personnelles, se conduisant librement d'après les lumières de sa conscience, dévoué aux intérêts généraux parce qu'il voit que de la prospérité de tous résultent les satisfactions individuelles et que celles-ci doivent se modérer pour que tous les socialisés en aient une part proportionnée à leur mérite.

Telle est la conclusion à laquelle ce livre entier devait aboutir.

S'il se ferme sur un aperçu général de ce que devrait être l'éducation socialiste, c'est qu'en effet une réforme sociale, et celle-là plus que toute autre, doit être basée sur l'amélioration de la nature humaine. Il ne s'agit pas d'appliquer une nouvelle formule au mode de l'existence de « l'homme » abstrait et absolu considéré par les « philosophes » du XVIII° siècle, mais de former, en chaque nation, des hommes réels et particuliers, susceptibles de vivre mieux ensemble dans les conditions précises du monde nouveau. Il ne s'agit pas davantage de chercher à les y contraindre par la détermination brutale d'un mécanisme extérieur, mais de leur faire des âmes de justice et d'énergie qui leur permettent de créer eux-mêmes ce mécanisme par une volonté réfléchie, et de le maîtriser par la suite en le dirigeant selon les inspirations de la raison et de la conscience. Rien ne servirait de travailler sur une matière ; il faut travailler sur un esprit. La matière, ployée de force à ce nouveau régime, ou bien s'y gâterait par l'abus, ou peut-être réagirait comme un ressort privé de régulateur, ou en tout cas subirait passivement et sans profit des transformations incomprises. Les masses socialisées doivent être intelligentes et volontaires, elle doivent se constituer elles-mêmes d'après un idéal longuement mûri, et modifier leurs institutions au gré des circonstances en conformité de cet idéal poursuivi sans défaillance. Inutile de vouloir socialiser le monde ou la France, ou une simple commune, si l'on n'a pas d'abord commencé par faire l'éducation socialiste des hommes que l'on veut rendre plus heureux.

Contribuer à cette éducation, fût-ce dans la mesure la plus modeste et la plus sujette à contradiction, tel était le but de ce livre. Et, en effet, qu'il provoque seulement la discussion, l'auteur estimera n'avoir pas fait de vains efforts.

FIN

TABLE DES MATIÈRES

A LA MÊME LIBRAIRIE

Derniers ouvrages parus :

G. ABEL. — *Le Labeur de la prose*. Un vol. in-16. Préface de M. Camille LEMONNIER... 3 50

F. AUBIER. — *Hors de l'enroulement*, roman. Un vol. in-16. .... 3 50

S. BASSET. — *Comme jadis Molière*, roman. Un vol. in-16. .... 3 50

J. W. BIENSTOCK. — *Tolstoï et les Doukhobors*, faits historiques. Un vol. in-16... 3 50

B. BJORNSON. — *Au delà des forces*, 1re et 2me parties. Un vol. in-16.......... 3 50

Le Roi, dra. en 4 act. — *Le Journaliste*, drame en 4 act. Un vol. in-16.......... 3 50

E. BOURGES. — *Le Crépuscule des Dieux*, roman. Un vol. in-16.......... 3 50

BRANDÈS. — *Le Grand Homme.* — Origine et fin de la civilisation. Une brochure in-16.......... 1 »

BRIEUX. — *Les Avariés*, pièce en 3 actes. Un vol. in-16 3 50

— *Maternité*, pièce en 3 actes. Un vol. in-16.......... 3 50

H. DE BRUCHARD. — *La Fausse gloire*, roman. Un vol. in-16.......... 3 50

L. Compain. — *L'un vers l'autre*, roman. Un vol. in-16. 3 50

CORRE. — *Nos Créoles*. Un volume in-16.......... 3 50

G. DARIEN. — *La belle France*. Un vol. in-16.......... 3 50

E. DEGRAVE. — *Le Bagne*. Un vol. in-16.......... 3 50

L. DESCAVES. — *La Colonne*, roman. Un vol. in-16.......... 3 50

G. DORYS. — *Abdul-Hamid intime.* Un volume gr. in-18, illustré.......... 3 50

ESQUIROL. — *Cherchons l'hérétique !* roman. Un vol. in-16.......... 3 50

P. L. GARNIER. — *La Terre éternelle*, roman. Un vol. in-16. .... 3 50

J. GRAVE. — *Les aventures de Nono*, roman. Un vol. in-16, illustré. 3 50

— *Malfaiteurs !* roman. Un vol. in-16.......... 3 50

GUY-VALVOR. — *La Jérusalem nouvelle*, roman. Un volume in-16.......... 3 50

J.-K. HUYSMANS. — *L'Art moderne*, nouvelle édition. Un vol. in-16 .... 3 50

— *De Tout*. Un vol. in-16..... 3 50

— *L'Oblat*, rom. Un vol. in-16. .... 3 50

KROPOTKINE. — *Autour d'une vie*, mémoires. Un volume in-16. .... 3 50

L. LAMARQUE. — *Un an de caserne*. Un vol. in-16, préface de M. Octave Mirbeau 3 50

Ed. LEBLANC. — *Contes insidieux*. Un vol. in-16. .... 3 50

M. LUGUET. — *L'Indécente*, roman. Un vol. in-16........ 3 50

L. LUMET. — *Le Chaos*, rom. Un vol. gr. in-18. .... 3 50

A. MONNIER-VISSOCQ. — *Flirts*. Un vol. in-32..... 2 »

G. NIGOND. — *Contes de la Limousine*. Un vol. in-32, préface de Mme SÉVERINE. 2 »

REEPMAKER. — *Carlo Lano*, roman. Un vol. in-16........ 3 50

— *Emma Beaumont*, roman. Un vol. in-16.......... 3 50

E. DE SAINT-AUBAN. — *L'idée sociale au théâtre*. Un vol. in-16. .... 3 50

Cte L. TOLSTOÏ. — *Paroles d'un homme libre*. Un vol. in-16. .... 3 50

— *Les Rayons de l'aube.* Un vol. in-16 .... 3 50

Imprimerie J. Lieveus, 52, rue Delerue, Saint-Maur Seine

www.ingramcontent.com/pod-product-compliance
Lightning Source LLC
LaVergne TN
LVHW010846060726
842526LV00002B/392